SALVADOR DALÍ AT HOME

살바도르 달리

스페인 카탈루냐의 위대한 쇼맨, 초현실주의 화가

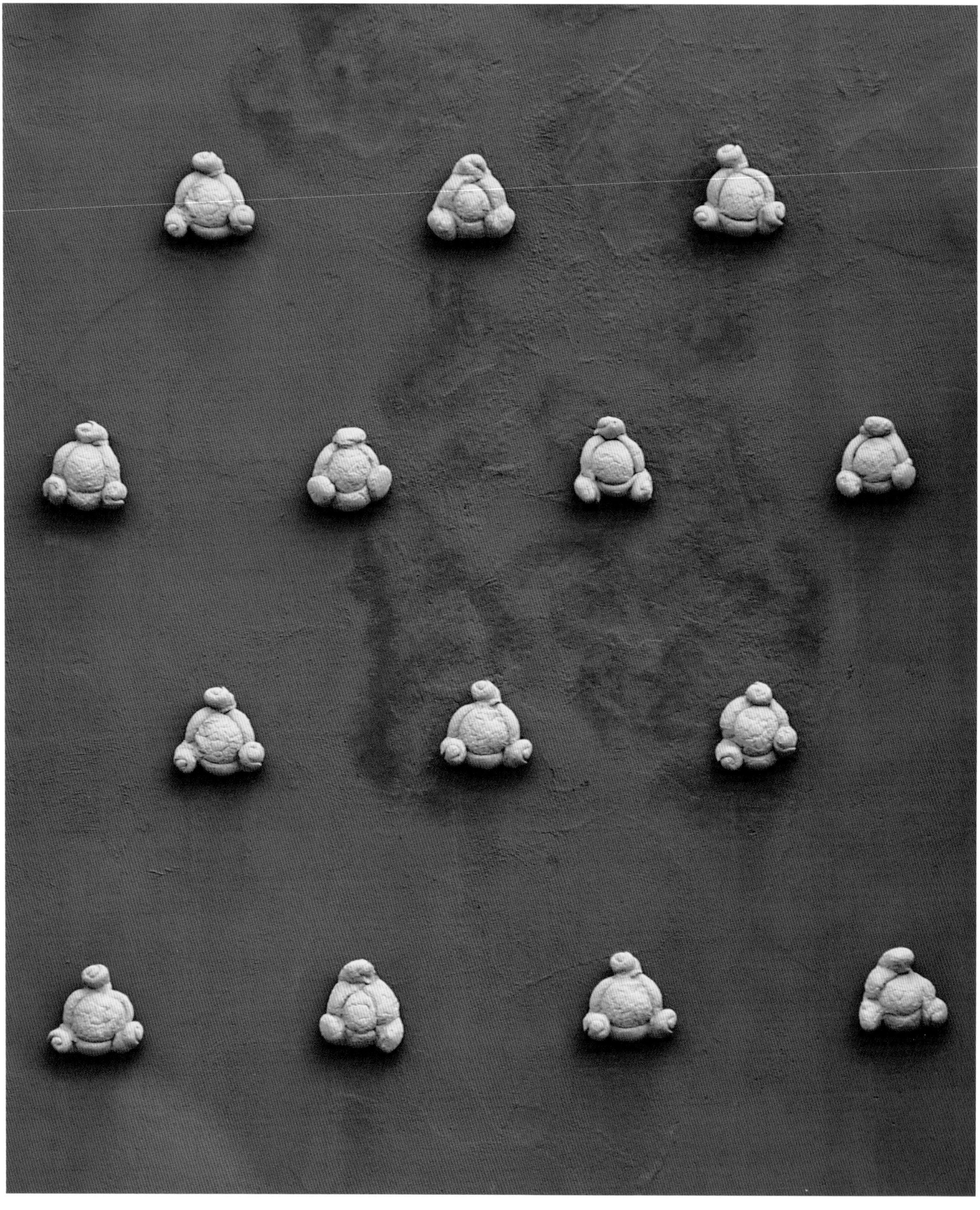

SALVADOR dalí

살바도르 달리

스페인 카탈루냐의 위대한 쇼맨, 초현실주의 화가

재키 드 버카 지음 **심지영** 옮김

BOOKERS

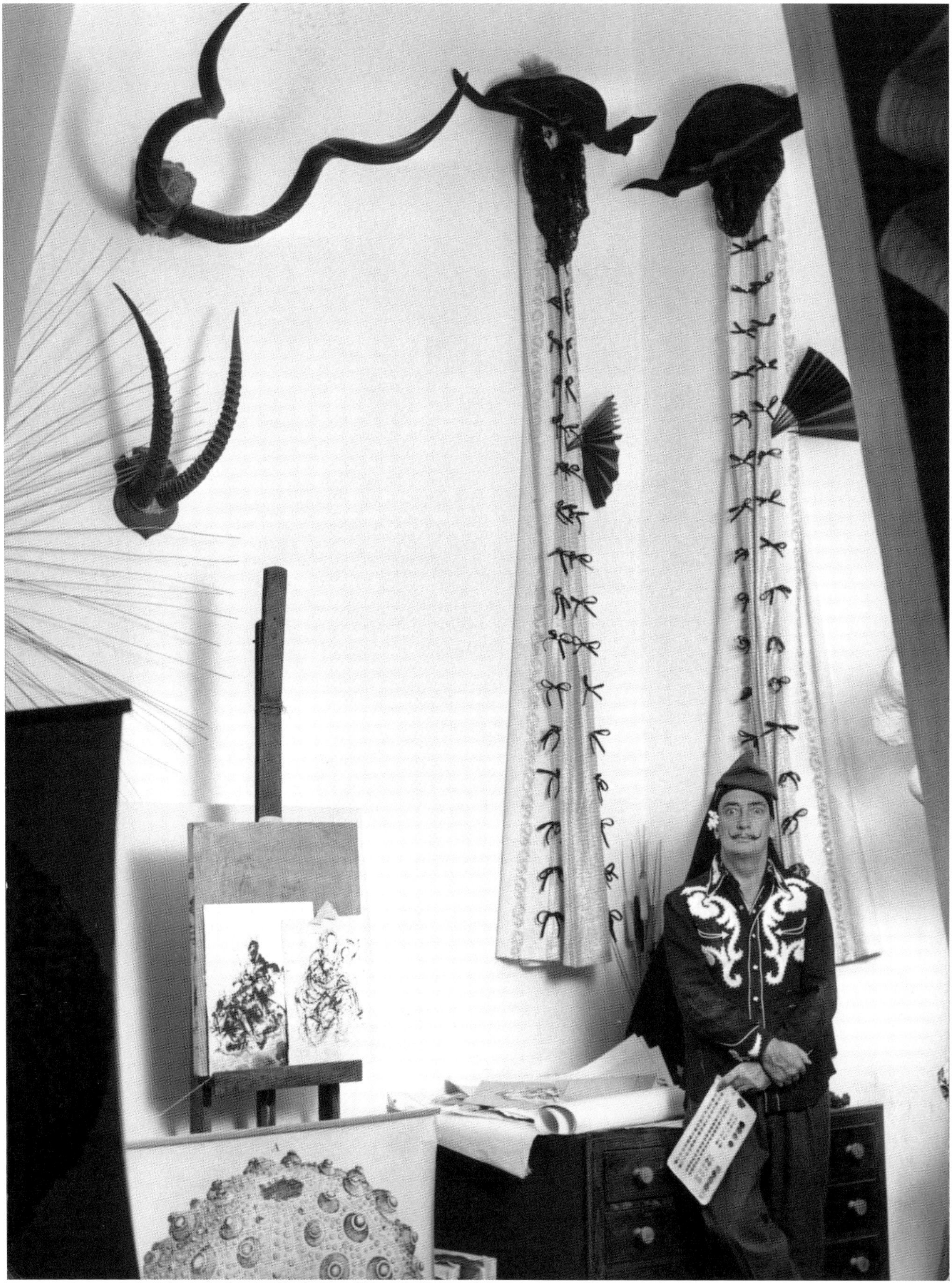

CONTENTS

2쪽 피게라스에 있는 달리 극장 박물관의 파사드(부분).
맞은편 포르트리가트에 있는 집에서 포즈를 취하는 살바도르 달리, 1957년 11월
6~7쪽 카다케스에 있는 달리의 집.

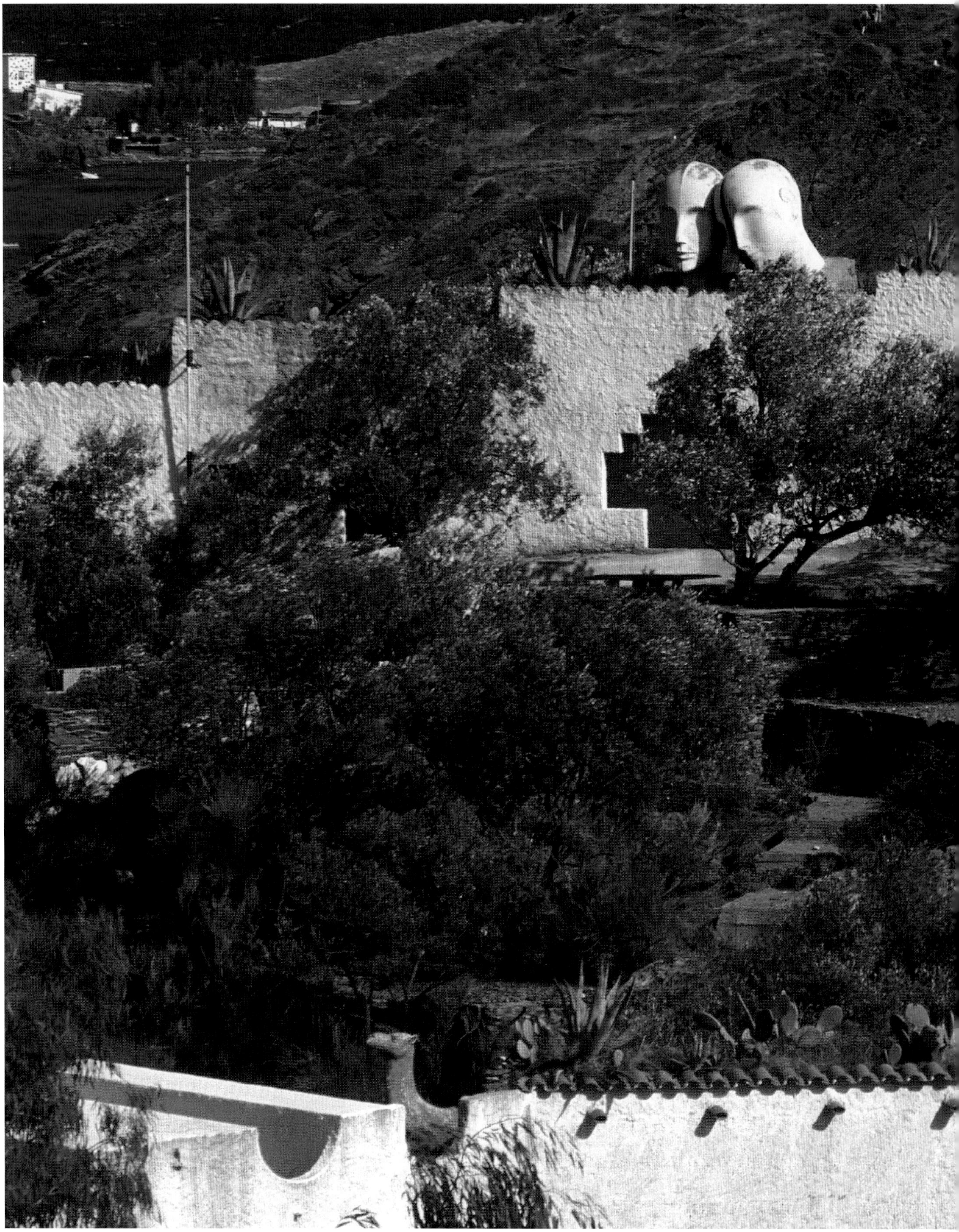

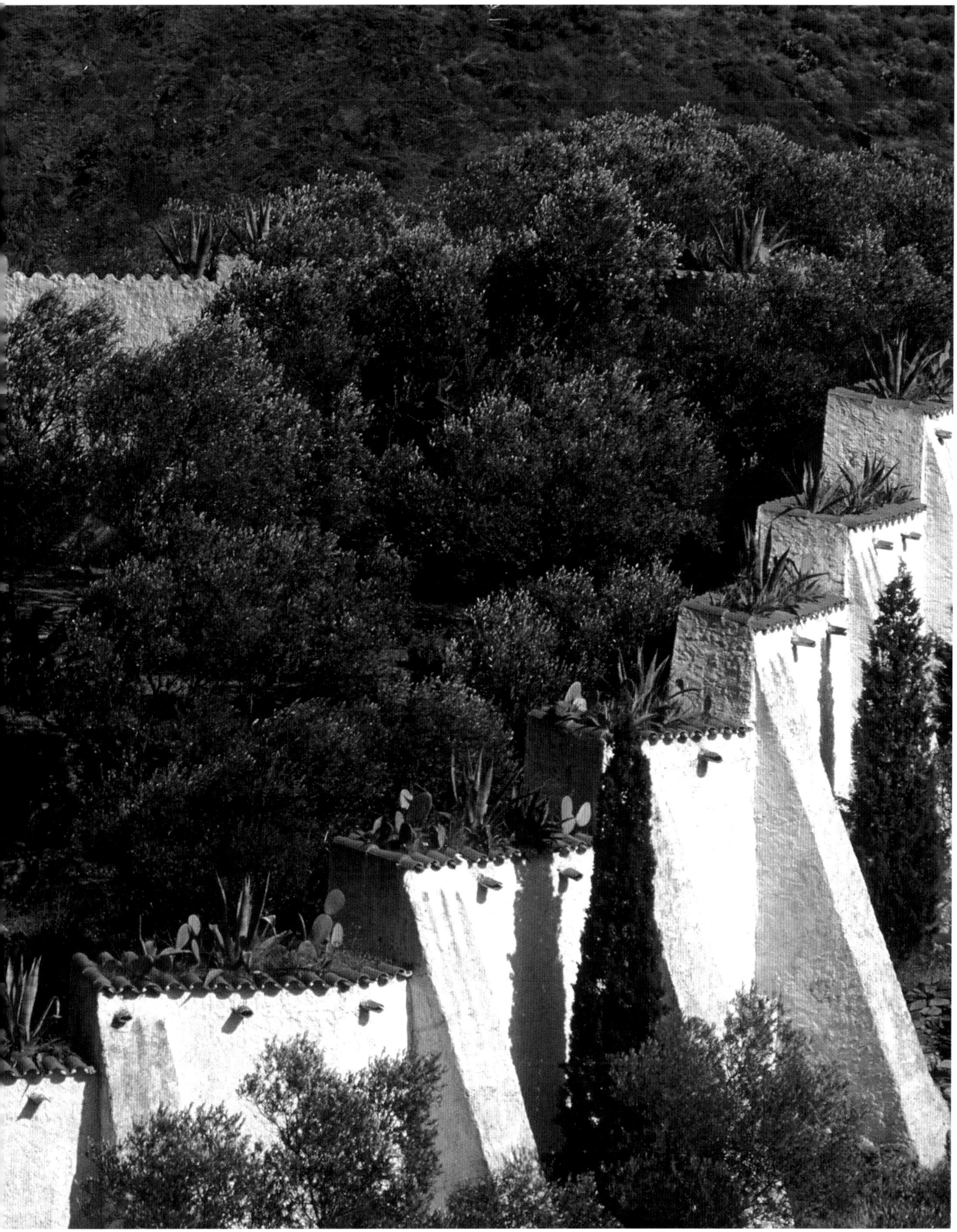

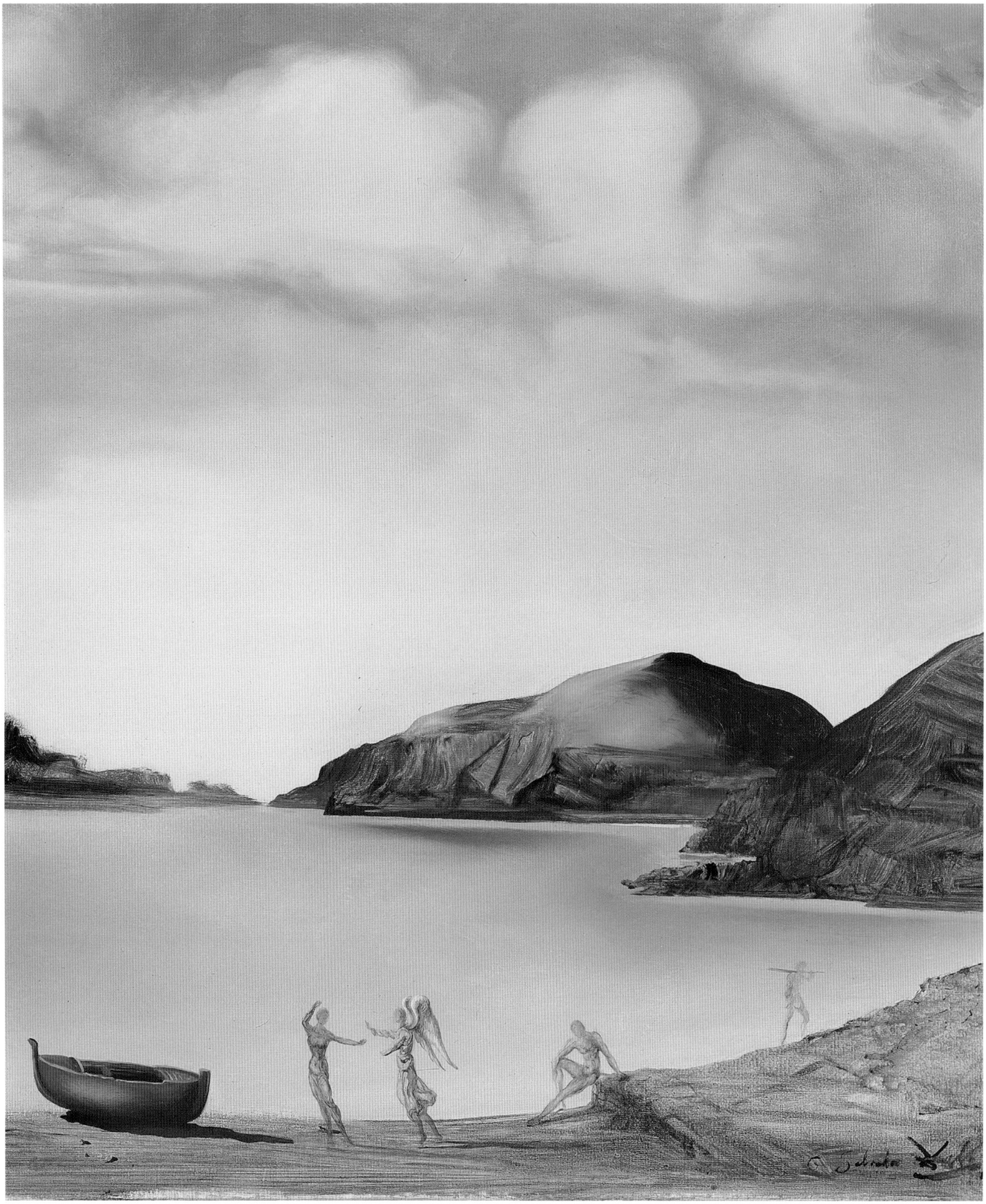

"그러나 살바도르 달리의 최고 장점은 남다른 감각과 뿌리이다. 땅속 깊이 파고들어 영양가 있는 것들을 모조리 찾아내는 뿌리이다."

질 네레[1]

카탈루냐 지역이 달리에게 준 문화적 유산

〈석양의 포르트리가트〉(부분). 1959년. 캔버스에 유채. 58.5×76.5cm. 개인 소장.

알 엠포르다(Alt-Empordà)지구는 1904년 5월 11일, 살바도르 달리2가 태어난 곳이자 그가 훗날 완전히 마음을 빼앗긴 장소로, 경관이 수려하다. 이곳은 달리가(家) 사람들이 대대로 살아온 고장이다. 아름답고 인상적인 이 지역의 지형은 트라몬타나 바람에 의해 형성되었는데, 시속 약 129킬로미터로 주기적으로 불어온다. 소나무 군락이 카탈루냐 자치주에서도 알 엠포르다 지구와 맞닿은 지중해를 경계로 펼쳐져 있는 수직 절벽을 내려다보며 위태롭게 자리하고 있다. 거세고 무자비한 트라몬타나 바람은 알 엠포르다 지구와 그곳에 사는 사람들에게 막대한 영향을 끼쳤다. 수 세기에 걸쳐 피레네산맥의 눈 덮인 꼭대기를 예술적으로 다듬어 놓았고 지역민들에게 악영향을 끼치며 일부 사람들을 자살로까지 몰아가기도 했다. 엠포르다 지구의 주민, 그들을 일컫는 엠포르다인(Empordanese)은 트라몬타나 바람 때문에 완고한 성격을 갖게 된 것으로 알려져 있는데 시도 때도 없이 바람을 이겨내야 하기 때문이다. 살바도르 달리와 부계 조상도 고집스러운 성격을 어김없이 이어받았다. 달리의 친할아버지는 트라몬타나 바람 때문에 혹시라도 일어날 수 있는 끔찍한 결말을 피하고자 쫓기듯 바르셀로나로 떠났다.[3] 하지만 아이러니하게도 트라몬타나만큼 낭만적인 바람은 거의 없다. 트라몬타나 바람이 만들어 놓은 어떤 형상들은 달리의 작품만큼이나 환상적인 특징이 있다.

트라몬타나 바람에 더해 바다로 인한 침식 때문에 눈부시게 아름다운 해안지대가 형성되었다. 이 해안지대는 바위로 뒤덮인 경이로운 자연 그 자체인 카프 데 크레우스 자연공원을 포함하고 있다. 달리는 어렸을 때 카탈루냐의 가장 동쪽 끝에 자리한 카프 데 크레우스 공원을 돌아다니며 수많은 시간을 보냈고, 감동적인 경치에 푹 빠져들며 지질학자가 꿈꿀만한 경험을 누렸다. 이곳의 빛에는 특별한 속성이 있는데 눈앞에 펼쳐진 다채로운 빛깔을 장난스럽게 바꿔놓으며 극적인 상황을 연출한다. 상상력이 부족한 사람도 이 자연 낙원을, 특히 각종 동물과 새, 초현실적인 형상을 띠는 신비로운 바위 지형을 보면 영감을 얻게 된다. 분명 어린 시절의 달리는 이곳에서 이중성과 환상에 빠지게 됐을 것이다. 이러한 환경이 상상력이 뛰어나고 외부 요인에 잘 영향을 받는 사람에게 어떻게 다가왔을지는 쉽게 알 수 있다.

2017년 7월에 〈포르트리가트에서의 은밀한 생활. 살바도르 달리의 집〉이라는 다큐멘터리 영화가 처음 상영되었을 때, 갈라 살바도르 달리 재단의 이사인 몬트세 아게르 테이시도르는 이렇게 이야기했다.

"(포르트리가트에 있는) 집이자 작업실은 화가(살바도르 달리)와 갈라의 피난처였고, 그 집에 진정으로 유일하게 어울리는 풍경의 한가운데에 자리해 있었습니다. 바로 포르트리가트, 카다케스, 크레우스 곶의 중심부에 있었어요. 달리를 물들이고 자극한 풍경이었죠. 달리의 정체성을 심어주었다고도 말할 수 있을 것 같습니다. 달리는 그 풍경과 자신을 완전히 동일시했어요."[4]

그러나 과거에 이례적인 사건이 연이어 일어나지 않았다면 달리는 알 엠포르다 지구의 수도인 피게라스에서 태어나지 못했을 수도 있고 미래의 작업실 겸 집이 있는 포르트리가트 근처에 위치한 매우 수려한 바닷가 마을인 카다케스에서 꿈같은 여름휴가를 보내지 못했을 수도 있었다.

달리의 부계 조상은 대대손손 엠포르다 지구에 거주해왔다. 마녀로 유명한 소도시인 예르스의 교구 기록에 따르면 '달리(Dalí)'라는 성을 가진 사람들이 17세기 말에 그곳에 살고 있었다. 17세기 말 이전의 기록은 스페인 내전 때 소실되어 달리의 조상이 그전에도 엠포르다 지구에 살고 있었는지는 확인할 수 없다.[5] 우리가 알고 있는 사실은 달리가 좀 더 명확한 페르소나를 갖게 되면서 자신에게 일종의 마법 능력이 있다고 느꼈다는 것이다. 달리는 1969년에 사귄 친구이자 자신의 그림 모델이었던 카를로스 로사노에게 '내 마법이 언제나 자네를 지켜줄 걸세'라고 말하고는 했다.[6] 말년에 타로를 재해석하여 만들었을 때 자신을 마법사로 묘사하기도 했다.[7]

'달리'라는 성은 살바도르 달리가 확신했던 것처럼 아랍어에서 기원했을 수도 있다. 성이 달리인 남자 조상들은 대부분 노동자였지만 대장장이도 몇 명 있었는데, 그중에는 달리의 고조부 페레 달리 라게르도 있었다. 19세기에 막 접어들었을 때 고조부의 형 실베스트레 달리 라게르는 예르스에서 약 64킬로미터 떨어진 외딴 어촌인 카다케스로 터전을 옮겼다. 달리의 고조부는 아내의 죽음 이후 1817년에 형을 따라 카다케스로 이주했으며, 그곳에서 같은 동네에 사는 마리아 크루아니에스와 재혼했다. 달리의 고조부모는 아이 셋을 낳았고 각각 페레, 카예타노, 살바도르라고 이름을 지어줬다. 달리의 증조부 살바도르는 1822년에 태어났으며 1843년에 프란시스카 비냐스와 결혼했다. 소문에 따르면 부부의 결혼 생활은 험난했지만 부부는 1846년에 아니세토 라문드 살바도르를 낳았고 1849년 7월 1일에 달리의 조부가 되는 갈 호세프 달리를 낳았다.

갈 호세프 달리는 1869년에 스무 살이 됐을 때 로세스 출신이며 다섯 살 연상의 유부녀인 테레사 쿠시 마르코와 그녀의 딸 카탈리나 베르타 쿠시와 함께 살고 있었다. 훗날 그의 유명한 손자, 살바도르 달리 또한 60년 뒤인 1929년에 평생 가장 사랑했던, 똑같이 유부녀에 열 살 연상인 갈라를 만났을 때 조부와 비슷한 선택을 하게 된다. 1870년에 갈 호세프 살바도르는 칼가(街) 321번지에 위치한 어머니의 허름한 집을 물려받았고 운송업을 시작하여 훗날 달리의 인생에 가장 큰 영향을 끼친 두 장소인 카다케스와 피게라스를 오갔다. 19세기 카다케스의 경제는 대부분 소금에 절인 생선과 포도주에 기반을 두고 있었으며 안초비는 특

위 지중해 연안과 맞닿은 카다케스에 계류 중인 보트

아래 트라몬타나 바람의 영향을 받은 초현실적인 형태의 나무

맞은편 크레우스 곶 물가에 엎드려있는 살바도르 달리, 1958년

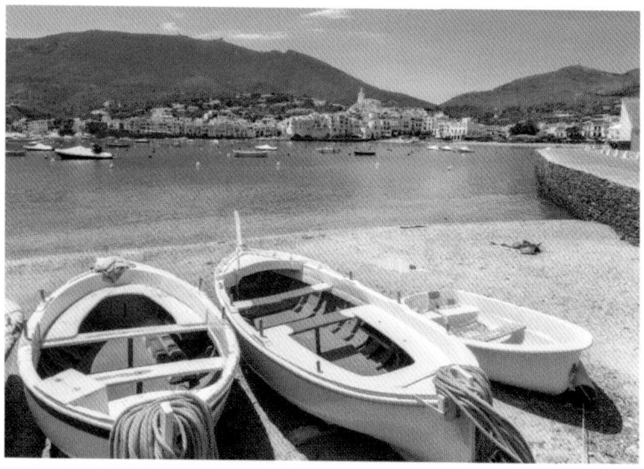

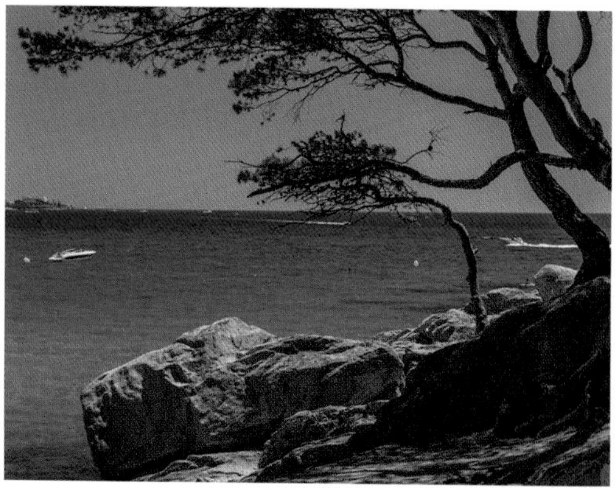

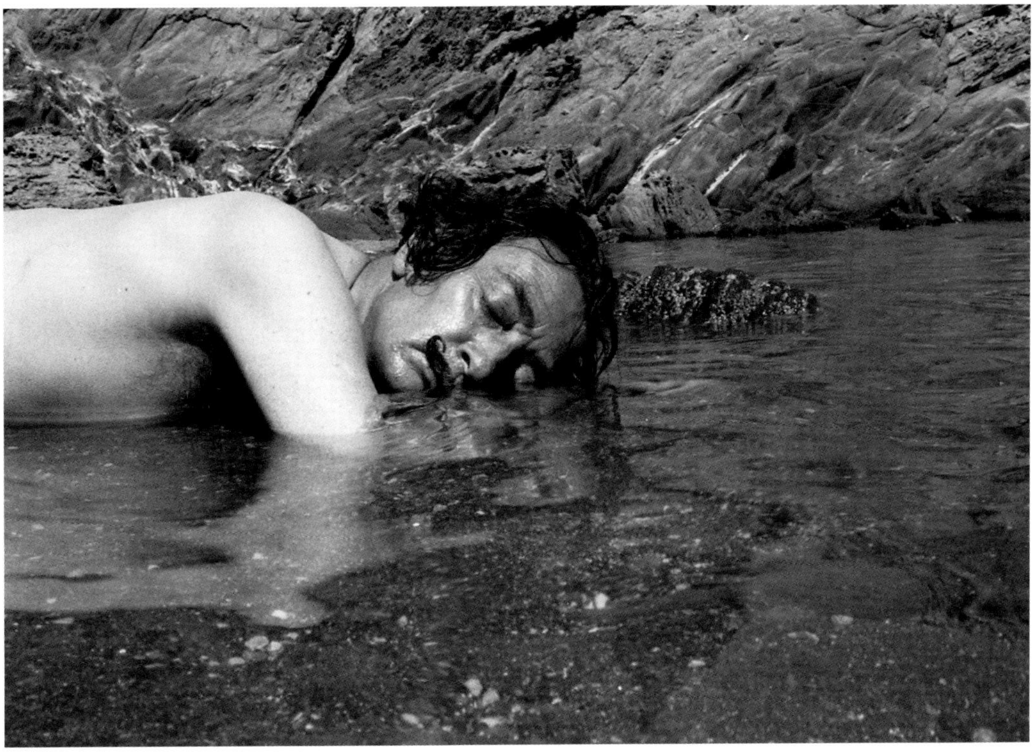

히 로마에서 수요가 많았다. 그러나 1873년에 진드기 필록세라로 인한 전염병이 퍼지자 엠포르다 지구의 포도나무가 말라 죽었다. 전염병이 돌기 전에도 외딴곳이었던 카다케스와 숨기 좋은 동굴과 후미가 많은 카탈루냐 지방의 해안 코스타 브라바에서는 자연히 밀수입이 성행했었는데 전염병이 발병한 이후에는 그 규모가 눈에 띄게 커졌다. 근방의 포르트 데 라 셀바 어촌에는 동종업계에 있는 카다케스 마을에 관한 이야기가 전해진다. "카다케스에는 담배를 파는 행상인, 밀수업자, 뛰어난 선원, 도둑이 산다."[8] 그래서일까, 달리는 말년에 심각한 위조 스캔들에 휘말리게 된다. 달리는 '도금되고 장식이 과한 것은 무엇이든 좋아하고 고급품을 선호하며 동양풍의 옷에 끌리는 취향'을[9] 자신의 아랍 혈통 때문이라고 생각하며 자신이 무어인의 후손이라고 믿었다.

달리의 조부모 갈 호세프 달리와 테레사 쿠시 마르코는 1871년 7월 25일에 카다케스에서 장녀를 낳았고 아니세타 프란시스카 아나라는 이름을 지어줬지만, 안타깝게도 딸은 그다음 해에 눈을 감았다. 부부는 1872년 10월 25일에 미래에 살바도르 달리의 아버지가 되는 살바도르 라파엘 아니세토를 낳았고 1874년 1월 23일에 막내 라파엘 나르시소 하신토를 낳았다. 달리의 조부는 1881년에 가족을 데리고 바르셀로나에 가서 살기로 했다. 달리 가문에서 전해지는 이야기에 따르면, 바르셀로나로 이주하게 된 주된 이유는 트라몬타나 바람에서 벗어나기 위함이었는데 달리의 친할아버지는 트라몬타나 바람이 자신의 정신 건강에 매우 해롭다고 느꼈기 때문이었다. 게다가 야심가였던 달리의 친할아버지에게 바르셀로나는 성공할 가능성이 더 높은 장소였다. 바르셀로나로 이사하게 되자 아들 살바도르는 1882년 9월부터 바르셀로나의 명문 학교에서 중등교육을 받게 됐다. 의붓딸 카탈리나 베르타는 1883년에 인맥이 좋고 법조계에 종사하는 세라클라라 집안의 남자와 결혼식을 올렸다. 달리의 조부는 바르셀로나 증권거래소에서 일하게 됐지만 1880년대 중반에 상황이 안 좋아지자 큰돈을 잃었다. 막대한

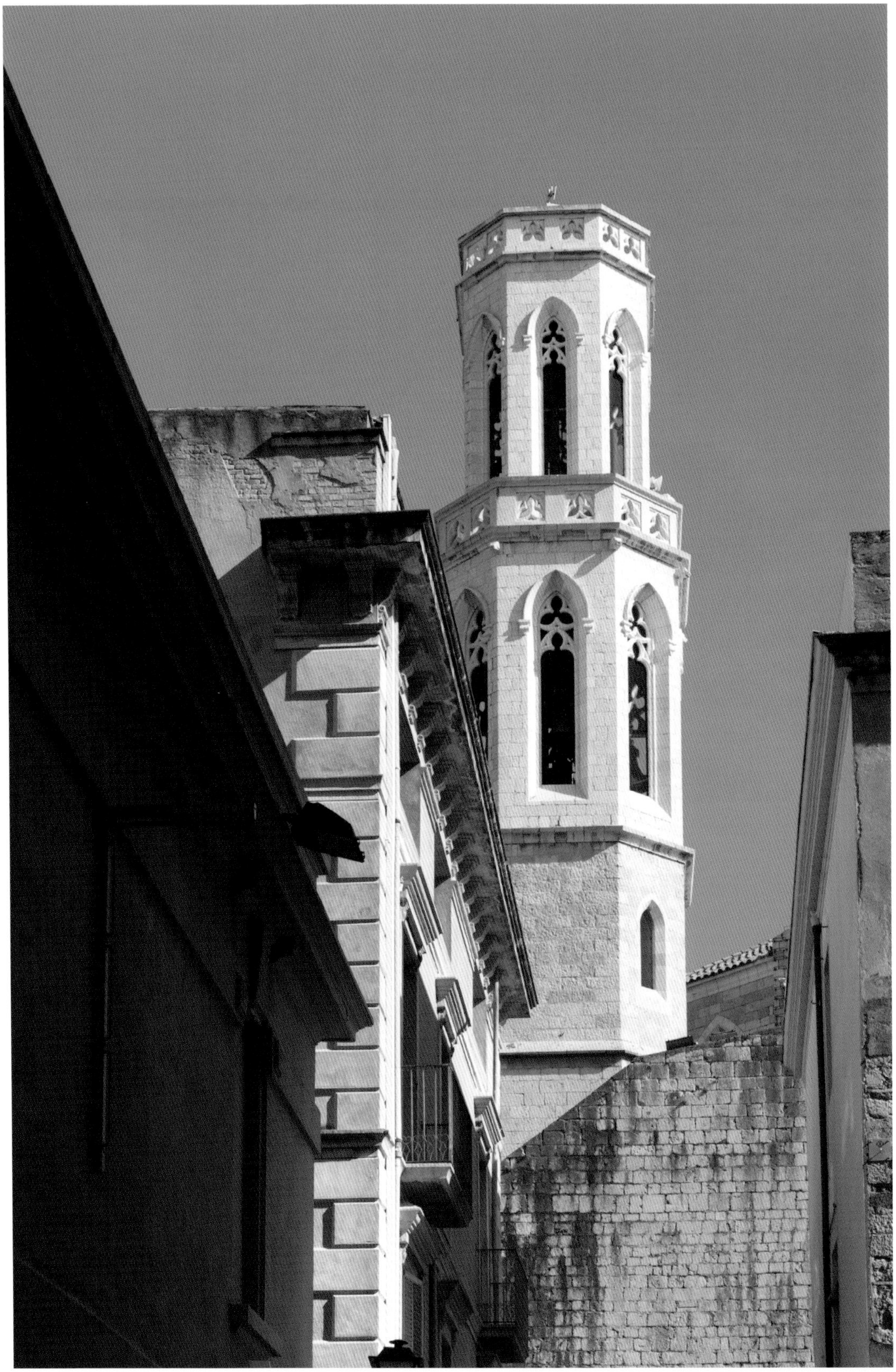

맞은편 피게라스에 있는 산트 페레 성당

재정적 손실과 피해망상을 견디지 못하고 1886년 4월 10일에 발코니 밖으로 몸을 던지려고 했으나, 경찰로 인해 실패했다. 하지만 엿새 뒤에 스스로 목숨을 끊는데, 이번에는 건물 안쪽에 있는 뜰에 떨어져서 즉사하고 만다. 갈 호세프 달리는 애석하게도 카다케스에 버려두고 왔기를 소망했던 운명에서 벗어나지 못했다. 조부의 자살은 집안의 비밀이 되어버렸다.[10]

카탈리나 베르타 부부가 남은 가족을 거뒀고 아이들은 교육을 마칠 때까지 부부와 함께 지냈다. 달리의 조모는 1912년에 눈을 감을 때까지 카탈리나 베르타 부부와 같이 살았다. 달리의 부친은 1888년에 중등교육을 마쳤으며 바르셀로나 대학에서 법학을 공부했고 1893년에 대학을 졸업했다. 처음에는 세라클라라 집안의 회사에서 시간제로 근무했으며 토지등기소에서 부동산 양도 증서를 작성하는 일도 했다. 하지만 그의 형제와 마찬가지로 그는 아버지에게서 보고 배우기도 한 삶, 카탈루냐 뿌리에 의해 내재된 안정적인 삶을 추구하는 성향으로, 그는 공증인이 되기 위해 공부를 시작했다. 1898년에는 공증인직에 여러 군데 지원했지만 모두 떨어졌다. 하지만 학창 시절 친한 친구였던 호셉 '페피토' 피쇼트가 카탈루냐의 번화한 소도시이자 알 엠포르다 지구의 수도인 피게라스에서 공증인 일을 찾아보라고 권유했다. 호셉 피쇼트는 1900년에 이모 안젤라와 결혼했고 안젤라가 물려받은 집이 있는 피게라스로 이주했는데, 그는 달리 집안을 다시 알 엠포르다로 인도한 장본인이 된다. 수년간 피쇼트가(家)의 다양한 사람들이 살바도르 달리의 삶에 중요한 역할을 하게 된다. 게다가 살바도르 달리가 눈을 감은 뒤에도 달리의 친한 친구이자 화가인 안토니 피쇼트(1934~2015)는 달리를 도와 설계한 달리 극장 박물관의 초대관장을 맡게 된다.

카다케스 성당 근처에 있는 자신의 생가인 하얀 집이 좋은 추억으로 남아 있는 달리의 부친에게 카다케스와 가장 가까운 마을인 피게라스는 자신의 커리어를 쌓기에 매력적인 장소로 다가왔다. 달리의 아버지는 또 한 번 공증인직에서 떨어진 후, 1900년 6월 7일에 피게라스에서 공증인 일을 시작하게 됐다. 이런 흥미로운 일들이 잇달아 일어나며 달리의 아버지를 다시 조상의 고향으로 이끌었다. 달리의 아버지는 새 직장 덕분에 약혼녀인 펠리파 도메네크 이 페레스와 1900년 12월 29일에 바르셀로나에서 결혼식을 올렸다.[11]

달리의 아버지보다 두 살 어린 어머니의 핏줄과 유전자 속에는 창조성이 풍부하게 흐르고 있었다. 어여쁜 바르셀로나 소녀였던 모친의 외할아버지, 즉 달리의 증조할아버지 하우메 페레스는 훌륭한 공예가였다. 소문에 따르면 오브제 다흐(objets d'art, 예술품)를 만드는 자신의 사업장이 있는 카탈루냐에서 최초로 거북딱지를 재료로 이용한 사람으로 알려져 있다. 달리의 외할머니, 마리아나 페레스 사두르니 또한 예술가적 기질을 갖고 있었으며, 외할아버지는 남성복 매장을 운영했다. 달리의 모친이 아직 열세 살이었을 때 아버지가 돌아가셔서 외할머니가 가게를 이어받으셨고, 달리의 어머니는 외할머니를 도우며 예술품을 만드는 데 상당한 기술과 재능을 드러냈다. 달리의 모친은 특히 색색의 양초로 작은 조각상을 만드는 것을 좋아했으며 달리는 어릴 때 어머니의 조각상을 무척 좋아하게 된다. 1877년생인 모친의 남동생 안셀도 창의력이 뛰어난 사람이었으며 어린 살바도르 달리에게 큰 영향을 끼치는 인물이 된다.

달리의 어머니는 금세 임신을 했고 1901년 10월 12일에 달리의 형인 첫 번째 살바도르를 낳았다. 그러나 공식 기록에 따르면, 달리의 형 살바도르는 안타깝게도 22개월도 채 되지 않은 1903년 8월 1일에 전염성의 위장염을 동반한 감기로 인해 사망했다. 아버지에게서 감염된 성병으로 인한 기형이 사인이라거나 아버지의 폭행 때문에 뇌척수막염이 생겨 사망했을 수 있다는 말도 있지만 어떤 추측도 입증되지는 않았다.[12] 달리의 아버지는 아내가 너무 우울해하는 것을 보고 한적한 곳으로 데려가야겠다고 결심했다. 슬픔에 빠진 부부는 카니구산이 올려다 보이고 피레네산맥의 구릉지대에 있는 레케센스의 호수 근방으로 떠났다. 카니구산은 카탈루냐 사람들에게 중요하고 신성한 장소이며, 어떤 이들에게는 다른 차원으로 통하는 문으로 여겨진다.[13] 부부가 방문한 곳은 카탈루냐 순례자들이 매년 찾아와서 트라몬타나 바람이 엠포르다 평원에 계속 불어서 질병이 생기지 않게 해달라고 기도하는 장소이다. 아들을 잃는 끔찍한 일을 겪은 후에 부부는 그곳에서 위로와 평안을 찾았을지도 모른다. 하지만 달리의 모친이 첫째 아들이 죽은 지 9개월 10일이 지난 후에 '진짜 살바도르 달리'를 낳았던 것을 생각하면 달리의 어머니는 다시 임신하게 해달라고, 이번에는 건강하게 잘 자라는 아이를 갖게 해달라고 기도했던 것 같다.

지상층에는 달리 부친의 사무실이 있고 1층에는 달리의 부모가 거주하는 피게라스에 자리한 우아한 모더니즘 양식의 건물에서 1904년 5월 11일 저녁 8시 45분에 살바도르 도밍고 펠리페 하신토 달리 이 도메네크가 세상에 나왔다.[14] 이후에 달리는 예술계에서 자신이 맡게 될 매우 중대한 역할을 완벽하게 묘사한다고 느꼈던 살바도르 달리란 이름으로 알려지게 된다. 살바도르는 '구원자(Saviour)'를 의미한다. 달리는 자신이 스페인 예술의 구원자가 될 운명이라고 생각했다.

만약 달리의 형이 그렇게 어린 나이에 세상을 떠나지 않았더라면 달리가 태어날 수 있었을지는 알 수 없다. 이러한 환경에서 위대한 화가, 살바도르 달리가 태어난 것이다. 달리는 어렸을 때 그 상황을 너무나 잘 이해했고 최대한 자신에게 이익이 되도록 이용했다. 그러나 달리는 모순적이게도 자신이 첫째 살바도르의 대체자라는 집안 분위기에 크게 영향을 받았다. 달리는 다섯 살 때 부모를 따라 형의 무덤으로 가서 자신이 형의 환생이라는 말을 들었다. 그 말은 당연히 여러 측면에서 달리에게 복잡한 영향을 끼쳤다. 어쩌면 어쩌면 이 말은 달리의 작품은 물론 그의 공적이고 사적인 모습에 매우 중대한 부분을 차지했던 이중성이 처음으로 발현하게 된 계기가 됐을 것이다. 확실히 그렇게 어린 나이에 죽은 형의 환생이라고 불리는 일은 달리의 상상력에 끝없는 가능성을 열어주었을 것이다. 반면에 달리의 여동생인 아나 마리아는 1949년에 출간한 회고록에서 자신의 목가적인 어린 시절을 묘사했다.

달리의 자서전 『나는 세계의 배꼽이다: 살바도르 달리의 이상한 자서전』에는 신뢰하기 어려운 기억들이 무수한 상상과 더불어 경이롭게 이어지고 정교하게 짜여있어서 무엇이 진실이고 무엇이 거짓인지, 어느 부분이 고삐 풀린 상상력의 산물인지 독자를 계속 추측하게 만든다. 광범위한 내용을 다루고 있는 달리의 전기인 『살바도르 달리의 수치스러운 생애』의 저자 이안 깁슨은 달리의 자서전을 참고 자료로 사용하는 것에 대해 주의를 준다. 그러나 달리의 자서전은 달리가 자기 삶의 면면을 어떻게 느끼고 상상했는지를 묘사하

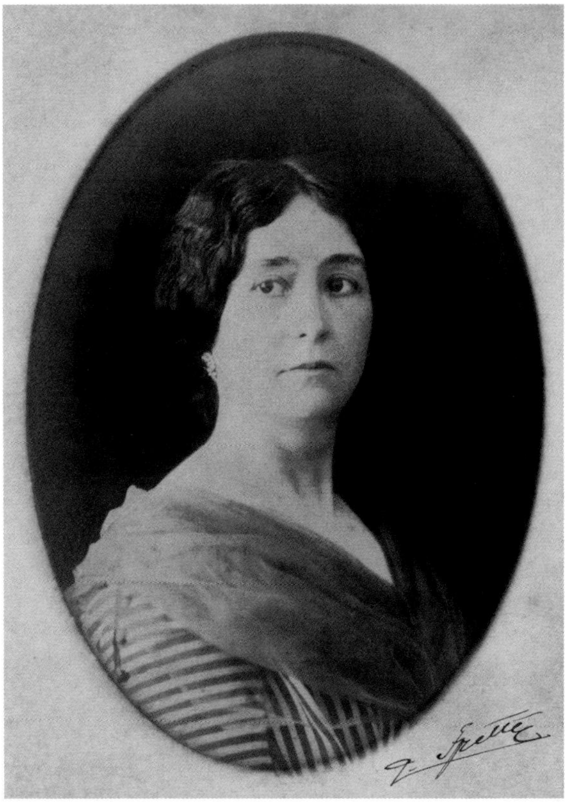

위 달리의 어머니, 펠리파 도메네크 이 페레스, 1910년.

맞은편 왼쪽 달리의 아버지, 살바도르 달리 쿠시, 1910년.

맞은편 오른쪽 둘째 살바도르 달리, 1911년경.

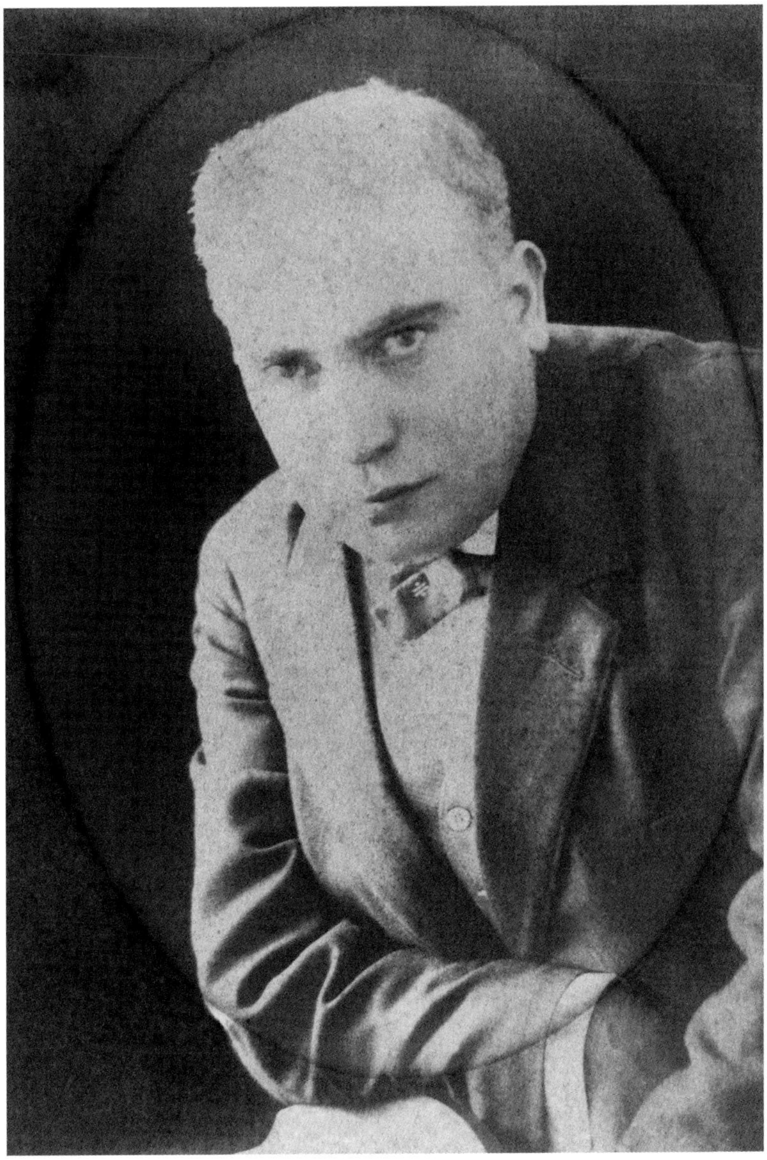

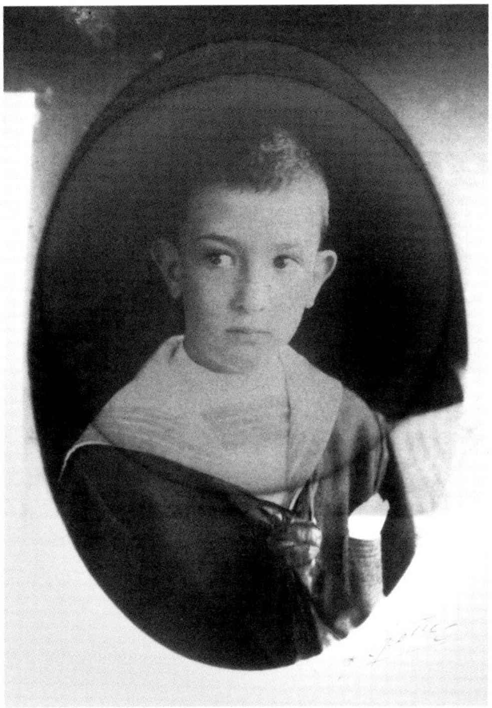

며 달리의 인생에 중요한 역할을 담당했던 여러 사람과 장소를 설명한다. 『달리』의 저자 메러디스 이더링턴-스미스는 이렇게 이야기했다. "달리의 모호한 표현에도 불구하고 달리 자신도 모르게 때때로 진실이 허구의 구름을 뚫고 나온다. (…) 특히 달리가 카다케스에서 보낸 자신의 어린 시절을 묘사할 때 사실이 허위를 비집고 모습을 드러낸다. 카다케스에서 보낸 시절은 스스로 생각하는 자신의 존재와 성격이 형성된 과정에 너무 중요한 나머지 아무리 그라도 진실이 감춰질 만큼 왜곡할 수 없었다."[15]

달리는 자서전에서 자궁에 있을 때의 기억이 있다고 주장하며 자궁 안의 환경을 다음과 같이 묘사했다. "(자궁은) 신성했고 낙원이었다. (…) 당시 이미 희열과 황홀감을 전부 내 눈으로 받아들이고 있었으며 최고로 아름답고 가장 인상적이었던 장면은 프라이팬에 조리됐지만 프라이팬이 없는 달걀 프라이 두 개의 모습이었다. 환각 같은 달걀 프라이 두 개의 형상을 볼 때마다 느껴지는 동요와 기분은 어쩌면 그 이미지에서 비롯된 것 같다."[16] 자궁에 머문 기억이 있다고 정말 믿었든지 아니면 다채로운 상상의 산물이었든지 간에 달걀은 달리가 화가로서 성장하며 자신의 작품에서 제일 좋아하는 상징적인 모티프가 됐다. 이 달걀은 딱딱한 겉면과 부드러운 내부의 이중성과 더불어 희망과 사랑의 감정을 상징한다. 달리는 자궁의 상징적인 가치에 매우 집착하여 나중에 집이자 작업실을 꾸준히 개조해 나갔을 때 난간 대신 거대한 흰 달걀을 지붕에 장식했다.[17]

자궁 밖의 환경에서 달리는 특별한 대접과 보살핌, 사랑을 받았다. 달리의 어머니는 첫째 살바도르를 잃고 당연하게도 둘째 아들을 과보호했다. "부엌에 들어가지 못하는 것만 빼고는 내 마음대로 행동할 수 있었다. 단순히 재미로 여덟 살 때까지 침대에 오줌을 쌌다. 나는 집에서 절대 군주였고 만족할 줄을 몰랐다. 아버지와 어머니는 나를 애지중지하셨다."[18] 달리의 부친은 달리의 예술적 재능을 여러모로 지원해주었지만 달리가 자랄수록 가부장적인 아버지의 관계는 점점 더 복잡해지고 어려워져만 갔다. 달리를 끔찍이 아끼는 모친과 가정부는 달리를 버릇없이 키우는 바람에 원하는 것이 있으면 성질을 부리도록 부추긴 꼴이 됐던 것인지도 모른다. "하지만 나는 항상 어떤 감각을 원하는지 정확하게 미리 생각하여 알고 있었지만 어떤 감정을 원하는지는 알지 못했는데, 내 감정은 비누 거품처럼 가볍고 취약했다. 일반적으로 말해서, 나는 비상식적이고 광적으로 흥분하는 내 행동 패턴은커녕 내 행위가 불러올 결말을 전혀 예상하지 못했으며 나도 자주 처음 목격하고 깜짝 놀랄 정도다."[19] 달리의 모친은 아들을 매우 아끼는 엄마의 역할을 완벽하게 수행했으며 달리는 매일 엄마의 질문으로 하루를 시작했다. "우리 아들, 뭘 원하니? 뭘 해주면 좋겠어?"

집에서 달리에게 큰 영향을 끼쳤던 또 다른 인물은 달리의 간호사인 유시아였다. 유시아는 친절하고 인내심이 강한 여성으로 카탈루냐의 전통문화를 뼛속 깊이 알고 있어서 달리와 1908년 1월 6일에 태어난 달리의 여동생, 아나 마리아에게 카탈루냐의 자장가를 들려줬다. 달리는 평생 예술과 자신의 페르소나에 관해 많은 실험을 했지만 자신의 카탈루냐 핏줄은 부정할 수 없었다. 카탈루냐인은 천성적으로 창의성이 풍부하고 활동적이고 돈 버는 데에 관심이 많다. 13세기부터 카탈루냐인들은 식민지 시대의 스페인 사람들처럼 자기 세력을 늘리는데 열중한 귀족들과는 대조적으로 무역업에 종사했다. 카탈루냐인들은 스페인 사람들보다는 프랑스 랑그도크의 토착민들과 더 비슷하며[20] 아이러니는 주로 카탈루냐인에게 내재한 특징이다.

달리가 태어난 도시는 사람들로 북적였다. 1878년에 피게라스를 오가는 기차가 처음 생겼고, 도시 경제에 상당히 큰 파급 효과를 끼치며 도시가 발전하고 인구가 늘어났다. 1900년에 들어서는 도시 인구가 10,714명으로 증가했다. 아름다운 알 엠포르다 평원의 언저리에 위치한 피게라스는 바르셀로나에서 프랑스 루시옹으로 이어진 길이 교차하고 엠포르다 해안지대에서 피레네산맥의 구릉 지대를 잇는 교통로가 놓인 유리한 위치에 자리하고 있다. 피게라스는 지리적 특성 때문에 유럽 문화의 영향을 받았다. 알 엠포르다 지구의 수도로써 피게라스는 역사적으로 경제 상업 중심지였다. 달리에게 엠포르다 평원은 '세상에 존재하는 가장 실재적이고 구상적인 풍

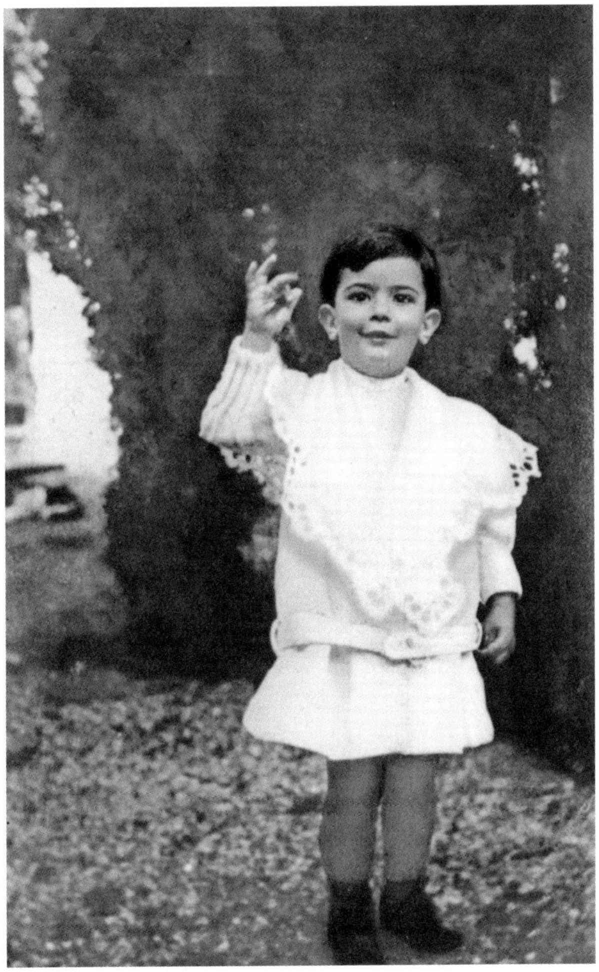

살바도르 달리, 1906년경.

경'이었다.[21] 달리가 태어났을 때 모더니즘 양식의 건축물은 카탈루냐 전역에서 인기를 얻은 것처럼 피게라스에도 벌써 전파되어 있었다. 도시에는 훌륭한 모더니즘 양식의 건물이 여러 채 있었는데 그 중에 하나는 달리가 태어난 임대 건물인 카사 푸이그로 몬투리올가(街) 6번지(현재 20번지)에 있다. 이 건물은 다작했던 건축가인 호셉 아세마르 이 폰트가 1898년에 지었다.

달리 가족의 집은 카사 푸이그 1층에 있었는데 내부 계단을 통해 지상층에 있는 달리 아버지의 사무실과 연결되어 있었고 유명한 람블라 거리에서 겨우 50미터 떨어져 있었다. 집에는 한 면을 전부 차지하는 넓은 테라스가 있었는데 마르케사 데 라 토레 토착 귀족 가문이 소유한 아름다운 정원이 내려다보이는 방향에 있었다. 달리의 어머니는 테라스에서 카나리아와 비둘기를 키웠고 백합과 달리가 좋아했던 감송*을 심은 화분으로 테라스를 꾸몄다. 달리의 외할머니와 미혼인 이모가 1910년에 꼭대기 층으로 이사 왔는데 대부분 달리의 집에서 시간을 보냈다.

달리는 여동생과 사이가 좋았다. "여동생에 대한 내 감정은 좋아서 어쩔 줄 모르는 애정이었으며 여동생을 발로 차버린 이후에야 자라난 감정이었다."[22] 여동생은 첫 번째 그림 모델이자 뮤즈로 달리의 초기 작품에 많이 등장하게 된다. 달리의 아버지는 피게라스에서 갖게 된 자신의 지위와 생활에 잘 적응했다. 바르셀로나에서 대학을 다니던 시절에 동생과 같이 카탈루냐의 연방 체제를 열렬히 지지했었는데 사무실과 집에서 아주 가까운 스포츠 피게렌세 클럽에서 이 열정을 표출할 새로운 근거지를 발견했다. 뚱뚱하고 사교적인 남자가 이 진보 모임의 주요 회원이 되기까지는 그리 오래 걸리지 않았는데, 달리의 아버지는 매일 저녁 이곳에서 정치를 주제로 활발하게 토론하는 것을 즐겼다.

달리의 가족은 위층에 사는 사람들과 매우 가까워졌는데 그 당시 어렸던 달리는 위층 사람들에게 관심이 많았다. 원래 바르셀로나주 출신인 마타스 부부는 세 명의 아이들과 함께 부에노스아이레스에서 피게라스로 이주해와서 살고 있었다. 달리는 마타스 가족의 우아한 생활 방식을 무척 좋아했으며 자서전에 마타스 가족을 다음과 같이 묘사했다. "마타스라는 성을 가진 아르헨티나인 가족의 딸 중에서 우르술리타라는 여자애는 미모로 유명했다."[23] 마타스 가족의 집에서 "나는 우리 집에서처럼 귀염받았다. 매일 6시쯤마다 황새 박제가 있는 응접실의 매우 커다란 탁자에 천사의 머리카락과 아르헨티나 억양을 가진 매력적인 생명체들 여럿이 앉아서 마테차

* 뿌리줄기를 캐어 한약으로 쓰며, 향수로도 가공된다.

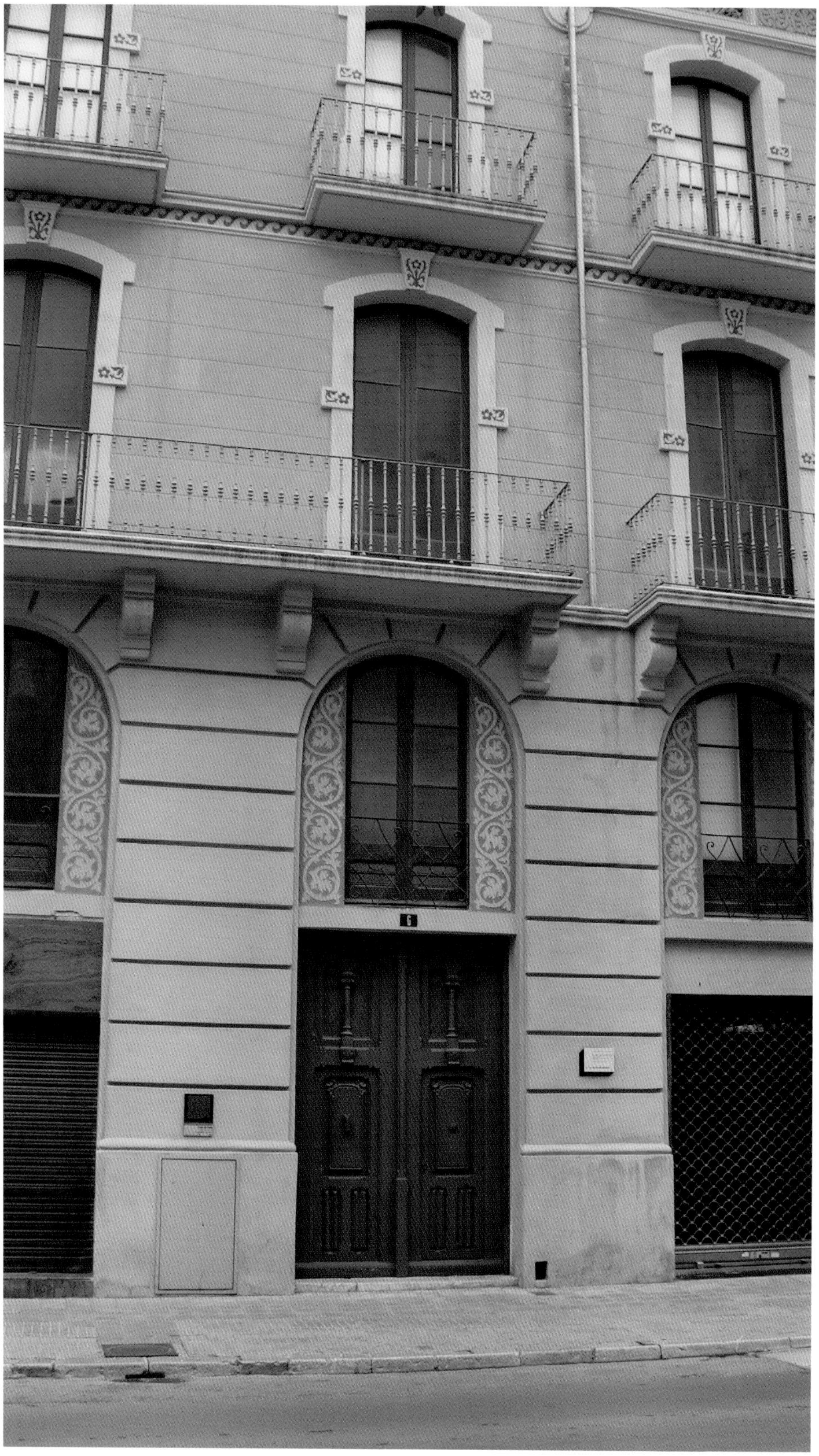

왼쪽 카사 푸이그, 피게라스 몬투리올가 6번지, 살바도르 달리의 생가.

맞은편 카다케스의 해변에서 포즈를 취하는 달리의 가족. [왼쪽부터] 가정부, 달리의 어머니와 아버지, 살바도르 달리, 이모(카테리나), 여동생, 외할머니(아나).

20, 21쪽 카다케스

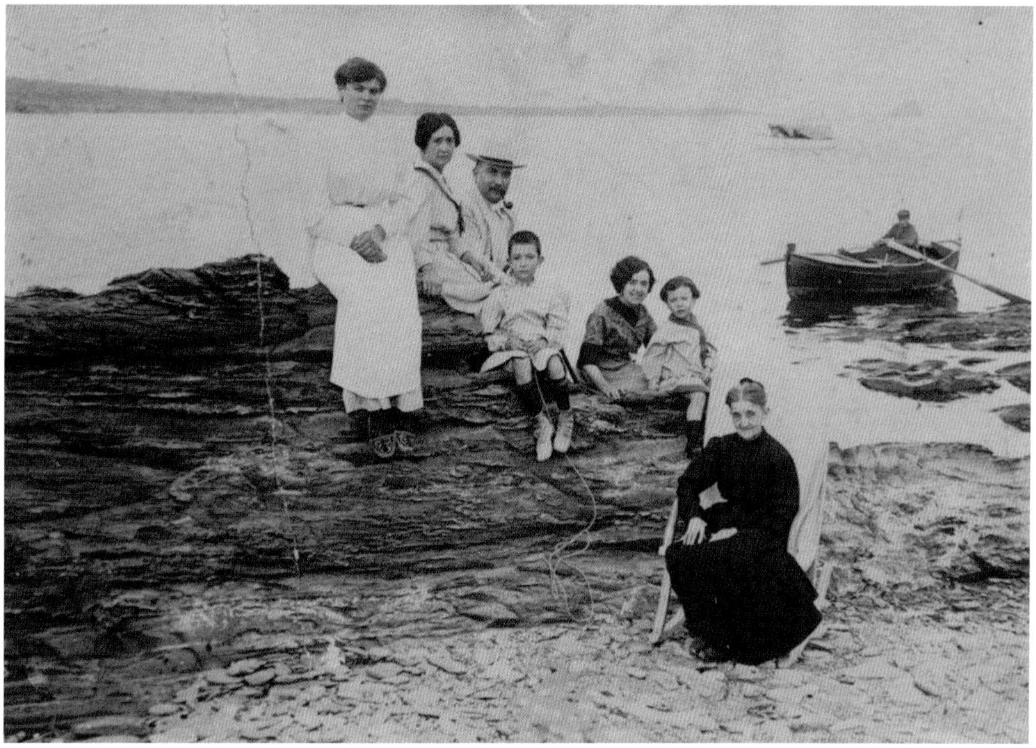

를, 이 사람에게서 저 사람으로 은 빨대로 돌아가며 마시고는 했다. 입으로 행하는 그 난잡한 행위는 특히 날 괴롭게 만들었고 질투라는 다이아몬드의 푸른 섬광이 이미 번쩍이고 있던 내 안에 도덕적인 거북함을 소용돌이치게 했다."[24]

크리스마스 또한 어린 시절의 달리에게 격한 감정을 불러일으켰다. 달리의 가족은 바르셀로나에 친척이 있었을 뿐 아니라 세라클라라 집안과 연을 계속 이어왔기 때문에 1912년도까지 바르셀로나에서 크리스마스를 보냈다. 달리는 이날을 간절히 기다려왔는데 선물을 무지막지하게 많이 받을 것을 알고 있어서 너무 흥분한 나머지 울고불고 난리를 쳤다. 스페인에서는 크리스마스를 12월 24일에 기념하지만 아이들이 선물을 받는 가장 중요한 날은 1월 6일 공현 대축일의 전날이다. 달리는 자서전에서 이렇게 회고하고 있다. "공현 대축일에 받은 수많은 선물 중에 눈부시게 화려한 왕의 의상, 바로, 커다란 토파즈가 여러 개 박힌 황금 왕관과 흰담비족제비 털 망토가 있었다. 그때부터 나는 거의 그 복장으로 생활했다."[25] 달리의 분장하기 좋아하는 취향은 평생 이어지게 되고 처음 학교에 갔을 때 달리의 모습은 달리보다 가난한 같은 반 아이들로부터 확실히 엄청난 반응을 얻게 된다.

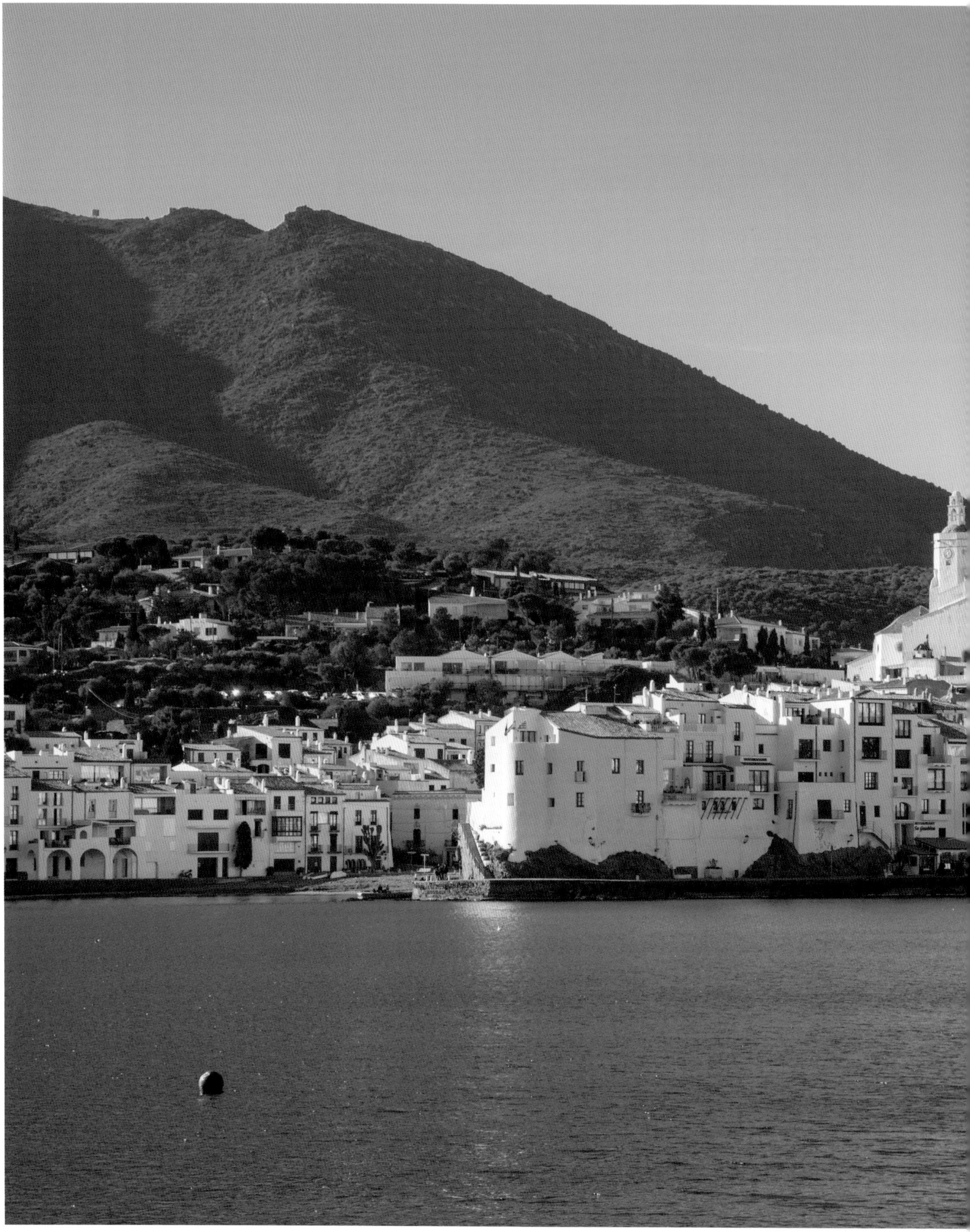

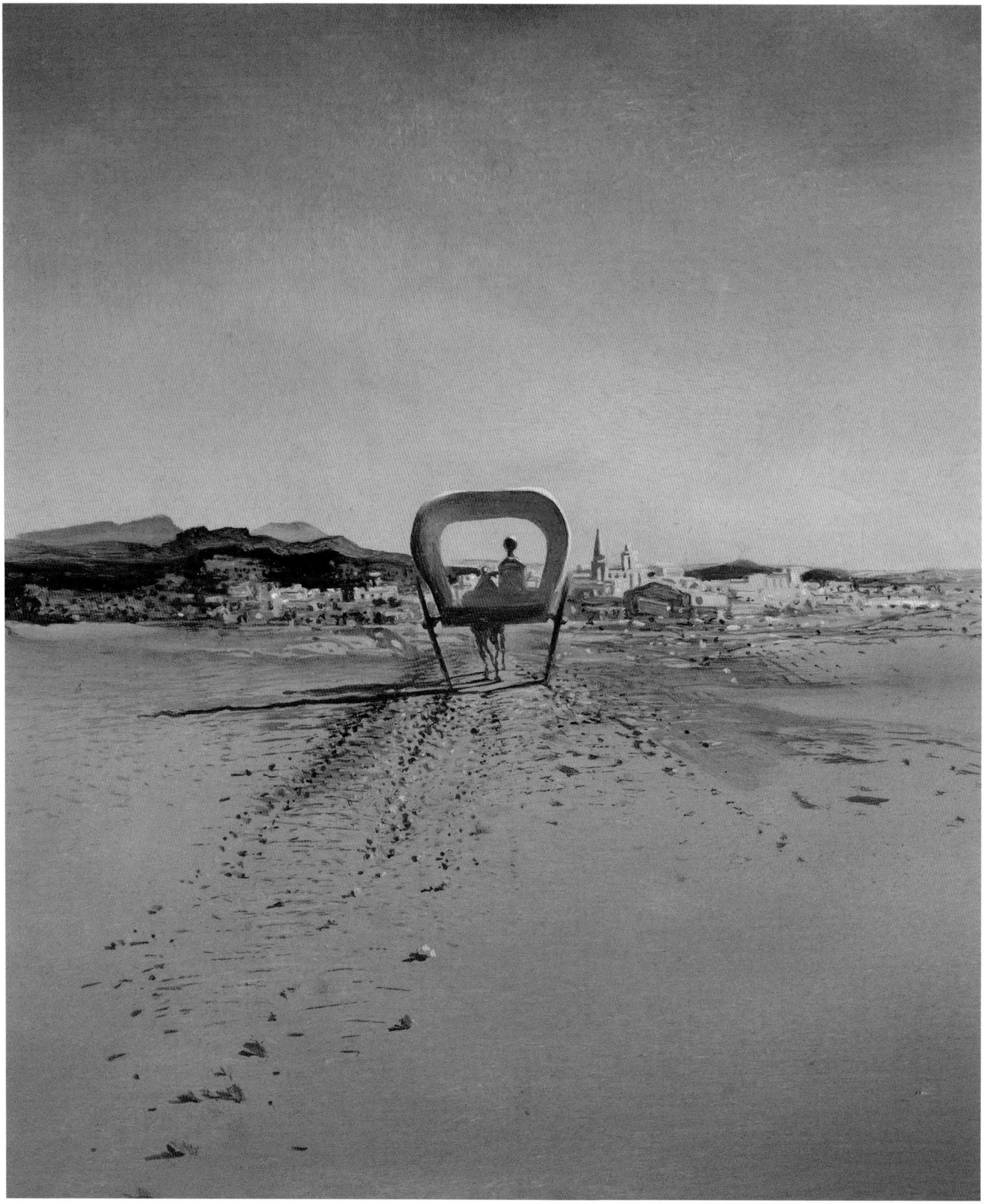

"빛과 색채를 향한 욕망을 채웠다. 무더운 여름 동안 미친 듯이 그림을 그리며 바다와 햇살이 내리쬐는 해변의 견줄 수 없는 아름다움을 옮기려고 노력했다." 열세 살 때의 살바도르 달리[1]

평생의 예술적 영감을 발견하게 된 카다케스 마을

〈유령 마차〉(부분), 1933년, 나무판에 유채, 19×24.1cm, 달리 극장 박물관.

달리의 아주 말끔한 용모는 피게라스 시립 초등학교의 같은 반 아이들의 모습과 극명한 차이를 보였다. 달리는 자서전에 이 상황을 재미있게 설명했다. "나는 소매의 휘장과 모자의 별이 두꺼운 금실로 수 놓인 세일러복을 입고 있었다. 내 머리만 무척 깔끔하게 빗질되어 있고 좋은 향기를 풍겨서 내 냄새를 더 잘 맡으려고 번갈아 다가오던 아이들은 너무 당황스러웠을 것이다."[2]

달리의 교사였던 에스테베 트라이테르는 방과 후에 가끔 달리를 자신의 집에 데려갔고 달리는 이 공간에서 큰 영향을 받았다. "이곳은 아직도 내 머릿속을 가득 메운 장소 중에서 가장 불가사의한 공간으로 남아있다."[3] 트라이테르 선생님의 수집품은 거대한 책장에 수납된 먼지 쌓인 수많은 책과 선반 곳곳에 자리한 '동떨어지고 각기 다른 물건이'[4] 있는 신비한 보물 상자였다. 수집품 중에는 '올리브산의 나무로 조각된…, 들기 힘들 정도로 무겁고 커다란 묵주'와[5] 트라이테르 선생님이 '레 메바 푸비야(내 제자)' 또는 '내 댄서'라고 부르며 날씨를 예측할 때 사용했던 마른 개구리, 달리가 처음으로 본 러시아 사진 몇 장, 그리고 '(달리를) 황홀하게 만드는 것 중에 가장 중심에 있는 큼지막한 정사각형 상자'도 있었다. 이 상자는 '일종의 광학 극장'[6]이었으며 '선잠' 상태에 있을 때 우리에게 보이는, 이른바 '입면환각(hypnagogic)'* 이미지가 변형된 형태와만 비교해볼 수 있을 것 같은 이해하기 어려운 방식으로 그림이 연달아 바뀌었다. "선생님의 신기한 극장에서 평생 나를 아주 깊이 흔들어 놓을 이미지들을 봤다. 특히 작은 러시아 소녀의 그림은 충격적이었다."[7] 달리는 자서전에서 그 소녀가 미래에 자신의 부인이자 뮤즈가 되는 갈라라고 주장한다. "갈라였을까? 갈라였다고 확신한다."[8] 물론 자서전이 쓰인 1941년도는 달리가 갈라를 만난 지 12년째가 되는 해였다는 것을 참작해야 한다.

어린 시절의 달리는 많은 장소에서 착시와 상징을 발견했다. 달리는 다섯 살 때 개미에게 먹힌 곤충을 봤는데 그 곤충은 껍데기만 남아있었다. 개미는 달리의 그림과 영화에 모두 자주 등장하는 모티프가 되며 죽음, 부식, 불영속성의 상징이었고, 달리가 두려워하게 된 부패와 그의 성적 욕망을 나타내는 것이었다. 달리는 또한 반 친구들이 메뚜기를 자신에게 던지곤 했기 때문에 이 시기에 생겨난 메뚜기에 대한 비이성적인 두려움을 가지고 있었다. 메뚜기는 달리가 가장 자주 사용하는 상징으로 손꼽히며 달리는 메뚜기를 공포, 오물, 파멸을 상징하는 이미지로 사용했다.

달리가(家)와 집안끼리 친했던 피쇼트가(家) 사람들은, 달리의 삶 대부분을 차지하는 배경이 되는 장소로 어린 달리를 연결해주는데 다시 한 번 중요한 역할을 했다.

* 잠잘 때와 잠에서 깰 때 일어나는 환각.

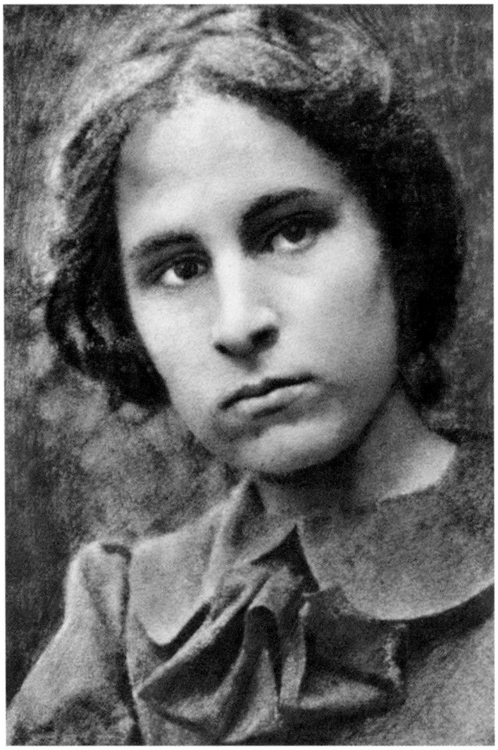

위 갈라 엘뤼아르 달리, 본명은 엘레나 이바노브나 디아코노바, 1910년경.

맞은편 두 방향에서 바라본 포르트리가트에 있는 달리의 집.

바로 달리의 아버지가 태어난 그림 같은 바닷가 마을인 카다케스라는 곳이다. 훗날 달리는 카다케스에 관한 추억을 이야기한다. "언제나처럼 나는 더할 나위 없이 완벽하고 환상적인 카다케스 마을에서 행복하게 지냈다. 라틴 국가를 에워싼 바다 옆에 자리한 그곳에서 빛과 색채를 향한 욕망을 채웠다. 무더운 여름 동안 미친 듯이 그림을 그리며 바다와 햇살이 내리쬐는 해변의 견줄 수 없는 아름다움을 옮기려고 노력했다."[9] 달리 아버지의 친한 친구인 페피토 피쇼트의 어머니 안토니아 히로네스는 사업가적 기질이 강했다. 20세기로 접어들 무렵에 카다케스에 있는 별장을 임대했던 히로네스는 그곳에 집을 사기로 했다. 황무지로 등록되어있던 에스 소르테라는 이름의 곳을 샀고 가족과 친한 미켈 우트리요 화가의 디자인을 바탕으로 L자 형태의 적당한 집을 지었다. 원예학에 심취하게 된 페피토는 가망 없어 보이는 부지에 이국적인 정원을 아름답게 꾸몄고 시간이 지나며 집은 점차 확장됐다.

피쇼트가 남매는 창의성이 매우 뛰어났고 오래 지나지 않아 카다케스에 있는 집에는 개성 있고 자유분방한 사람들이 많이 드나들기 시작했다. 달리 가족도 곧 손님으로 초대받았고 달리의 아버지는 아홉 살 때까지 살았던 지역에서 자신의 뿌리와 다시 이어지는 기회를 얻게 됐다. 달리의 부친은 이내 카다케스에 집을 사거나 임대하고 싶다는 생각에 사로잡혔다. 다시 한 번 더, 친한 친구 페피토의 도움을 받아 그 소원을 이룰 수 있었고, 에스 랴네 바닷가에 위치한 페피토의 여동생(마리아)의 마구간을 개조한 집을 임대했다. 오늘날 많은 사람이 카다케스가 코스타 브라바에서 가장 아름다운 마을이라고 생각한다. 어린 시절의

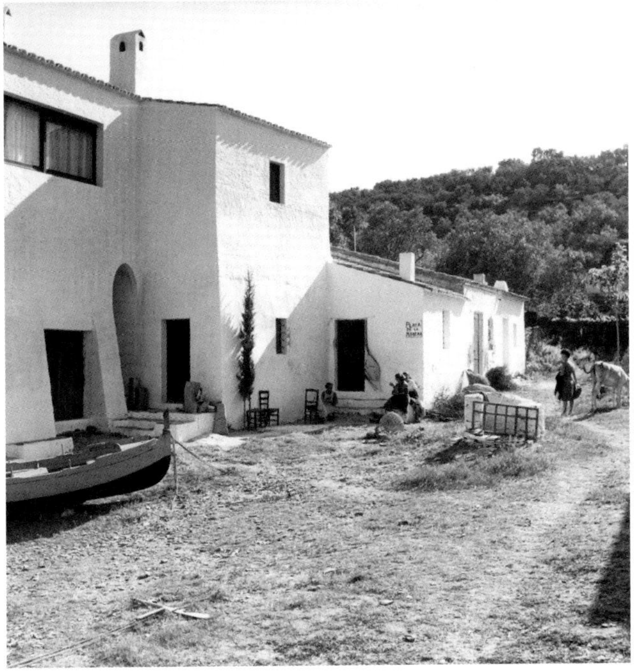

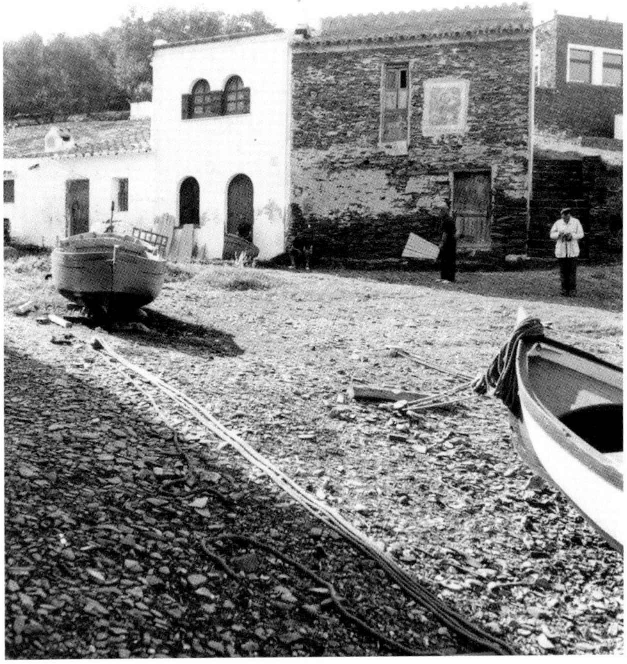

달리는 카다케스와 그 주위 환경과 이어지고 동화됐으며 어쩌면 그곳에서 탈바꿈되었을 것이다. 달리는 애벌레가 자신의 몸을 소화하는 것처럼 카다케스를 게걸스럽게 소화했다. 그리고 충분히 배를 채우고 난 후에, (비유하자면) 나뭇가지에 거꾸로 매달린 뒤 명주실을 자아내어 고치를 만들고 마침내 나비의 모습을 드러냈다. 달리는 자신이 필요한 예술적 영감을 카다케스에서 전부 찾아냈다. 훗날 달리는 자신이 '이 원시적인 풍경의 인간 화신'이며 카다케스의 '살아있는 핵'을 품었다고 이야기한다. 카다케스, 카프 데 크레우스 자연공원과 연결되는 매우 특별한 경험을 한 이후에는 학기 중에 조바심을 내며 다시 여름이 와서 이 특별하고 영감이 샘솟는 장소로 돌아갈 수 있기를, 어쩌면 영성 그 자체라고 느꼈을 법한 그곳으로 되돌아가기를 바랐다. 달리의 시선에서 자신의 본질과 그곳의 자연은 매끄럽게 연결되어 있었다. 때로는 그 자연의 일부가 된 듯한 매우 강력한 유대감을 느꼈다. 바로 이 풍경과 카탈루냐 핏줄이 달리의 작품의 중요한 요소를 풀어주는 열쇠였다.[10]

달리가 카다케스와 인근의 카프 데 크레우스 자연공원을 사랑하게 된 이유는 쉽게 알 수 있다. 한때 카다케스는 바다로만 접근할 수 있었으며 요즘도 경치는 아름답지만 길이 험한 해안 도로를 잘 찾아가야 카탈루냐의 북동쪽 끝자락에 있는 보석 같은 카다케스에 도달하게 된다.

카다케스에는 주위 경치를 변화시키는 찬란한 햇빛이 비친다. 암석으로 이루어진 해안 지대는 암청색의 바닷물과 극적인 대비를 이루는데 짙은 푸른색의 바다는 듬성듬성 점판암이 깔린 구부러진 좁은 거리가 있는 반짝이는 하얀 카다케스 마을을 완벽하게 강조하기 위해 선택된 것처럼 보인다. 강하게 내리쬐는 햇살은 피레네산맥과 지중해와 맞닿은 해안 곳곳에 있는 신비로운 여러 작은 후미와 아름다운 해변 위에 춤을 춘다. 여름에는 청명한 하늘빛이 아른거리는 바다 위에 태양이 빛을 반짝이며 바닷가에 제멋대로 자리하고 있는 보트들과 해안을 둘러싼 하얀 건물들을 돋보이게 만든다. 꽃인 부겐빌레아가 마을의 작은 바로크 성당 주변에 옹기종기 모여 있는 듯한 집 주위를 감싸고 그 향기는 공기 중에 흩날린다. 구불구불한 길을 따라 걸으면 달리가 어린 시절부터 노년에 이르기까지 둘러보며 속속들이 살폈던 옛 어촌에 도달하게 되는데 달리는 훗날 널리 알려지게 되는 놀랄 만큼 정밀한 시선으로 마을을 자세히 들여다봤다. 달리의 눈을 갖고 있지 않은 문외한에게는 대단치 않아 보이는 미세한 부분도 달리에게는 전혀 그렇지 않았다. 달리는 예술 활동을 하는 동안 자주 마을의 일부분을 자신의 작품에 매우 중요한 요소로 바꿔놓았다. 그림같이 완벽한 해안가의 잔잔한 푸른 경치는 겨울에 또 다른 그림으로 변한다. 줄줄이 이어진 너도밤나무와 외벽은 유명한 트라몬타나 바람의 방패막이 역할을 하는데 트라몬타나 바람은 길게는 한 번에 열흘씩 거세게 불기도 한다.

계절이 지나 마을 변두리에 꽃이 피기 시작하면 정원에 핀 화사한 색채의 꽃들은 올리브 나무의 조각조각 보

아래 카프 데 크레우스 자연공원의 바위로 뒤덮인 경치.

맞은편 바람이 많이 부는 11월 어느 날의 카다케스 만.

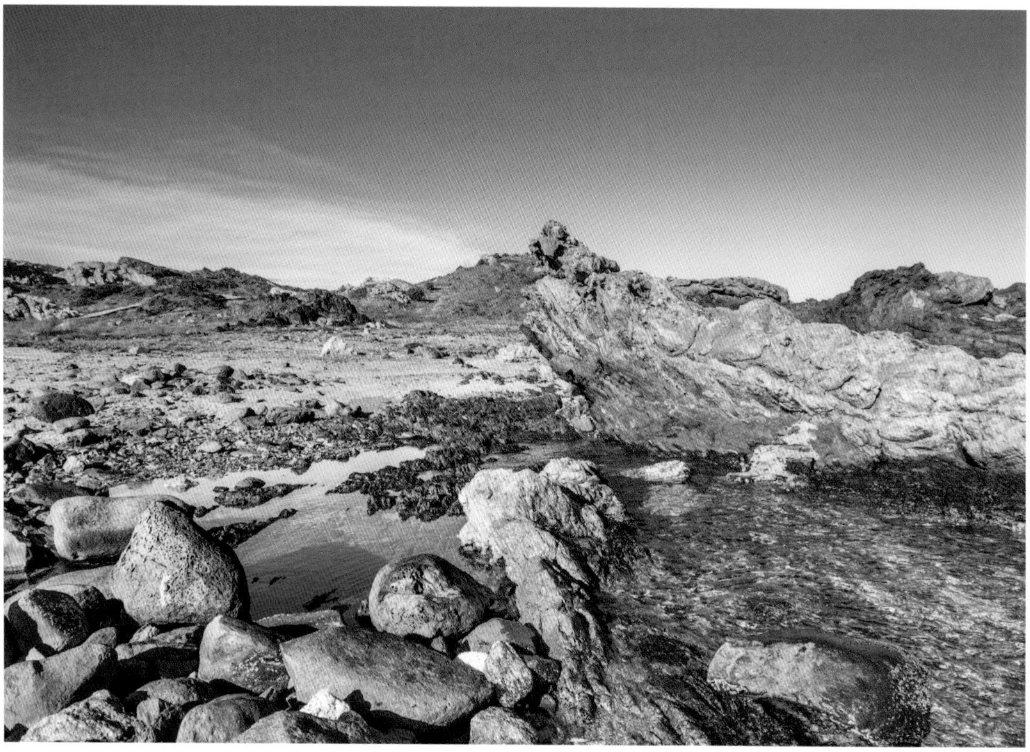

이는 은빛의 초록 잎사귀와 아름답게 대비된다. 달리는 올리브 나무를 무척 좋아했고 자신이 집필한 『마법 같은 그림 실력을 위한 50가지 비법』에서 일곱 번째 비법으로 올리브 나무를 추천한다. "그러므로 초보 화가인 당신은 매일 단련한 방식에 따라 망막에 맺히는 공감과 반감에 일곱 번째 비법이 달려있다는 것을 알아야 한다. 이 비법을 사용하기 위해서는 망막을 알맞은 환경에 되도록 습관적으로 노출해야 하며 망막 훈련에 좋은 대상이 있어야 한다. (…) 이는 은매화와 함께 대조를 이루는 올리브 나무이며 작게 쪼개져 끊임없이 조그맣게 반짝이고 한들거리는 나뭇잎들은 당신의 망막에 흔들리는 기억으로 깊이 남을 은빛 모자이크를 시야에 가득 채워서 눈을 뜨든지 감든지 보이는 것은 전부 더 진한 은빛을 띠고 매우 작으나 충만하고 우아하며 청명하고 황홀할 것이다."[11] 카다케스에서 싶이 영감을 받은 사람은 달리뿐만이 아니라 파블로 피카소, 르네 마그리트, 앙리 마티스, 알베르트 아인슈타인, 페데리코 가르시아 로르카, 토마스 만, 만 레이, 그 밖에도 수많은 명사가 있다.

카다케스의 절경만이 달리에게 영향을 끼쳤던 것은 아니었다. 피쇼트 가족 또한 달리에게 큰 영향을 주었는데 창조 예술과 창의적인 사람들의 세계를 소개해주었다. 피쇼트 가족은 에스 소르테에 위치한 집 근처 해안가에 있는 바위에 피아노를 설치했고 어느 여름 저녁에 종종 공연을 열고는 했다. 이 피아노는 훗날 달리의 몇몇 그림

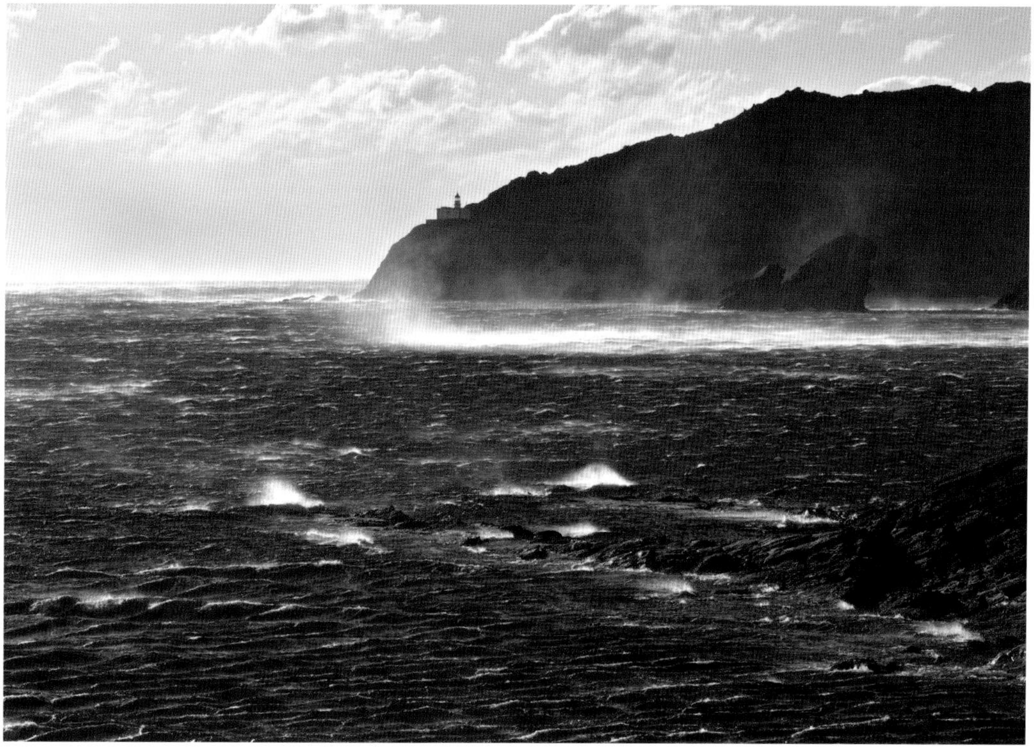

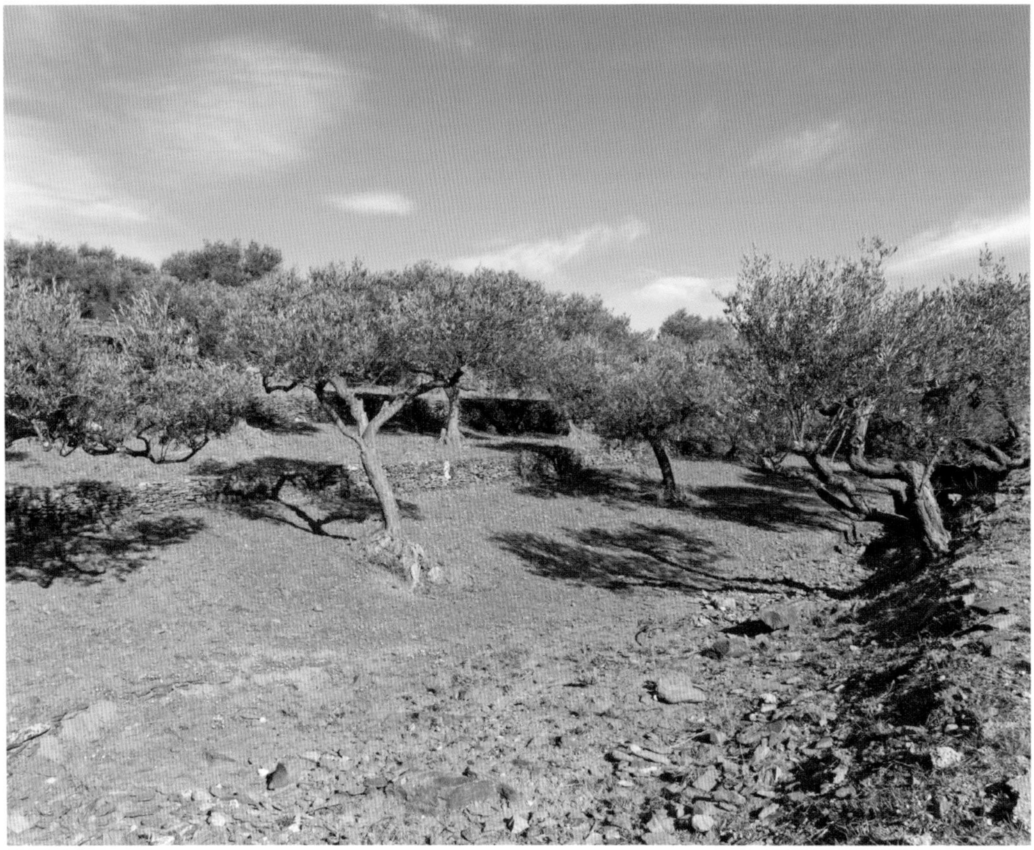

에 모티프로 등장한다. 라몬 피쇼트는 달리의 첫 멘토가 됐는데 인상주의풍의 그림을 그리는 카탈루냐 출신의 이 화가는, 1910년에 카다케스에서 달리를 처음 만났다. 당시 여섯 살이었던 달리는 그의 작품을 보고 영감과 감명을 받았다. 라몬 피쇼트(1872~1925)는 아홉 살 어린 파블로 피카소와 친한 친구 사이였다. 1899년에 피쇼트는 바르셀로나에서 유명한 엘스 콰트레 가트스 카페에서 피카소의 개인전이 끝나자마자 전시회를 열었으며 1910년에 피카소를 카다케스로 데려오기도 했다.

같은 해인 1910년에 달리는 첫 번째로 알려진 작품인 〈피게라스 근처의 풍경〉을 그렸다(30쪽 그림). 이 그림은 가로 9센티미터, 세로 14센티미터 크기의 엽서에 유화 물감으로 채색됐다. 이 작품에서 달리의 타고난 재능을 분명하게 확인할 수 있는데 나이에 비해 비율과 색채를 보는 감각이 뛰어나고 붓 터치를 다양하게 활용하여 움직임과 깊이를 표현하는 능력이 탁월했다. 달리는 하늘을 얇게 칠해서 엽서 일부분이 비치도록 표현했다. 이 그림은 대체로 인상파의 느낌이 나지만 10년쯤 뒤에 떠오르는 초현실주의를 향한 때 이른 관심 혹은 어쩌면 자연스러운 끌림을 암시하고 있을 수도 있다. 이 시골 풍경은 달리가 꾸준히 재능을 개발하는 동안 달리의 세포와 감성에 그대로 새겨졌다.

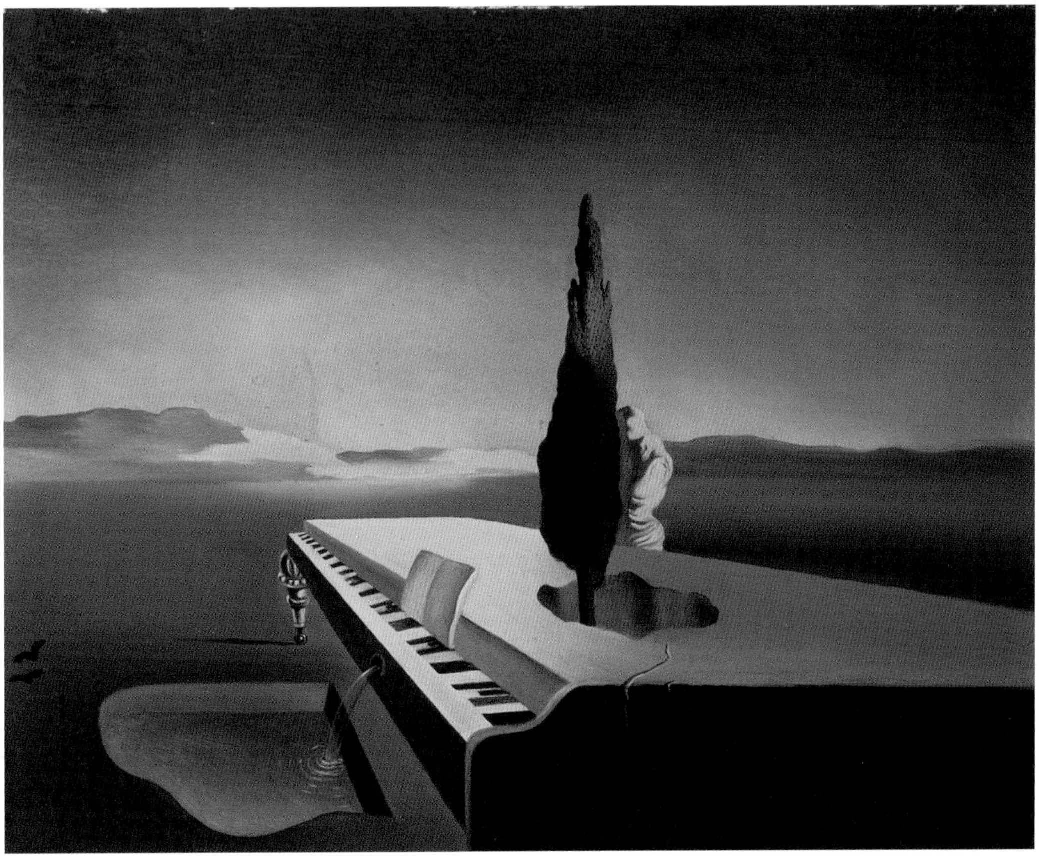

맞은편 카프 데 크레우스 자연공원에 있는 올리브 나무가 있는 풍경.

위 〈그랜드 피아노에서 흘러나오는 시체 성애의 샘〉, 1933년, 캔버스에 유채, 22×27cm, 개인 소장.

1910년에 달리의 아버지는 달리의 인생에 크게 영향을 끼치는 결정을 내린다. 달리는 그해 가을 학기부터 크리스천 브라더스 학교에 새로이 입학하게 됐는데, 프랑스 교단인 이 학교에서 교과목을 프랑스어로 배우게 되며 프랑스를 좋아하게 됐다. 학교에서 보낸 6년 사이에 비록 카탈루냐 억양이 진하게 배어있기는 하지만 프랑스어를 훌륭하게 구사하게 됐다. 미술도 교과목에 포함되어 있었으며 달리는 미술 교사의 이름을 언급하지는 않았지만 1927년에 쓴 글에 미술 교사에게 들은 조언을 이야기했다. "대상을 잘 그리려면, 혹은 그림을 전반적으로 잘 그리려면 선을 넘지 않는 것이 중요하다." 달리는 이 조언이 유용하고 타당하다고 생각했다. 자서전에서 달리는 또한 교실의 풍경을 회상한다. "나는 트라이테르 선생님의 집에서 내게 아마 해로웠을 교육적 경험을 한 후에 바로 크리스천 브라더스 학교에 입학했다. 이 학교 교실1에서는 창문 너머로 사이프러스 나무 두 그

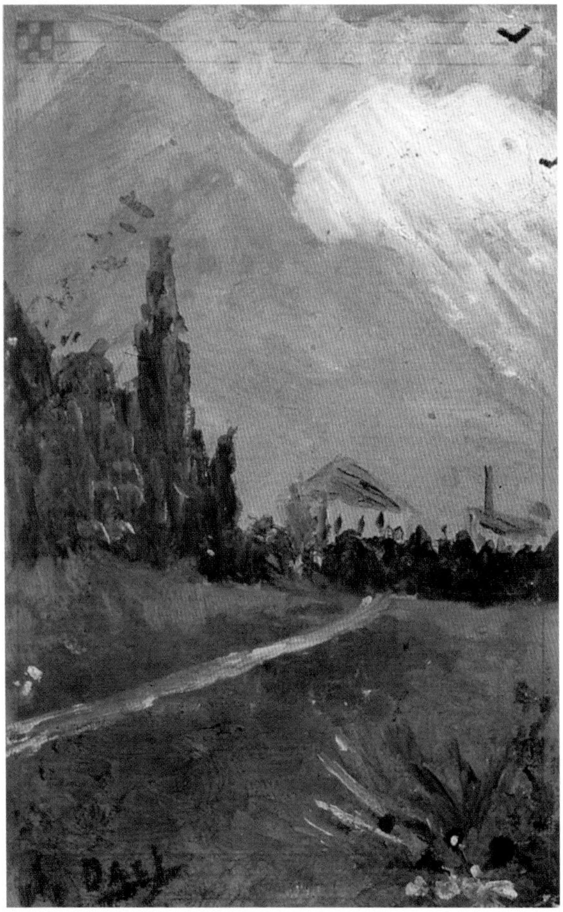

왼쪽 〈피게라스 근처의 풍경〉, 1910년,
엽서에 유채, 14×9cm,
플로리다주 세인트피터즈버그
달리 박물관

루가 보인다. 내 눈에 액자처럼 보였던 창문은 오후에만 열렸고 그때부터 나는 두 그루의 사이프러스 나무에 내리쬐는 빛의 변화에 완전히 몰두하고는 했는데 직선으로 뻗은 우리 학교 건물의 살짝 굴곡진 그림자가 나무에 비친 빛을 따라 서서히 올라오고는 했다. 특정한 순간, 해가 지기 직전에 왼쪽 나무는 이미 그림자에 완전히 가려져서 진한 검은색으로 보이는데 반해 오른쪽 나무의 뾰족한 끄트머리는 포도주에 적셔진 듯 검붉게 빛난다."[12] 교실 밖의 복도에는 프랑스 베지에에 있는 본교에서 가져온 종교화와 화석, 광물 60개가량의 멋진 컬렉션이 달리 앞에 늘어서 있었다. 달리는 교실 천장에 커다랗게 습기 찬 갈색 얼룩도 환각 연습에 지속적인 영감을 주었다고 자서전에 이야기했다.

달리를 교육하기 위한 크리스천 브라더스 학교의 노고에도 불구하고 결과는 좋지 않았다. 달리는 자서전에 다음과 같이 설명했다. "나는 누구도 나를 건드리거나 말을 걸거나 내 생각을 '방해'하지 않기를 바랐다. 트라이테르 선생님의 집에서 시작된 강렬하고 과장된 공상 속에 살았지만 당장 해를 입을 것 같은 위기감에 이 공상들을 더 강하게 움켜쥐고 날 살려줄 널빤지라도 되는 것처럼 손톱을 움푹 찔러 넣었다."[13] 어느 저녁 식사 때 달리의 성적표 때문에 소동이 벌어졌다. 달리의 아버지는 성적표를 소리 내어 읽으며 달리에게 크게 실망했으며 성적표에 달리가 온순하고 바르게 행동한다고 적힌 내용은 묵살됐다. 성적표는 달리가 "일종의 정신적 게으름에 너무 깊이 빠져있어서 아무런 성과를 낼 수 없었다"[14]라는 말로 끝나 있었다. 달리의 어머니는 속상해서 펑펑 울었다.

달리가 군데군데 움푹 팬 황무지에 둘러싸여 있어서 엘 포소스(구멍)라는 별칭을 가진 크리스천 브라더스 학교에 다닌 지 2년째 되던 해인 1912년 7월에 달리의 가족은 몬투리올가(街) 24번지(현재는 10번지)에 있

아래 "내 신비로운 낙원은 엠포르다 평원에서 시작된다."

는 좀 더 고급스러운 넓은 집으로 옮겼다.[15] 예전 집을 맡았던 건축가가 또 디자인한 새집에는 예전 집처럼 아름다운 발코니는 없었지만 화가의 길을 걷기 시작한 달리가 첫 작업실로 사용한 작은 공간이 있었다. 공용으로 사용하는 옥상 테라스에는 사용되지 않는 세탁실이 두 개 있었고 달리는 그중 한 곳에 작업실을 마련했다. 시멘트 수조 하나만으로도 공간이 꽉 찼지만 그때 여덟 살이었던 달리는 수조 안에 의자를 두고 빨래판을 탁자로 사용했다. 달리는 특히 훈훈한 날씨에 이 작은 작업실을 어떻게 독창적으로 사용했는지를 자서전에 묘사했다. "(…) 몹시 더운 날에는 옷을 벗었다. 그리고 수도꼭지를 틀면 수조에 물이 차오르며 허리까지 올라왔다." 그림을 그리는 데 몰두하지 않는 시간에는 왕의 의상을 입고 상상 속의 국민에게 연설하며 옥상 테라스를 뛰어다니는 것을 좋아했다. 그맘때쯤에 마을에 새로 생긴 극장에 자주 방문하며 평생 영화를 좋아하게 된다. 극장과 비좁은 작업실이 달리에게 새롭고 흥미진진한 시간을 선사하던 사이에 또 다른 행복한 시절이 막 끝나가려 하고 있었다.

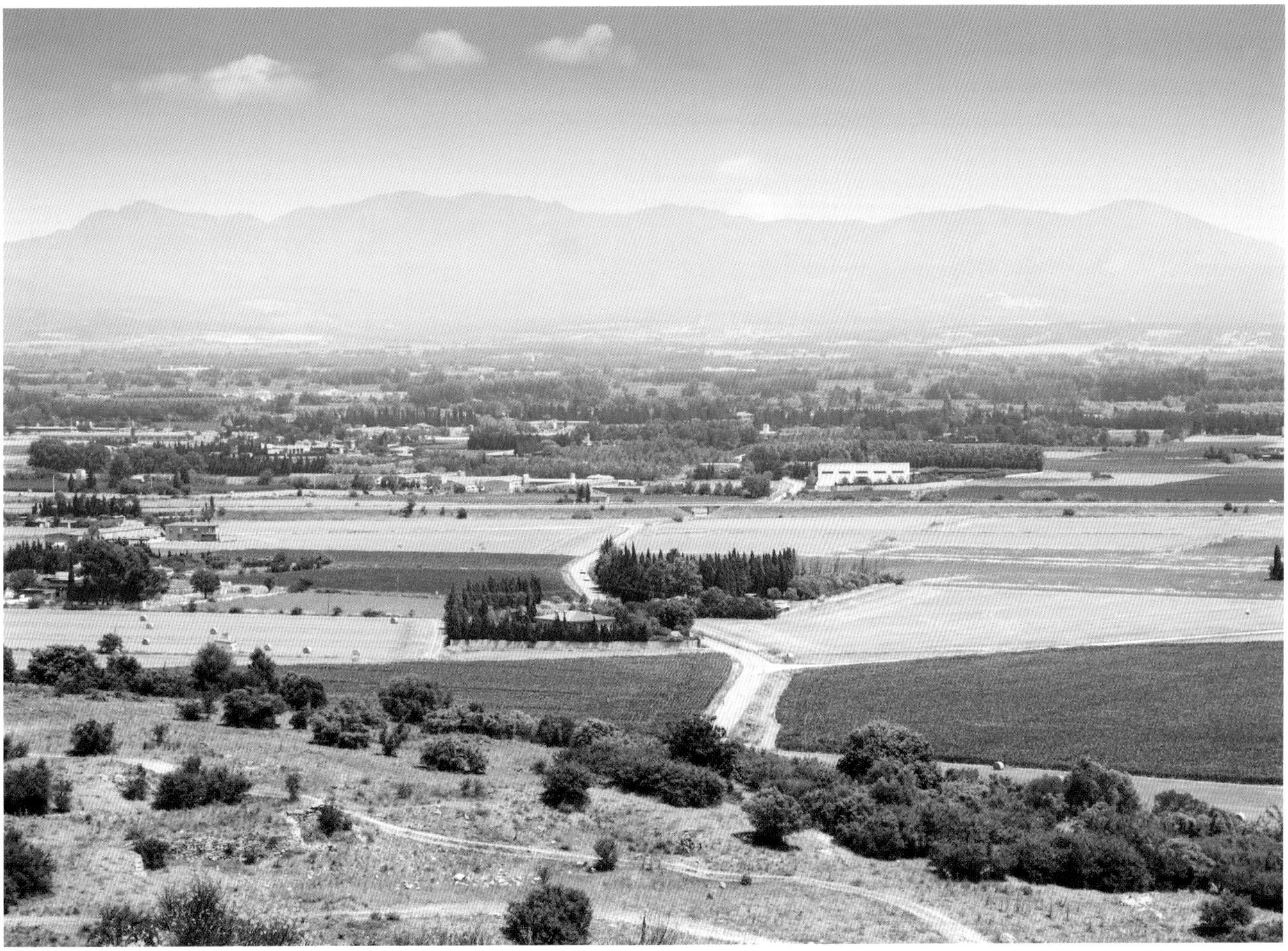

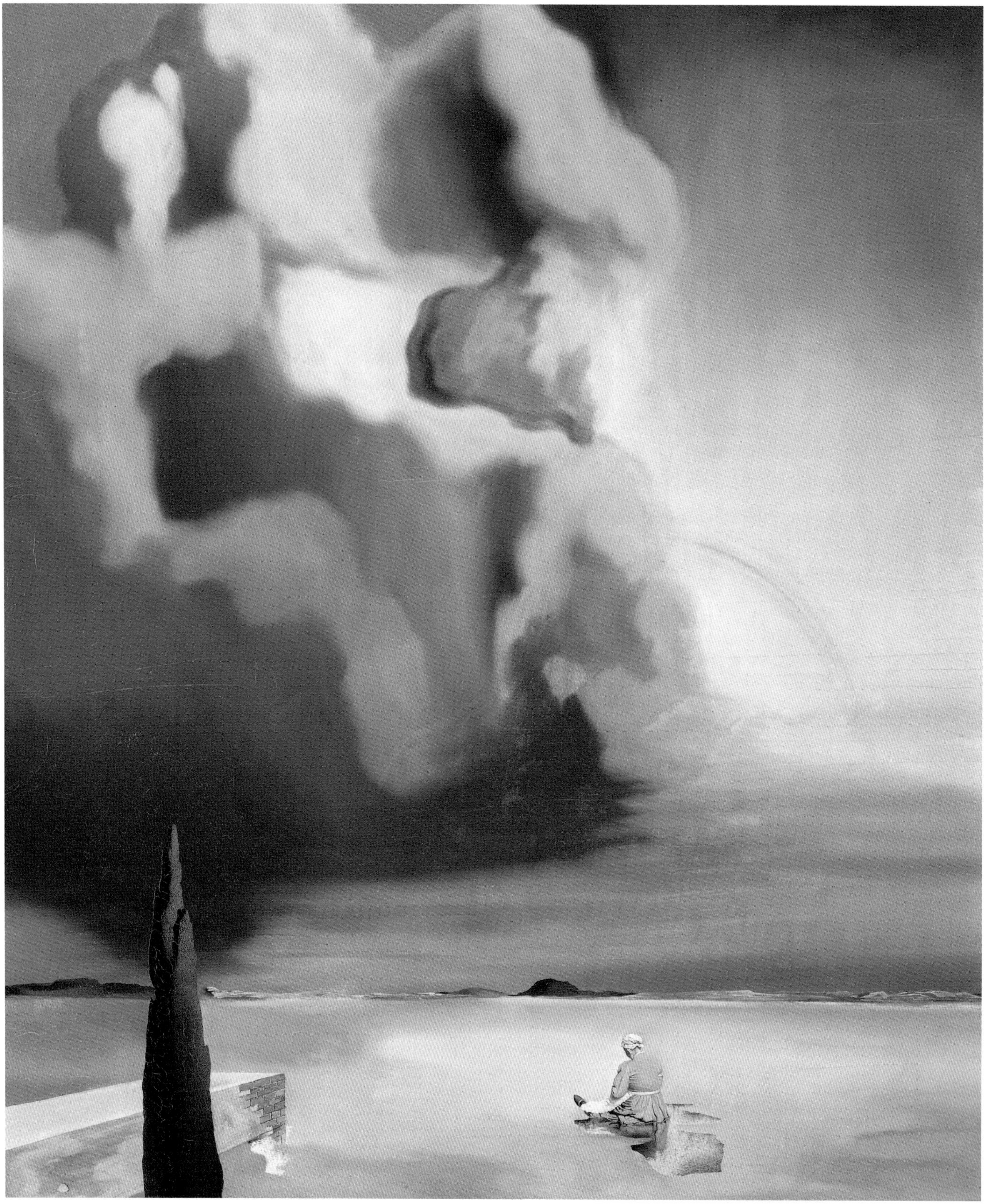

"내가 그림을 그리면 바다가 포효한다. 다른 이들은 욕조에서 물을 첨벙거린다." 살바도르 달리

가득찬 열망으로 보낸 피쇼트 가족과의 생활

〈유령과 환영〉(부분), 1934년, 캔버스에 유채, 100×73cm, 개인 소장

새 작업실이 달리에게 중요한 공간이 되면서 많이 좋아하는 또 하나의 장소가 달리의 인생에서 곧 잠시 사라지게 된다. 달리의 친할머니, 테레사 쿠시가 1912년 10월 5일에 바르셀로나에서 눈을 감았고 친할머니의 죽음으로 가족은 큰 슬픔에 잠겼으며 크리스마스 때마다 바르셀로나에 방문하는 일도 없어졌다. 하지만 달리의 외삼촌 안셈 도메네크가 여전히 바르셀로나에 거주하며 도시에서 가장 유명한 베르다게르 서점에서 일하고 있었으며 1915년에는 서점의 동업자가 됐다. 달리의 외삼촌은 달리에게 미술 서적을 사주고 연락을 계속 주고받으며 달리가 화가로 성장할 수 있게 응원하며 큰 영향을 끼쳤다.[1]

이 시기에 달리의 아버지가 수집하고 있는 책이 있었는데, 바로 고완의 미술책(Gowan's Art Books) 시리즈로 달리가 화가로서 성장하는 데 중요한 역할을 했다. 1905년에 처음 발행됐고 삽화가 많이 실린 이 책들은 오늘날에도 여전히 수집가들이 탐내는 등 찾는 사람이 많은 물건이다. 달리의 아버지는 달리에게 이 시리즈를 선물로 주었다. 자서전에서 달리는 아버지의 선물에 깊은 감사를 표현하며 이 책들은 '내 생애에 가장 결정적인 영향을 끼친'[2] 선물이라고 이야기했다. 책마다 1800년 이전에 태어난 옛 거장을 한 명씩 다루고 있으며 화가 특유의 화풍과 특징 위주의 내용으로 구성되어 있으며 60점의 흑백 삽화가 실려있다. 마지막 책이 1913년에 발행되며 총 52명의 거장 시리즈가 끝이 났다. 자서전에 기록된 것처럼 달리가 이 책에서 받은 영향은 막대하다. "아주 어렸을 때부터 친숙했던 미술사 그림을 전부 기억하게 됐는데 이 책들을 살펴보며 종일 여러 날을 보냈기 때문이다."[3]

달리는 협소한 작업실에서 작은 크기의 풍경을 시리즈로 그렸는데 그중에 〈빌라베르트란(Vilabertran)〉(1913년)은 초기 시리즈에서 가장 잘 알려진 작품이다. 빌라베르트란은 피게라스에서 몇 킬로미터 떨어진 마을이며 달리 가족은 이곳으로 산책하는 것을 좋아했다. 인상주의 화풍의 영향을 받은 이 그림은 양귀비가 피어 있는 황금빛 들판을 지나 집으로 향하는 길로 관찰자를 안내한다. 짙고 어둡게 묘사된 나무들과 집과 들판의 밝은 색채가 서로 흥미로운 영향을 끼친다. 이 작품은 달리가 흔히 선호하는 일몰을 배경으로 한다.

계속 달리의 멘토가 되어준 라몬 피쇼트는 1913년 5월에 피게라스에 있는 에디존 극장에서 수채화 약 40점을 전시했다. 라몬 피쇼트는 파리에서 주로 활동했지만, 여름에는 보통 카다케스에서 지냈다. 달리에게 지대한 관심이 있던 또 다른 피쇼트가 사람은 달리 아버지의 친구이자 라몬 피쇼트의 형인 페피토 피쇼트였다. 페피토 피쇼트는 달리에게 제2의 아버지 같은 존재가 됐는데 달

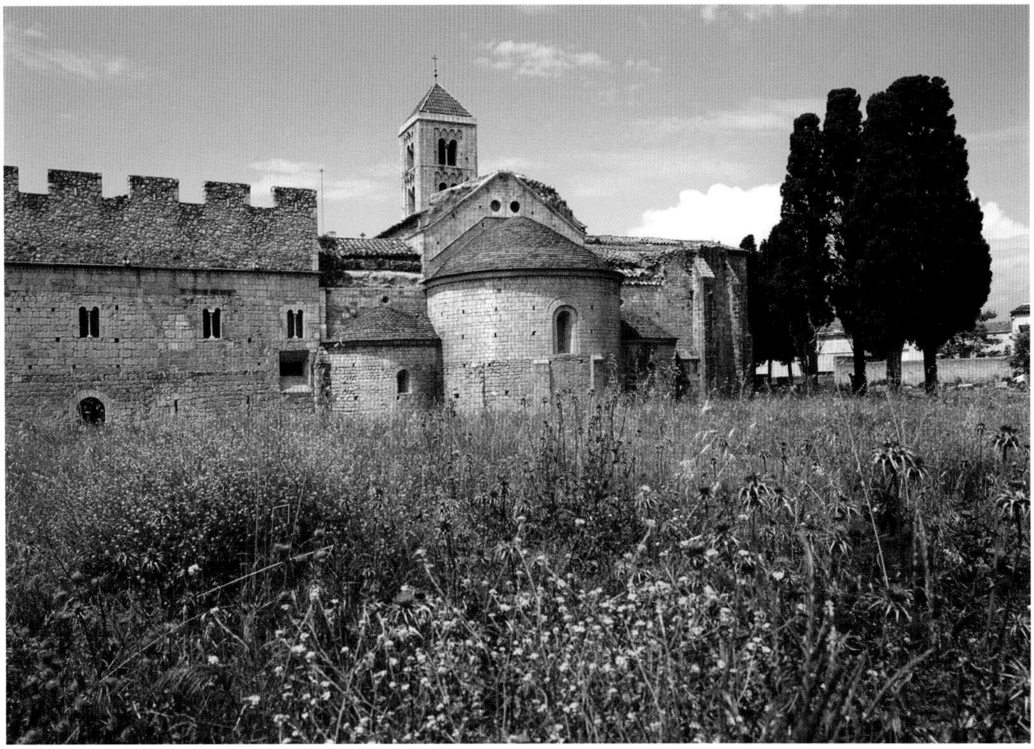

리를 데리고 자주 놀러나갔다. 달리는 자서전에서 페피토 피쇼트와 하나같이 창의적인 그의 여섯 남매를 비교하며 "어쩌면 페피토 아저씨는 특별히 어떤 순수 미술 분야에 파고든 적이 없어도 남매 중에 가장 예술적인 사람일 것이다. 카다케스에 집을 만든 사람이 아저씨였고 정원은 물론 생활 전반에서 감각이 남다르셨다"라고 이야기했다.[6] 페피토 피쇼트와 달리는 거의 항상 붙어 다녔다. 가족끼리 친하고 미술이라는 공통의 관심사가 있어서 두 사람이 친해진 것도 있지만 달리가 아버지의 몇몇 행동을 점점 싫어하게 되면서 둘의 관계가 더 가까워졌다고 할 수 있는데 달리 아버지의 행동은 좋게 말해 재간이 부족했다. 한 일화로 달리의 아버지는 좋게 말해 처신술이 부족했다. 달리의 아버지는 집 밖에서 속옷에 파자마만 입고 있었다. 언쟁 중에 두 사람 모두 바닥에 쓰러졌고 달리는 아버지의 성기가 '소시지처럼'[7] 튀어나온 것을 목격했다.

달리가 크리스천 브라더스 학교에서 보내는 학창 시절도 곧 끝나게 되는데 이 학교는 대학 입학시험을 대비한 교육과정을 제공하지 않았기 때문이었다. 그래서 공부에 거의 관심이 없는 달리는 피게라스 고등학교에 진학하기 위해 혼자서 입학시험을 준비해야 했다. 달리는 시험공부를 하느라 거의 신경 쇠약에 걸릴 뻔했지만 1916년 6월에 당당히 시험을 통과했다. 시험 때문에 달리가 너무 지쳐 보이자 그의 부모는 그를 피게라스에서 조금 벗어난 마놀강 기슭에 자리한 엘 몰리 데 라 토레(풍차 방앗간)에 있는 피쇼트 가족의 집으로 보내기로 했다. 페피토의 부유한 여동생이자 오페라 가수였던 마리아는 1912년에 넓은 토지가 딸린 상당히 아름다운 이 시골집에 투자했는데, 원예학에 관심이 있는 페피토에게 완벽한 장소였기 때문이었다. 19세기 중반에 지어진 이 집은 엠포르다 지구에서 중요한 의미를 지닌 집과 농장 중에 하나로써 현재 카탈루냐 건축 유산에 포함되어 있다. 원래 이 집은 곡식을 빻는 제분소의 기능을 담당했으며 알게마강의 수로를 사용했다. 엘 몰리 데 라 토레는 전부 벽돌로 만들어졌으며 다양한 높이의 몸체들이 붙어있고 철책 난간이 있는 테라스와 달리가 반한 다각형의 탑이 있는 옥상이 있다.

달리의 자서전에는 달리가 엘 몰리 데 라 토레에서 겪은 강렬한 경험들에 관해 많이 언급되어 있는데 성적인 것부터 예술적인 경험까지 다양하다. 감수성이 풍부했던 열두 살의 달리는 엘 몰리 데 라 토레가 신비롭다고 느꼈고 이곳을 최대한 많이 누리려면 낮과 저녁 일정을 세세하게 짜야 할 필요가 있다고 재빠르게 판단했다. 달리의 이른 아침 일정은 페피토 부부에게 입양된 꽃다운 열여섯 살의 줄리아에게 집중되어 있었다. 달리는 줄리아에게 품은 성적 환상을 극대화하기 위해 줄리아가 방에 들어와서 덧문을 열고 아침 햇살을 맞이하기 정확히 15분 전에 억지로 잠에서 깼다. 자서전에서 이 절차를 다음과 같이 묘사했다. "어쨌든 나는 정확한 기상 시간을 엄수했는데 줄리아 누나가 들어오기 15분 전에 일어났다. 이 시간 동안 곧 다가올 야한 느낌을 만끽하고 특히 매일 '내 벗은 몸'을 보여주고 싶은 새로운 갈망에 알맞은 새 포즈를 궁리했다." 줄리아는 덧문을 열고 "내 침대로 와서 홀딱 벗은 내 몸에 이불을 덮어주고는 했다. (…) 그런 후에 눈썹에 입을 맞추며 나를 깨웠다."[8]

달리는 늦은 오후에 다른 일을 즐겼다. "매일 땅거미가 질 무렵에 탑 꼭대기에 있는 테라스에 가는 일은 내 생에 가장 기다려왔고 진지해지는 시간이었다."[9] 엘 몰리 데 라 토레에서 보낸 시간은 달리에게 새로운 힘과 영감을 채워주었을 뿐 아니라 사소하면서도 중요한 전환점이었다고 볼 수 있다. 그곳에서 달리는 한동안 학교에서나 가족과 함께 그리고 개인적으로 연마해왔던 자신의 모습을 모두 내보였다. 달리는 같은 학교 학생들 앞에서 극도

맞은편 피게라스 근처에 있는 산타 마리아 데 빌라베르트란 수도원.

아래 카다케스에서 피쇼트 가족, 1908년경.

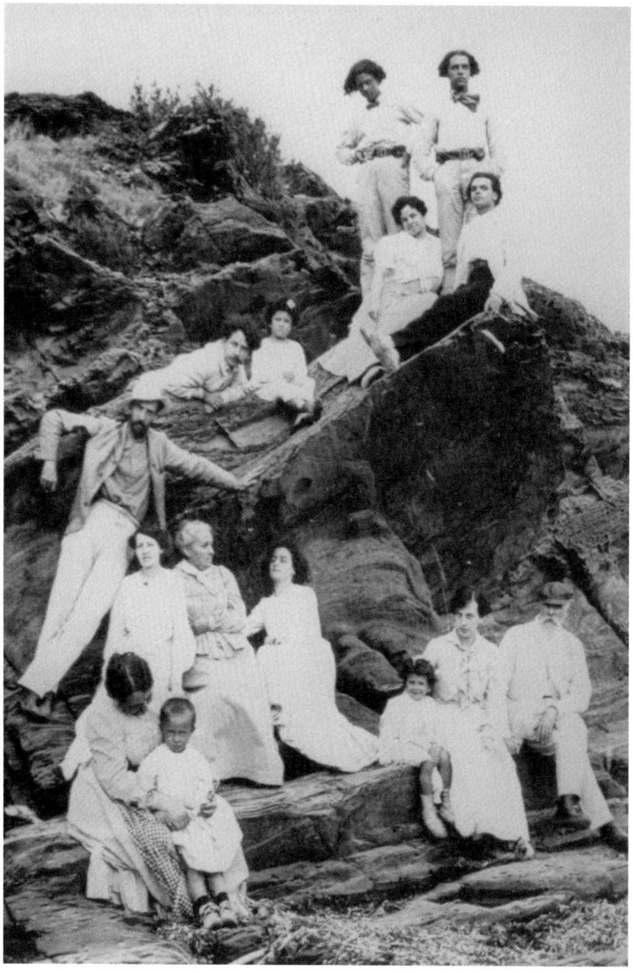

로 부끄러워했고 수치심까지 느낄 정도여서 이 문제를 해결할 방법을 개발하고 있었는데 그 방법들은 보통 영리하면서도 과장됐다. 그러나 이번에는 피쇼트 가족의 손님으로 좀 더 사회적인 환경에서 자신의 행동을 실험해 볼 기회를 얻었다. 그리고 유화 물감 세트도 가져와서 자신만의 독특한 열정과 자신감으로 인상파 화가가 되는데 열중했다. 그곳에서 보낸 한 달이란 시간은 달리의 그림에 영향을 끼쳤으며 『여름날들의 오후』라는 어린 시절의 자신을 주인공으로 한 소설을 구상하도록 영감을 주었다.

여름방학이 끝난 뒤에 새 학교에서 깜짝 놀랄 만큼 기분 좋은 일이 있었는데 데생 교사가 천직이었던 뛰어난 실력을 지닌 후안 누녜스 페르난데스(1877~1963)가 1906년부터 피게라스 고등학교에 재직하고 있었다. 꾸밈없고 카리스마 있는 누녜스는 마드리드에 있는 산 페르난도 왕립 미술 학교를 졸업했고 반 다이크의 〈유다의 키스〉를 판화로 아름답게 재현하여 1915년에 메달을 받았다. 누녜스가 가장 좋아하는 옛 거장은 렘브란트, 리베라, 벨라스케스였고 벨라스케스는 달리가 평생 존경한 인물이었다. 누녜스는 또한 시립 데생 학교의 교장이었다. 달리의 아버지는 달리를 시립 데생 학교의 야간 수업과 마리스트 브라더스 학교에서 수업을 듣게 했는데 달리는 마리스트 브라더스 학교에서 피게라스 고등학교에서 배운 것을 복습했다. 정밀성을 선호했던 누녜스는 달리가 유난히 재능이 뛰어난 학생이라는 것을 곧 알게 됐고 미술과 미술의 신비를 더 알려주고 싶어서 자신의 집으로 초대했다. 달리는 누녜스의 집을 방문하며 창의적인 자극을 많이 받았고 자서전에 이렇게 회상했다. "선생님의 집에서 언제나 극도의 흥분 상태로 나오고는 했으며 내 뺨은 예술적 야망으로 불타올랐다. 미술을 향한 거의 종교적인 경의가 점점 깊어지며 내 머릿속에는 렘브란트만 남았고 집에 돌아와서 화장실을 걸어 잠그고 '그것'을 하고는 했다."[10]

시립 데생학교와 피게라스 고등학교에서 달리는 라몬 레이그 코로미나스(1903~1963)와 친한 사이가 됐는데 레이그는 카탈루냐에서 가장 뛰어난 수채화 화가로 명성을 얻게 된다. 두 친구는 자연에서 함께 그림 그리는 것을 즐

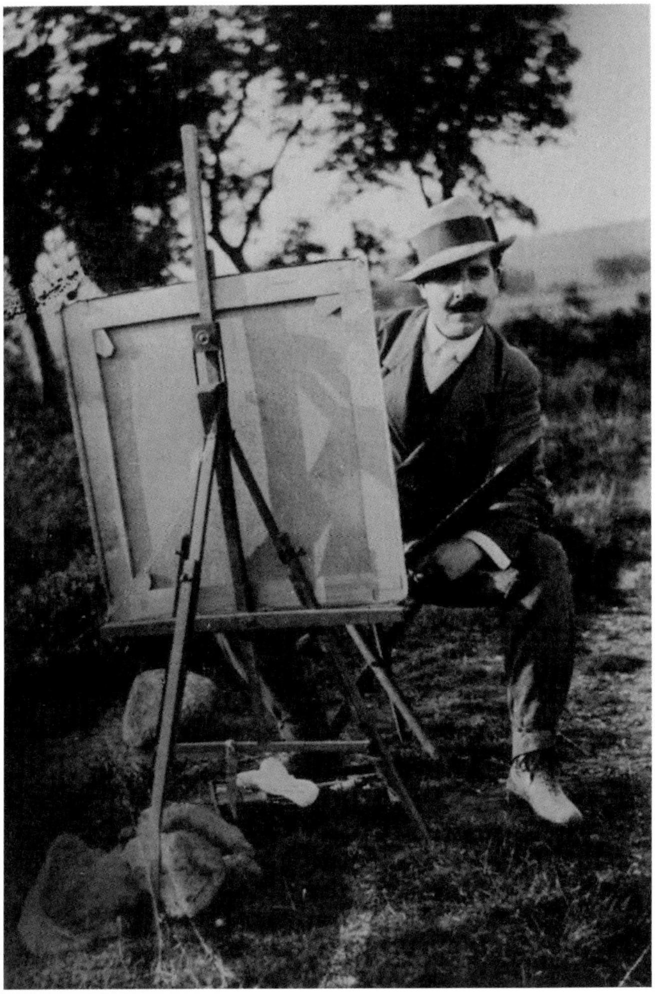

달리의 데생 교사였던
후안 누녜스 페르난데스,
1913년

겼으며 엠포르다의 경치에 강한 애착을 가졌고 서로를 많이 존경했다. 훗날 두 친구는 단체 전시회에 여러 번 같이 작품을 전시한다.[11]

피게라스 고등학교에서 보낸 1년은 잘 마무리되었다. 달리는 시험을 모두 통과했을 뿐 아니라 시립 데생학교에서는 특별 우수상을 받았다. 달리 여동생의 말에 따르면 달리의 아버지는 아들이 매우 자랑스러워서 달리의 최근작을 공개하는 전시회를 집에 열었다. 말년에 달리는 누녜스를 가장 존경하고 가장 많이 가르쳐주신 선생님이라고 이야기하고는 했다.[12] 누녜스는 달리와 달리의 친한 친구, 라몬 레이그 코로미나스를 비롯하여 피게라스에 화가 학교를 만들었다고 여겨질 정도로 다른 학생들에게도 창의적인 자극을 주었다.

달리는 1917년 5월 11일에 십대가 됐고 눈부시게 아름다운 여름이 기다리고 있었으며 달리가 훗날 쓴 글에 의하면 이 시기에는 전보다 더 자기 자신이 되고자 하는 욕구가 두드러졌다. "내 사춘기 시절은 의식적으로 강화한 모든 신화, 열정, 나의 결핍, 재능과 천재성의 특징, 어린 시절부터 징조를 보였던 패기로 두드러져 있다. 나는 나를 어떤 식으로도 고치고 싶지 않았다."[13] 달리는 여자만큼 머리카락을 길렀고 "하관이 발달하기를 초조하게 기다렸는데 면도를 하고 구레나룻을 길게 기르고 싶었기 때문이었다. 스스로 '특이하게' 보이길 바랐다."[14] 여름은 당연히 그토록 좋아하는 카다케스에서 지낼 수 있다는 것을 의미했다. "여름 동안에는 내 몸과 나 자신, 풍경이 전부였고 그중에서 내가 제일 좋아하는 것은 풍경이었다. 살바도르, 당신을 잘 아는 나는 실제로 카다케스가 세상에서 가장 아름답지 않았다면 당신이 카다케스의 경치를 그렇게 많이 좋아하지 못했을 것이란 걸 있는데 카다케스는 지구상에서 최고로 수려한 장소이기 때문이다. 그렇지 않은가?"[15]

1918년 가을에 1차 세계대전이 끝나고 새롭게 낙천적인 분위기가 생겨났고 그에 편승한 달리와 몇몇 친구들은 『스투디움』이라는 학교 잡지를 창간했다. 발행 기간에 달리는 위대한 스페인인 예술가에 관한 산문과 시, 에세이를 실었는데 그중에는 엘 그레코, 고야, 그리고 당연히 벨라스케스가 포함되어 있었다.[16] 그다음 해에는 대중에게 공개되는 첫 전시회에 참여했다. 대극장에 있는 콘서트 협회에서 열린 단체 전시회에서 피게라스 출신의 화가 두 명과 함께 전시했으며 작품 두 점을 판매했다. 이 극장은 현재 달리 극장 박물관이다. 지역 신문사 『엠포르다 페데랄』은 달리가 '크게 돌풍을 일으킬 뛰어난 화가로 이미 손꼽혔다'고 묘사했다. 이때 달리는 열다섯 살이었다.[17]

이 시기에 달리는 책도 탐독했는데 예술과 철학 분야에 몰두했고 특히 칸트의 책을 좋아했다. 정치적인 입장에서 달리는 자본주의를 혐오했고 혁명을 바랐다. 친구 몇 명과 같이 풍자 잡지인 『엘 사뇨 팡크라시』(동네 괴짜인 팡크라시의 이름에서 따왔다)를 비정기적으로 세 권 발행했는데, 이 잡지는 달리와 친구들이 정치와 미술을 주제로 수없이 토론하던 중에 세상에 나오게 됐다.[18]

달리는 1920년 2월 15일에 엘 사뇨 팡크라시의 마지막 호를 발행한 후에 지적인 예술과 정치 논의가 벌어졌었던 피게라스 뮤랄라가(街) 4번지에 있는 작업실을 임대했고 이 공간을 벽화로 장식했다. 카다케스에서는 라몬 피쇼트에게 작업실을 물려받았다. 카다케스 작업실에서 그림을 그리게 되면서 유화 튜브 물감을 꺼내며 황홀경을 경험했다. "깨끗하고 윤이 나는 튜브 물감은 열망의 세계를 나타냈다. (…) 빛과 색채, 삶의 신비에 몰두하며 느낀 황홀경이다. 자연의 미스터리와 융합된 내 영혼이다."[19]

1919년에서 1921년까지 달리는 80점 이상의 작품을 만들었고 모두 작품 목록에 실려 있다. 주변 경치를 주제로 한 작품이 대부분이지만 가정에서 볼 수 있는 장면과 초상화, 자화상도 포함되어 있다. 이 시기에 그린 자화상의 의도가 특히 흥미로운데 예술적이고 개인적인 부분에서 자신의 가치를 확인하는데 있어 본인에게 특정한 모습을 투영하고자 하는 욕망이 보인다.[20] 1920년경에 그려진 자화상에서 달리가 가장 좋아하는 카다케스 경치의 오른쪽 전경에 구레나룻이 돋보이는 한 젊은 화가의 모습을 볼 수 있다. 달리는 너무나 좋아하는 풍경을 배경으로 자신의 모습을 그린 것에 더해 외모와 복장도 배경과 비슷한 색깔로 칠하며 자신의 이미지를 배경 경치와 조화되게 만들었다. 〈아버지의 초상(Portrait of

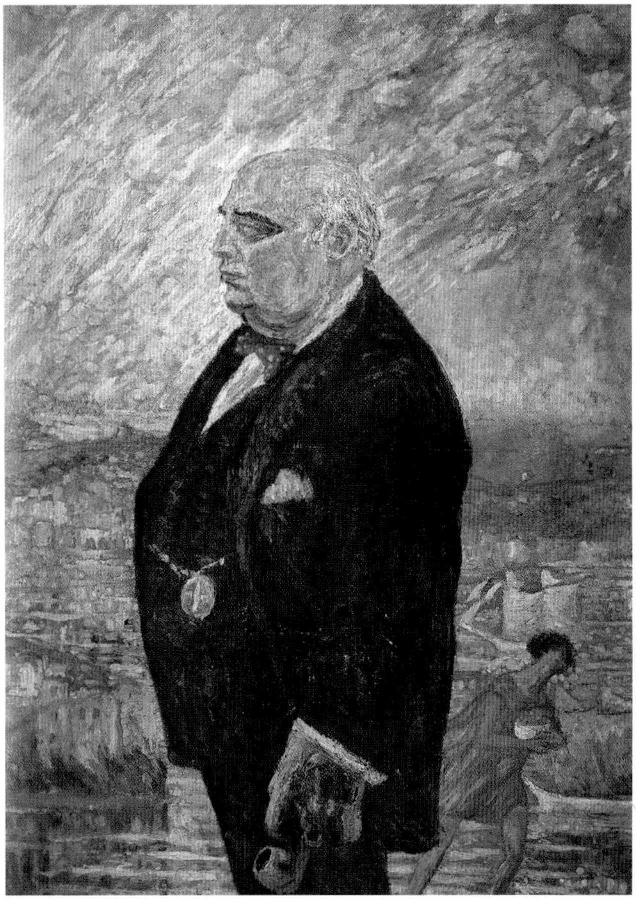

My Father)〉(1920년 작)에도 좋아하는 풍경을 그렸지만 자신의 아버지에게 어두운 정장을 입혀서 배경과 크게 대비되도록 표현했다. 그러나 〈아버지의 초상과 에스 랴네르에 있는 집(Portrait of My Father and the House at Es Llaner)〉(1920년경)에서 달리의 아버지는 달리만큼은 아니지만 배경과 더 자연스럽게 어우러지는 톤으로 채색되어 있다. 달리는 평생 실험하고 배우고 창작하는 것을 추구했는데 이 과정은 그의 초기 작품에서부터 확인할 수 있다. 달리는 자신에 관해 '그의 머릿속 방앗간은 쉬지 않고 작동하고 그는 르네상스 시대 사람의 보편적인 호기심을 갖고 있다.'라고 말한 적이 있다.

1921년 2월에 달리의 어머니가 안타깝게 암으로 세상을 떠났다. 어머니의 죽음은 달리에게 엄청난 충격이었지만 또한 이전보다 더 깊고 강렬한 야망을 갖게 되는 계기가 됐다. 그 다음해에 달리의 부친은 달리의 이모와 재혼했는데 아마도 실리적인 이유에서였을 것이다. 어머니를 잃은 엄청난 슬픔에 더해 제2의 아버지였던 페피토 피쇼트 역시 달리가 산 페르난도 왕립 미술 학교에 입학시험을 치르기 위해 마드리드로 떠나기 얼마 전에 눈을 감았다. 그러나 다음 환경이 되는 마드리드와 새로운 경험과 생활방식, 예술, 친구들 덕분에 달리는 슬픔 속에서 곧 빠져나오게 된다.

위 〈아버지의 초상〉, 1920년, 캔버스에 유채, 91×66.5cm, 피게라스 갈라 살바도르 달리 재단

맞은편 위 코스타 브라바의 바위가 많은 경치.

맞은편 아래 〈라파엘로 풍의 목을 그린 자화상〉, 1920~1921년, 캔버스에 유채, 41×53cm, 피게라스에 있는 갈라-살바도르 달리 재단

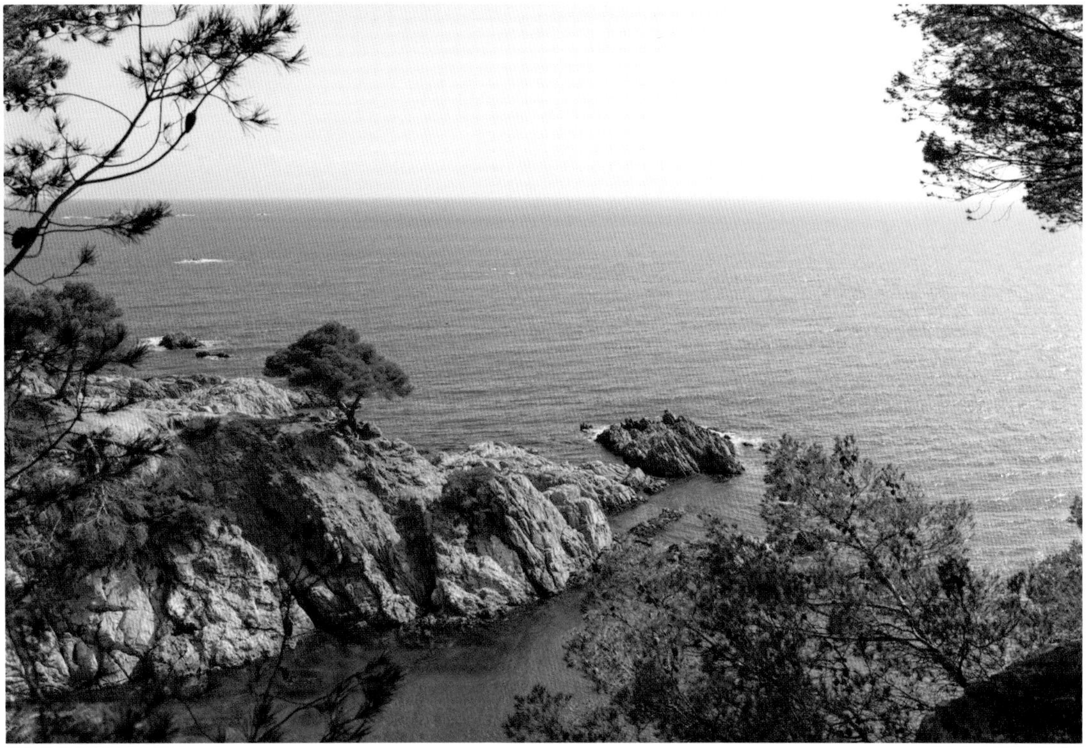

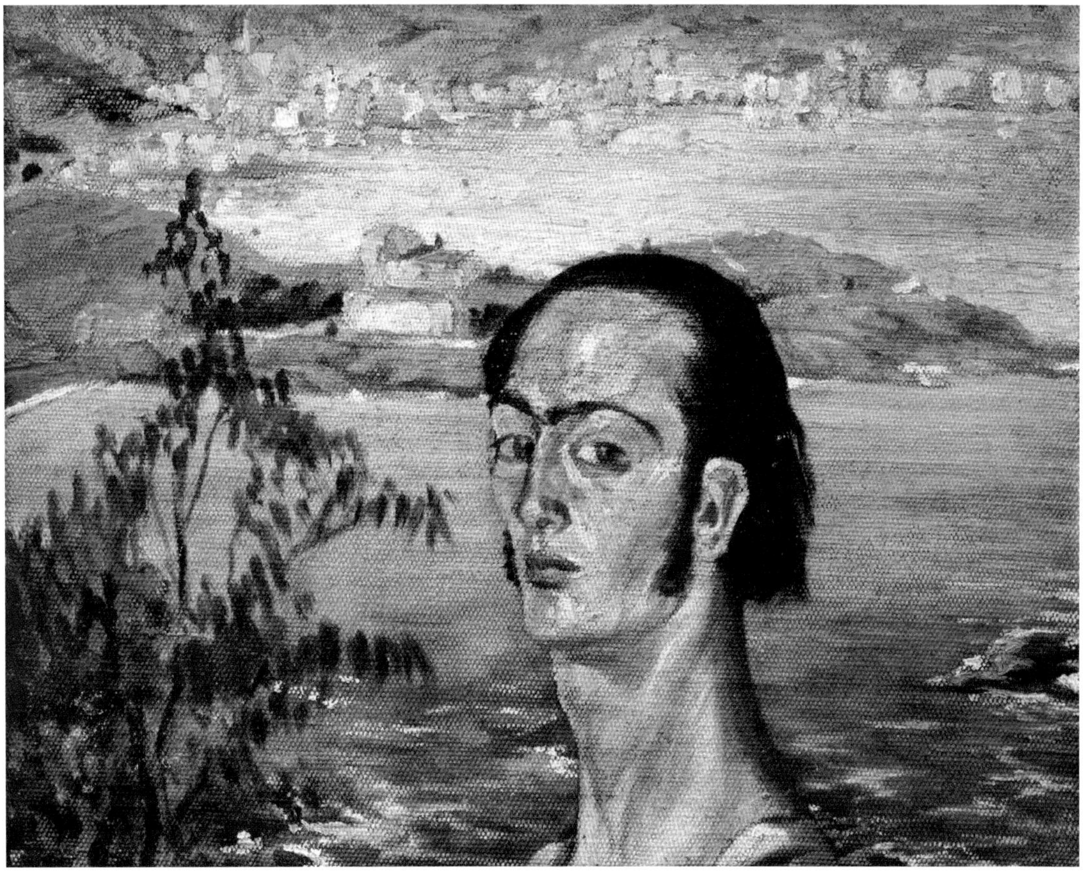

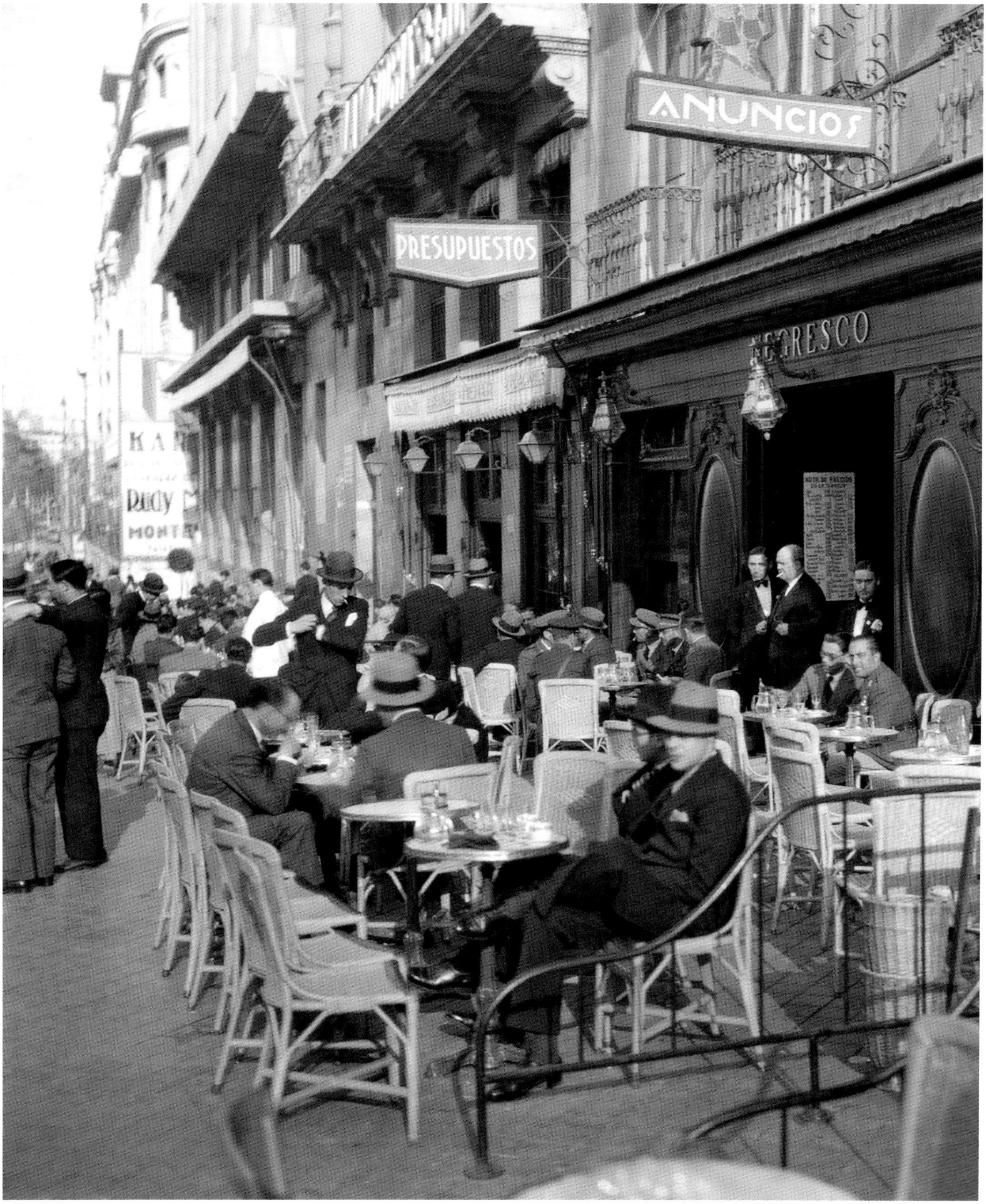

ANUNCIOS
PRESUPUESTOS
EGRESCO

"우리는 스페인의 예술, 문학, 정치의 미래가 전부 끓는 기름의 독한 냄새를 풍기며 조리되고 있는 마드리드의 카페들을 자주 찾기 시작했다." 살바도르 달리[1]

은둔자에서 마드리드 멋쟁이로의 변신

마드리드 아칼라가(街)에 있는 노천카페.

마드리드의 산 페르난도 왕립 미술 학교에 입학시험을 치르기 전에 달리는 훗날 미술 교수의 자격을 얻는데 필요한 몇 가지 강의를 수강하기로 동의해야 했다. 어느 쪽으로든 학교를 졸업한 후에 경제적으로 독립할 수 있게 되어 아버지가 마음 놓을 수 있도록 하기 위함이었다. 달리는 규정보다 더 작은 크기의 작품을 제출했는데도 불구하고 입학시험에 합격했다. 학교는 원래 1720년에 지어진 과거 귀족의 저택으로 메손 데 라 미엘이라고 알려졌었다.[2] 당시 이 건물은 바로크 양식의 커다란 건축물이었으나 학교 행정부는 바로크 양식의 외벽이 미술 대학교와 어울리지 않는다고 판단하여 신고전주의 양식으로 개조했다. "마드리드 미술 학교의 전당은 그곳의 영광스러운 계단과 기둥, 페디먼트(삼각형 모양의 박공)와 함께 이미 내 앞에 어렴풋이 나타나 있었다."[3]

광란의 1920년대의 신비로운 도시 마드리드와 고향 피게라스의 간극은 곧 만나게 될 친구들과 더불어 달리가 자신을 정의하는 데 더 깊이 파고들고 뛰어난 재능을 더 꽃피우도록 만드는 데 완벽한 역할을 했다. 달리는 기숙사에서 지냈는데 부유한 집안의 학생들이 150명까지 머물 수 있는 곳이었다. 달리는 학기가 시작하고 처음 몇 개월간은 은둔자처럼 살며 기숙사에 모여 있는 여러 무리의 학생들을 피해 다녔으며 주로 학교와 기숙사만 오갔다. 자서전에 따르면 달리가 눈에 띄는 모습으로 기숙사를 드나들 때 달리를 궁금해하는 무리가 생겨났다고 한다. 긴 머리와 구레나룻을 한 달리는 "커다란 검은 펠트 모자와 파이프 담배를 샀는데 담배는 피우지도 않고 불을 켜본 적도 없지만 입가에 계속 물고 다녔다. 긴바지는 너무 싫어서 반바지에 스타킹이나 때로는 각반을 하고 다니기로 했다."[4]

이 시기 동안 매일 1페세타* 이상은 쓰지 않았고 일요일 아침마다 프라도 박물관을 방문했는데 그곳에서 "갖가지 그림의 구도를 입체파 화풍의 스케치 평면도로 만들었다."[5] 달리는 마드리드에 오기 전에 이미 인상주의에서 멀어지기 시작했으며 계속 다른 화풍을 시도했고, 앙드레 브르통, 폴 엘뤼아르, 루이 아라공, 자크 바롱 같은 프랑스 초현실주의 예술가들의 작품을 알게 됐다. 거기에 더해 달리가 점묘주의, 분할주의, 입체주의에 파고들며 공부했던 각 사조의 거장은 파블로 피카소, 후안 그리스, 조르주 브라크이다. 달리는 기숙사 방에서 입체주의 그림들을 처음 그리기 시작했는데 이 그림들은 후안 그리스의 작품에서 특히 영향을 받았다.[6] 다양한 화풍을 연습했고 그림도 많이 그렸지만 왕립 미술 학교의 교육은 실망스러웠다. 교사들은 달리 같이 전위적인 학생을 가르칠 준비가 되지 않았고 달리가 이미 다루고 넘어간 인

* 2022년의 한국 화폐 가치로 환산하면 약 3천 원이다.

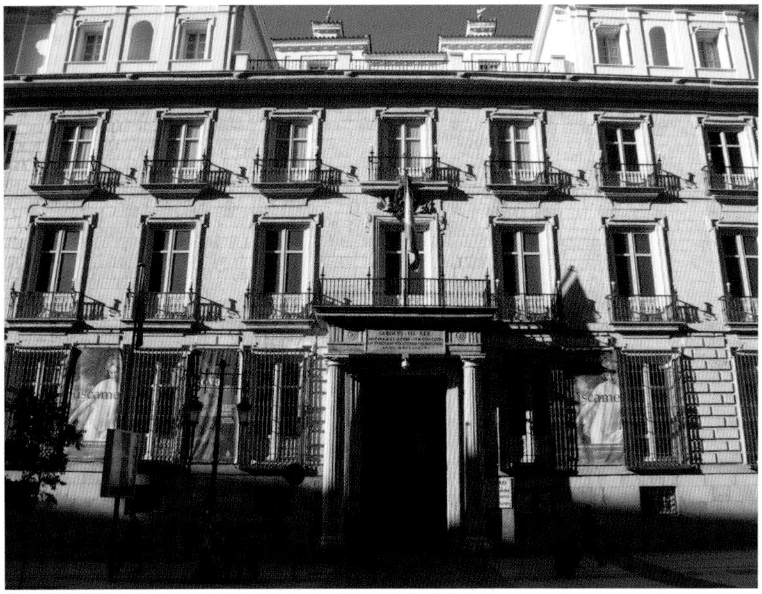

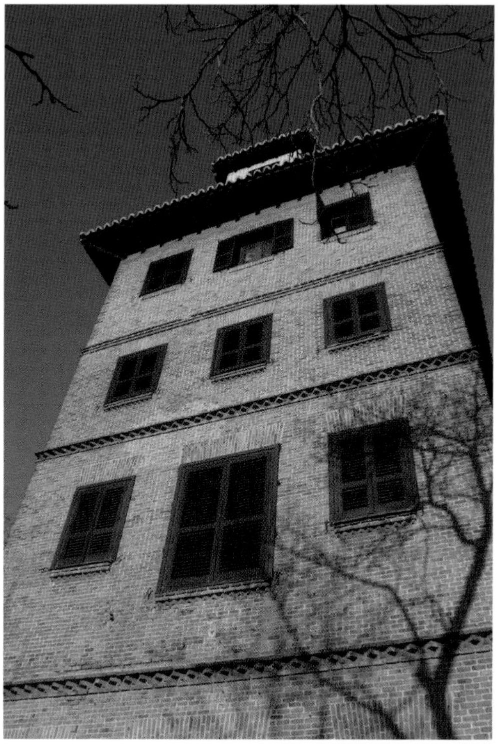

상주의가 학교에 유행하고 있었다.[7]

수도승같이 생활하던 4개월이 지난 후 기숙사에서 한 무리의 학생들이 달리를 눈여겨봤는데 이들은 달리의 입체파 그림을 아주 좋아했다. 이 무리에는 루이스 부뉴엘, 페핀 베요, 에우헤니오 몬테스, 페드로 가르피아스, 라파엘 바라데스, 페데리코 가르시아 로르카가 있었다. 1923년 초가 되자 달리는 이 친구들과 많이 가까워졌으며 특히 부뉴엘과 로르카와 아주 친한 사이로 발전했다. 부뉴엘은 달리의 외모를 두둔하는 일에 큰 기쁨을 느꼈는데 밤에 시내를 다닐 때는 필요하다면 물리적으로도 비호했다. 자신의 외모 때문에 일어나는 일들에 싫증을 느낀 달리는 외모를 바꿀 때가 왔다고 생각했다. 그리고 어느 날 행동으로 옮겼다. "(외모를 바꾼 일은) 미술대 학생들 사이에서 돌풍을 일으켰고 내가 바로 알아차린 것은 내 모습이 의도했던 대로 다른 사람들과 비슷해 보이기는커녕 가장 비싼 옷가게에서 옷을 전부 구매해도 특이한 조합으로 입어버려서 사람들은 여전히 고개를 돌리며 내가 지나가는 모습을 쳐다봤다는 사실이다."[8]

달리는 로르카 무리와 어울리기 시작하면서 엄청난 자극을 받았다. 겉모습도 바꾸게 되었으며 생활방식도 달라졌고 예술적이고 지적인 경험을 많이 누리게 됐다. 알베르트 아인슈타인, H.G. 웰스, 퀴리 부인을 비롯한 많은 유명 연사가 학교에 방문하여 학생들의 삶을 풍요롭게 만들었다. 기숙사에는 예술적이고 지적이고 과학적인 자극제가 가득했다. 달리는 또한 흥분으로 가득 찬 도시의 밤 문화를 친구들과 자주 즐겼으며 이들은 모두 방종

왼쪽 알칼라가(街)에 있는 산 페르난도 왕립 미술 학교.

오른쪽 왕립 미술 학교의 학생 기숙사이며 현재 유럽의 문화유산으로 지정되어 있다.

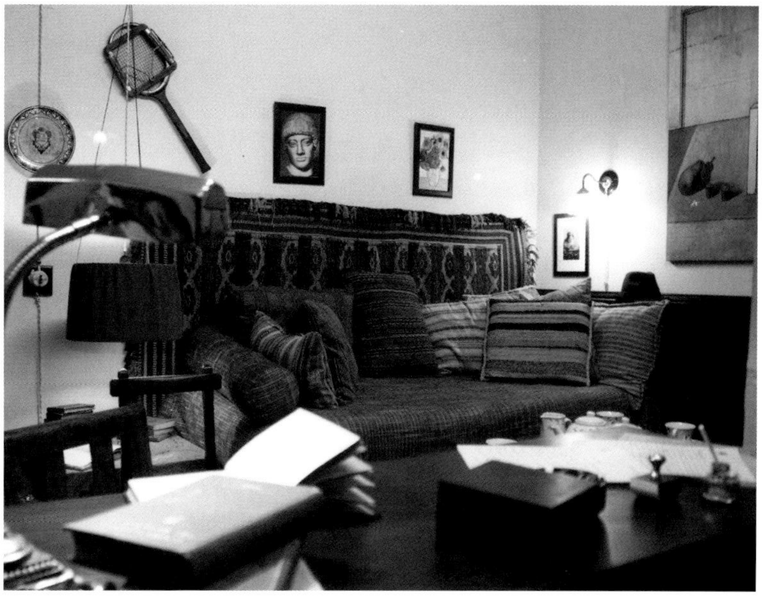

1920년대에 로르카, 달리, 부뉴엘이 지냈던 그대로인 듯한 기숙사 방.

하다는 명성을 얻게 됐다. 달리는 자신만의 별나고 변덕스러운 행동을 이어갔다. 달리가 파티에서 하는 특별한 장난은 위스키에 지폐를 넣고 지폐가 녹을 때까지 기다린 후에 술과 돈을 모두 마시는 것이었다. 달리와 친구들이 자주 방문했던 곳은 너무 많아서 다 말하기는 어렵지만 당시에 마드리드에서 유명했던 여러 술집과 음식점도 가끔 방문했다.

1920년대에 달리는 마드리드에서 친구들과 어울리는 것을 분명 좋아했지만 혼자만의 시간과 창작할 시간이 필요했기 때문에 친구들과 어울리는 시간과 방에서 몇 시간이고 계속 그림을 그리는 시간 사이에 균형을 맞췄다. 실제로 달리는 입학 초기였던 1922년 9월부터 그림을 너무 많이 그려놓아서 달리의 방을 방문하는 사람들은 작품을 피해 다니느라 고생할 정도였다. 달리는 1923년에 처음으로 입체주의를 자신만의 방식으로 표현한 〈라 푸블리시타트 신문과 자화상(Self Portrait with 'La Publicitat')〉을 완성했다. 보통 입체주의 그림은 모든 형태가 조각으로 구성되어 있지만 달리는 자신의 얼굴을 온전하게 그렸다. 이 시기에 달리에게 영향을 준 화가 중에는 드랭과 마티스가 포

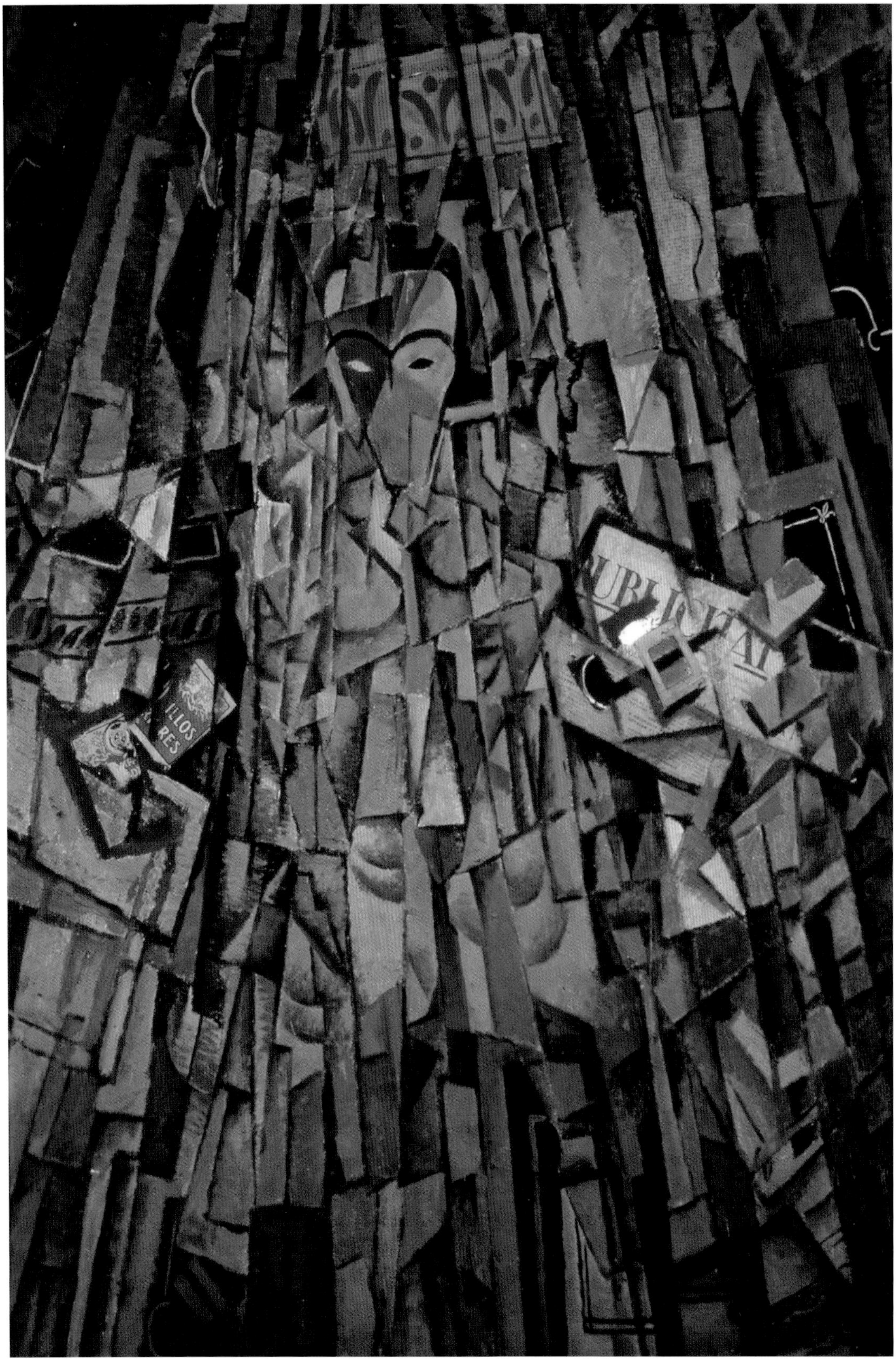

〈입체주의풍의 자화상〉, 1923.
나무판에 유채와 콜라주, 104 X 75cm, 마드리드 레이나 소피아 국립 예술 센터 박물관.

함되어 있다. 같은 해에 달리는 마티스의 화풍에 영향을 받은 누드화도 다수 그렸다.

달리는 지그문트 프로이트의 글을 알게 되면서 1923년에 자신의 작품에 핵심이 되는 영향을 받게 됐다. 『꿈의 해석』은 스페인어판으로 재출간됐고 달리는 이 책으로 인생이 바뀔 수 있다고 느꼈다. 현재 개인 소장된 달리가 직접 구매한 『꿈의 해석』의 여백에는 달리의 메모가 있다. 훗날 달리는 이 책이 자신에게 끼친 영향에 관해 자서전에 이렇게 썼다. "그 책은 내 삶에서 가장 큰 발견이었고 꿈뿐만 아니라 내게 일어난 일 모두 처음에는 별 볼일 없어 보일지 몰라도 자체적으로 해석하는 일이 얼마나 안 좋은지를 알고 매우 놀랐다."[9]

그해 가을에 회의 중에 뛰쳐나왔을 때 달리는 학교에 대한 불만이 더 커진 상태였다. 지지하던 화가의 교수직이 거절당하자 대규모의 학생 시위가 발생했는데 학교 측은 달리가 나가버리면서 시위가 시작됐다고 믿었다. 달리는 1년간 정학을 당했지만 마드리드에 있는 사립 대학에서 수업을 받으며 계속 그림을 그렸다. 그러다 나중에는 고향으로 돌아가서 후안 누녜스에게서 다시 사사하고 첫 번째 판화와 동판화를 만들었다.

달리가 피게라스에서 곤란한 상황에 빠지기까지는 오래 걸리지 않았다. 미겔 프리모 데 리베라 장군이 1923년 9월에 정권을 잡으며 7년간의 나름 온건적인 군사 독재가 이어졌다. 달리의 아버지는 노골적으로 정부를 비판했다. 1924년 5월에 달리와 친구들 몇 명이 체포됐는데 알폰소 13세 국왕이 카탈루냐에 방문하기 전에 말썽꾼들이 길거리를 돌아다니는 일을 막으려고 했던 것으로 보인다. 한 달가량 감옥에서 지낸 일은 달리에게 그리 문제가 되지 않았던 것 같다. 달리는 1924년 6월 11일에 풀려났다. "수감되어 있는 동안 나는 굉장히 행복했다. 나는 자연히 정치범들과 어울렸고 그들의 친구들, 같은 종교 사람들, 친척들은 우리에게 선물을 넘치도록 보내줬다. 매일 아침 우리는 질이 매우 떨어지는 현지 샴페인을 마셨다."[10]

같은 해에 달리가 엠포르다 지구를 문학적으로 신화화한 시를 위해 그린 삽화에서 그가 고향의 영향을 받았다는 것을 알 수 있다. 그 시는 〈예르스의 마녀들〉로 친한 친구인 카를레스 파헤스 데 클리멘트가 썼다. 그는 달리와 같은 거리에서 자랐고 두 사람은 평생가는 친구이자 서로 합작하여 작품을 만드는 사이가 됐다.[11] 『예르스의 마녀들』의 삽화를 그렸을 때 달리는 선조의 뿌리를 창작 재료로 활용했을 가능성이 높다.

1924년 가을에 달리는 마드리드에 있는 학교로 돌아갔다. "그곳에서 친구들은 무척 초조해하며 나를 기다리고 있었다."[12] 이 시기에 달리는 가장 최근에 달라진 순수주의, 입체주의와 매우 세밀한 구상주의의 특징을 동시에 흡수했다. 19세기 독일의 낭만주의 화가인 카스파 다비트 프리드리히는 물론 이탈리아 예술가인 조르지오 데 키리코의 영향도 받았는데 키리코는 새로운 형태의 현실주의 화풍으로 그림을 그렸고 이는 훗날 초현실주의로 알려진다. 키리코의 작품은 기묘한 이미지와 어둡고 인간미 없고 마음을 어지럽히는 풍경에 인간이 놓여 있는 특징이 있다. 달리가 친구 루이스 부뉴엘을 그린 초상화를 보면 같은 시기에 그려진 키리코 작품을 좋아했다는 것을 알 수 있다. 부뉴엘의 강압적인 성격은 작은 건물들이 놓인 황폐한 풍경 앞에 검은 옷을 입고 앉아있는 모습에서 두드러진다. 스무 살의 달리는 여전히 대학 교육이 자기 수준에 미치지 않는다고 느껴서 매주 꾸준히 프라

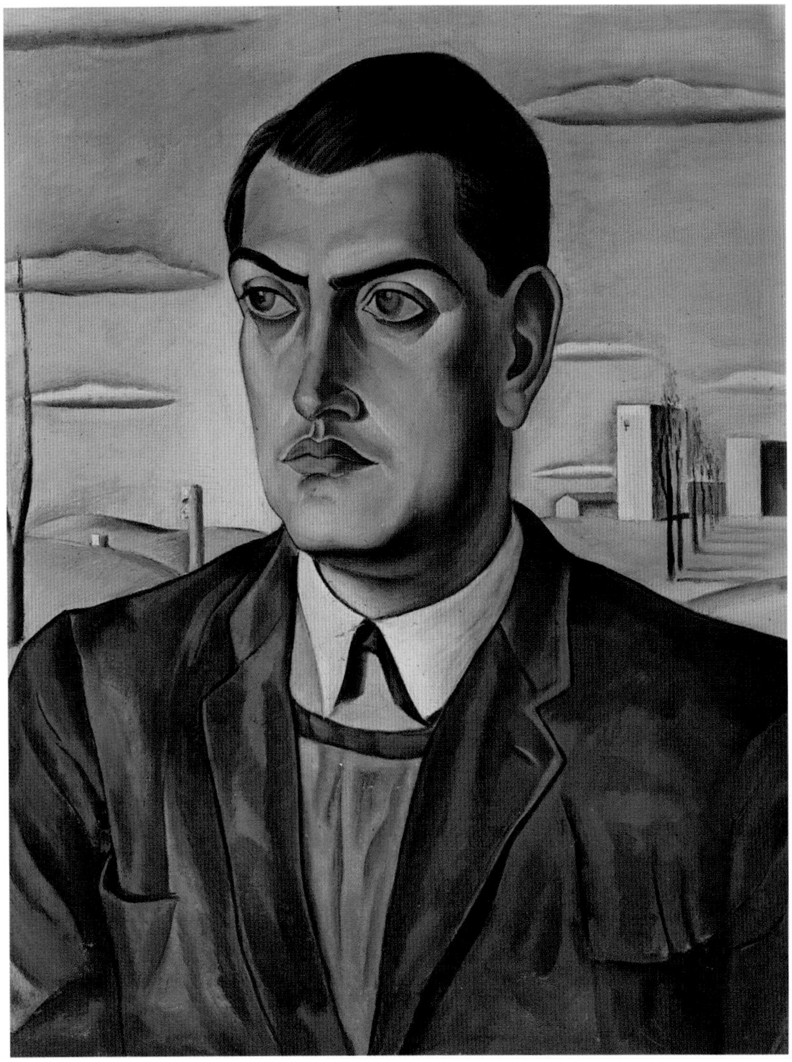

왼쪽 〈루이스 부뉴엘의 초상〉, 1924년, 캔버스에 유채, 70×60cm, 마드리드 레이나 소피아 국립 예술 센터 박물관.

맞은편 〈기타를 치는 피에로〉, 1925년, 캔버스에 유채, 198×149cm, 마드리드 레이나 소피아 국립 예술 센터 박물관.

도를 찾아갔는데 프라도 박물관은 달리에게 훌륭한 배움의 보고였다. 달리는 자신의 가장 깊숙한 본질을 표현할 수 있게 해 줄 자신만의 완벽한 스타일을 찾기 위해 다양한 화풍을 탐구했다. 마드리드에 있는 동안 로르카와 더욱더 친해졌고 지적 관심사를 공유했다. 여섯 살 연상에 어두운 피부를 가진 잘생긴 이 남자에게 매력을 느꼈고 지적인 자극을 받았다. 로르카는 자신이 동성애자인 것을 공공연하게 밝혔고 달리가 로르카의 접근에 대응하지 않았는데도 불구하고 로르카는 달리에게 집착하게 됐다. 1925년 성주간(부활절 전 일주일)에 달리는 로르카를 카다케스에 있는 여름 별장에 초대했는데 이곳에서 로르카가 달리에게 사랑을 느낀 것으로 보인다. 스페인인 미술 평론가이자 시인인 라파엘 산토스 토로에야의 말에 따르면 1925년은 달리가 로르카의 영향을 많이 받은 '로르카 시기'를 알리는 해이며 확실히 토로에야의 의견을 뒷받침하는 작품이 몇 점 있다.[13] 〈기타를 치는 피에로〉도 이 시기에 만들어졌으며 다양한 영향을 받았는데 그중에는 분명 로르카와 피카소도 포함되어 있다. 달리는 환상과 형이상학을 포함하기 위해 화풍을 고쳐서 입체주의를 다르게 표현했다. 심리적인 부분 또한 명확하게 확인할 수 있는데

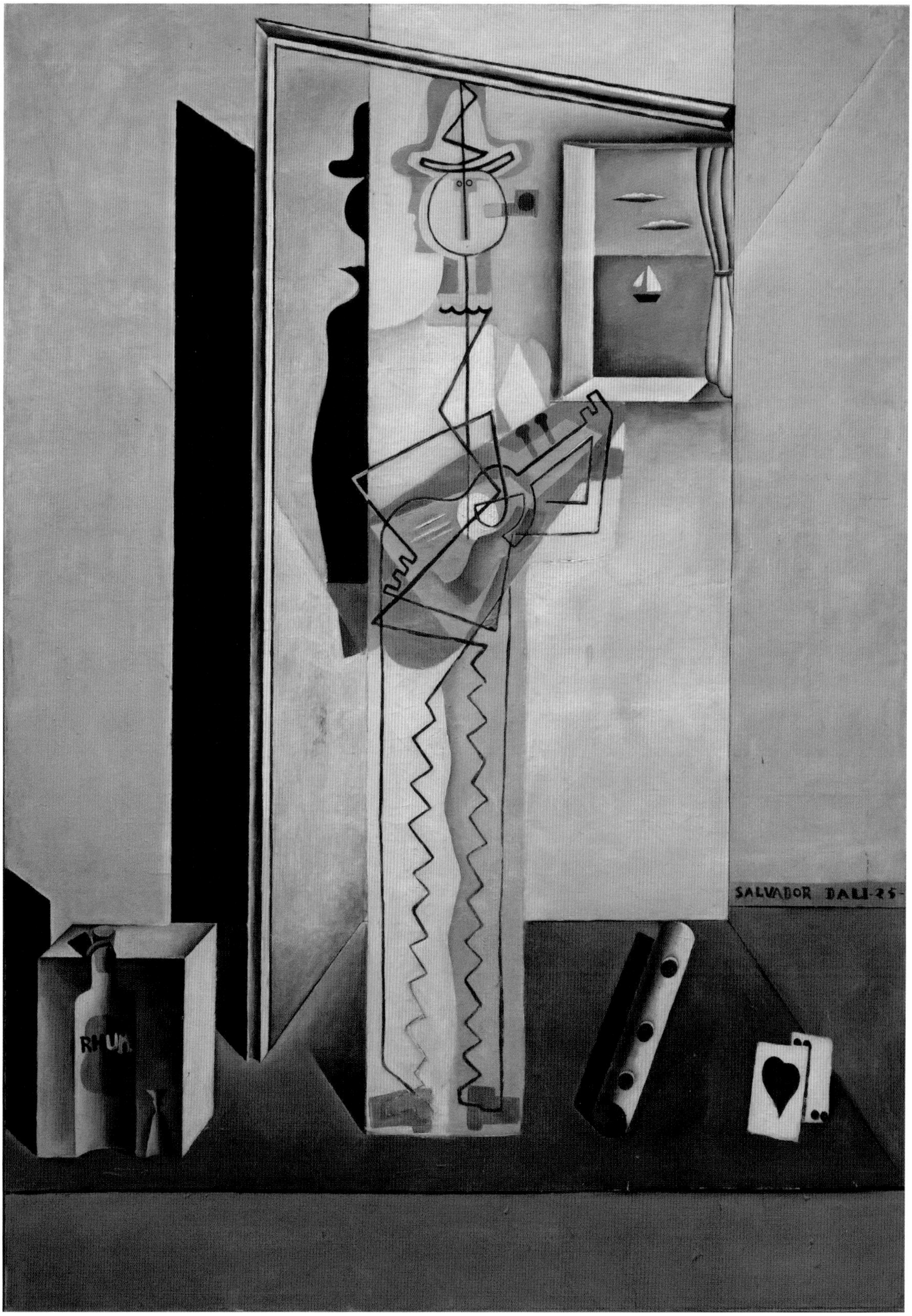
SALVADOR DALI-25-
RHUM.

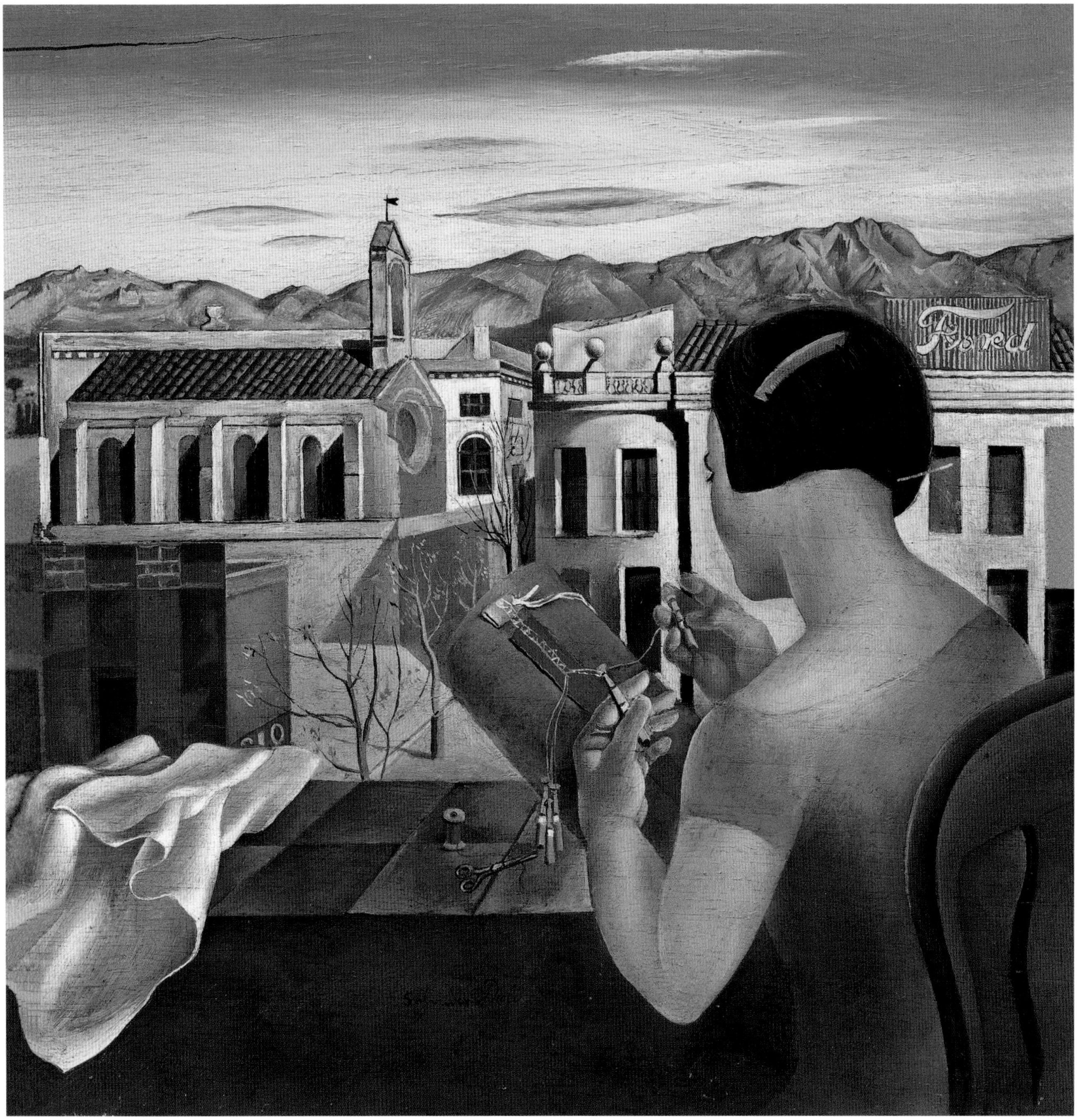
Ford

〈피게라스의 어느 창문에 있는 여자〉, 1926년,
캔버스에 유채, 21×21.5cm,
피게라스 달리 극장 박물관

감춰져 있는 어두운 인물이 피에로 뒤에 그림자처럼 서 있다. 그림자는 달리 자신을 표현하고 피에로는 로르카를 나타내도록 의도한 것처럼 보이는데 아마도 둘 사이가 정말 가까워져서 마치 한 사람인 것 같은 느낌을 묘사한 것 같다. 두 인물이 같은 것을 추구하는 것으로 보일 수도 있다.[14]

달리는 1925년 11월에 바르셀로나 달마우 갤러리에서 처음으로 개인전을 열었다. 평론가들은 전시된 17점의 작품에 드러난 다양한 화풍에 어리둥절해했지만 전시회를 긍정적으로 평가했다. 달리의 아버지는 개인전의 성공을 기뻐했으며 달리와 여동생, 새어머니가 파리와 브뤼셀에 다녀올 수 있도록 경비를 마련해줬다. 세 사람은 1926년 4월 말에 파리로 떠났는데 4월은 로르카가 달리의 재능을 추천하며, 중요한 작품인 〈살바도르 달리에게 보내는 시(Ode to Salvador Dali)〉를 발표하였고, 달리에게 이미 특별한 달이 됐다. 세 명의 가족은 베르사유에도 방문하고 그 후에 브뤼셀도 여행했지만 누가 봐도 이 여행에서 가장 인상적인 사건은 달리가 파리에서 피카소와 만난 일이다. 달리가 피카소에게 보여주려고 〈피게라스의 소녀(Girl from Figueras)〉를 가져왔는데, 피카소는 15분 동안 이 그림을 관찰했지만 아무 말도 하지 않았다. 그리고 두 시간 내내 달리에게 자신의 작품을 보여줬다. "피카소 선생님이 작품을 새로 보여줄 때마다 생기와 총명함이 가득한 눈으로 날 너무 강렬하게 쳐다봐서 몸이 떨릴 정도였다. 나는 작품에 관해 아무 말도 하지 못하고 그곳을 나왔다. 마지막에 계단에 내려서서 떠나려고 할 때 선생님과 시선이 마주쳤는데 정확히 이런 의미였다. '무슨 말인지 알겠죠?' '네, 압니다!'" 달리는 파리에서 부뉴엘도 만났다. 카탈루냐로 돌아오고 프랑스의 수도에서 받은 환영과 그곳에서 겪은 경험 때문에 벌써 프랑스로 이주할 생각을 떠올리게 됐다.

1926년 6월 중순에 달리는 왕립 미술 학교에서 퇴학당하기 위한 정교하고 노골적인 계획을 실행에 옮겼다. 미술사 수업에서 발표 시험을 치를 때 이렇게 말하며 평가받기를 거부했다. "산 페르난도 학교의 어떤 교수도 나를 평가할 자격이 없으니 가보겠습니다." 당연하게도 이 행동은 달리가 바라던 결과를 초래했는데 교수들은 달리의 의도대로 모멸감을 느꼈고 8일 뒤에 달리는 퇴학당했다. "마드리드에서 흥청망청하는 생활도 미술 학교도 완전히 끝내고 싶었다. 그런 삶에서 벗어날 수밖에 없기를, 피게라스로 돌아와서 1년간 작품을 만들게 되기를 바랐고 그 후에 파리에서 계속 공부할 수 있게 아버지를 설득하려고 했다."[17] 앞부분의 계획은 잘 이뤄졌지만 나머지 계획은 어떻게 됐을까?

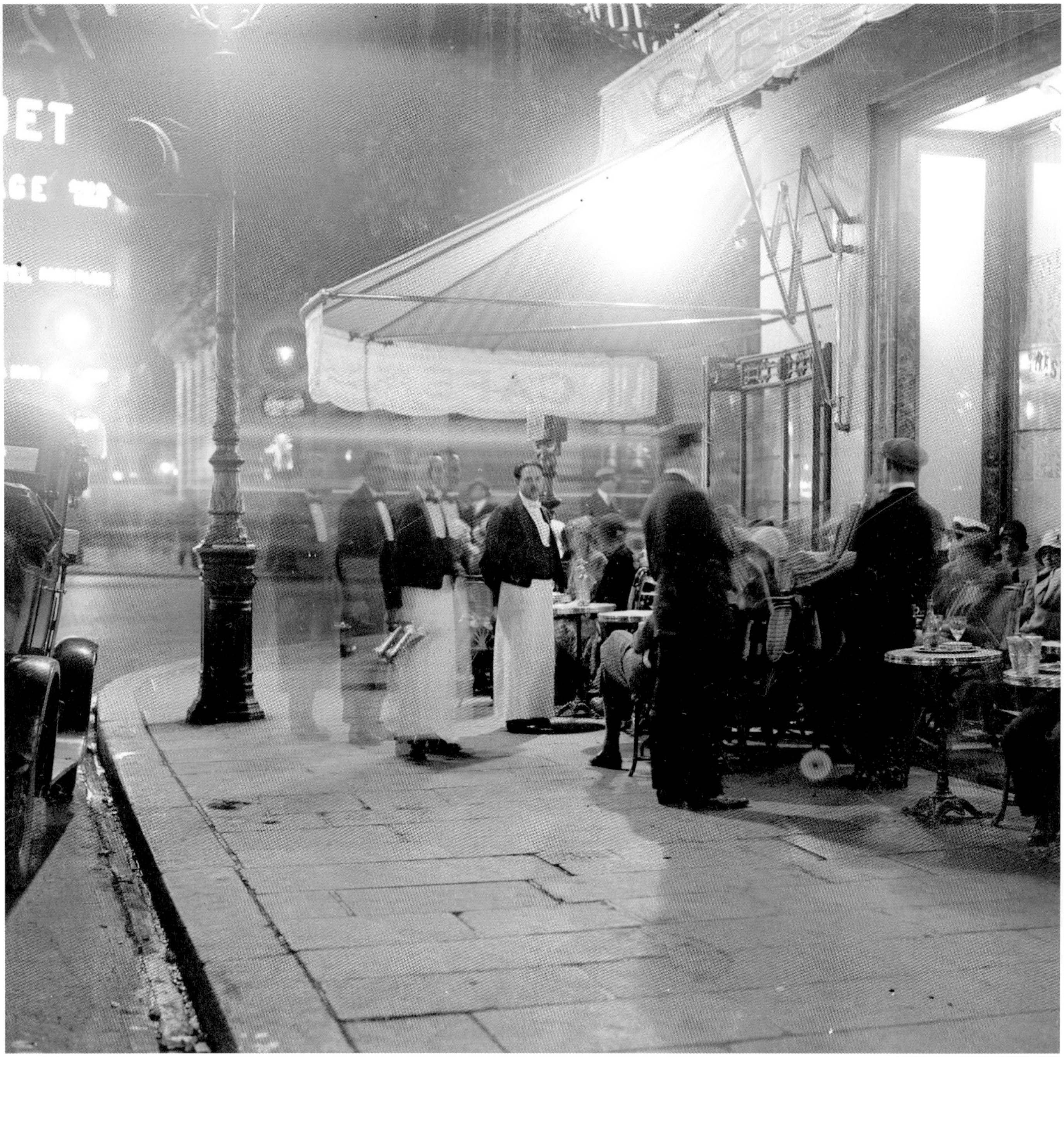

"남은 생애 동안 나는 항상 정신의 초자연적이고 난해한 지하도를 활용하려고 했다." 살바도르 달리[1]

초현실주의와 아방가르드의 중심지 파리로 향하다

파리의 노천카페, 1929년.

달리는 원하던 대로 파리에 가기 전에 1년간 고향 피게라스에서 그림 작업에 열중한다는 계획에 전념했다. 이 시기에 가장 잘 그린 연필화는 여동생과 아버지가 같이 등장하는 초상이며 달리는 이 그림을 다음과 같이 설명했다. "아버지의 표정에서 내가 퇴학당한 소식을 듣고 한심해하는 냉소적인 감정을 볼 수 있다."[2] 달리는 또한 신화 그림을 연작으로 그렸는데 이 작품들에서 "입체주의에서 배운 기하학적 규칙에 변치 않는 전통적 원칙을 결합하여 내 입체주의 경험이 긍정적으로 마무리 되도록 시도해봤다.[3]

1926년에는 바르셀로나와 마드리드에서 열린 다수의 단체전에 참여했다. 1927년에는 바르셀로나에 있는 살라 파레스 갤러리에서 열리는 가을 살롱에 두 번이나 함께 했고 달마우 갤러리에서 또 한 번의 개인전을 열었다. 스무 점의 작품이 전시됐는데 그곳에서 첫 개인전을 열었던 때보다 화풍이 더 다양해졌다. 그래도 개인전은 언론에서 대체로 크게 성공했고 달리의 작품에 관한 이야기가 파리까지 퍼졌다. 1926년 작인 〈곱슬머리 소녀(Girl with Curls)〉에는 달리가 훗날 들어서게 되는 초현실주의의 요소가 포함되어 있다.

같은 카탈루냐 출신의 화가이자 달리에게 영향을 끼친 호안 미로는 이미 파리에서 눈에 띄는 성공을 누리고 있었다. 그 밖에도 당시 영향력을 떨치던 예술가들은 초현실주의 화가 막스 에른스트, 장 아르프, 앙드레 마송, 이브 탕기, 그리고 초현실주의의 선구자 카를로 카라와 조르지오 데 키리코가 있다. 달리는 1926년에 『초현실주의자의 혁명』 잡지에 실린 탕기의 〈보이지 않는 원형(The Ring of Invisibility)〉(1926년)에서 특히 영향을 받았다. 탕기는 사막 같은 경치가, 키리코는 도시경관을 특징으로 삼은 것처럼 달리가 피게라스 근처 엠포르다 평원의 풍경을 작품에 접목하는 변천 과정을 볼 수 있다. 이렇게 나고 자란 환경과 이어지며 아마도 달리는 변화를 경험했을 것이다. 달리는 어렸을 때부터 엠포르다 평원을 아주 잘 알고 있었다. 한창 발달하는 시기에 이 환경을 스승으로 삼고 배움을 얻었으며 자연스레 어우러지며 엠포르다의 경치를 작품에 쏟아 넣었다. 그리고 얼마 지나지 않아 탕기의 영향을 받은 다형의 물체도 작품 안에 포함하기 시작했다. 자동기술법도 짧게 시도해봤지만 재빨리 그만뒀다.

한편, 달리의 계획에 차질이 생기며 파리에 가려는 원대한 계획이 미뤄지게 되는데 먼저 병역 의무를 마쳐야 했기 때문이었다. 1927년 2월에 달리는 피게라스에 있는 카스테 데 산트 페란 군사 요새에서 9개월간의 의무 복무를 시작했다.[5] 이 시기에는 평상시만큼 작품을

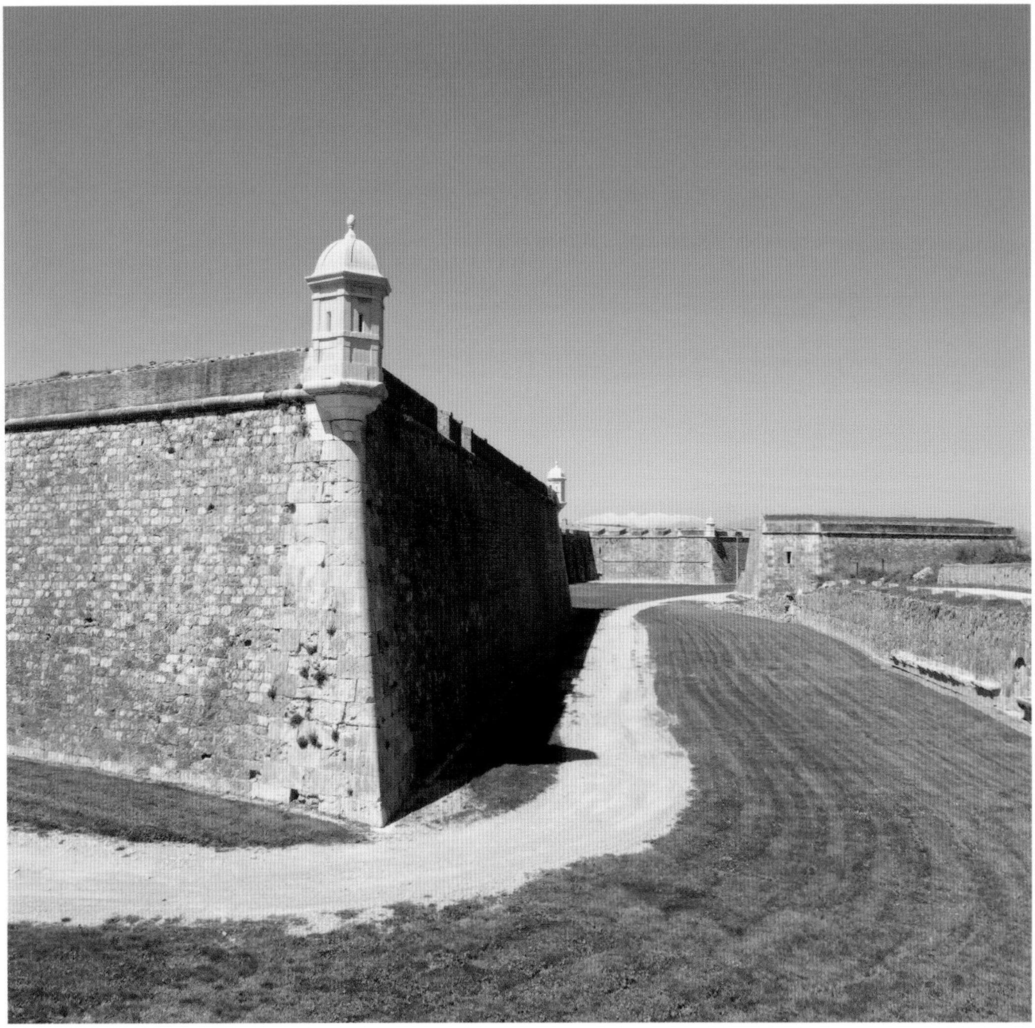

만들기가 어려웠지만 그래도 그림을 그리고 글을 썼고 친한 친구, 로르카의 작품인 〈마리아나 피네다(Mariana Pineda)〉의 초연을 위해 의상과 무대를 디자인했다. 같은 해에 로르카와 바르셀로나, 시체스, 카다케스에서 세 달 간 여름휴가를 보냈다. 로르카는 개인적으로나 예술적으로 달리에게 계속 지대한 영향을 끼쳤다.

달리는 또한 당대에 카탈루냐에서 가장 명성 높은 전위 잡지이며 시체스에서 발행되는 『예술의 친구』에 몇 가지 시와 산문, 소묘를 기고했다. 산문 중에 「성 세바스티안」이 있었는데 달리는 로르카 시기에 성인을 주제로 몇몇 그림을 그렸으며 이 산문에서 로르카를 많이 암시했다. 로르카도 달리의 산문에 영감을 받아 산문시를 여러 편 창작했다.[6] 달리는 「성 세바스티안」에 '심미적 가치의 시거리를 재는 태양의'와 '(그의) 응고물을 추출하는' 같은 글귀처럼 순교한 성인의 고통을 측정할 수 있는 다양한 기구를 언급하며 과학을 향한 이른 관심을 드러낸다.[7] 그해에 찍은 한 사진에서 달리가 『과학과 발명』 잡지 한 부를 손에 들고 있는 모습을 볼 수 있는데 이 잡지는 당

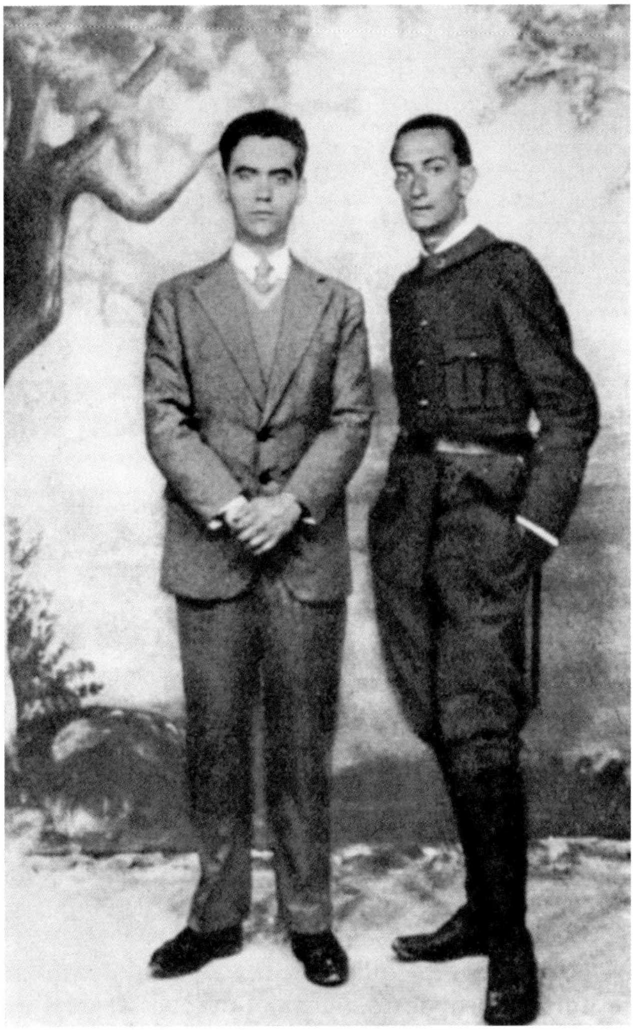

맞은편 달리가 군인으로 복무했던 카스테 데 산트 페란 군사 요새.

위 1925년에 피게라스에서 페데리코 가르시아 로르카(왼쪽)와 달리.

대 최신의 과학 발전 정보를 전달하는 뉴욕 영문 잡지였다. 같은 해 가을에 달리가 로르카에게 쓴 편지에 따르면 달리는 예술적으로 크게 성장한 것으로 보인다. "페데리코 형, 난 너무 즐거워서 죽어버릴 것 같은 그림들을 그리고 있어. 심미적인 부분은 전혀 신경도 안 쓰고 완전히 자연스러운 그대로 창작하고 있다고. 아주 심오한 감정을 불러일으키는 것들을 만들고 있고 정직하게 색칠하려고 해."[8] 이 시기의 작품 중에서 가장 시선을 사로잡는 그림은 〈작은 잿가루(Little Ashes)〉로 기묘하고 꿈같은 여러 가지 사물이 그려져 있다. 자서전에도 이 시기에 관해 언급했다. "나는 피게라스에 있고 이미 말했던 것처럼 파리를 덮칠 준비를 하고 있다."[9]

친한 친구 루이스 부뉴엘은 달리 어머니의 자금으로 제작될 영화 합작 일로 달리와 계속 연락해오고 있었다. 하지만 달리는 영화의 콘셉트가 너무 평범하다고 느꼈다. 우연히 같은 시기에 달리도 시나리오를 막 만든 상황이었고 "천재적인 느낌이 난다"고 생각했다.[10] 부뉴엘에게 시나리오를 이야기하자 부뉴엘은 너무 흥분한 나머지 1929년 초에 피게라스에 오겠다고 선언했다. 두 사람은 《안달루시아의 개》라는 영화를 구상했다. 부뉴엘은 다시 파리로 돌아갔지만 두 친구는 멀리 떨어져 있어도 계속 합작하며 효율적으로 일해서 1929년 4월 2일에 촬영 일정을 정하게 됐다.[11] 파리를 사로잡을 준비가 된 달리는 마침내 파리에 도착하자 국립 도서관과 몽마르트르 거리를 잇는 비비엔느가(街)의 매우 밋밋한 호텔에 머물렀다.[12] 달리는 파리에 두 달간 머무르며 르 아브르에 잠깐 방문하여 해변이 나오는 장면을 촬영했다.

달리는 파리에서 호안 미로를 따랐다. 달리가 느끼기에 성실하고 믿을만했던 그는, 오래 침묵하는 버릇이 있었다. 그러던 어느 날 저녁에 외출했을 때 미로는 같은 카탈루냐 출신인 달리에게 이렇게 조언했다. "인생에서 가장 중요한 것은 고집스러워지는 거야. 나는 내가 원하는 것이 그림에 나오지 않으면 피가 날 때까지 머리를 벽에 세게 부딪치지." 미로는 달리에게 여러 상류 인사들을 소개해 주었지만 그 당시에 달리는 자신의 숫기 없는 성격 때문에 애를 먹고 있었다. 달리는 앙드레 브르통이나 다른 초

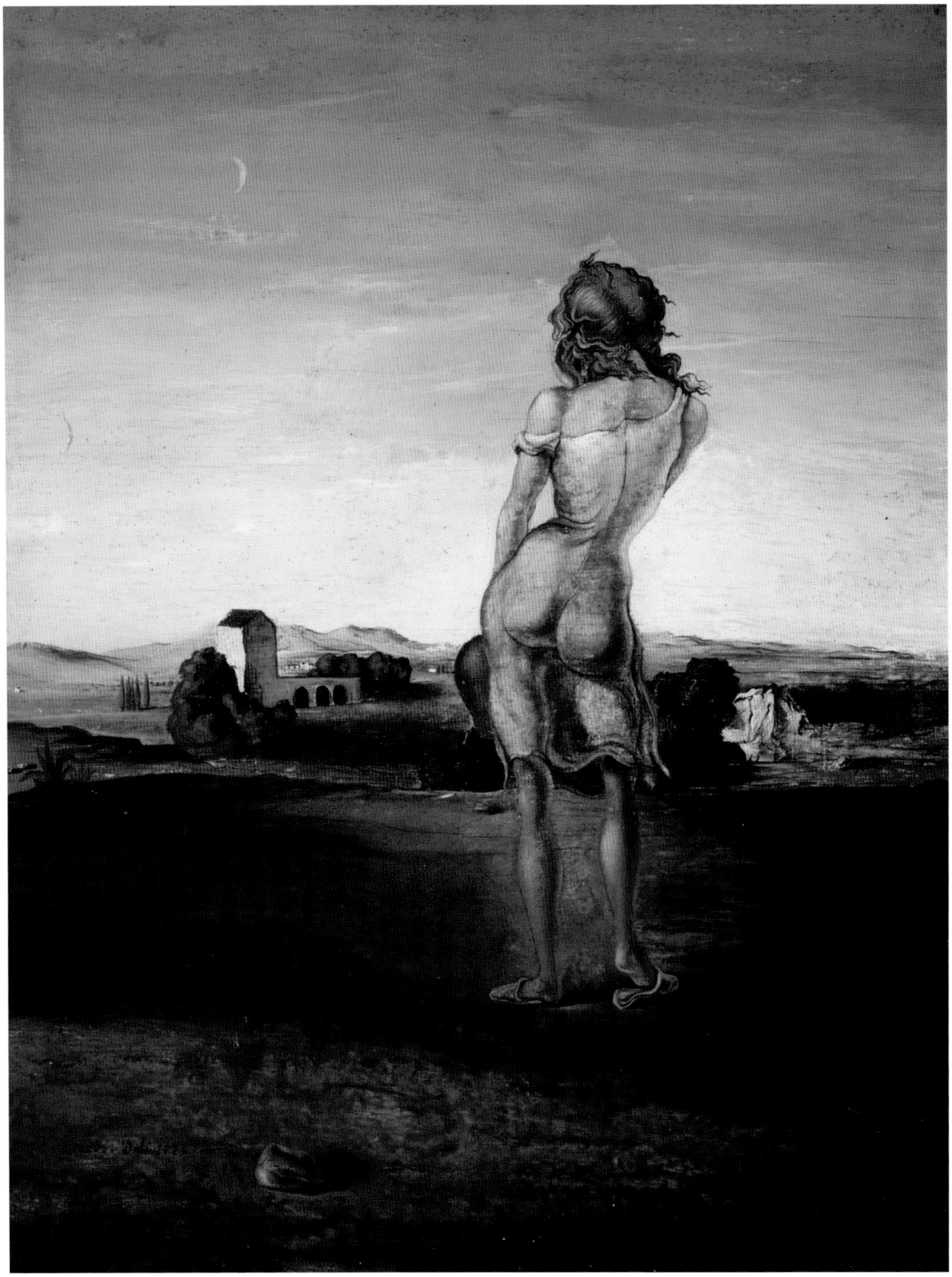

왼쪽 〈곱슬머리 소녀〉, 1926년, 나무판에 유채, 51×40cm, 플로리다주 세인트피터즈버그 달리 박물관.

맞은편 〈작은 잿가루〉, 1927~1928년, 나무판에 유채, 64×48cm, 마드리드의 레이나 소피아 국립 예술 센터 박물관.

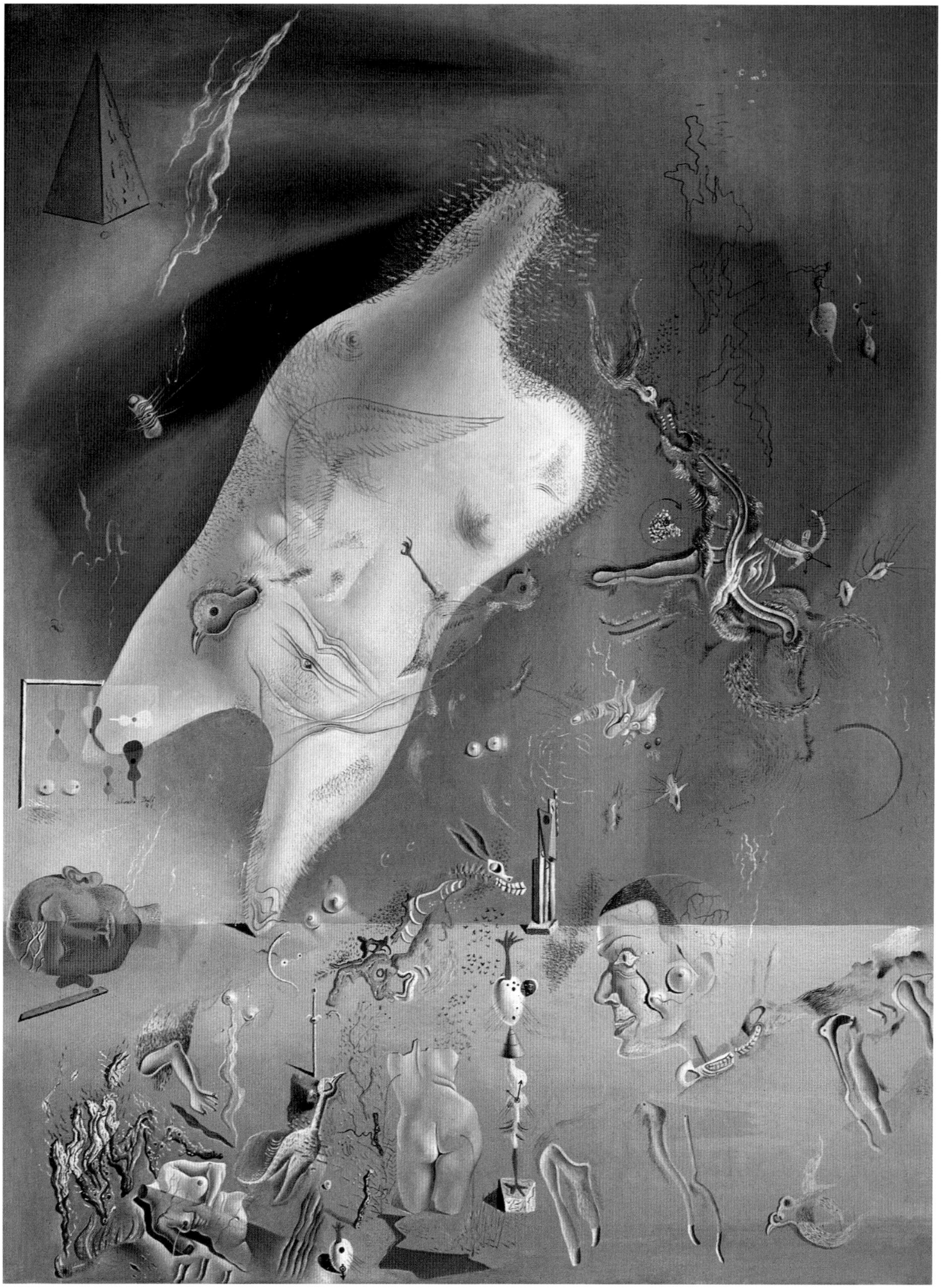

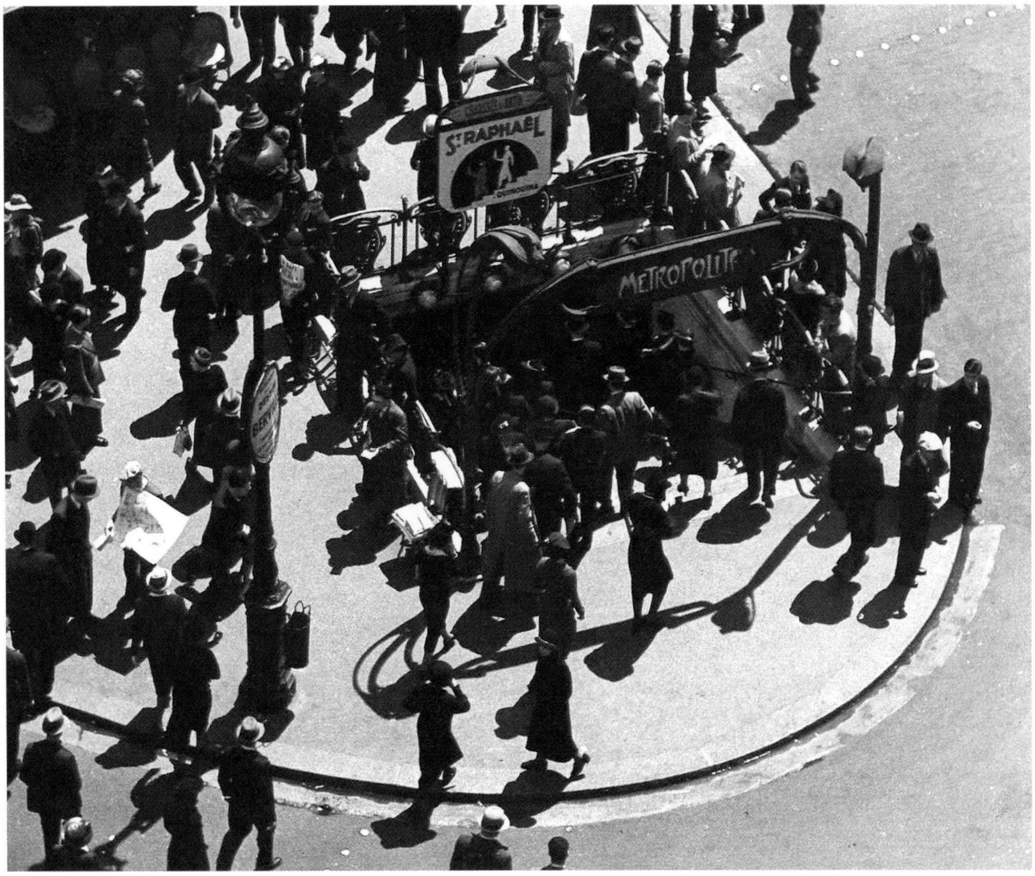

1936년에 사람들로 붐비는 파리의 길모퉁이와 지하철역 입구.

현실주의 예술가들을 만났을 때도 늘 그렇듯 소심한 모습을 보였고 막심 알렉상드르는 달리가 '수줍음이 많고 작고 어린 청년이며 아주 겸손하고 상점 점원같이 빳빳한 옷깃에 정장 차림이었고 혼자 콧수염을 길렀다'고 묘사했다.[13] 미로와 함께 다니던 중 어느 날 피에르 로엡의 집에서 저녁 식사를 하게 됐고 로엡과 계약을 맺은 여섯 명의 화가도 그 자리에 있었는데 달리는 이들에게서 한정된 성공만을 맛본 분위기가 물씬 풍겼다고 느꼈다. 그 중에서 달리의 눈에 띈 단 한 사람은 러시아 태생의 초현실주의 화가인 파벨 첼리체프였다. 첼리체프는 달리가 생전 처음으로 지하철을 타야 했을 때 두려워하던 모습을 목격했는데 첼리체프가 먼저 한 지하철역 전에 내리자 달리의 시련은 더 깊어졌다.[14] 지하철에서 처음 느낀 공포를 제외하고 달리가 파리에 있는 동안 『예술의 친구』에 기고한 여섯 편의 문학 다큐멘터리 시리즈의 글을 보면 1926년에 방문한 파리의 1920년대 말의 극히 아름다운 모습은 확실히 달리의 기대를 충족시키고 열정을 불타오르게 했다는 것을 알 수 있다.[15] 제1차 세계대전 이후 번창하는 카페 문화, 예술계, 문학계와 더불어 기쁨과 아름다움을 찾으려고 혈안이 된 시절의 파리였다. 초현실주의와 아방가르드 세계의 중심지였던 파리는 수려한 건축물이 가득했고 그중에는 대단히 매력적인 아르데코 건물과 극장도 많았다. 파리 센강의 좌안(Left Bank)에는 당대에 세상에서 가장 신나고 화려하고 문화적인 도

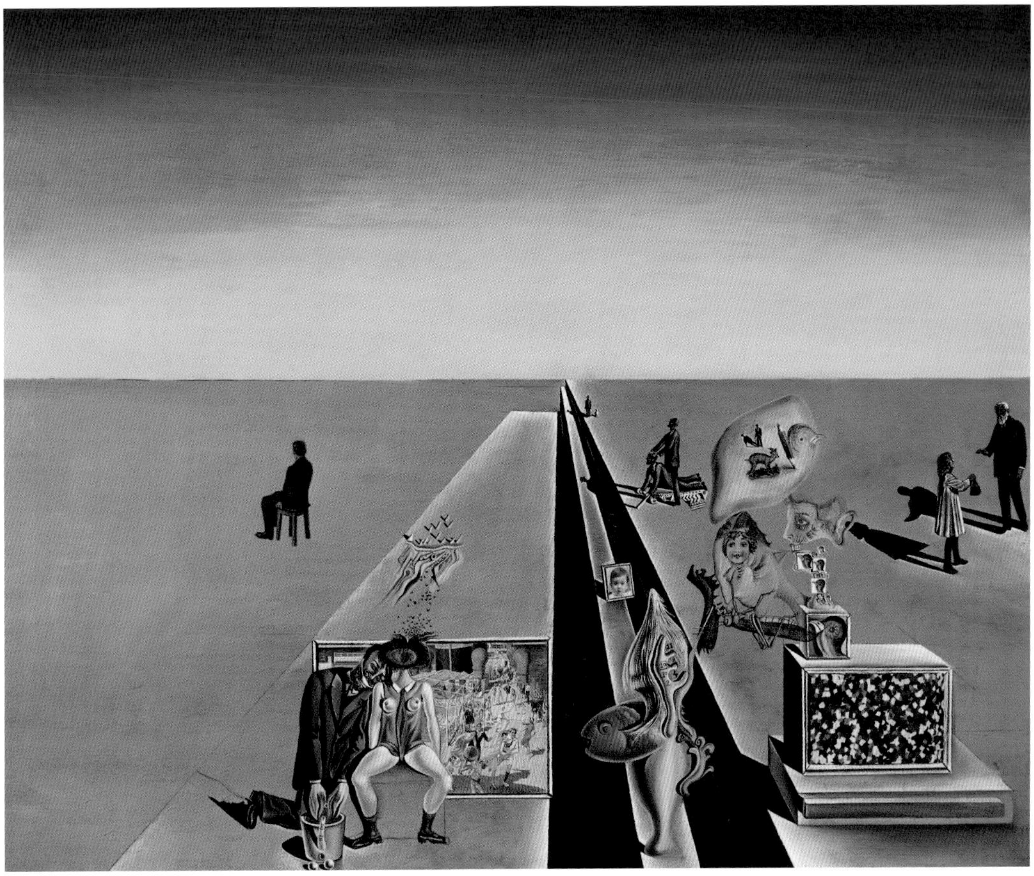

위 〈봄의 첫날들〉, 1919년, 나무판에 유채와 콜라주, 49.5×64cm, 플로리다주 세인트피터즈버그 달리 박물관.

시에 자연히 몰려든 예술가들과 작가들이 많이 출몰했다. 누구든 파리의 카페에서 F. 스콧 피츠제럴드나 어니스트 헤밍웨이와 쉽게 마주칠 수 있었다. 파리 센강의 우안(Light Bank)인 몽마르트르는 1890년대부터 댄스홀과 카페로 유명했다. 1920년대에는 래그타임, 재즈, 흑인음악이 유행했고 달리는 재즈를 좋아하게 됐다.

달리는 당시 가장 근래에 완성한 작품인 〈봄의 첫날들(The First Days of Spring)〉을 가지고 파리에 왔었다. 자서전에 따르면 달리는 터무니없는 이미지를 만들기 위해 당시 자기만의 절차대로 이 그림을 그렸다. "종일 이젤 앞에 앉아 '보기' 위해 마치 도구처럼 시선을 고정했다. (…) 상상 속에 떠오를 이미지를 기다렸다." 〈봄의 첫날들〉 이후 자신만의 독창적인 방법을 발견했다고 느꼈는데 이 방식은 객관적인 동시에 주관적이었다. 달리는 자기만의 상징주의와 프로이트의 상징주의를 취합하여 이 성과를 이뤄냈다.

미로가 1929년 5월에 달리에게 카미유 고망스를 소개해주며 그동안 보여준 그의 한결같은 지지가 드디어 결실을 얻게 됐다. 르네 마그리트의 친한 친구이기도 한 고망스는 최근에 센가(街)에 갤러리를 열었고 달리의 스물다섯 번째 생일 사흘 후인 5월 14일에 달리와 계약을 맺었다. 계약서에 따르면 고망스는 매달 달리에게 1,000프랑(1백만 원 가량)을 지급하고 1929년 5월 15일부터 11월 15일까지 달리가 만든 작품은 모두 고망스 갤러리가

맞은편 《안달루시아의 개》의 충격적인 첫 장면, 1929년

소유하게 되었다. 그리고 고망스는 1929–1930 시즌을 위한 전시회를 준비하기로 했다. 고망스는 달리에게 폴 엘뤼아르 시인의 영향력을 알려주며 소개해줬고 엘뤼아르가 달리의 작품도 구매했다고 언급했다. 달리와 엘뤼아르는 서로를 존경하게 됐고 엘뤼아르는 달리에게 카다케스를 방문하겠다고 약속했다.

1929년 6월 6일에 파리에서 아방가르드한 영화 《안달루시아의 개》가 개봉했고 충격과 호기심이 뒤섞인 반응을 받았지만 관객들은 대부분 새롭고 특이하다고 긍정적으로 평가했다.[17] 하지만 달리와 부뉴엘이 기대한 반응은 아니었다. 사실 달리는 관객의 반응뿐 아니라 작품의 완성도에도 실망했는데 영화가 더 역겹게 표현되지 않았다고 생각했다. 영화는 한 여자의 눈을 베어내는 장면으로 시작하는데 이 장면을 통해 관객에게 앞으로 어떤 일이 일어날지를 암시한다.[18] 그러나 세계적인 예술의 수도에서 영화는 충분히 거대한 돌풍을 일으켰고 달리는 앙팡 테리블(무서운 아이)*로 알려졌다. 영화를 만들며 달리는 시각적 심상을 탐구하고 연마하게 됐다. 1920년대 말즈음에는 처음으로 도자기 작품과 오브제를 포함한 조각품을 만들었다.

몸이 좋지 않아 예상했던 것보다 더 빨리 파리를 떠나게 됐지만 기차를 타고 카탈루냐로 돌아가는 길에 다음 날 아침에 잠에서 깬 달리는 '햇빛이 길게 펼쳐진 엠포르다 평원의 풍경'을 눈에 담았다.[19] '생리적 기능이 다시 피어나며 내 몸 안의 매력적인 작고 끈적이는 기관들이 보이고 들리는 것 같은 일종의 투명화'를 경험했다.[20] 자서전에 쓰인 내용을 믿는다면 달리가 경험한 감각은 그것뿐만이 아니었다. "나는 이 모든 신호가 사랑이 본능적으로 나타내는 징조라는 어렴풋한 예감이 들었고, 이 예감은 커지고 정확해졌다. 나는 이번 여름에 사랑을 알게 될 것이다. (…) (사랑의 대상은) 그 누구도 아닌 바로 새로운 여자의 몸을 갖고 성장을 통해 부활한 갈루카(Galuchka)**일 수 있다."[21] 그해 여름에 달리는 성적, 정서적 에너지가 극도로 넘치는 상태여서 갑자기 미친 듯이 웃음을 터뜨리고 가끔은 침대 위에서 몸부림치는 상황에 이르렀다. 달리는 언제라도 미쳐버릴 것 같아서 두려웠다. 달리가 자서전에 언급한 예감을 실제로 겪었는지 아니면 정교한 환상이었는지는 영원히 알 수 없겠지만 확신할 수 있는 부분은 1929년 여름에 역사상 가장 많이 회고되는 사랑 이야기로 손꼽히는 사건이 일어났다는 것이다.

달리는 《안달루시아의 개》의 반응 때문에 큰 실망감에 빠져있었지만 1929년 여름에 엘뤼아르가 카다케스에 방문하겠다는 약속을 지켰을 때는 분명 아니었다. 파리에서 루이스 부뉴엘, 르네 마그리트, 고망스와 고망스의 친구 그리고 폴 엘뤼아르가 아내(갈라)와 딸(세실)을 데리고 다 같이 달리가 가장 좋아하는 장소로 찾아왔는데 달리 본인이 원시 풍경의 인간 화신이라고 했던 바로 그곳이었다. 앙팡 테리블(무서운 아이) 달리는 갈라를 만나고 첫눈에 반했지만 당시 갈라의 남편이었던 폴 엘뤼아르의 앞에서는 당연히 그 마음을 숨겨야 했다. 갈라도 마찬가지로 달리에게 매력을 느꼈지만 첫눈에 반한 것은 아니었다. 러시아 태생에 본명이 엘레나 이바노브나 디아코노바인 갈라는 1920년대 초에 남편과 독일의 매우 잘생긴 다다이즘 예술가인 막스 에른스트와 셋이서 결혼 생활을 하고 있었고 1929년에는 갈라와 폴의 결혼생활이 실패할 지경에 이르렀었다.[22] "갈라는 내 그라디바(Gradiva), 앞으로 걷는 자이자 나의 승리, 나의 아내가 될

* 프랑스 소설가 장 콕토의 소설 제목에서 비롯된 것으로 '무서운 아이', '태도나 행동이 영악하고 별난 것을 잘하는 아이들'을 가리키는 프랑스의 기성세대가 만든 말이다.

** 달리가 트라이테르 선생님의 집에서 본 러시아 소녀에게 지은 별명.

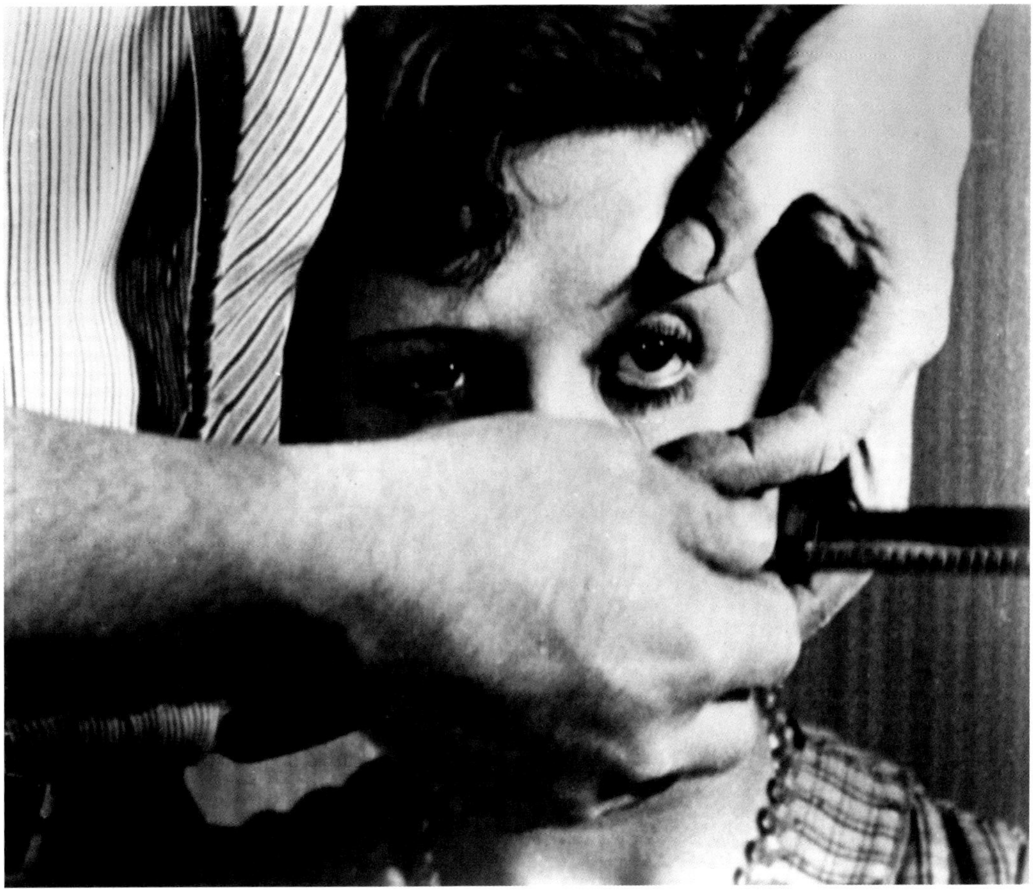

운명이었다."[23] (그라디바는 W. 젠슨의 소설 제목에서 따온 이름으로 이 소설의 주인공은 지그문트 프로이트다) 갈라의 존재는 달리의 성적, 정서적 좌절감을 더 극대화했고 갈라가 달리의 기이한 정신적 주파수와 연결되면서 그 좌절감은 아마 더 부풀어 올랐을 것이다. 그래서인지 달리는 점점 더 괴상하게 행동했다. 엘뤼아르가 9월에 파리로 돌아갔을 때 갈라는 카다케스에 남아 달리의 연인이 되고 달리에게 평생 가장 중요한 인연이 되지만 주변인들이 반길 만한 관계는 아니었다.

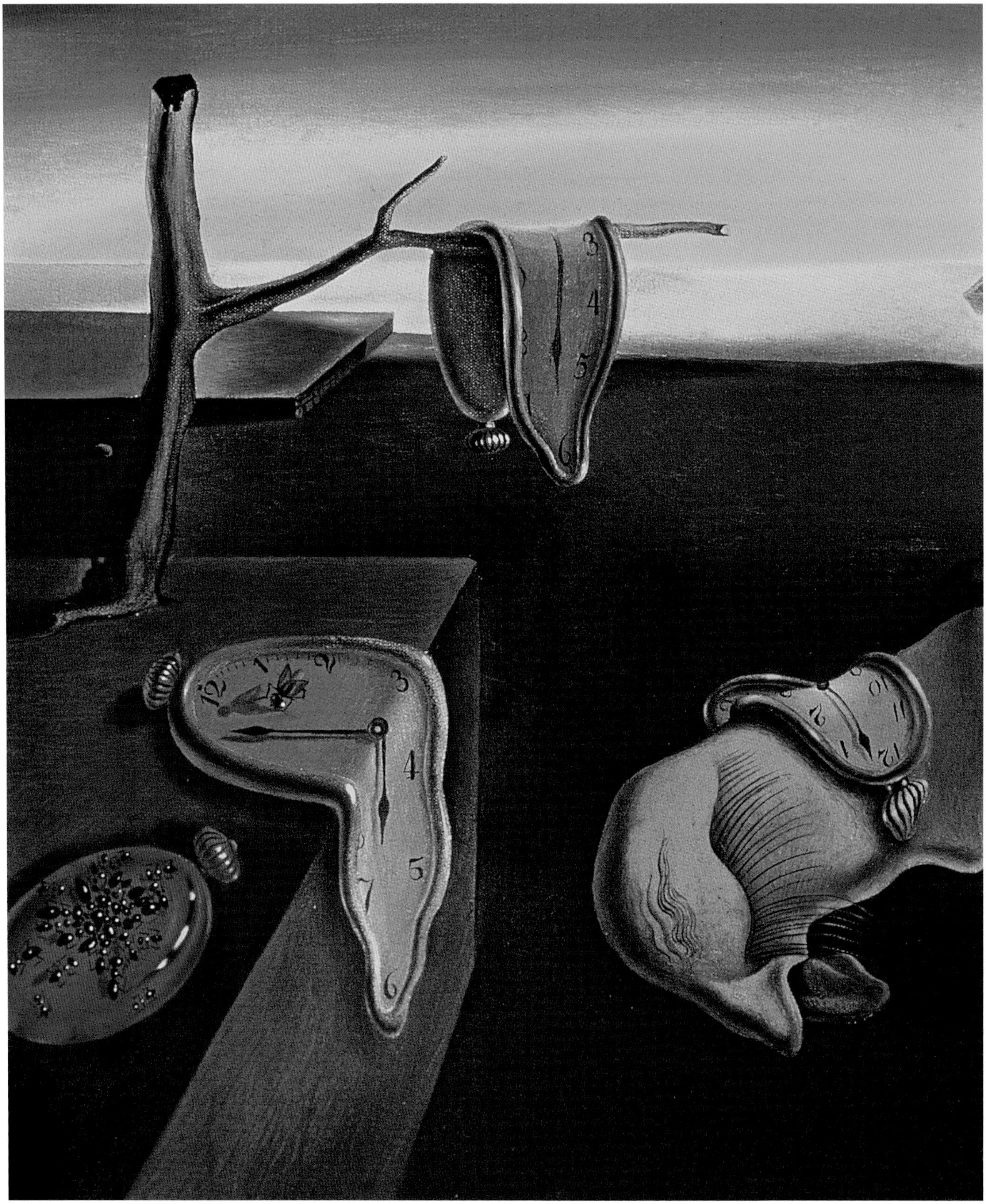

"그 천혜의 환경에서 현실은 웅대한 차원과 거의 하나로 합쳐진다. 내 신비한 낙원은 엠포르다 평원에서 시작되며, 알베르산에 둘러싸여 있고, 카다케스만으로 완전해진다." 살바도르 달리[1]

초현실주의의 세계에 들어서다

〈기억의 지속〉(부분), 1931년, 캔버스에 유채, 24×33cm, 뉴욕 현대미술관.

달리는 갈라에게 첫눈에 반한 사랑은 아니었는데 "갈라는 포마드를 바른 내 머리와 기품 때문에 참아줄 수 없을 만큼 불쾌한 존재라고 생각했다. (…) 사실 마드리드에 살았던 시절의 영향으로 꾸미는 것을 아주 좋아하게 됐다."[2] 갈라는 카다케스에서 지낸 지 이틀 후에 달리에게 산책을 권유했다. 아마 갈라는 자신만의 신화를 이루게 해줄 사람이 달리라는 것을 알고 있었을 것이다.

달리는 두 번의 웃음 발작 사이에 갈라에게 사랑한다고 고백했다.[3] 그때부터 두 사람의 관계가 꽃피게 됐지만 달리가 깊은 두려움을 깨닫게 되는 계기가 되기도 했는데 달리는 갈라에게 자주 부탁했다. "'무엇보다 제발, 제발 내게 상처 주지 말아줘요. 나도 당신을 아프게 하지 않을게요. 우리는 서로에게 상처를 줘선 안 돼요.' 그런 뒤에 나는 갈라에게 전망 좋은 높은 곳으로 해가 질 때쯤에 산책하러 가자고 제안하고는 했다."[4] 두려움에도 불구하고 달리는 갈라를 연인이자 뮤즈, 구원자로 여겼다. 훗날 달리의 중요한 뮤즈이자 친구가 되고 갈라를 못 견뎌 했으며 갈라가 항상 불평만 한다고 이야기했던 어맨다 리어는 자신의 책 『달리와 보낸 시간』에 다음과 같이 적었다. "달리는 천사같이 인내심이 컸고 갈라를 아주 많이 좋아했다. 갈라와 있을 때면 엄마와 있는 아이처럼 굴었다. 대화 중에 달리가 좀 더 야한 주제로 이야기가 샐 때면 갈라는 못 들은 척을 했다."[5]

갈라는 9월 말에 카다케스를 떠났고 달리는 다시 열정적으로 작품을 만들며 파리에서 열릴 전시회를 준비했다. 《안달루시아의 개》 덕분에 초현실주의 모임에 공식적으로 들어갈 수 있었지만 그해 가을에 만든 그림들도 초현실주의 장르에 자기만의 해석이 들어간 매우 뛰어난 작품들이었다. 갈라와의 관계 덕분에 여름에 달리가 무척 걱정했던 광기는 치유된 것처럼 보였고 달리는 자유롭게 사람들에게 가장 사랑받게 되는 대작을 그리게 됐으며 부뉴엘과 새로운 영화를 공동으로 제작하게 됐다.

1920년대 말에 달리는 리처드 크라프트에빙의 『정신병리학적 성욕』을 읽었는데 이 책은 '용인되는' 성적 규범이 오늘날과 달랐던 때인 1886년도에 처음 독일어로 출판됐다. 책에는 200건 이상의 성적 일탈 사례 연구를 다루고 있으며 책에 등장하는 환자들의 직접적인 언어를 통해 이야기를 전달한다. 평범한 일부터 괴이하고 끔찍한 일까지 다양하게 소개된 사례들은 달리가 자신의 환상을 더 자유롭게 탐구하는 데 도움이 됐을 것이다. 이 사례들을 바탕으로 달리의 작품은 더 창의적인 힘을 얻게 됐다.[6]

그해 달리가 만든 수많은 작품 중에 〈위대한 자위행위자(The Great Masturbator)〉라고 알려진 유화는 달리의 가

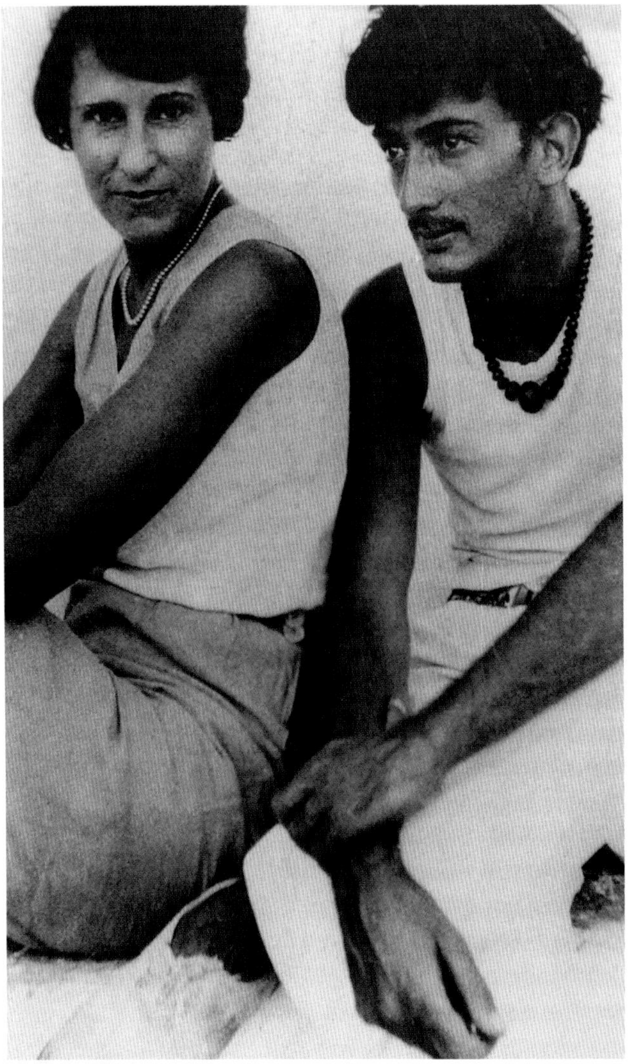

위 갈라와 살바도르 달리, 1930년대.

맞은편 〈위대한 자위행위자〉, 1929년,
캔버스에 유채, 110×150cm,
마드리드 레이나 소피아 국립 예술 센터 박물관

장 유명한 작품으로 손꼽힌다. 달리는 이 그림을 '이성애적 불안의 표출'이라고 불렀다.[7] 달리가 소속감을 느낀 풍경과 거의 평생 지속된 성적 혼란, 그리고 최근에 있었던 갈라와의 일들이 합쳐져 최상의 결과물로 탄생했다. 달리는 자기 자신을 지친 모습으로 묘사하며 얼굴에 메뚜기와 여러 마리의 개미를 그려놓았다.[8] 『살바도르 달리의 말로 다 하기 어려운 고백』에서 달리는 주변 환경과 이어지는 일을 아름답게 묘사하고 있다. "그 천혜의 환경에서 현실은 웅대한 차원과 거의 하나로 합쳐진다. 내 신비한 낙원은 엠포르다 평원에서 시작되며 알베르산에 둘러싸여 있고 카다케스만(灣)으로 완전해진다. 이 땅은 끊임없이 영감을 불러일으킨다. 세상에서 유일하게 사랑받는 느낌이 드는 장소이기도 하다. 〈위대한 자위행위자〉라고 이름 붙인 바위를 그린 것은 내 왕국에 있는 곶(串) 하나에 경외를 표현한 것일 뿐이며 그림은 내 왕관에 붙은 보석 하나를 위한 찬가였다." 이곳은 '세상에서 유일하게 달리, 그 자신이 사랑받는다고 느낀 장소'였으며 사랑과 영감 둘 다 달리와 이 놀라운 장소의 관계를 설명해주는 필수 요소이다.[9]

달리는 〈위대한 자위행위자(The Great Masturbator〉를 그렸을 당시에 〈음산한 유희(The Lugubrious Game)〉를 완성하며 또 다른 주요 작품인 〈욕망의 수수께끼(The Enigma of Desire)〉를 그리고 있었다. 〈욕망의 수수께끼〉는 1929년 말에 고망스 갤러리에서 처음 판매한 작품이었다. 이 작품에는 달리가 사랑한 크레우스 곶의 경치가 가우디의 건축물과 얼굴 아래에 늘어진 바로크 양식의 장식물과 결합된 모습으로 묘사되어 있다. 같은 해에 〈가끔 나는 즐거이 어머니의 초상화에 침을 뱉는다(성심)(Sometimes I spit with Pleasure on the Portrait of my Mother(The Sacred Heart))〉을 그렸다. 이 작품은 캔버스에 잉크로 그렸고 프랑스어로 제목을 적어놓았는데 이 그림 때문에 곧 가족 간에 심각한 불화가 발생하게 된다.

달리의 전시회는 1929년 11월 20일부터 12월 5일까지 고망스 갤러리에서 열릴 예정이었다. 달리는 파리에서 전시회를 준비하다가 갈라가 시간을 들여 달리의 낙서를 메모로 잘 다듬어서 정리했다는 것을 알게 됐다. "이 낙서

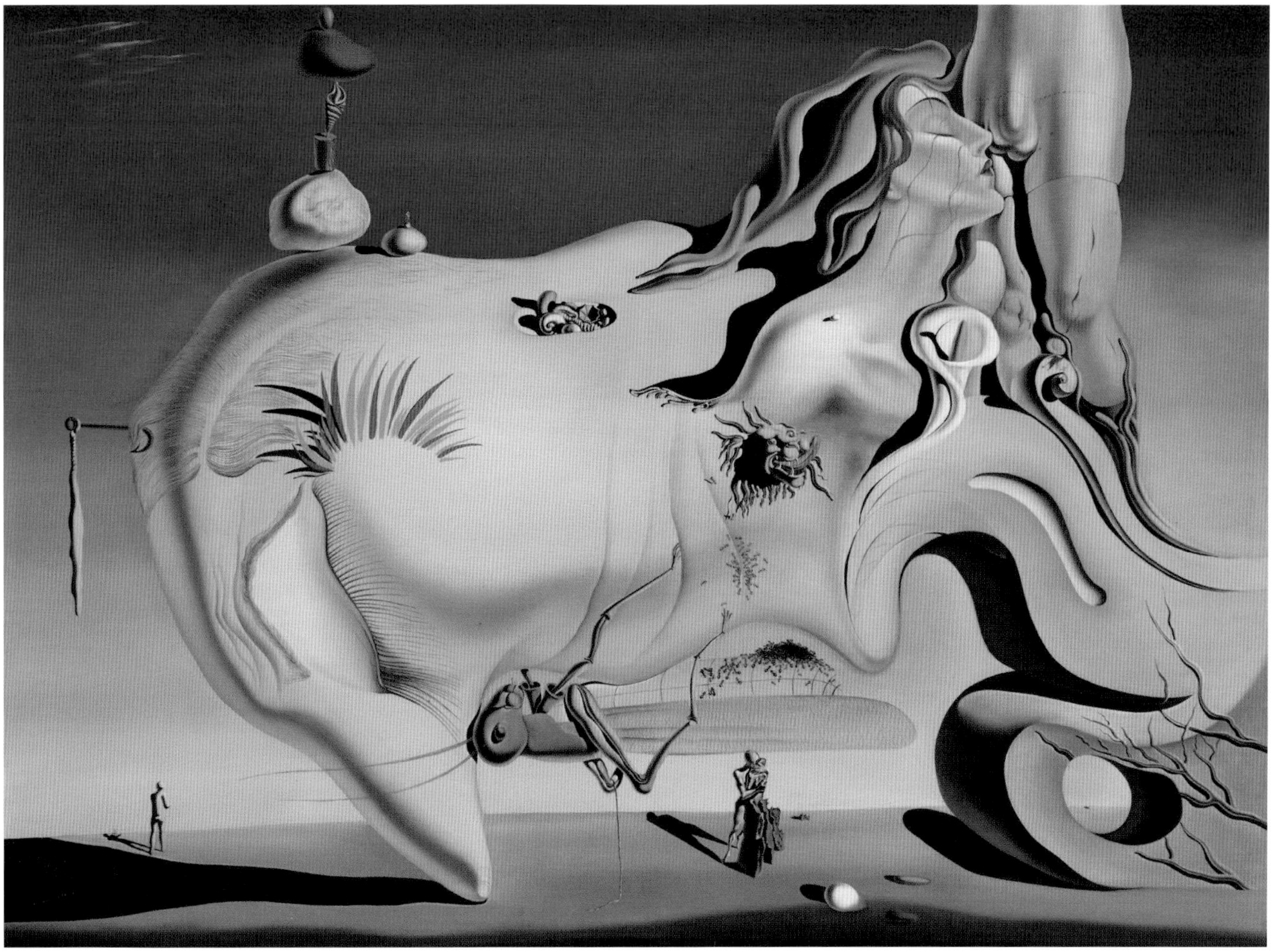

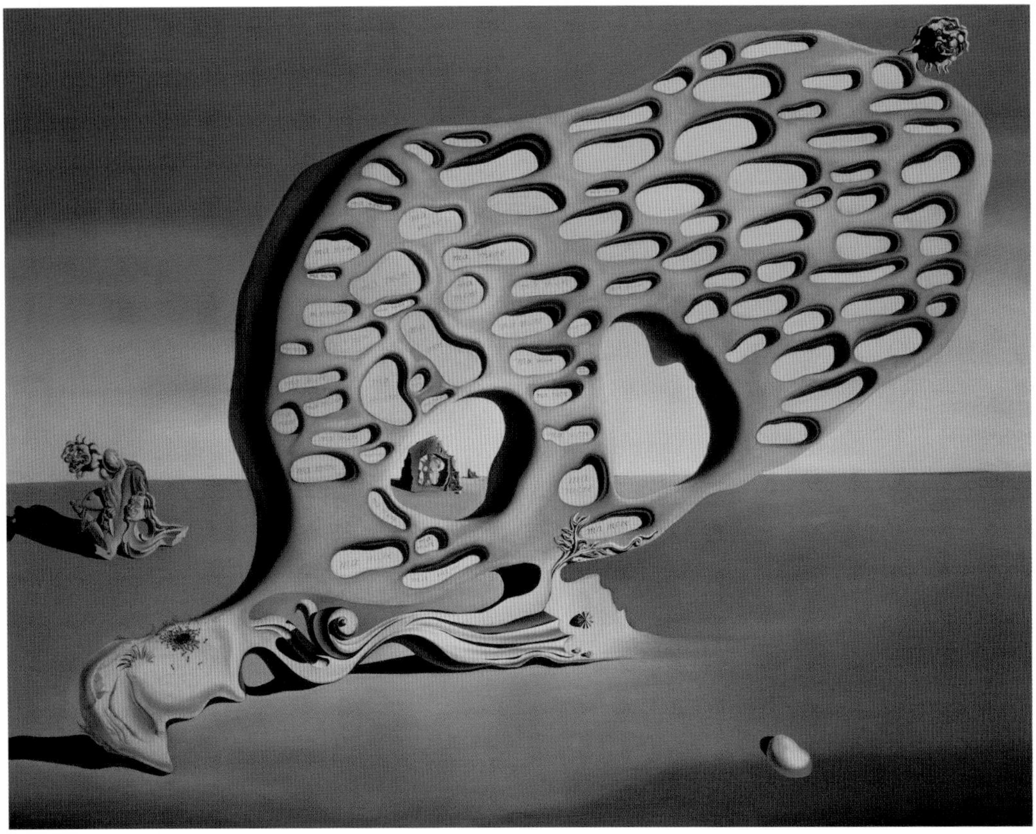

들은 간결한 글이 됐고 갈라의 조언으로 이 기록들을 이론적이고 시적인 작품으로 재구성했다."[10] 그 결과물은 『보이는 여자』였으며 이 책은 1930년에 초현실주의 출판사에서 발행했다. 같은 시기에 만든 그림이나 다른 예술 작품은 물론 『부패한 당나귀』 같은 에세이에서 달리가 편집광적 비판방법의 기초를 쌓고 있었다는 것을 확인할 수 있는데, 이 방법은 화가들이 자기 유도적인 편집상태와 체계적인 비이성적 사고를 통해 잠재의식에 다가갈 수 있게 해준다. 그 후에야 화가는 세상에 대한 선입견을 내려놓고 새롭고 독특한 방식으로 세상을 볼 수 있다.[11]

생애 대부분 동안 다양한 예술 사조와 화풍을 미친 듯이 공부하고 시도한 달리는 이제 자신의 한계를 넓혀줄 방법을 마련했으며 자신만의 표현 방식이 확실히 드러나는 작품을 만들었다. 그와 동시에 초현실주의에 완전히 들어섰다. "잠재의식은 진정한 의미의 공통어인 상징적 언어를 갖고 있는데 성적 본능, 죽음의 감정, 수수께끼 같은 공간의 물리적 개념같이 중대한 불변적 필수 가치의 어휘가 사용되기 때문이며 이 가치들은 누구에게서나 공명한다. 심미적인 그림을 이해하려면 감상하는 법을 반드시 배워야 하고 문화적으로나 지적으로 준비되어 있어야 한다. 반면에 초현실주의에서 유일한 필수 조건은 수용적이고 직관력이 있는 사람이다."[12]

한편, 달리는 전시회가 시작되기 불과 이틀 전에 갈라와 '사랑 여행'을 떠나겠다고 하며 자신을 놀라게 했다. "그래서 전시회 첫날에 그림이 어떻게 전시됐는지조차 보지 않았고 갈라와 나는 여행하는 내내 우리 몸에 너무 열중한 나머지 단 한 순간도 전시회를 떠올리지 않았으며 나는 이미 전시회를 '우리 것'이라고 여기고 있었다."[13]

위 〈욕망의 수수께끼〉, 1929년, 캔버스에 유채, 110.5×150.5cm, 뮌헨 현대미술관.

맞은편 『보이는 여자』에 실린 삽화, 1930년.

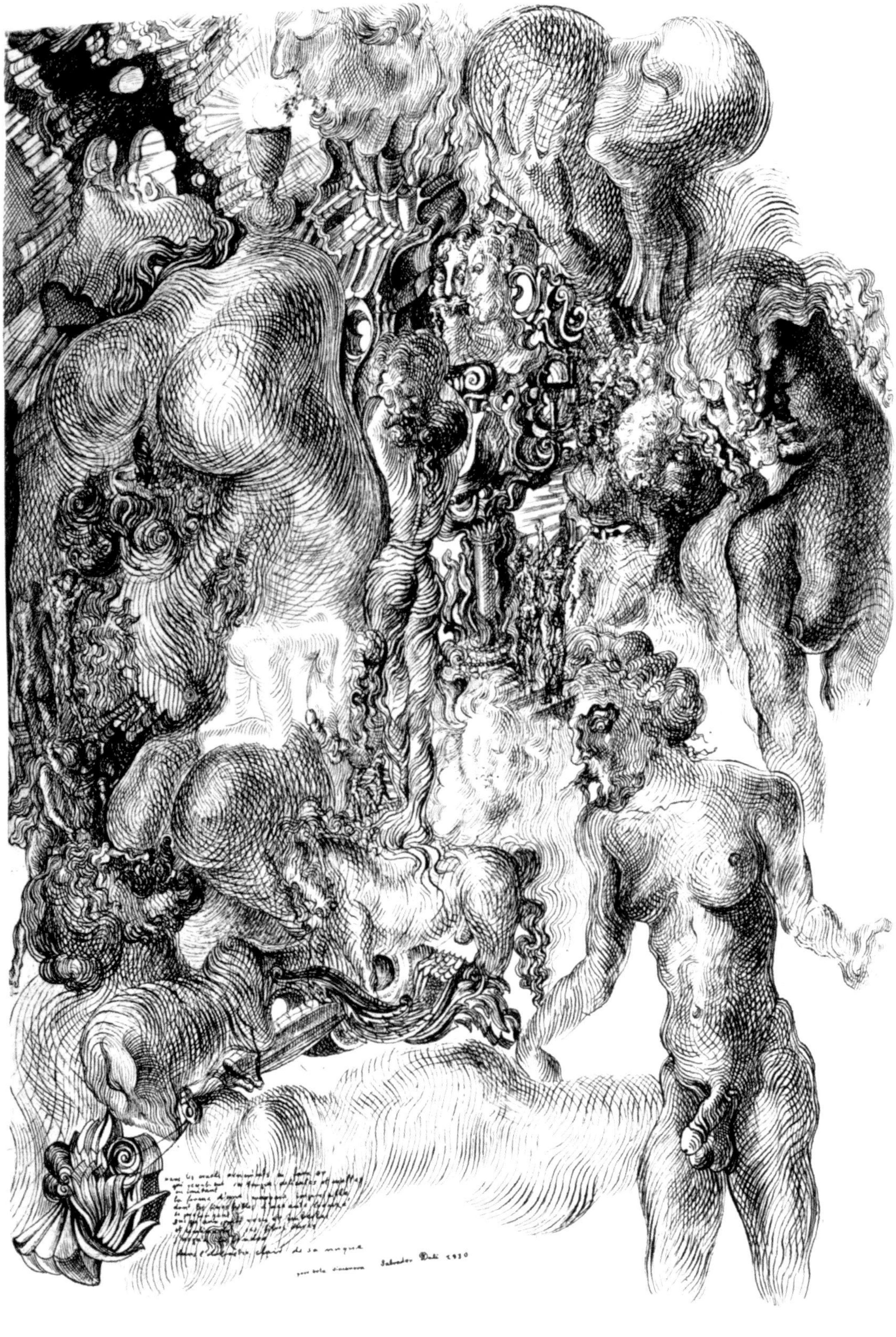
Salvador Dalí 1930

카프 데 크레우스 자연공원 해안에 있는 기이한 형상의 바위.

* 가톨릭교회에서 성체 강복이나 성체 현시에 사용되는 용구.

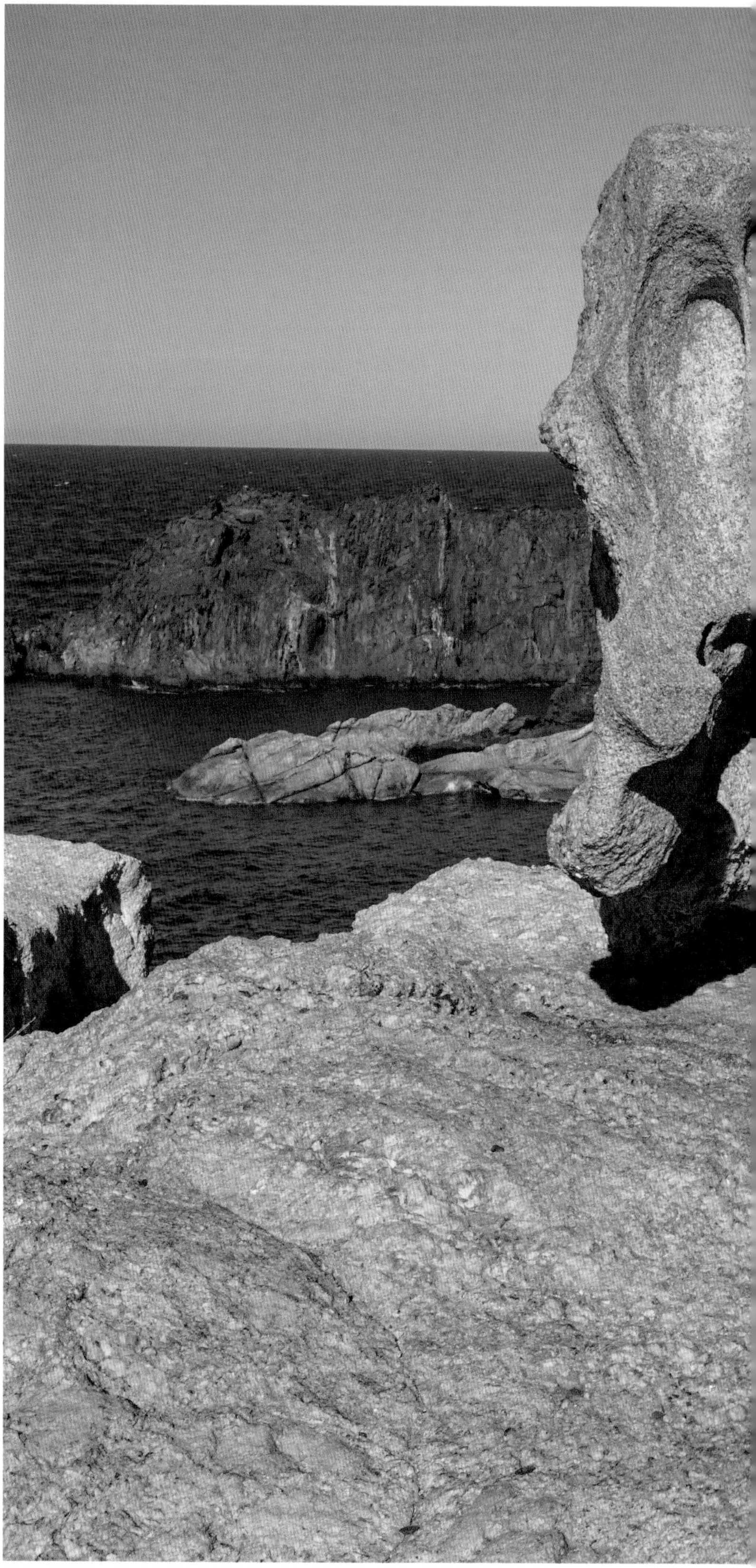

달리와 갈라는 바르셀로나에 갔고 그 후에 시체스를 방문했다.

개인전은 크게 성공했고 열한 점의 작품이 모두 팔렸다. 브르통도 직접 〈욕망의 수용〉이라는 그림을 구매했고 전시회 도록의 서문을 작성했다. 프랑스 귀족이자 예술 후원가인 노아일 자작이 전시회에 참석했고 〈음산한 유희(The Lugubrious Game)〉를 구입하는, 달리에게 매우 중요한 일도 일어났다. 그러나 안타깝게도 고망스에게 빚이 많아서 달리는 마땅히 받아야 할 몫을 챙기지 못했다. 자작은 달리를 위해 다른 그림도 구매하며 선금으로 29,000프랑을 지불했는데 이 돈은 곧 달리에게 큰 도움이 된다. 또한 달리와 부뉴엘이 다음 영화 《황금시대》를 제작할 수 있게 재정적으로 달리의 중개인이 되는 피에르 콜을 소개해줬다.

부뉴엘이 달리와 다음 영화를 만들기 위해 카탈루냐를 방문했다. 달리는 부뉴엘에게 '이 영화에서는 대주교, 뼈, 성광*이 많이 나오길 바라. 특히 대주교들이 자수 티아라를 쓰고 바위투성이의 들쭉날쭉한 크레우스곶 한복판에서 목욕하는 장면이 있으면 좋겠어.'라고 말했다.[14] 부뉴엘은 교권주의를 반대하는 반대하는 방향으로 영화를 찍고 싶어했지만 달리는 자기 생각을 고수했다. 부뉴엘은 영화를 제작하기 위해 파리로 돌아갔고 달리는 카다케스에 홀로 남았다. 어느 날 정오에 가장 좋아하는 성게를 먹다가 눈에 무언가가 반짝이는 하얀 고양이를 목격했다. 그 무언가는 낚싯바늘이었고 달리는 낚싯바늘이 나쁜 징조였다고 곧 믿게 되는데 며칠 뒤에 '아버지에게서 더는 가족으로 받아들이지 않겠다는 내용이 담긴 편지'를 받는다.[15] 가족 간에 균열이 생긴 이유는 달리의 아버지가 달리와 갈라의 관계를 강하게 반대했고 〈가끔 나는 즐거이 어머니의 초상화에 침을 뱉는다〉 때문에 너무 화가 나서였다. 달리는 머리카락을 모두 밀어버리고 카다케스 모래사장

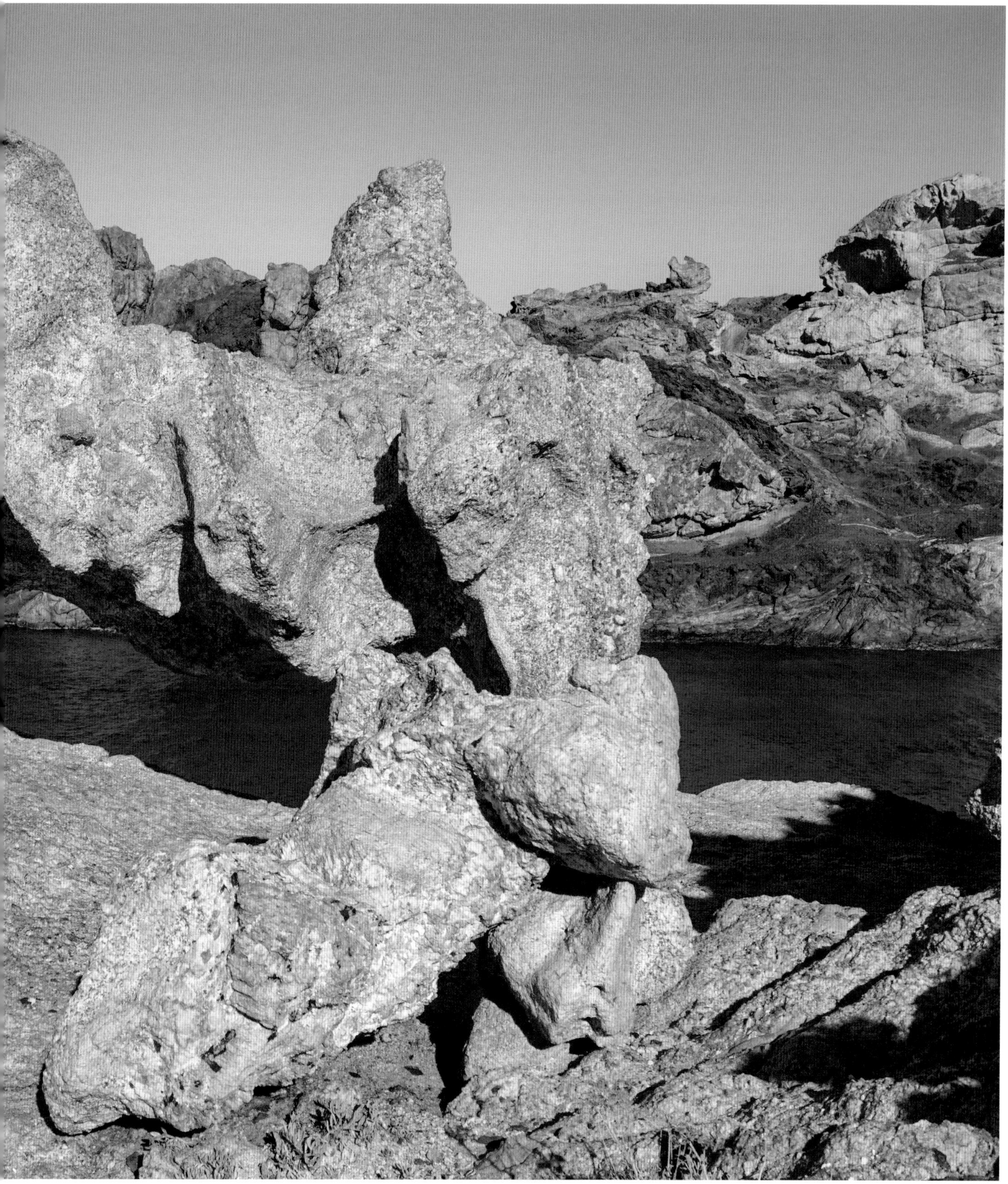

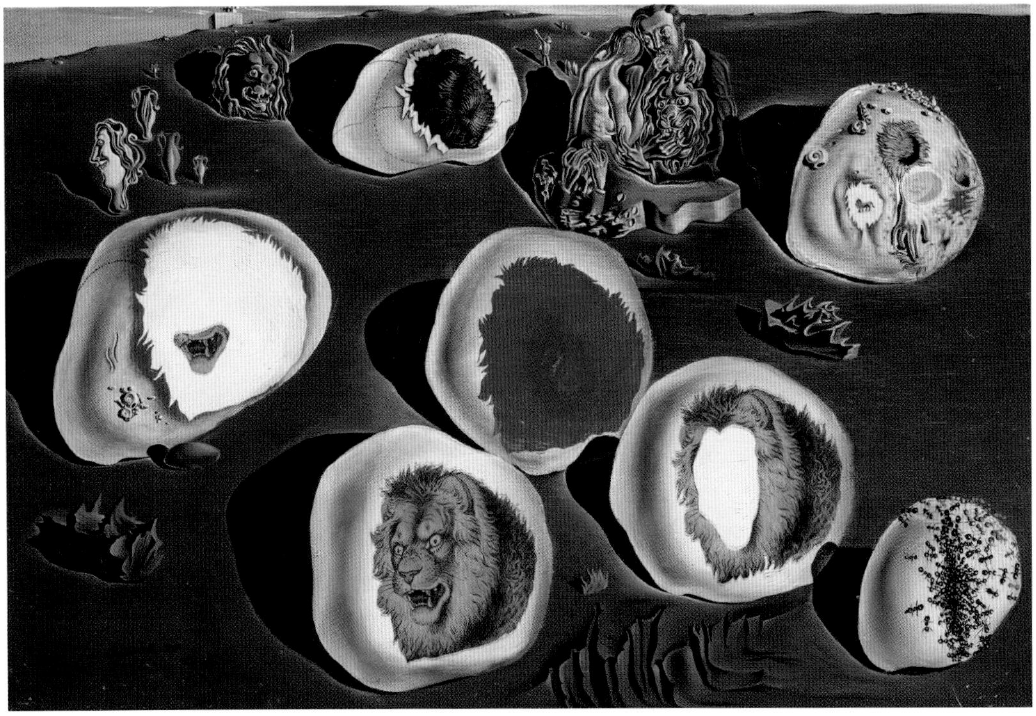

위 〈욕망의 수용〉, 1929년, 나무판에 유채와 콜라주, 22.2×34.9cm, 뉴욕 메트로폴리탄 미술관

맞은편 〈음산한 유희〉, 1929년, 나무판에 유채와 콜라주, 44.4×30.3cm, 개인 소장

에 구멍을 파서 묻어버린 후에 '카다케스 마을이 전부 내려다보이는 작은 언덕'[16]에서 두 시간 동안 생각에 빠졌다. 그리고 다음날 기차를 타고 파리에 가기로 하며 자신이 언제나 사랑했던 피난처이자 없어서는 안 될 영감이 됐던 전경을 두고 떠나기로 했다.[17]

달리는 파리에 돌아온 후 어느 날 저녁에 노아일의 집에 초대받았다. "그의 집은 나를 압도했다. 그리고 〈음산한 유희〉가 크라나흐와 바토의 작품 사이에 걸려있는 것을 보고 아주 으쓱해졌다."[18] 이 시기에 달리는 아직 수줍은 성격 때문에 고생하고 있었던 것이 분명하다. "병적인 수줍음의 잔재는 나를 거의 말을 안 하는 성격으로 점점 바꿔놓았고 그 특징은 급작스럽게 발동해서 나는 사람들이 내가 입을 여는 몇 안 되는 때를 긴장하며 기다린다는 것을 알았다. 그러다 끔찍할 정도로 조잡하고 스페인의 광신도 같은 발언과 함께 그동안 억눌렸던 화술을 모조리 쏟아냈다."[19] 달리는 미술평론가가 쿠르베의 '문제'에 대해 논하는 것을 듣고 있었고, 그 문제를 어떻게 퍼뜨리고, 어떻게 편안하게 다루는지에 관해 언급했다. 그리고 달리는 우스갯소리를 했다. "'그걸 먹어보려고 한 적이 있으신가요?' 그리고 재치 있는 프랑스 사람처럼 덧붙였다. '그것에 관해서라면 저는 샤르댕의 것이 더 좋더라고요.'"[20]

노아일 자작을 통해 상류층 인사들을 만난 일 외에도 달리는 노아일 자작에게 받은 선금 덕분에 1930년 3월에 포르트리가트에 있는 어부가 살던 작은 집을 살 수 있게 됐다. 갈라는 짧은 시간 동안 남편과 같이 지냈지만 그해 말에는 달리와 함께 살았다. 달리가 가장 좋아한 장소에 위치한 이 집은 대부분의 세월 동안 달리의 집이자 작업실이 되었고, 두 연인은 42년간 근처에 있는 집을 더 많이 사들여서 집을 점차 확장하고 자신들만의 작지만

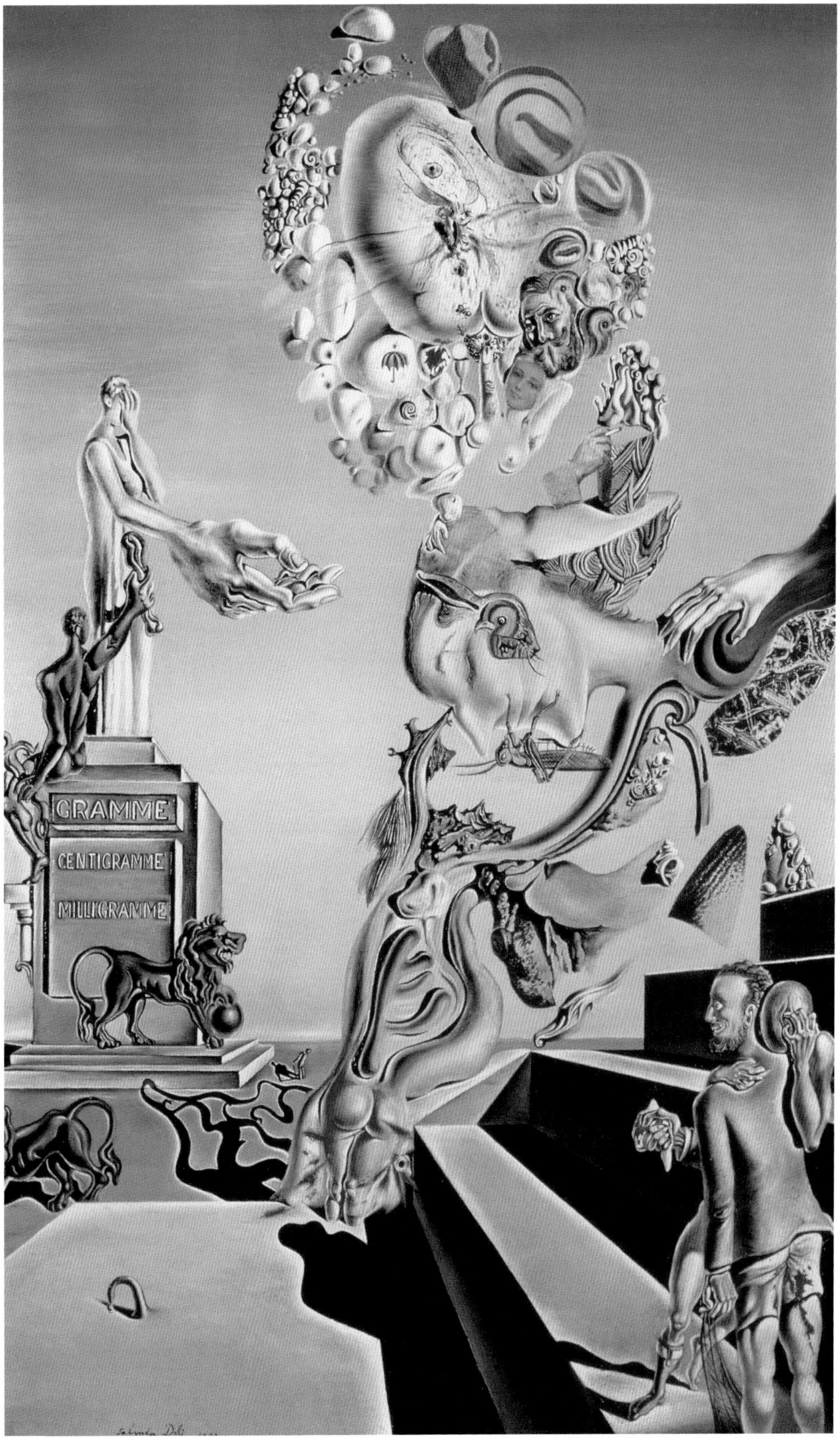

GRAMME
CENTIGRAMME
MILLIGRAMME

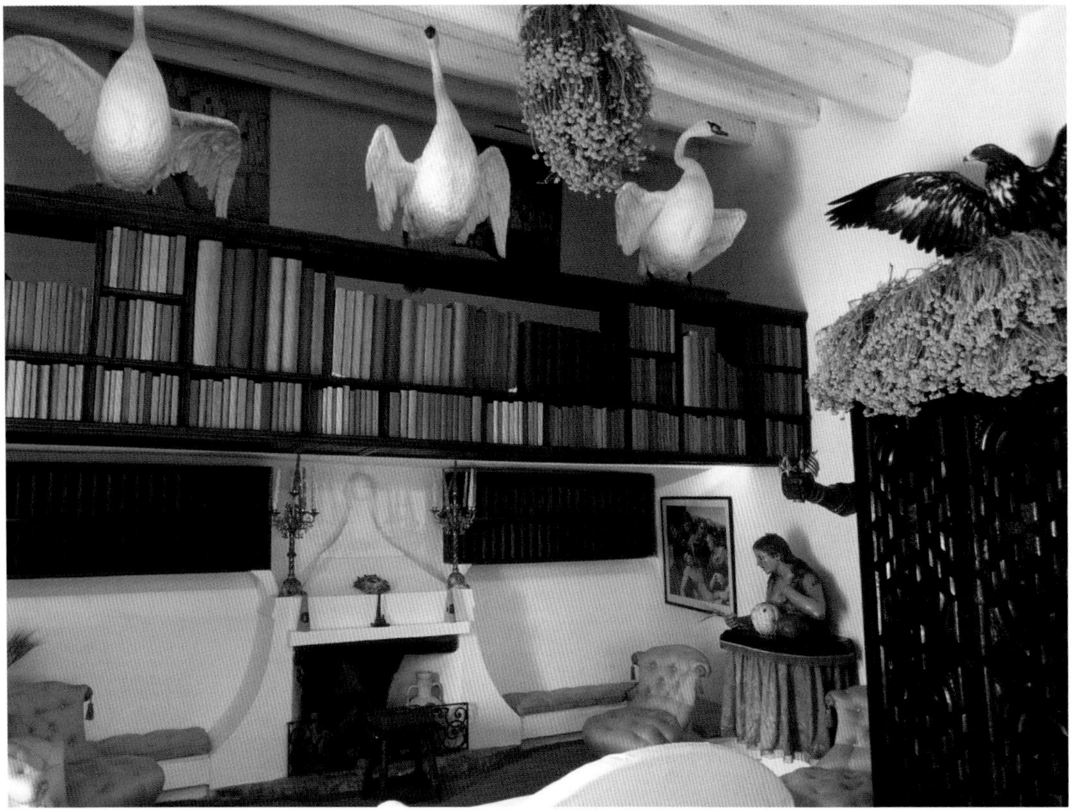

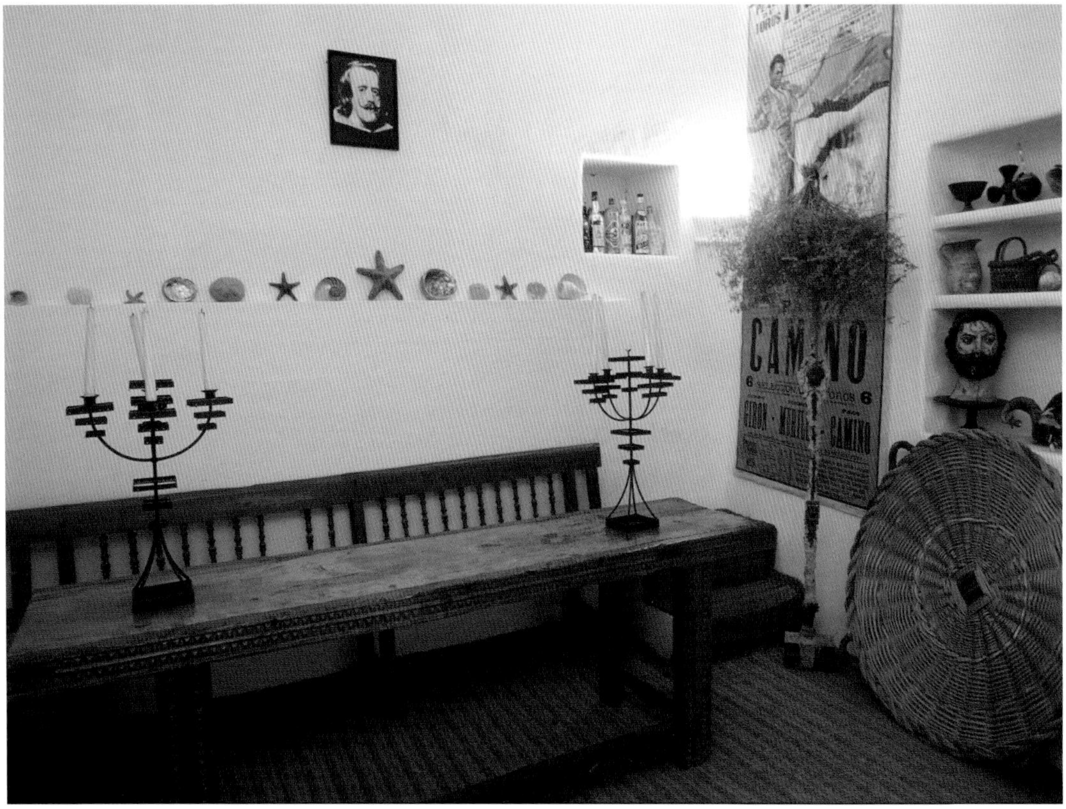
CAMINO

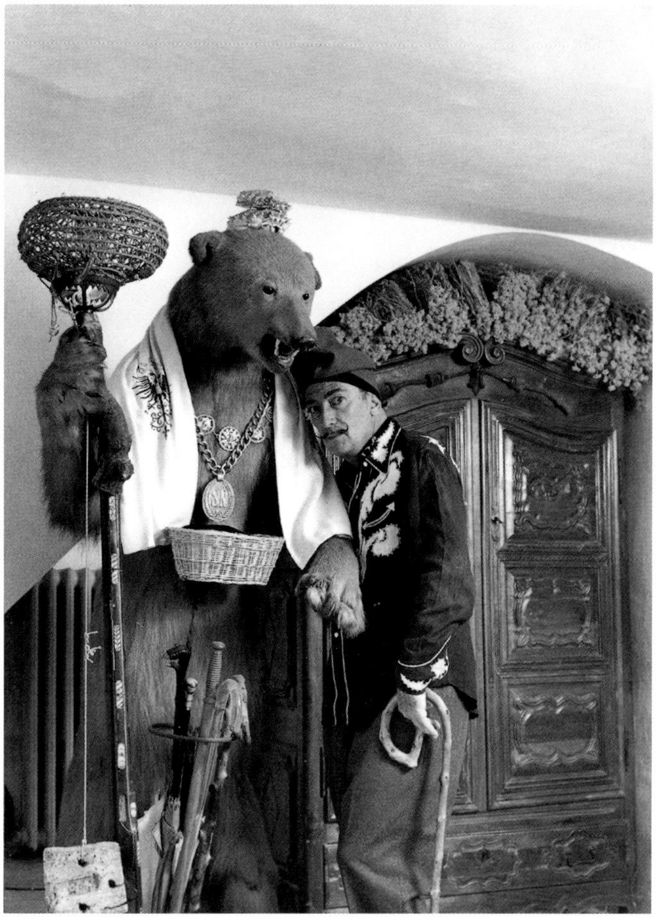

맞은편 포르트리가트에 있는 달리의 집.
서재(위)와 응접실(아래).

오른쪽 박제 곰 옆에서 포즈를 취하고 있는
살바도르 달리, 포르트리가트에서 1957년 11월.

완벽한 왕국을 만들었다. 1960년대 초에 달리의 중요한 뮤즈로 손꼽혔던 울트라 바이올렛(Ultra Violet)*은 1988년에 출간된 자신의 책 『15분간의 유명세: 앤디 워홀과 보낸 시간』에서 포르트리가트에 처음 방문한 경험을 회상했다.

"달리의 집을 보고 놀란다. 가장 순백의 석회암으로 지어진 어부의 작은 집들로 이루어진 여러 층의 복합체는 무어인의 요새가 축소된 것처럼 보인다. 나는 그 집을 하얀 미로라고 부른다. 좁은 현관문에 다다르자 문이 열린다. 안으로 들어가자 나를 노려보고 있는 약 3미터 높이의 하얗고 거대한 곰의 모습이 보여 뒷걸음친다. 곰의 눈은 번들거리고 송곳니는 번쩍인다. (…) 다이닝룸은 가로 1.8미터, 세로 1.2미터로 작은 양탄자보다도 좁다. 한쪽 흰색 벽에는 시멘트로 된 붙박이 벤치가 있고 그 앞에는 46센티미터 정도 넓이의 탁자가 있다. 달리가 맞은편 벽에 있는 니치**에 딱 맞는 작은 의자에 미끄러지듯이 앉는다. 우리 자신의 머릿속에 들어간 초현실적인 인형의 집에서 점심을 먹는다."[21]

비현실적인 박제 곰이 맞아주고 부엉이가 곰의 머리 너머에서 메이 웨스트 입술 소파가 자리한 독특하고 아기자기한 공간을 주의 깊은 눈으로 쳐다보는 장소에 들어서고야 무엇이 더 기다리고 있는지를 상상할 수 있게 된다. 밖에서는 어부들이 배를 준비하고 있고 달리의 매우 개인적이고 몹시 색다른 공간을 목도하려고 방문한 호기심 많은 방문객 무리는 신경도 쓰지 않는다. 방마다 방문객에게 공개된 각각의 이야기가 있지만 동시에 이중적인 삶의 분위기가 지중해를 마주 보고 있는 밝은 하얀색 벽에 담겨있다. 이중적인 삶은 달리와 갈라의 생활이자 두 사람이 명성을 크게 얻었던 사교 모임의 일상이었다. 어느 정도는 정상적이고 명백히 초현실적인 집안의 분위기는 그들의 삶과 모든 측면에서 겹친다. 일찍 잠에서 깬 달리가 목가적인 작업실에서 황홀한 경관과 터무니없이 아름다운 햇살의 완벽한 조화 아래 몇 시간이고 그림을 그리며 부부 둘이서만 보내는 고요한 시간을 상상해 볼 수 있다. 부부 침실에는 동이 틀 무렵의 새벽빛을 들이기 위해 배치한 거울이 있는데, 이는 달리가 어떻게 자신

* 예명으로 프랑스계 미국인 예술가이자 작가다.

** 벽면에 움푹 파인 공간.

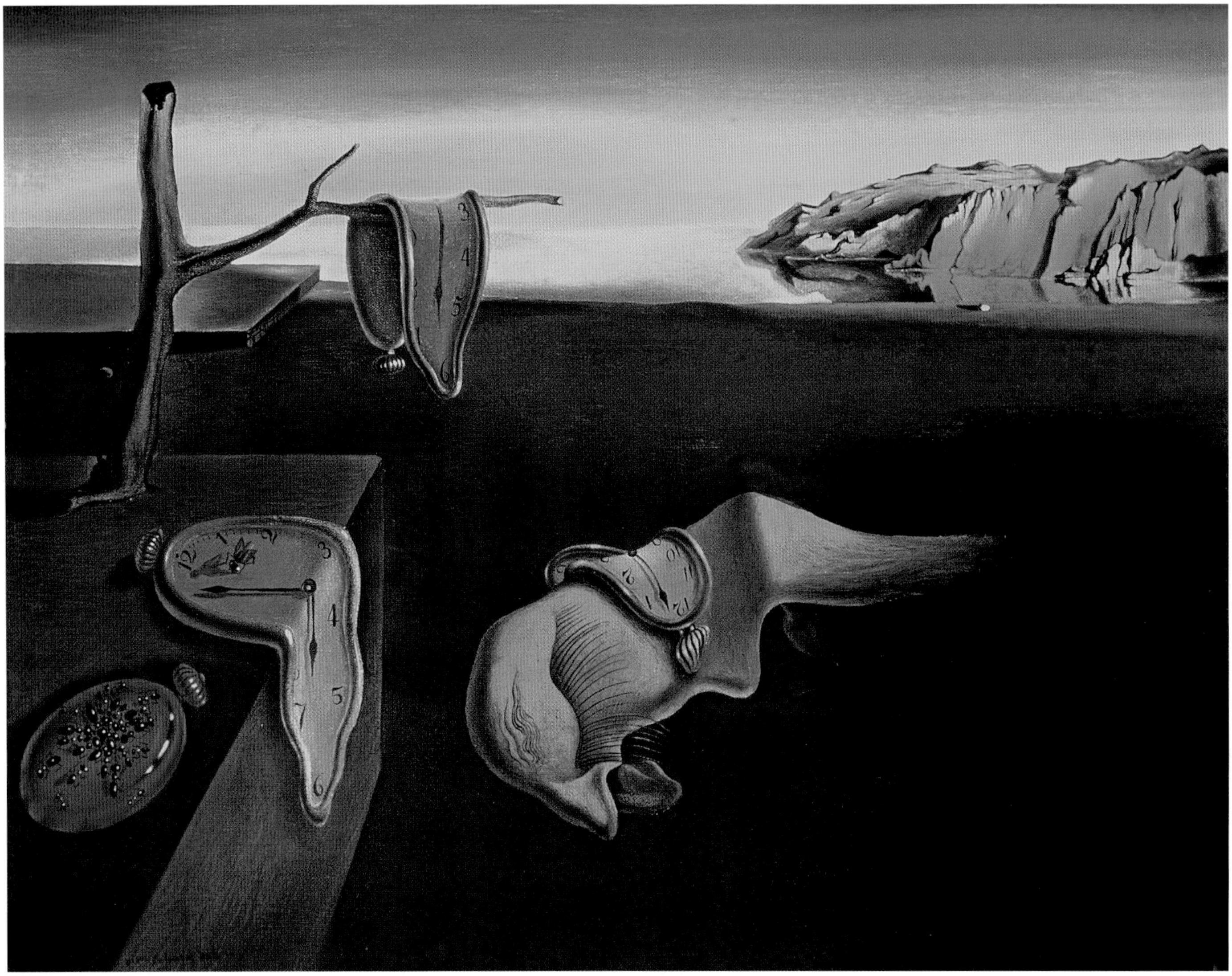

맞은편 〈기억의 지속〉, 1931년,
캔버스에 유채, 24×33cm,
뉴욕 현대미술관.

의 작품에 나온 그대로 살았는지를 보여주는 또 다른 퍼즐 조각이다. 달리는 언젠가 포르트리가트에 대해 이렇게 이야기했다. "이곳에서 나는 가난하게 사는 법을 배웠고 피는 피 맛이 나고, 꿀은 꿀맛이 나는 도끼 같은 날카로움을 얻기 위해 생각에 한계를 두고 정리하는 법을 익혔다. 비유나 와인이 없이는 힘든 삶이었고 영원의 빛이 있는 인생이었다."[22]

부뉴엘과 《황금시대》를 함께 제작하고 달리는 깊은 실망감과 배신감을 느꼈다. 기본적으로 이 영화는 격정적인 사랑에 빠진 두 연인이 욕정을 채우려고 하지만 교회와 가족, 부르주아 사회에 의해 좌절하는 초현실주의적인 이야기이다. 달리는 부뉴엘이 교권주의를 공격하는 영화로 만들어서 영화의 주제를 완전히 좁혀버렸다고 생각했으며 그전 작품보다 더 난폭한 《황금시대》는 원래의 취지가 많이 사라졌다고 느꼈다. 거기에 더해 영화가 개봉하고 얼마 지나지 않아 우파 무리가 영화관을 부수고 여러 예술품을 망가뜨리면서 달리의 작품도 한 점 훼손됐다.

스페인의 정치적 분위기는 끓어오르고 있었다. 프리모 데 리베라 장군이 1930년에 파리로 망명하며 총선거를 열기로 약속한 과도 정부들이 줄줄이 나타났지만 1931년 4월 12일이 돼서야 지방선거가 열렸다. 국민의 과반수가 공화국을 선택했다는 선거 결과가 나오자 독재 정부를 지지했던 알폰소 13세는 프리모 데 리베라 장군의 선례를 따라 파리로 망명했다. 하지만 퇴위하지는 않았다.[23] 1931년 4월 14일에 스페인 제2공화국이 출범하고 개혁이 발표됐을 때 교회와 국가 사이에 큰 대립이 있었다. 스페인 대주교 세구라 추기경이 격분에 차서 작성한 교서를 공개하며 대립이 극에 달한 후인 1931년 5월 11일에는 마드리드에 있는 다수의 수녀원에서 불이 나는 사건이 발생했다. 상황을 지켜보던 초현실주의 예술가들은 매우 극단적인 내용의 소책자를 발행했는데 방화를 묵과하며 스페인에 마르크스주의적 혁명이 이뤄지기를 바란다는 내용이었다. 초현실주의 운동의 몇몇 주요 일원들이 책자에 서명했고 그 밖에도 해외에 체류하던 사람 중 함께 한 두 명은 달리와 부뉴엘이였던 것으로 보인다.[24]

스페인이 정치적으로 불안했던 상황에 달리는 1931년 6월 3일부터 15일까지 피에르 콜 갤러리에서의 첫 번째 전시회를 열었다. 구리 조각품인 〈그라디바(Gradiva)〉와 파스텔화 여섯 점을 포함하여 열여섯 점의 그림이 전시됐다. 이 전시회에서 달리의 '흐늘거리는 시계' 시기가 시작됐는데 이 시계는 이번 전시회에서 가장 유명한 작품이자 기대가 많았던 작품인 〈기억의 지속〉에서 처음 등장한다. 이 훌륭한 그림은 영원과 시간을 주제로 삼고 있으며 그 주제는 생명체의 부패를 의미하는 개미 떼와 그 유명한 흘러내리는 시계에서 분명하게 찾아볼 수 있다. 두 요소는 달리가 낯선 방식이나 맥락에서 묘사했지만 바로 알아볼 수 있는 이미지다. 〈기억의 지속〉은 매우 정밀하게 그려져 있고 '혼란을 체계화하여 현실 세계를 완벽히 불신하도록' 만들어진 그림이다.[25] 이 작품에서 현실은 달리가 사랑한 카탈루냐의 전경을 바탕으로 그린 멀리 떨어져 있는 금빛 절벽이 있는 바다 풍경이다. 〈기억의 지속〉은 종종 자화상으로 해석된다. 중앙에 있는 커다란 생명체는 분명 달리를 나타낸 것일 수도 있겠지만 달리의 놀라운 상상력으로 만들어졌다는 것은 확실하다. 몸 위에 흘러내리는 시계가 반쯤 걸쳐진 이 생명체는 곤충 같은 기다란 눈썹과 기형적인 코와 눈이 있고 뚱뚱한 달팽이 혹은 혀 같은 것이 코에서 흘러나와 있다. 달리의 몇몇 초현실주의 작품에서처럼 마치 고향 주변의 풍경은 안정되고 있는 달리의 현실이고 달리의 상상력은 혼란을 조직화하고 머릿속에 든 것들을 쏟아내려고 마구 날뛰는 것 같다. 이 작품은 미국인 미술상인 줄리앙 레비가 구매했다.

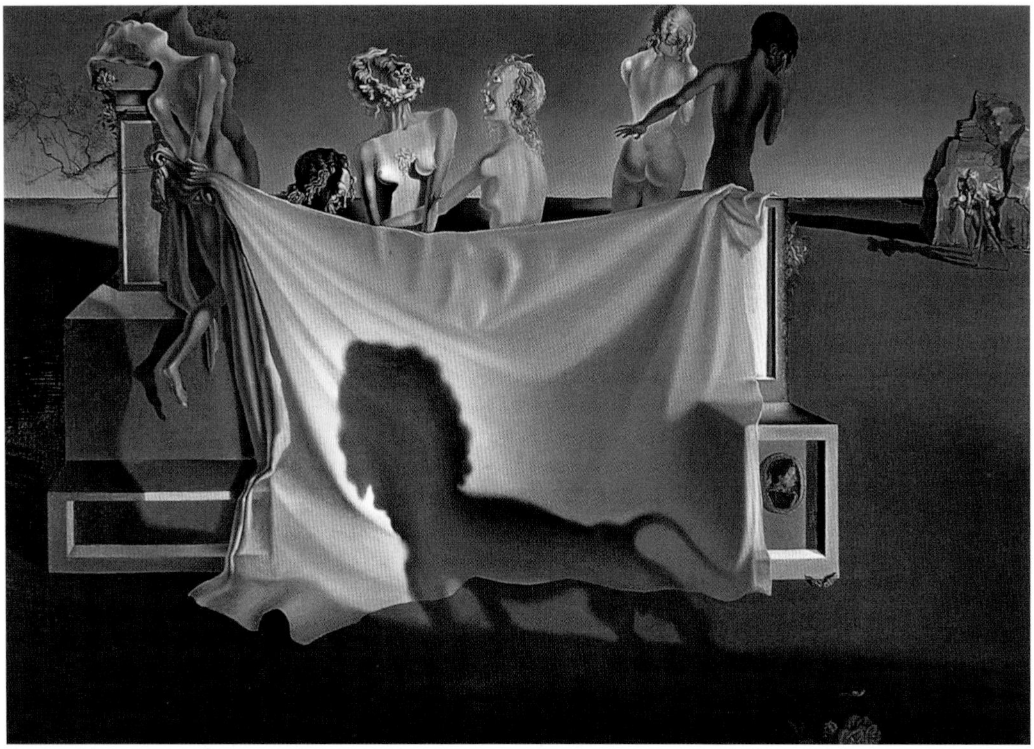

피에르 콜 갤러리에서 열린 전시회의 또 다른 중요한 주제는 그 당시, 절연했으며 아직은 항상 복잡하기만 했던 달리와 아버지의 관계였다. 일부 그림에서 이 어려운 관계를 엿볼 수 있는데 무엇보다 아버지를 향한 달리의 감정이 가장 강하게 표출된 작품은 〈빌헬름 텔의 노년 시절〉[26] 이며 제일 노골적으로 성적이기도 하다. 이 그림은 달리의 아버지가 자기 아들과 아들의 연인을 아담과 하와처럼 눈앞에서 쫓아내는 모습을 나타내고 있다.[27] 나이 든 남자는 두 여자의 보살핌을 받으며 낙원에 머무른다.[28]

한편, 갈라는 물혹을 진단받고 수술을 받았는데 자궁절제술이었던 것으로 보인다. 1931년 7월 21일에 갈라는 달리와 갈라, 두 사람의 친구이자 작가, 시인인 르네 크레벨과 신성한 카탈루냐 산인 카니구산이 올려다 보이는 베르네레뱅으로 요양을 떠났다. 파리에 묶여있던 달리는 이틀 뒤에 갈라와 크레벨이 있는 근사한 온천에 도착했다. 베르네레뱅에 머무는 동안 엘뤼아르도 잠깐 찾아와서 만남을 가졌다. 달리와 갈라, 크레벨은 7월 30일에 포르트리가트에 있는 달리와 갈라의 집으로 향했다.[29]

위 〈빌헬름 텔의 노년 시절〉, 1931년, 캔버스에 유채, 98×140cm, 개인 소장.

맞은편 빌헬름 텔의 아들을 흉내 내어 성게를 머리 위에 놓고 포즈를 취하는 달리. 1929년 12월에 루이스 부뉴엘이 찍은 사진.

76,77쪽 포르트리가트에 있는 달리 부부의 집, 1960년.

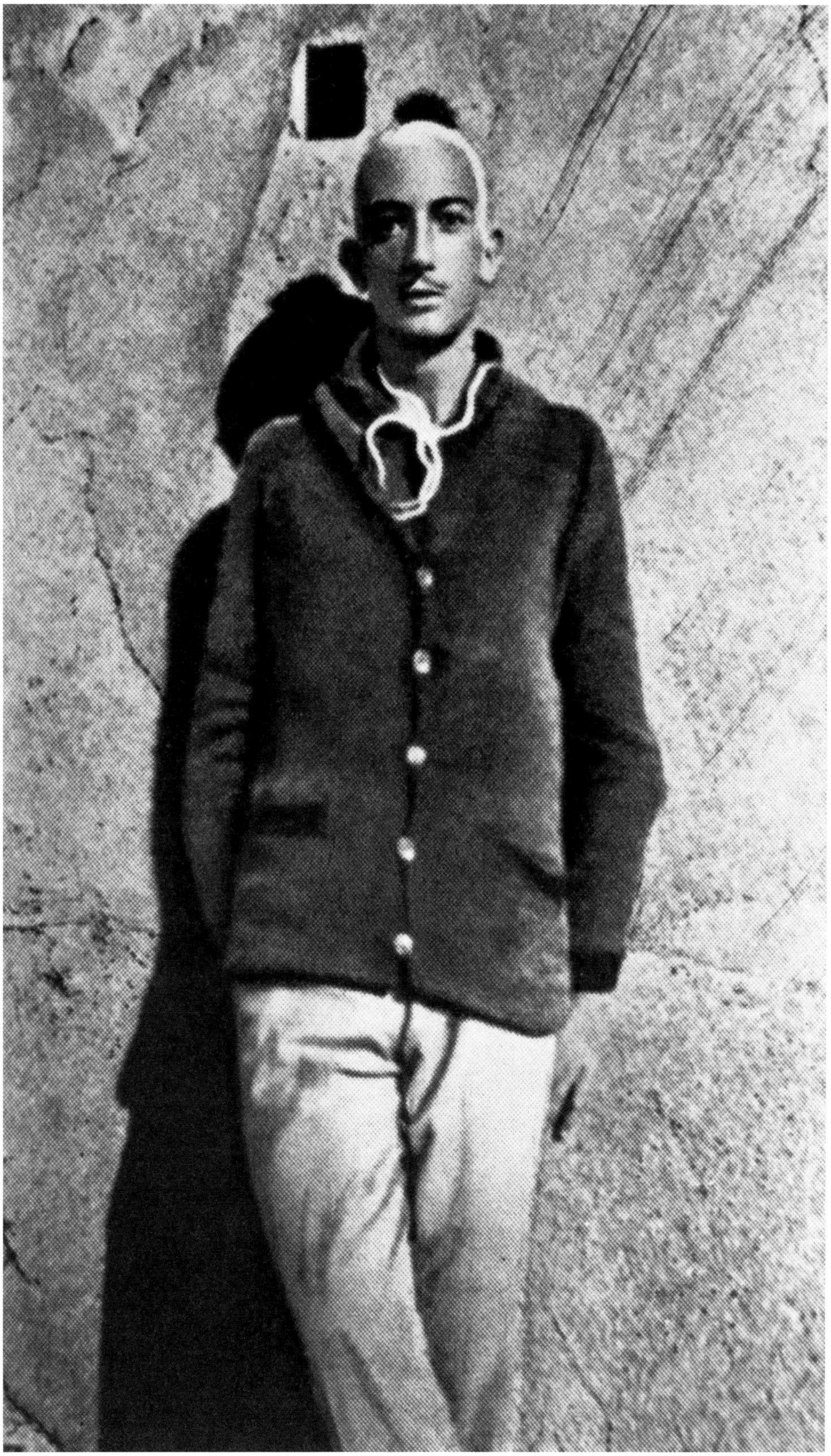

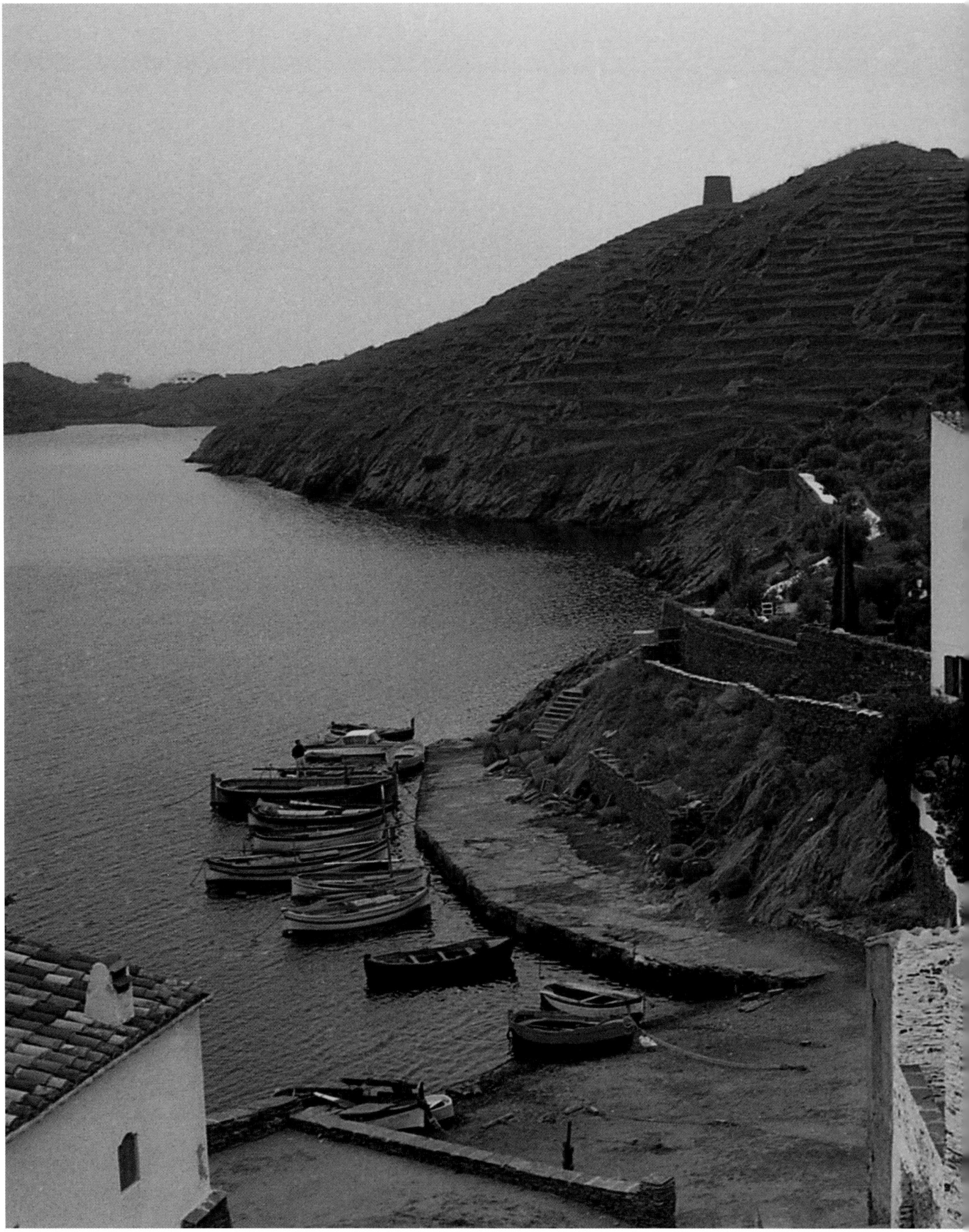

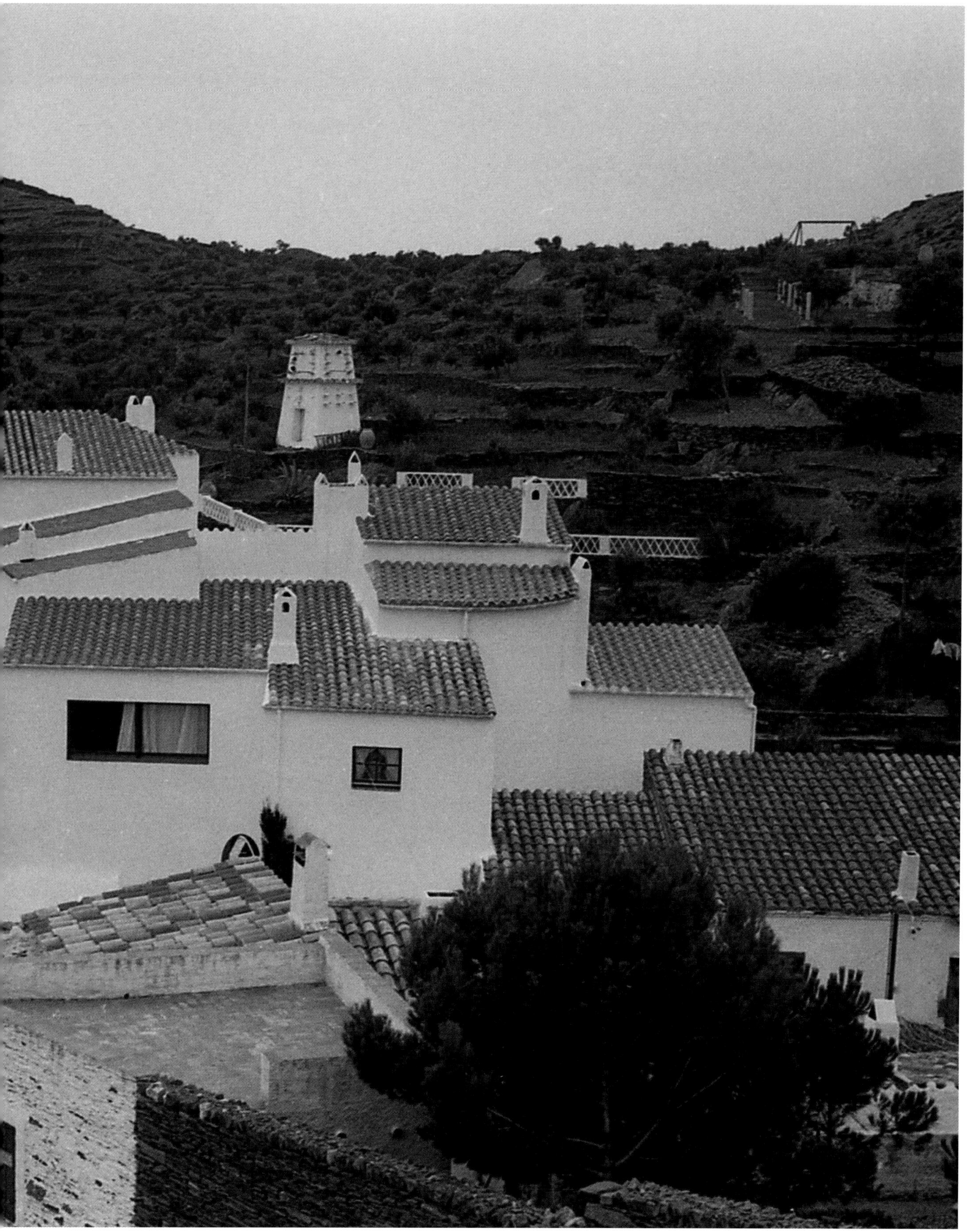

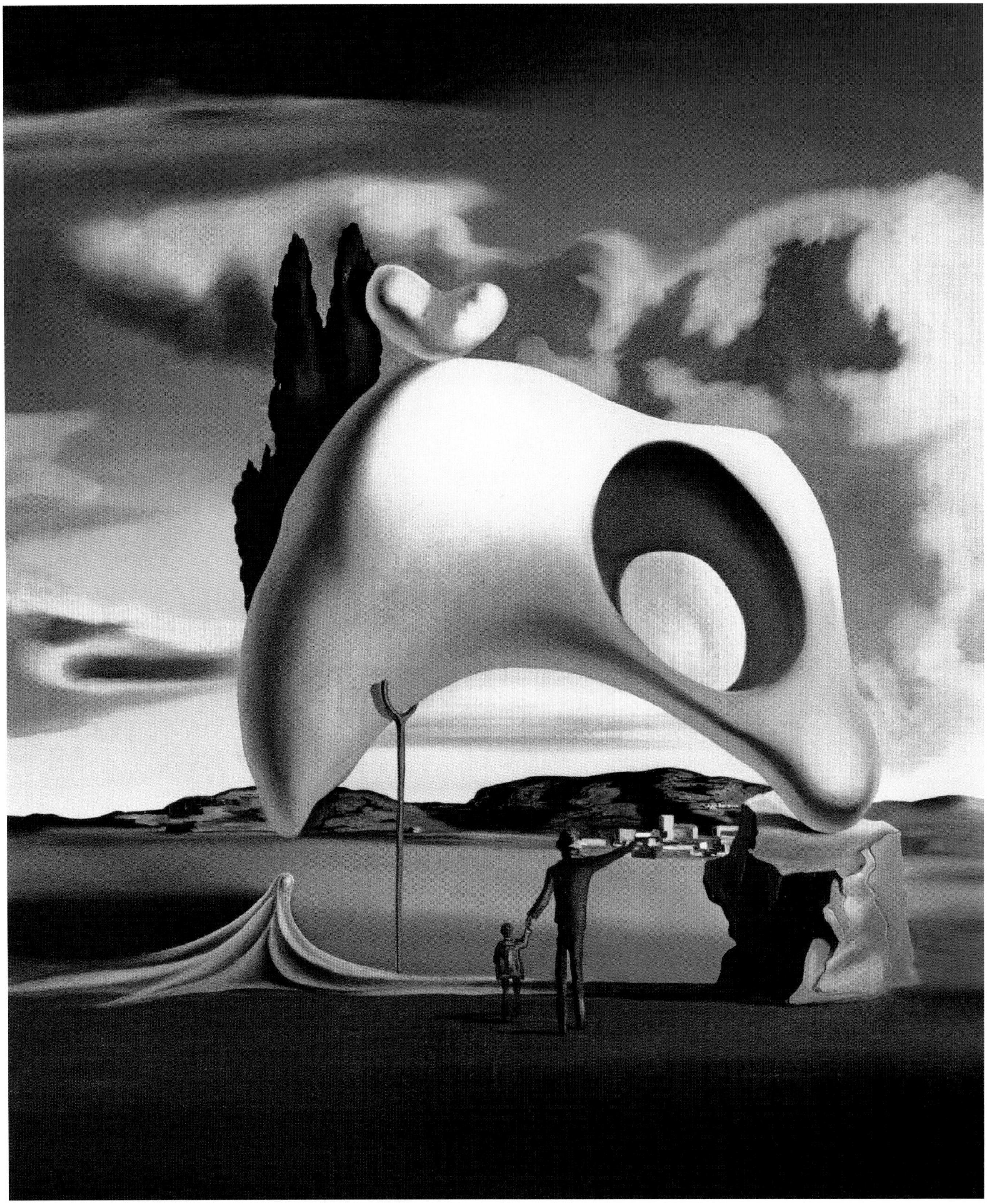

"달리는 상대성 이론에 엄청난 관심을 보였는데 현실이 하나의 흐름으로 축소될 수 없다는 발상 때문이었다." 개빈 파킨슨[1]

매혹의 도시 뉴욕에서의 첫 개인전

〈비 온 뒤의 격세 유전의 흔적〉, 1934년, 캔버스에 유채, 65×54cm, 뉴욕 페리스 갤러리

갈라는 포르트리가트로 돌아와서 계속 요양했고 달리는 작품을 창작할 수 있는 완벽한 환경에 있게 되었다. 크레벨은 포르트리가트의 아름다운 풍경에 감동했지만 그곳에 사는 사람들 대부분이 가난에 찌들고 뒤떨어지고 무식하다고 생각했다. 양성애로 고심했던 이 프랑스인 작가는 관광업이 성행하기 전까지 힘들었던 경제 상황과 트라몬타나 바람을 이겨내야 했던 현지민과 수려한 환경 사이의 현저한 대비를 느꼈을 것이다. 크레벨은 안타깝게도 1935년에 스스로 목숨을 끊었다.

1931년 12월에 달리는 『사랑과 기억』이란 책을 출간했는데, 이 책은 본래 '갈라에게 보내는 시'였다. 갈라가 자신의 삶에 들어와서 얼마나 큰 영향을 끼쳤는지를 강조하기 위해 달리는 갈라 이전에 자신의 뮤즈였던 여동생과 갈라를 대조하는 내용을 썼다.[3] 그리고 그 달에 수일간 이어진 자위에 관한 충격적인 공상을 다룬 자극적인 글들을 담은 『백일몽』을 출간했다. 이 책에는 어린 시절의 달리에게 가장 중요했던 장소 두 곳이 나오는데, 피쇼트가(家)가 소유했던 엘 몰리 데 라 토레 제분소와 가족끼리 산책하러 갔던 라 폰 델 소크이다.

한편, 1927년부터 파리에 살던 미술상 줄리앙 레비(1906~1981)는 미국에 초현실주의를 알리기 위해 자신의 고향인 뉴욕으로 돌아갔다. 어머니에게 물려받은 재산으로 1931년에 매디슨가 602번지에 갤러리를 열었다. 그 갤러리는 방문객들이 한 번에 하나의 작품을 볼 수 있도록 약간 굽은 벽으로 특별히 디자인되었다. 레비는 뉴욕 최초로 초현실주의 전시회를 열기 전인 1931년 말에 코네티컷주 하트포드에 있는 와스워스 아테니움 미술관에 작품들을 후하게 대여해줬다. 그리고 1932년 1월에 자신의 새 갤러리에서 「초현실주의: 그림, 소묘, 사진」을 열었다. 전시회에 다수의 매체를 이용한 몇몇 화가들의 대표적인 작품들이 포함되었는데 그중에는 파블로 피카소와 막스 에른스트, 조셉 코넬, 마르셀 뒤샹의 작품도 있었고 레비가 파리에서 업자 가격으로 250달러에 구매한 〈기억의 지속〉도 공개됐다.[4] 『아트 뉴스』 잡지에 실린 어느 비평에서 이렇게 표현했다. "갖가지 초현실적인 그림과 소묘, 판화 같은 것들이 있는 줄리앙 레비의 흥미로운 새 갤러리에서 기분 좋은 광기가 펼쳐졌다. 레비는 초현대적인 사람들이 무엇을 하고 있는지를 알려주기 위해 상당한 노력을 기울였다. 레비는 초현실주의 진영의 다재다능한 화가들을 모은 것에 마땅히 축하받아야 한다."[5] 그는 훗날 자신의 자서전에 달리를 처음 만났을 때를 설명했다. "달리는 나를 불안하게 했다. 한 번도 그렇지 않은 적이 없었는데 달리의 애매모호한 성격 때문이 아니라 오히려 외골수 같은 극단적인 태도와 솔직함 때문이었다."[6]

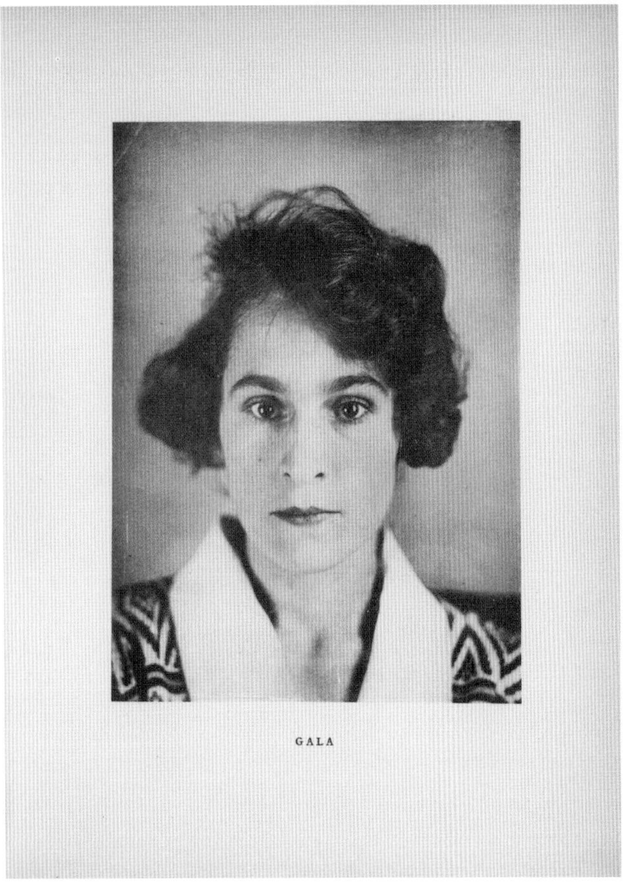

갈라 달리, 1930년.

1932년에 달리는 예전보다 더 바쁘게 살았으나 아버지와의 불화 때문에 괴로워했다. 그런 달리에게 한결같은 존재감을 보여준 갈라는, 없어서는 안 될 정신적 지주였다. 갈라는 그 해에 엘뤼아르와 이혼했다. 던 에이즈는 살바도르 달리를 연구한 학자로 유명한데, 그가 말하길 갈라가 80대가 될 때까지 젊은 연인을 만들었다는 사실을 포함하여 그런 흔치 않은 그녀의 연인 관계를 차치하고, 갈라는 '달리의 삶을 정돈해주었다. 갈라는 달리의 뮤즈였고 주인이었으며 대필을 해주는 사람이었다.'라고 언급했다.[7]

달리는 그림을 그릴 때 보석상의 돋보기를 한쪽 눈에 착용하고 밝은 인공조명을 사용했다. 캔버스의 표면 대부분을 흑담비털로 만든 아주 훌륭한 붓만 사용하여 붓 자국을 남기지 않고 굉장히 세밀하게 그릴 수 있었다. 이 시기에 그린 그림은 대체로 크기가 매우 작았다. 아버지와의 단절된 관계는 달리의 환상과 뒤얽혀 작품에 여러 번 등장하는 주제가 됐다. 달리가 1931년에 그리기 시작한 〈유동적 욕망의 탄생〉은 『백일몽』에 쓴 공상과 자위에 관한 글과도 연관되어 있다. 이 그림에는 달리가 생각하기에 친부의 폭행을 전형적으로 상징하는 빌헬름 텔이 등장한다. 가운데에는 남녀가 한몸에 존재하는 기괴한 꿈속 생명체가 있는데 이 생명체는 아버지와 아들, 어쩌면 어머니까지 결합하고 있다. 무한대로 펼쳐진 풍경은 탕기의 1920년대 작품을 연상시키고 〈위대한 자위행위자〉에 나온 바위가 똑같이 등장하며 달리가 가장 좋아하는 경치에 의지했다. 빌헬름 텔의 사과는 달리가 아끼는 상징적 이미지인 빵으로 대체됐다.[8]

달리는 피에르 콜 갤러리에서 1932년 5월 11일부터 6월 17일까지 열리는 두 번째 전시회를 열기 위해 파리로 돌아왔으며, 초현실주의 오브제 두 점을 포함하여 총 27점의 작품을 전시했다.[9] 달리는 2차원의 그림에서 3차원의 그림으로 손쉽게 넘어갔다. 보통 〈불꽃놀이〉라고 부르지만 원래 제목은 〈광증을 연상시키는 보드〉인 그림은 3차원 그림으로 전환한 초기 작품 중에 하나로, 1930년에서 1931년 사이에 만들어졌다. 초현실주의 예술가들은 마르셀 뒤샹이 초현실주의의 직접적인 전신이라고 여겼다.

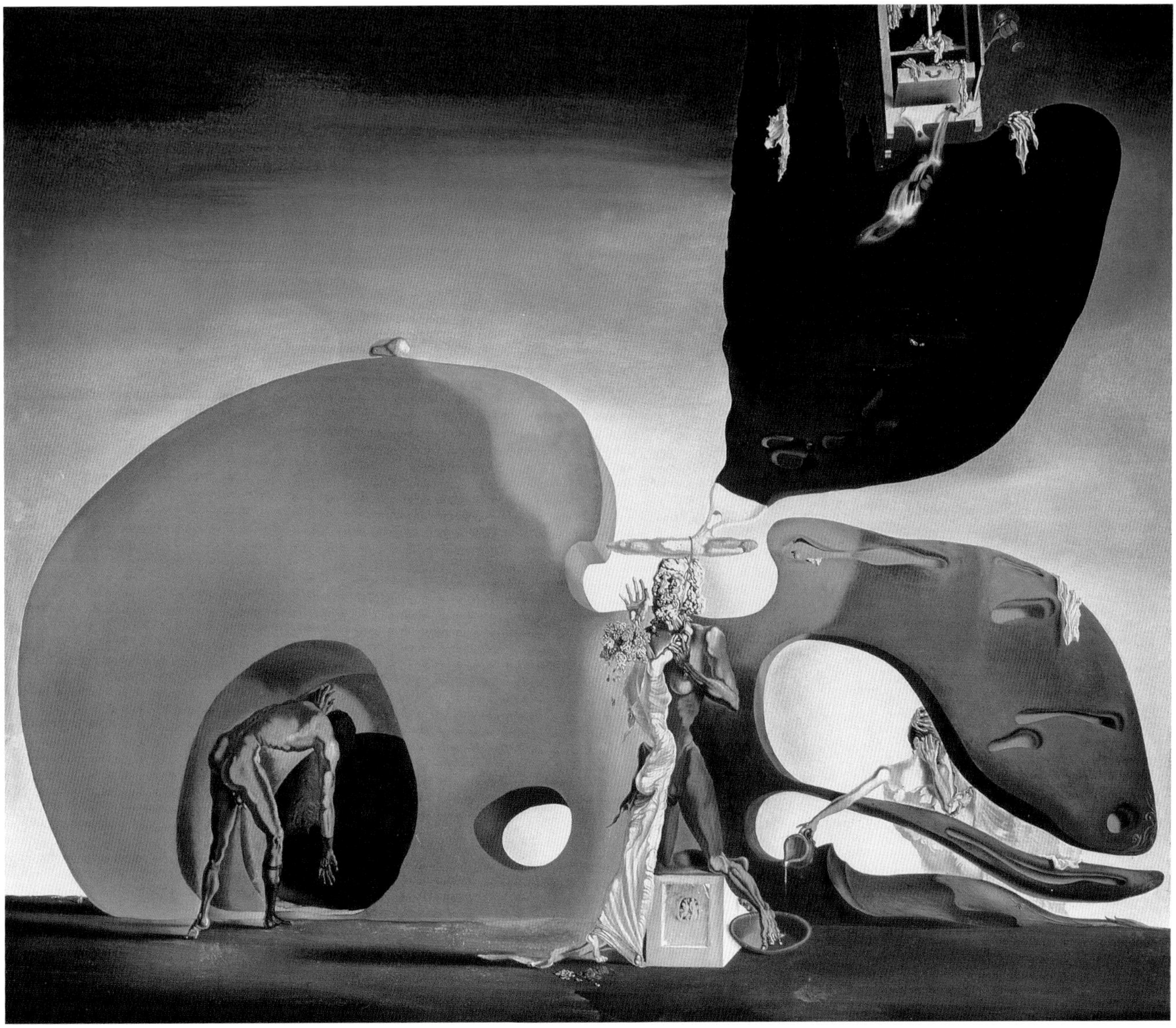

〈유동적 욕망의 탄생〉, 1932년,
캔버스에 유채, 95×112cm,
베네치아 페기 구겐하임 재단.

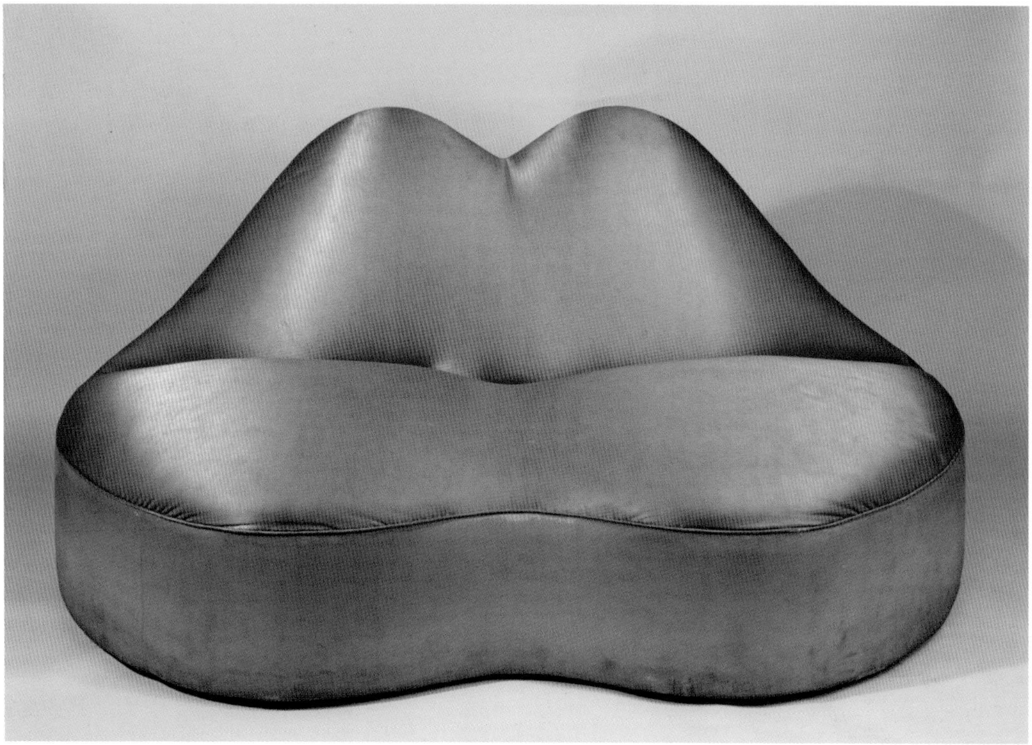

〈메이 웨스트 입술 소파〉,
1936~1937년,
분홍 펠트 천으로 씌운 목재,
92×213×80cm,
에드워드 제임스를 위해
런던 그린 앤 애벗에서 제작,
개인 소장.

달리는 1930년대에 마르셀 뒤샹을 만나게 되고 이 특이한 조합의 우정은 30년간 지속됐다. 뒤샹은 1950년대 중반부터 1968년에 죽음에 이를 때까지 여름마다 포르트리가트와 가까운 곳에 집을 임대하여 머물렀다.[10] 개념미술의 아버지 뒤샹이 1913년에 고안한 첫 번째 레디메이드 오브제는 스툴에 고정된 자전거 바퀴이다.

달리는 1930년대에 수많은 초현실주의 오브제를 만들었는데 그중에 가장 유명한 작품은 〈바닷가재 전화기〉와 〈메이 웨스트 입술 소파〉이며 둘 다 초현실주의의 대표 작품이다. 오브제들이 만들어지게 된 배경에는 이 사물들을 통해 무의식에 숨어있는 욕망이 드러날 것이라는 확신이 깔려있었다. 일반적으로 연관되어 있지 않은 사물들은 무척 우스꽝스러워 보이지만, 관찰자에게 깊은 심리적 갈등과 반응을 유도할 수 있는 방식으로 나란히 놓임으로써 그 확신을 이뤘다. 달리는 초현실주의 화가가 되며 현대 물리학의 세계에 들어서게 됐는데 1930년대부터 그린 그림에서 그 영향을 찾아볼 수 있다. "달리는 상대성 이론에 엄청난 관심을 보였는데 현실이 하나의 흐름으로 축소될 수 없다는 개념 때문이었다."[11] 양자 물리학의 뒤를 이어 아인슈타인의 이론은 달리와 다른 초현실주의자 예술가들에게 큰 자극이 됐다.

1932년 어느 여름날에 달리와 갈라는 르네 크레벨에게서 부유하고 창의적인 사교계 명사인 카레스 크로스비를 소개받았다. 출판업자이자 예술 후원인이었던 크로스비는 말도 안 되게 연줄이 좋았다. 카레스 크로스비는 두 번째 남편 해리 크로스비가 바람을 피우기 전까지 다분히 개방적인 결혼 생활을 하며 파리에서 별난 보헤미안처럼 살았다. 계속 불륜을 저질렀던 해리 크로스비는

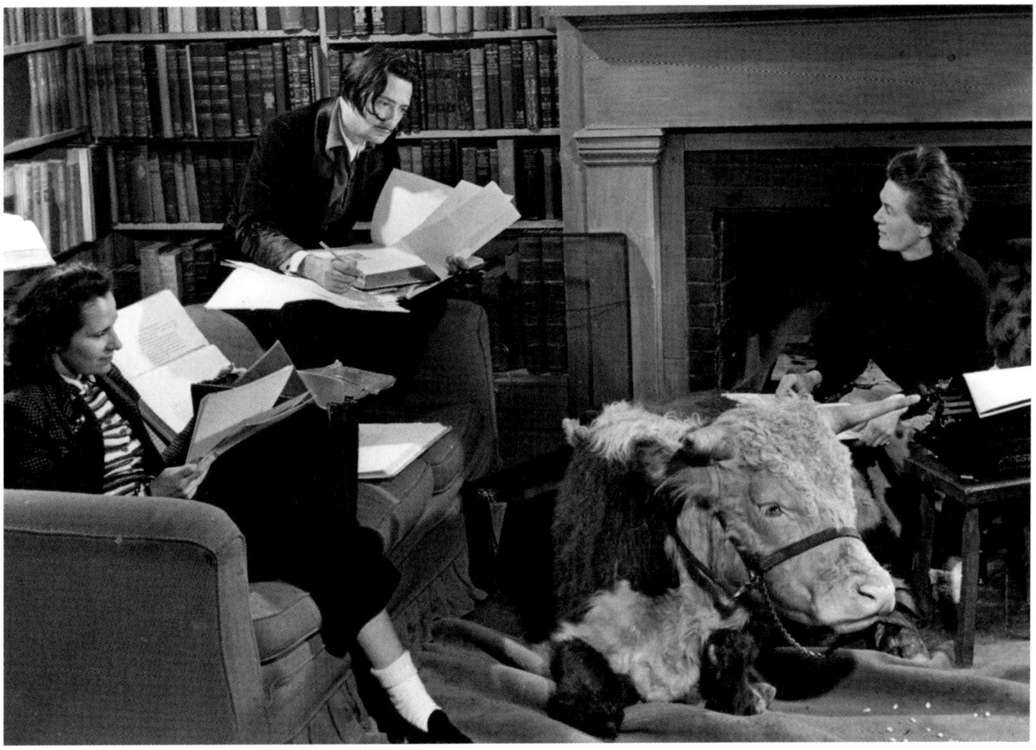

달리 부부와 카레스 크로스비와 황소. 버지니아주 햄튼 매너에서. 1940년.

1929년 12월에 정부와 동반 자살을 하며 생을 마감했다. 달리와 갈라는 카레스 크로스비를 만나고 얼마 지나지 않아 매력적인 유명인사와 작가, 예술가, 초현실주의자들과 함께 파리에서 북쪽으로 약 56킬로미터 떨어진 곳에 있는 물방앗간을 개조한 크로스비의 저택에서 유쾌한 시간을 보냈다. 에름농빌에 자리하고 사방이 못으로 둘러싸인 아름다운 숲 한가운데 있는 장엄한 성이 로네트강의 흐르는 강물에 비치며 반짝인다. 크로스비 부부가 야생 동물들을 모아둔 태양의 방앗간(르 물랭 뒤 솔레이)에는 열 개의 침실이 있는 다락과 다이닝룸이 있는 마구간, 방명록으로도 쓰인 유명한 계단 통이 있다. "매주 주말마다 우리는 태양의 방앗간에 갔다. 호랑이 가죽과 박제 앵무새가 가득한 마구간에서 식사를 했다."[12] 손님들이 오래된 계단 통의 둥근 벽에 방문한 흔적을 남길 수 있도록 수채물감이 마련되어 있었다. 달리는 자신의 이름을 퓰리처상을 수상한 미국인 작가의 이름과 번갈아 가며 적었고 D.H. 로렌스는 불사조를 그렸다.[13] 태양의 방앗간을 자주 찾은 사람 중에는 아일랜드, 영국, 미국 출신의 작가들과 막스 에른스트, 앙드레 브르통, 줄리앙 레비가 있었다.[14] 카레스 크로스비는 달리와 갈라의 친한 친구이자 후원자가 됐으며 대서양을 건너서도 그 관계는 계속 이어졌다. 1940년에 달리 부부는 버지니아주에 있는 크로스비의 햄튼 저택에 머물게 된다.

달리는 무척 바쁘게 살았고 명성도 높아졌지만 달리의 미술상인 콜이 재계약을 할 입장이 아니어서 재정적으로 심각한 문제를 겪었다. 달리와 갈라는 모아둔 돈을 대부분 포르트리가트에 있는 집을 사들이는 데 사용했었다. 1932년 7월 초에 달리와 갈라는 베크렐가(街) 7번지에서

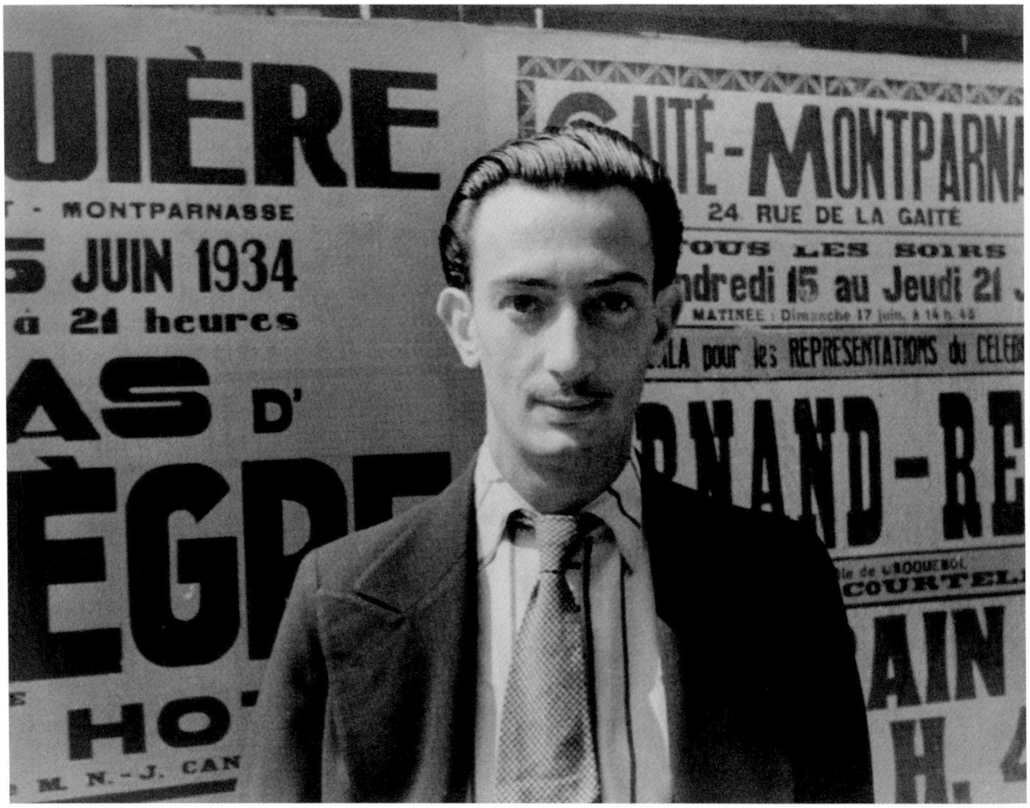
UIÈRE
- MONTPARNASSE
5 JUIN 1934
à 21 heures
GAITÉ-MONTPARNA
24 RUE DE LA GAITÉ
TOUS LES SOIRS
ndredi 15 au Jeudi 21
MATINEE : Dimanche 17 juin, à 14 h. 45
ALA pour les REPRESENTATIONS du CELEB

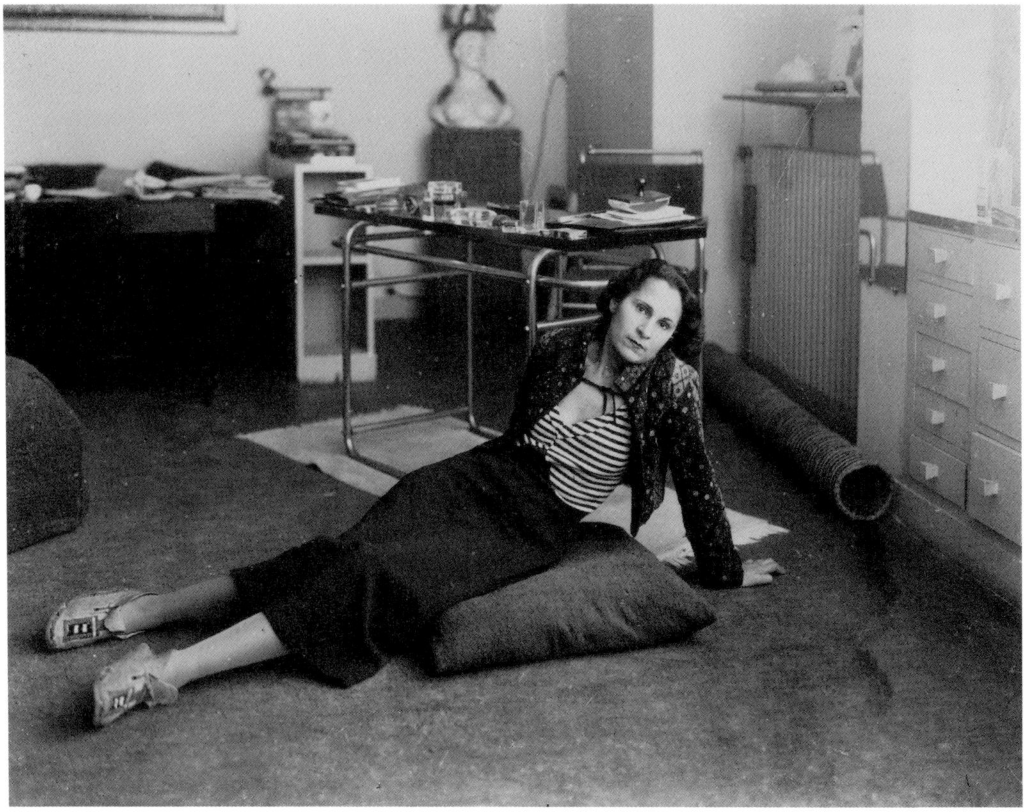

맞은편 위 파리에서 포즈를 취하는 달리. 칼 반 벡튼이 촬영한 사진, 1934년.

맞은편 아래 고게가(街) 7번지에 있는 수수한 원룸에서 포즈를 취하는 갈라, 1932년.

작가와 화가가 모여 사는 지역에 위치한 쇠라 빌라라는 이름의 좀 더 수수한 원룸으로 옮겼다. 베크렐가에 있는 집은 원래 엘뤼아르가 갈라를 위해 임대한 곳이었다. 달리는 새로 이사한 집을 좋아하지 않았다. "스페인에서 파리로 돌아오자마자 베크렐가 7번지에서 고게가(街) 7번지로 이사했다. 새집은 현대적인 건물이었다. 이런 종류의 집은 자동 징벌 건축물로 가난한 사람들을 대상으로 한 건물이라고 생각한다. 그리고 우리는 가난했다."[15] 돈이 정말 없었을 때 달리와 갈라는 파리를 떠나 포르트리가트로 다시 돌아갔는데 달리는 "파리를 떠날 때 마녀의 솥처럼 보글보글 끓어올랐다"고 묘사했다.[16] "내 창작물이 잘 팔리지 않던 시기였다. 내 작품은 현대미술과 멀어져서 점점 더 판매가 줄어들었다. 후원가 노아일 자작에게서 편지를 받고 최악의 어려움을 예상하게 됐다. 그래서 다른 방식으로 돈을 벌어야 했다."[17] 1932년 말에 가까워지자 달리는 노아일에게 조디악* 모임의 창설을 제안했다. 모임의 목적은 달리의 작품을 후원해서 달리에게 고정수입을 제공하고, 모임의 회원은 각자 매년 일정 수의 작품을 선택하는 것이었다. 갈라는 1933년 1월 말에 또 다른 부유한 예술후원가인 장루이 드 포시니루싱 왕자에게 모임에 참여하라고 설득해서 노아일과 카레스 크로스비를 포함하여 총 11명의 수집가를 모았다.

1932년에 달리는 『바바오우오』라는 책을 출간했는데 이 책에서 자신이 구상한 영화에 대해 간단히 이야기했다. 달리는 또한 그 해 같은 제목으로 영화 대본과 발레를 모두 결합한 시나리오를 썼다. 영화는 마침내 1997년에 제작됐다. 영화에 포함되지 못한 발레 장면에는 크레우스 반도 출신의 인물과 배경이 등장했었다. '바바오우오'라는 단어는 바보라는 의미와 비슷하다. 다른 초현실주의 영화와 다르게 《바바오우오》는 시작과 끝이 있는 줄거리를 갖고 있지만, 1차원적으로 진행되는 이야기에서 벗어난 비상식적이고 괴상한 사건으로 가득하다. 달리는 시나리오에 사건이 '1934년에 내전 중인 유럽의 어떤 나라에서 일어난다'고 명시했다.[18] 스페인 내전은 1936년에 일어난다.

1933년에 달리는 이시도르 뒤카스의 『말도로르의 노래』의 신판에 들어갈 삽화를 다수 그렸다. 이 동판화 작품들은 흔히 가장 뛰어난 작품으로 여겨진다. 1933년 6월 7일부터 18일까지 피에르 콜 갤러리에서 초현실주의 단체 전시회가 열렸는데 달리와 자코메티, 그리고 당시에 짧게 초현실주의에 발을 담갔던 피카소를 포함하여 22명의 예술가가 전시회에 참여했다. 이 단체 전시회는 새롭게 부상한 초현실주의 오브제에도 초점을 맞췄으며 시인들도 참여했다. 전시가 끝나고 달리는 6월 19일부터 29일까지 바로 피에르 콜 갤러리에서의 마지막 개인전을 열었다. 그해 말에는 가장 존경하는 사람으로 손꼽았던 안토니 가우디가 어렸을 때 크레우스 반도에 방문했었다는 것을 알고 무척 기뻐했다. 이 소식을 듣고 가우디의 건축물도 자신의 작품처럼 크레우스 반도의 지질학적으로 경이로운 경치에 영감을 받았다고 생각했다. 달리는 이 주제에 관해 글을 쓰기로 했고 달리가 파리에서 사귄 만 레이가 달리의 글을 위해 바르셀로나의 아르누보 건축물과 크레우스 반도를 사진 찍으려고 방문할 것이라는 정보를 친구 J.V. 포시가 9월 13일에 『라 푸블리시타트』 신문에 알렸다.

달리는 향후 마음의 고향이 될 뉴욕에서 1933년 11월 21일부터 12월 8일까지 줄리앙 레비 갤러리에서의 첫 번째 개인전을 열었다. 평론가와 대중의 반응은 긍정적이었고 레비는 개인전이 만원이었다고 주장했다.[19] 평론가 중에 자신의 책 『1930년대 현대미술에 관하여』에서 달리의 전시회를 언급했던 루이스 멈포드는 작품에서 보쉬 같은 플랑드르 미술 거장의 영향을 알아챘고 그에 관해 이렇게 언급했다. "달리의 그림은 아침식사를 하면서 말하거나 회상하기 힘든 일종의 끔찍한 꿈을 정밀하게 표현한다. (…) 달리는 꿈이 사라지지 않게 만들고 그의 작품은 그 자체로 멈춰버린 악몽이다. 웃을 여유도 없고, 작품을 만든 미치광이가 새 음담패설을 익힌 조숙한 아이처럼 다소 무례하게 우리를 보고 활짝 웃고 있다는 것을 짐작조차 하지 못했다면 그의 작품을 바라보기가 힘들 것이다."[20] 달리는 개인전의 반응에 기뻐했고 미국에 있으면 더 크게 성공할 수 있을 것이라는 생각을 하게 됐다.

달리는 1933년에도 무척 바쁘게 살았지만 그 다음 해

* 조디악(Zodiac)은 황도 12궁이라는 뜻의 낱말로, 태양의 궤도를 분할하는 12개 별자리를 뜻한다.

에는 더 정신없이 바빠졌다. 1934년에는 여러 일이 있었는데 1월에는 갈라와 약식으로 결혼했고 여섯 번의 개인전을 열었고 그중에 뉴욕에서 열린 개인전은 『말도로르의 노래』에 실린 동판화만을 주제로 했다. 뉴욕에서 두 번째로 전시회를 열었으며 파리에서 두 번, 런던에서 한 번, 10월에는 바르셀로나에서 한 번 전시회를 열었다. 달리는 바르셀로나에 살던 라파엘 삼촌에게 편지를 보내 아버지와 화해할 수 있게 도와달라고 했고 삼촌은 달리의 아버지에게 보내는 편지에 달리의 편지를 동봉하며 달리가 잘못을 뉘우쳤다고 전했다.[21] 그러나 오래 지나지 않아 카탈루냐 수도에 정치적 폭동이 일어나서 달리 부부는 프랑스로 피신해야 했다. 파리에 달리 부부를 안전하게 데려다준 운전기사는 바르셀로나로 돌아가는 중에 유탄을 맞고 사망했다. 이 상황은 달리를 뼛속 깊이 뒤흔들어 놨다.

달리 부부의 전반적인 재정 상황과 1934년 말에 열릴 전시를 위해 미국으로 가기 위해 돈이 필요했던 처지는, 달리가 '나의 명성과 영향력의 정점일 때와 동시에 나의 재력이 최악의 상태일 때의 순간'에 그 스스로를 발견했다는 것을 의미했다.[22] 달리는 돈을 구할 방법을 찾으려고 결실 없는 나날을 보내며 좌절감을 느끼던 때에 에드거 퀴넷 대로에서 다리가 없는 남자 시각 장애인을 보게 됐다. 수레에 앉은 남자는 활기가 넘쳤고 행인에게 도움을 구할 때는 작은 지팡이를 꺼내 들고 뻔뻔하게 인도를 두들겼다. 달리는 남자의 수레를 발로 차서 거리를 빠르게 건너가도록 만들었다고 주장했다. 그러나 남자는 "분개했지만 품위 있게 뻣뻣한 태도를 유지했다"[23] 이 경험을 통해 달리는 '대서양을 어떻게 건널지'를 생각해냈다. "사흘 동안 시각 장애인을 상징하는 지팡이를 들고 파리 전역을 돌아다녔는데 그 지팡이는 내 손에서 분노를 표출하는 마법의 지팡이가 됐다."[24] 달리는 필요한 금액을 모을 수 있었고 지팡이는 달리의 이미지에서 없어서는 안 될 물건이 됐다.

1934년 11월에 달리 부부는 르 아브르에서 SS 샹플랭을 타고 미국으로 출발했다. 달리는 여행 자금을 마련하는 데는 성공했지만 여행 공포증을 극복하기 위해 애써야 했는데 배에서 지내는 내내 구명조끼를 입고 있었다. "샹플랭의 갑판에 나와 느닷없이 뉴욕을 마주했다. 푸른 녹과 분홍색, 크림 빛이 도는 흰색을 띄며 눈앞에 나타났다. 고딕 양식의 거대한 로크포르(푸른곰팡이) 치즈처럼 보였다. 나는 로크포르 치즈를 정말 좋아하므로 이렇게 생각했다. '뉴욕이 나를 반기고 있어!'"[25] 11월 14일에 여객선에서 하선하기 전에 카레스 크로스비는 달리가 트랩을 걸어 내려올 때 극적인 효과를 주기 위해 증기선의 제빵사에게 2미터짜리 빵을 준비해달라고 했다.[26] 달리도 또한 『뉴욕이 나를 환영한다!』라고 쓰인 신문을 준비했는데, 이 인쇄물은 배 안의 사람들과 뉴욕에서 달리를 기다리고 있던 기자들에게 배부됐다.

미국은 달리가 과시욕을 드러내기에 완벽한 장소였는데 특히 대공황 시기에는 부유한 사람들이 기분을 내기 위해 돈 쓸 곳을 찾고 있었다. 달리는 뉴욕에 처음 머무르는 동안 현대미술관에서 매우 성공적으로 강연을 마쳤고, 바랐던 것처럼 얼마 지나지 않아 가는 곳마다 사진에 찍히게 됐다. 크로스비는 달리 부부가 1935년 1월 중순에 유럽으로 돌아가기 전에 달리를 위해 정성 들여 가장 무도회를 열었다. 파티는 충격적이었고 언론에 많이 노출될 수 있게 그에 걸맞은 손님들이 초대됐다. 그 결과로 달리가 머리에 붕대를 감고 스포트라이트를 받아 환하게 빛나는 가슴과 브라를 착용하고 커다란 소의 사체 아래에서 춤추는 모습이 사진에 찍혔다. 달리 부부는 그렇게 그들에게 어울리는 극적인 퇴장을 할 수 있었다.

1934년 11월 14일에 뉴욕에 도착한 SS 샹플랭 여객선에서 포즈를 취하는 갈라와 달리.

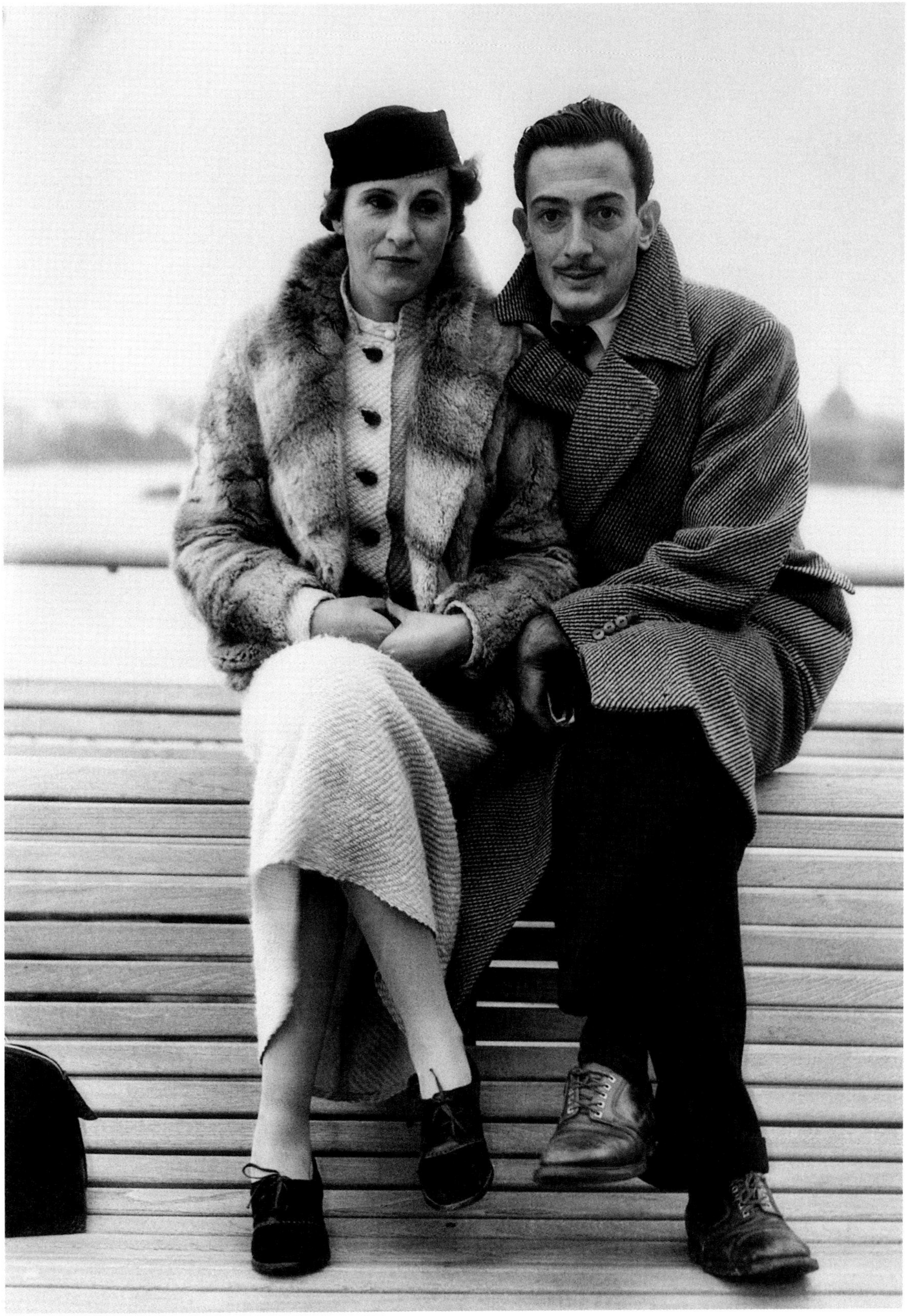

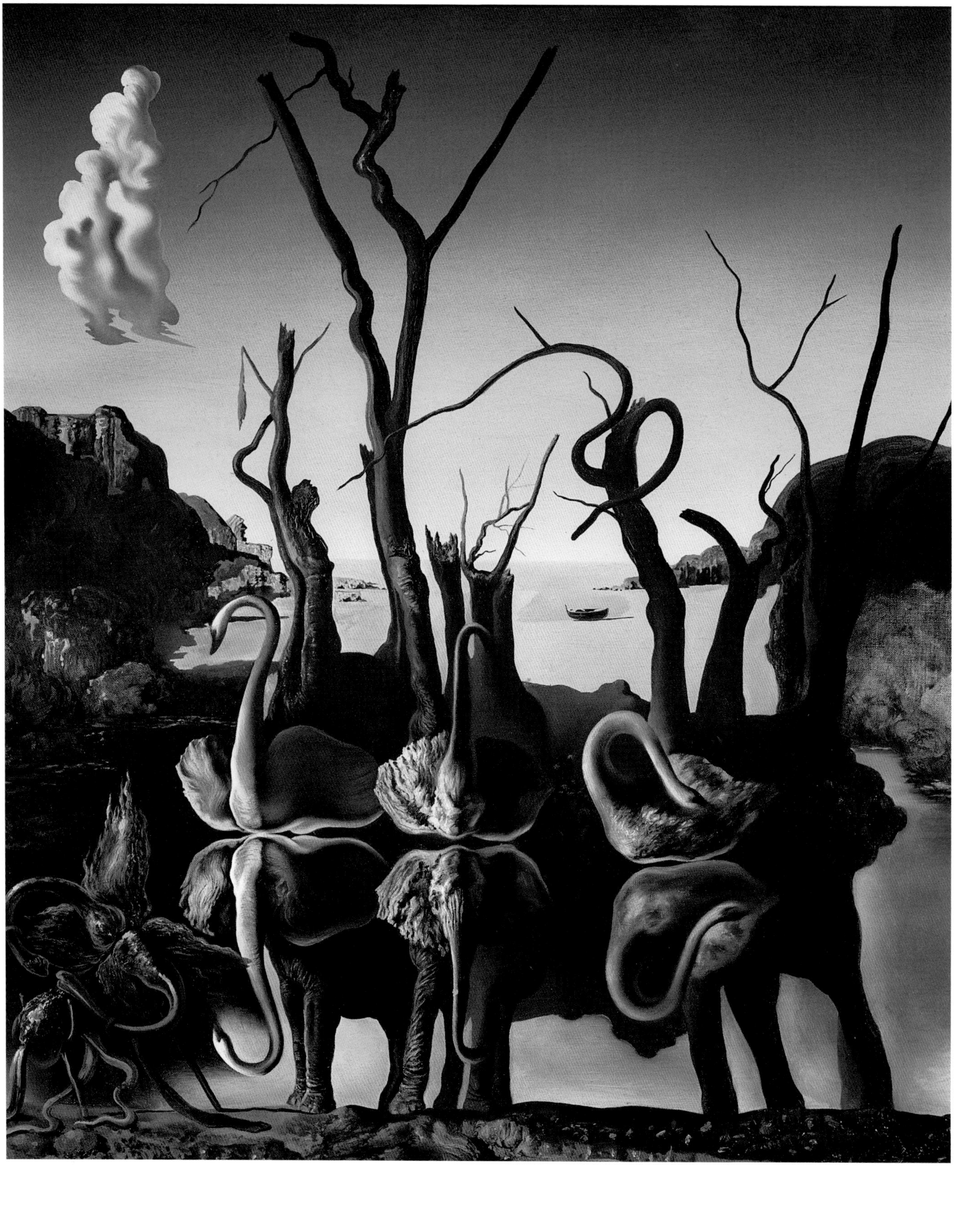

"나는 초현실주의자가 아니다. 나는 초현실주의다. 초현실주의는 정당이나 상표가 아니다. 개개인의 독특한 정신적 상태이며 어떤 원칙이나 금기 사항, 도덕성에 영향을 받을 수 없다. 존재의 완전한 자유이자 꿈을 꿀 수 있는 절대적 권리이다." 살바도르 달리[1]

나는 초현실주의자가 아니다, 초현실주의다

〈코끼리를 비추는 백조〉(부분), 1937년, 캔버스에 유채, 51x77cm, 개인소장

1935년 3월, 마침내 달리는 화해를 하기 위해 아버지를 찾아갔고 달리가 눈물을 흘렸던 격정적인 만남 이후에 일종의 합의에 이르렀다.[2] 7월에 달리는 『비이성의 정복』이라는 열아홉 장짜리 에세이를 출간했는데 이 책에서 달리는 자신의 편집광적 비판 방법을 소개했다. '중요한 것은 소통하고자 하는 것, 바로 구체적으로 비이성적인 주제'이며 달리는 '정신 착란 현상의 해석과 비판의 연관성을 바탕으로 한 즉흥적인 방식의 비논리적인 지식'을 이용하여 이 주제를 전달했다. 달리의 편집광적 비판 방법에서 꼭 필요한 것은 현실에서 관련이 없는 것들 사이에 연결 고리를 만들어내는 능력이다.[3] 게슈탈트의 폐쇄 원리는 우리의 뇌가 개별적인 요소를 하나로 받아들인다는 것을 증명한다. 덧붙여서 안면 변상증은 무생물(사물)이나 모호하거나 우연한 정보에서 사람의 얼굴을 찾는 시각적 경향이다. 사실 얼굴을 발견하는 능력과 함께 의미를 찾아내는 인간의 능력은 뇌가 자극에 반응하고 익숙한 양상을 찾을 때 신기한 변상증의 사례로 이어질 수 있다. 이는 사실 뇌가 잘 작동하고 있다는 신호이다. 물론 달리는 어린 시절에 이미 시도했었다.

같은 해에 달리는 〈편집광적 비판 마을의 변두리〉라고도 알려진 〈편집광적 비판 마을의 교외〉[4]를 그렸는데 이 작품은 팔라모스(카탈루냐의 자치시)에 있을 때 그리기 시작했다. 〈편집광적 비판 마을의 교외〉는 팔라모스의 건축적 요소를 특별히 포함하고 있지만 카다케스의 칼가(街)도 오른편에 재현되어 있다. 『살바도르 달리의 수치스러운 생애』에서 이안 깁슨은 달리의 할아버지가 자살한 사건은 집안의 비밀로 쉬쉬하고 있지만, 달리는 알고 있었을 것이라고 지적했다. 할아버지는 자살하지 않기 위해 바르셀로나로 도망치듯 이주하기 전에 칼가 321번지에 살았었다. 이 그림은 카다케스 마을이 본질적으로 달리의 편집광적 비판 방법과 연관되어 있기도 하지만 할아버지의 편집증과 관련되어 있다는 것을 암시하는 것으로 보인다. 할아버지의 편집증은 심각한 돈 문제, 피해망상과 결합하여 카다케스에서 벗어났는데도 불구하고 자살로 이어졌다. 〈편집광적 비판 마을의 교외〉의 전경에는 금고와 황금 열쇠가 그려져 있는데 이에 관해 깁슨은 다음과 같이 추측한다. "달리의 할아버지가 달리의 성격을 이해하는 데 필요한 유일한 열쇠 또는 열쇠 중 하나라고 시사하는 것이 아닐까요?"[5]

확실히 달리의 몇몇 글에서 달리가 편집증과 우울증에 걸렸을 가능성을 암시하고 있다. 달리는 자서전에서 갈라와 함께 열정적으로 예술작품을 만들고 언론의 주목을 받았던 6년의 세월이 어떻게 자신에게 손해를 끼쳤는지를 토로했다. 연대순으로 보면 1936년 말로 보이지만,

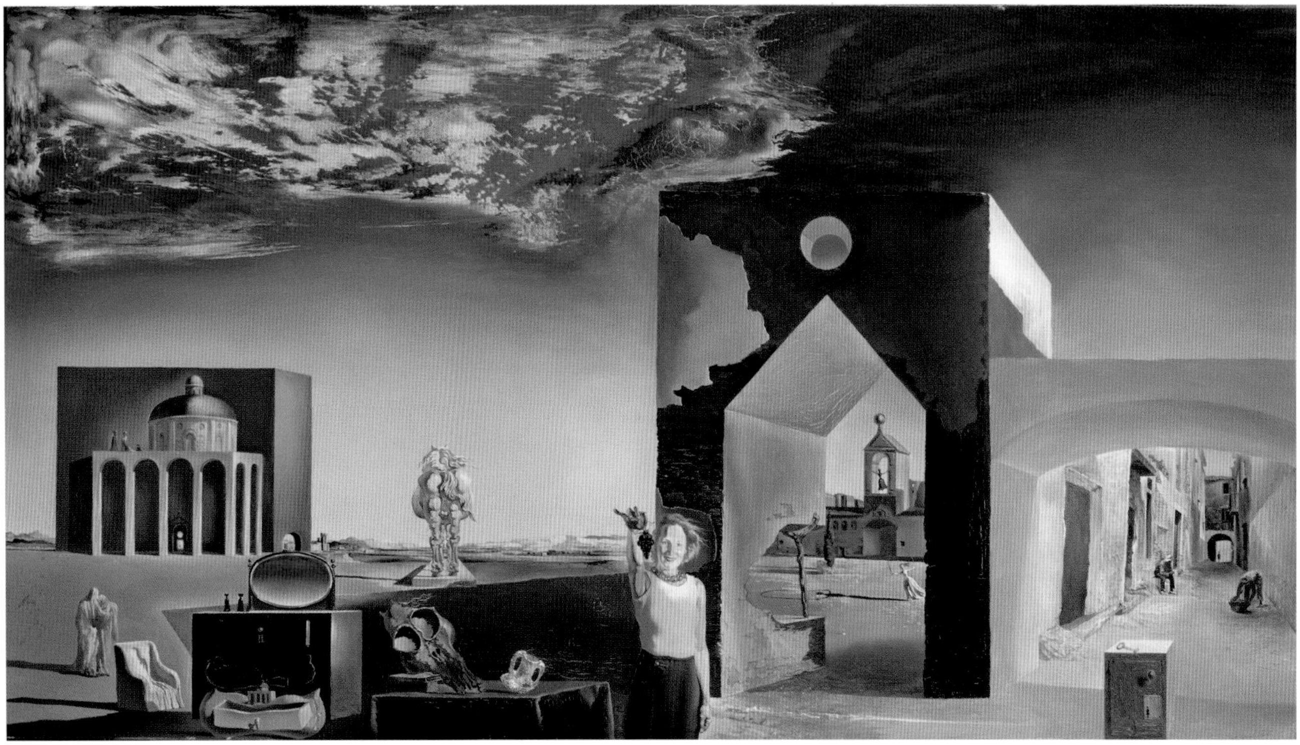

달리의 사서전은 이런 내용의 경우 종종 신뢰할 수 없다. "갑자기 스스로 정의 내리기 힘든 우울증의 손아귀에 떨어진 느낌이 들었다. 스페인으로 하루빨리 돌아가고 싶었다!"[6] 갈라와 둘이 있을 때 "갈라에게 드디어 '중요한' 일을 할 수 있을 것 같다고 말했다." 부부는 12월 어느 맑은 날 오후에 포르트리가트에 도착했다. "포르트리가트의 풍경이 얼마나 아름다웠는지 그동안 잘 알지 못했었다! (…) 지난 몇 년간 파리, 런던, 뉴욕에서 보낸 화려하고 눈부신 삶의 기억은 이제 현실에서 동떨어지고 멀게만 느껴졌다."[7] 포르트리가트는 의심할 여지없이 행복이 가득한 작은 지상 낙원이다. 그러나 달리는 몸을 마비시키는 공포에 사로잡혔다. 이미 성공을 쥐었고 아직 차지할 것이 더 많이 남아있었지만 거기에 도달하기 위한 노정과 포르트리가트의 안식처에서 보낸 긴 시간 때문에 심신이 약해진 것일지도 모른다. "낮에는 비참한 기분으로 달려 나와 마구잡이로 난폭하게 불어대는 트라몬타나 바람을 피해 바람이 불지 않고 따뜻한 햇살이 비치는 장소로 수다를 떨러 나온 어부들과 함께 앉아있고는 했다. 어부들에게 하루가 멀다 하고 생기는 문젯거리와 힘든 일을 전해 들으며 강박 상태에서 조금 멀어질 수 있

〈편집광적 비판 마을의 교외, 유럽 역사 변두리의 오후〉, 1936년, 나무판에 유채, 46×66cm, 로테르담 보이만스 판뵈닝언 미술관.

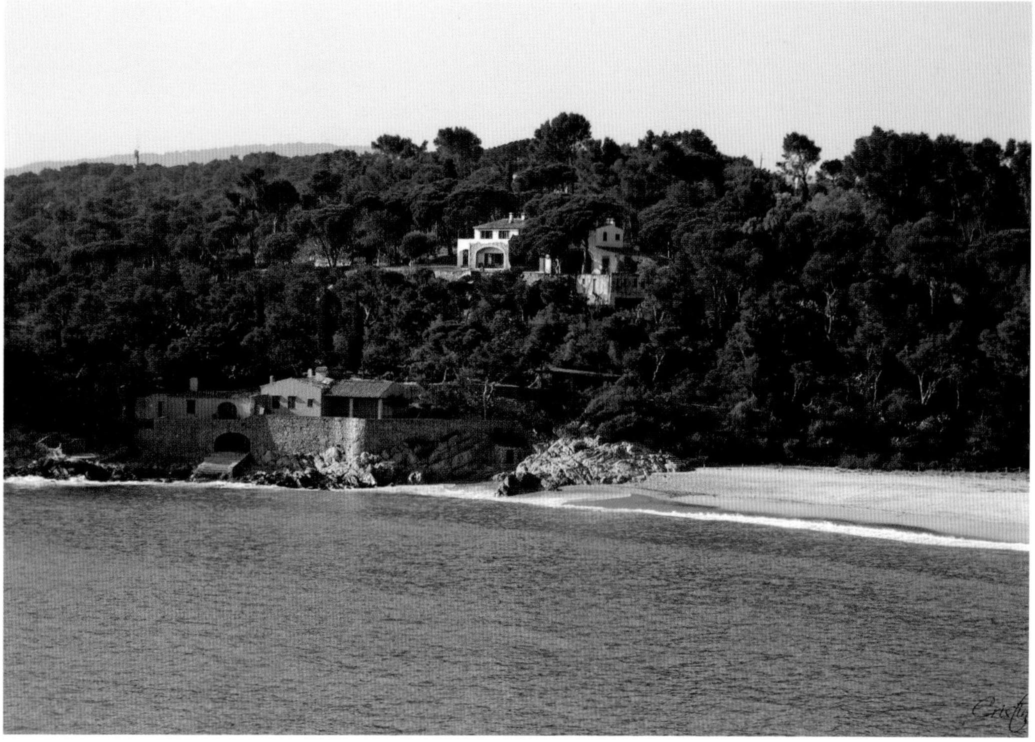

에드워드 제임스의 고향인 팔라모스의 마스 주니 농가.

었다."[8] 어느 날 달리는 낮잠을 잘 자고 일어나서 이런 감각을 느꼈다. "번데기처럼 상상의 실크 장막에 나 자신을 감쌌었는데 내 영혼의 편집광적 나비가 드러나려면 실크 장막은 꿰뚫리고 찢어져야 했다."[9] 죽음에 대한 병적인 두려움으로 자라난 달리의 깊은 불안감은 달리의 할아버지를 바르셀로나로 몰아간 공황상태와 유사한 것이었을까. 그러나 갈라가 달리에게 변화를 가져왔다. "'당신은 아직 아무것도 이루지 못했어! 죽을 때가 아니야!' 초현실주의에서 얻은 영광은 무가치했다. 초현실주의를 전통과 결합해야 한다. 내 상상은 다시 최고가 되어야 한다. (…) 성공 일화의 신기루에 침체하는 대신 '중요한' 것을 위해 싸워야 했다."[10]

1935년 7월, 달리 부부는 카탈루냐 해안의 카다케스에서 남쪽으로 80킬로미터 조금 넘게 떨어진 팔라모스에 있는 마스 주니 농가에서 아주 부유한 시인이자 영국인 초현실주의 후원자인 에드워드 제임스를 만났다.[11] 제임스의 자서전에 의하면 에드워드 7세의 아들이었을지도 모르는[12] 제임스는 달리 부부와 친해졌으며 달리의 후원자가 된다. 달리와 갈라, 제임스는 실제로 특별한 관계가 되어 서로 연락을 주고받고 곧 다시 만나기로 약속했다. 계

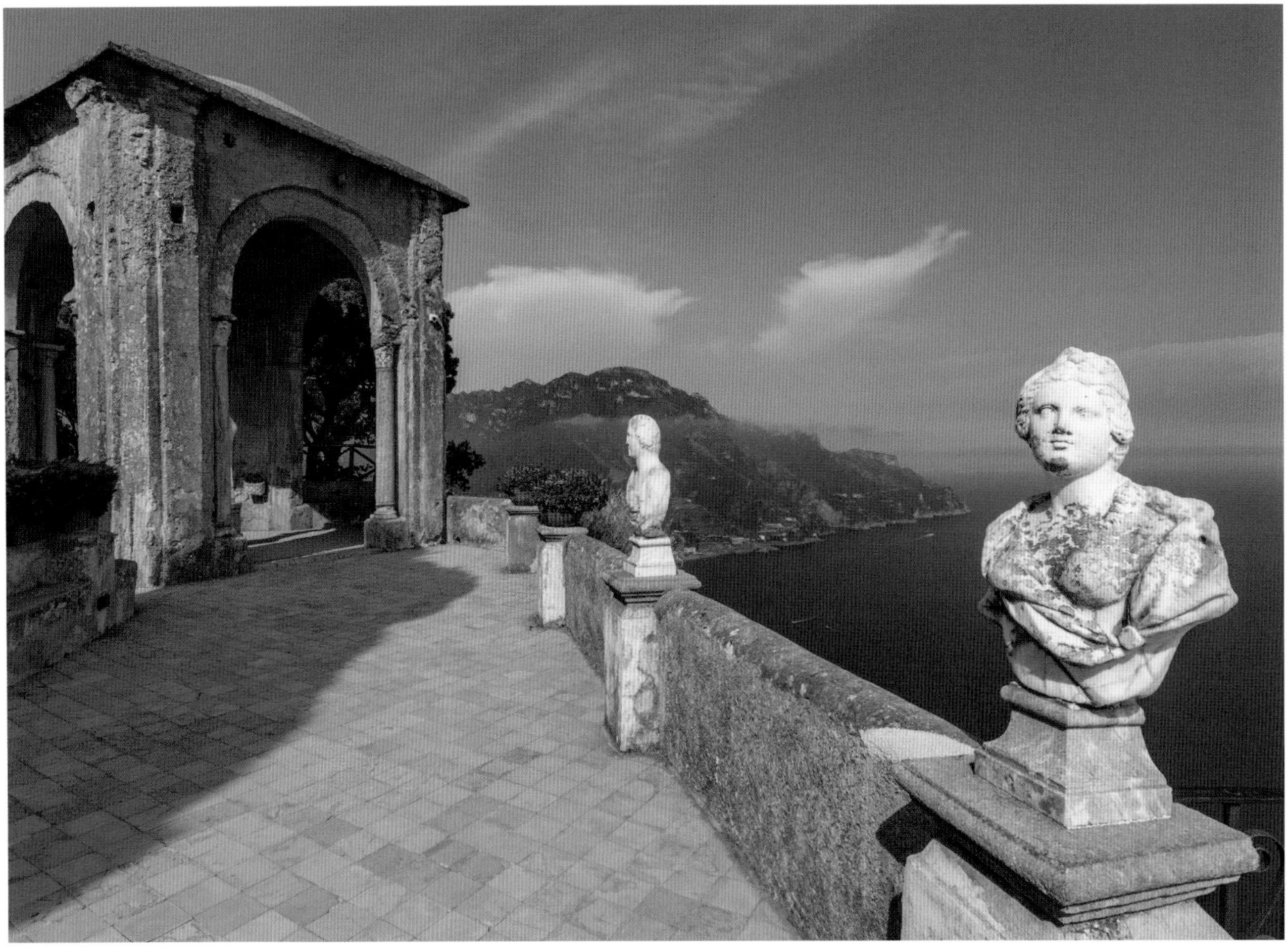

속 여러 곳을 오가는 제임스가 카탈루냐에 다시 오기까지는 오래 걸리지 않았으며 이곳에서 로르카도 만났는데 이때가 로르카와 달리의 마지막 만남이었다.[13] 제임스는 로르카와 달리 부부에게 가을에 이탈리아로 오라고 초대했지만 로르카는 자신의 일정과 아버지의 건강 때문에 고민 끝에 초대에 응하지 못했다.

달리 부부는 바그너의 오페라 〈파르지팔〉에 영감을 준 침브로네 빌라를 임대한 제임스와 함께 이탈리아 라벨로에 가게 됐다. 10월 초에 달리와 갈라, 제임스는 기차를 타고 바르셀로나를 떠나 토리노에 도착했고 토리노에서 차를 타고 모데나와 로마를 지나 침브로네 빌라로 향했다. 달리는 자서전에 이렇게 적었다. "이탈리아 여행에서 나는 누가 봐도 밝고 쾌활했다. 내 작품을 가까이에서 지켜본 얼마 안 되는 친구들만이 내 영혼이 정확히 이탈리아를 여행하는 중에 가장 고되고 결정적인 전투를 하고 있었다는 것을 알 수 있었다."[14] 이 발언은 이탈리아 여행이 끝나고 제임스가 에디스 시트웰에게 한 말로 뒷받침되는데, 제임스는 달리가 달리 자신의 작품을 망치고

맞은편 라벨로 침브로네 빌라의 인피니티 테라스.

있던 지겹고 불행한 집착을 벗어버린 것 같다고 전했다. 제임스는 이제 달리가 '최고로 평범하고 행복하며 더는 불안 때문에 잔뜩 긴장하지 않는다'[15]고 생각했다. 달리가 변한 모습을 보고 제임스는 달리를 천재로 완전히 받아들이게 됐고, 1936년에 달리의 후원자이자 친한 친구가 됐다. 그래서 1936년 3월에는 달리가 포르트리가트에 있는 집을 확장하기 위해 집을 또 사고 싶어 했을 때 제임스는 달리에게 5,000프랑을 선금으로 주고 버너스 경에게도 나머지 5,000프랑을 내놓게 했다.

아말피 해안의 암석으로 된 노두(광맥 · 암석 등의 노출부)에 자리하고 무성한 자연에 둘러싸인 침브로네 빌라는 아말피 해안에서 가장 아름다운 곳이었다. 최소 11세기까지 거슬러 올라가는 이 장엄한 건물은 지중해가 보이는 제일 아름다운 경관을 자랑한다. 20세기 초에 영국 귀족인 그림소프 경이 빌라와 정원을 대규모로 공사했다. 대리석 흉상이 늘어서 있는 인피니티 테라스로 잘 알려진 침브로네 빌라의 전망대에서 보는 광경은 고어 비달 작가의 말에 따르면 세계에서 가장 수려하다. 공들여 가꾼 아름다운 정원은 이탈리아의 무척 우아하고 낭만적인 풍경을 완성한다. 달리가 친구 포시에게 보낸 엽서들을 보면 달리가 이탈리아에 감격했다는 것을 확연하게 느낄 수 있다. "이탈리아는 교황보다 더 초현실주의적이었다."[16] 달리는 이 여행을 기점으로 이탈리아와 오랜 관계를 맺게 되지만 실제로는 달리가 어렸을 때 옛 거장에 관한 평생 공부를 하게 됐을 때 이미 시작됐었다.

달리는 1936년 5월 22일부터 29일까지 파리 샤를 라통 갤러리에서 열린 초현실주의 오브제 전시회에 참여했다. 여름에는 런던에 있는 뉴 벌링턴 갤러리의 국제 초현실주의 전시관에서 전시회를 열었고 같은 곳에서 강연도 했으며 늘 하던 대로 시선을 끌고 싶어서 가장 위험하고 놀랄만한 기행을 하나 계획했다. 달리는 심해 잠수복을 입고 강연을 시도했는데 잠수복은 달리만큼 괴짜인 친구이자 후원자인 버너스 경이 준비했다. 소문에 따르면 잠수복을 준비해준 업체에서 얼마나 깊이 들어갈 것이냐고 묻자 버너스 경은 "잠재의식의 깊이만큼 들어갈 예정이고 달리는 영국 대중이 자신과 함께 하기를 원한다오"라고 답했다.[17] 이 과시적 행동으로 달리는 질식사로 거의 죽을뻔했다. 청중은 달리의 기행을 굉장히 좋아했는데, 잠수복을 입고 질식사할 뻔한 것도 연기라고 생각했다. 전시회는 1936년 6월 11일에 열렸고 군중이 몰려서 피카딜리 거리가 마비된 것만이 아니라 "영국 미술계를 중단시키며 미술이 정말 무엇인지, 전시회가 무엇인지를 다시 생각하게 만들었다."[18] 런던에 있는 동안 달리는 국립 미술관에 방문했고 안드레아 만테냐의 〈동산에서의 고뇌〉를 보고 반했다. 이 사실을 달리의 후기 작품인 〈코끼리를 비추는 백조〉에서 확인할 수 있는데,

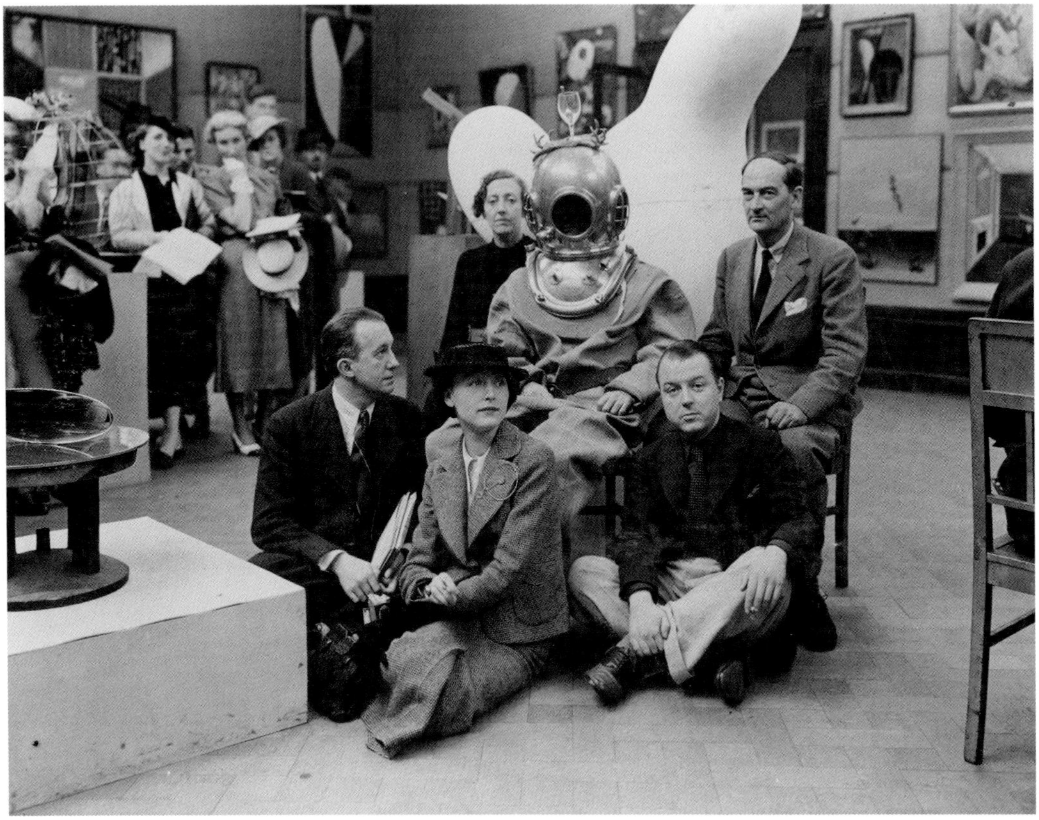

달리는 색다른 형상의 바위와 도시 전경을 연결하여 묘사했다.

후원자이자 친구인 에드워드 제임스를 위해 만든 작품 중에 가장 유명한 작품은 물론 〈바닷가재 전화기〉이며 1936년에 만들어졌다. 이 작품에서 달리는 두 상징적인 물체인 전화기와 바닷가재를 하나로 결합했는데 각각의 사물에는 성적인 의미가 함축되어 있다. 달리는 여성 모델의 성기를 감추는데 바닷가재를 사용하기도 했지만 프로이트의 거세 이론과 관련지어 위험과 거세의 완벽한 상징으로 바닷가재를 선택했다. 바닷가재의 뼈가 바깥에 있다는 인간과의 해부학적 차이는 달리에게 바닷가재가 초현실주의의 상징으로 훌륭하다고 느끼게 했다. 화가로 사는 내내 달리는 자주 섹스와 음식을 가깝게 비유했다. 달리의 집 겸 작업실이 있는 포르트리가트에서 조금만 걸어가면 카다케스 어촌이 있는데 카탈루냐 출신의 유명한 작가이자 기자인 호셉 플라는 "카다케스에는 네 가지 환상적인 요리가 있는데 겨울에는 성게, 봄에는 석화, 여름에는 바닷가재 또는 유럽 바닷가재 요리가 있다"라고 묘사했다. 달리는 일부러 바닷가재의 꼬리를 수화기 바로 위에 배치했다. 자서전에서 달리는 "음식점에서 바닷가재 구이를 주문하면 왜 구운 전화기가 나오지 않는지 이해할 수가 없다. 샴페인은 항상 차갑게 보관하면서 왜

런던의 국제 초현실주의 전시관, 1936년 여름.
(뒷줄 왼쪽부터) 다이애나 브링턴리, 잠수복을 입은 살바도르 달리, 루퍼트 리
(앞줄 왼쪽부터) 폴 엘뤼아르, 누슈 엘뤼아르, E.L.T. 메센스

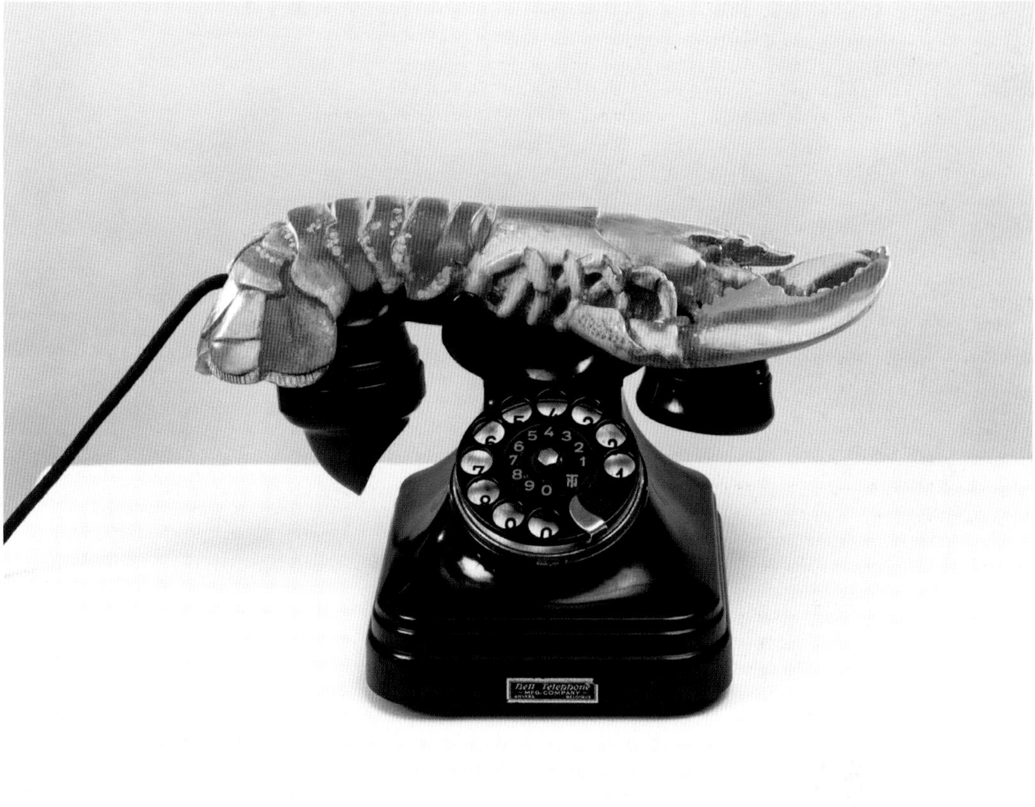

맞은편 〈바닷가재 전화기〉, 1936년, 스틸, 석고 반죽, 고무, 합성수지, 종이, 17.8×33×17.8cm, 런던 테이트 모던.

시도 때도 없이 너무 따뜻하고 불쾌할 만큼 끈적끈적한 전화기는 얼음 조각이 든 은색 통에 담겨 나오지 않는지 모르겠다."[19]

런던에서 달리가 잠수복을 입고 강연한 유명한 일이 일어난 지 며칠 지나지 않은 1936년 7월 17일에 그리 초현실적이지 않은 세계에서 스페인 내전이 발발했다. 내전이 터지기 몇 달 전에 완성한 달리의 작품 〈삶은 콩이 있는 부드러운 구조물(내란의 예감)〉에서 달리가 내전을 예상했다는 것을 알 수 있다. 그 후에 한 달이 조금 지난 8월 19일에 달리와 아주 가까운 사이이자 협업 작가인 로르카는 그라나다에서 파시스트 당원들에게 총살형을 당했다. 달리 부부는 이미 파리로 피신한 후였다.

이 시기에 달리는 빅 애플(뉴욕의 애칭)과 미국을 다니면서 이 도시와 나라를 확실히 잘 이해하고 있었다. 자신이 무엇을 원하는지, 그것을 어떻게 가질 수 있는지를 알고 있었고 달리만큼 언제 무엇을 대중 매체에 노출해야 하는지를 아는 사람은 거의 없었다. 뉴욕은 상업적인 잠재성이 가득한 환경이지만 달리가 사랑한 카탈루냐와는 차이가 극명했다. "뉴욕, 그대의 대성당은 거대한 은행의 그림자에 가려져 긴 양말을 뜨개질한다. 버지니아주에서 태어날 니그로(Negro)* 다섯 쌍둥이를 위한 긴 양말과 벙어리장갑을, 코카콜라에 취하고 흠뻑 젖은 제비들을 위

* '검은색'을 뜻하는 스페인어에서 유래된 것으로 미국에서 흑인을 낮춰 부르는 말이다.

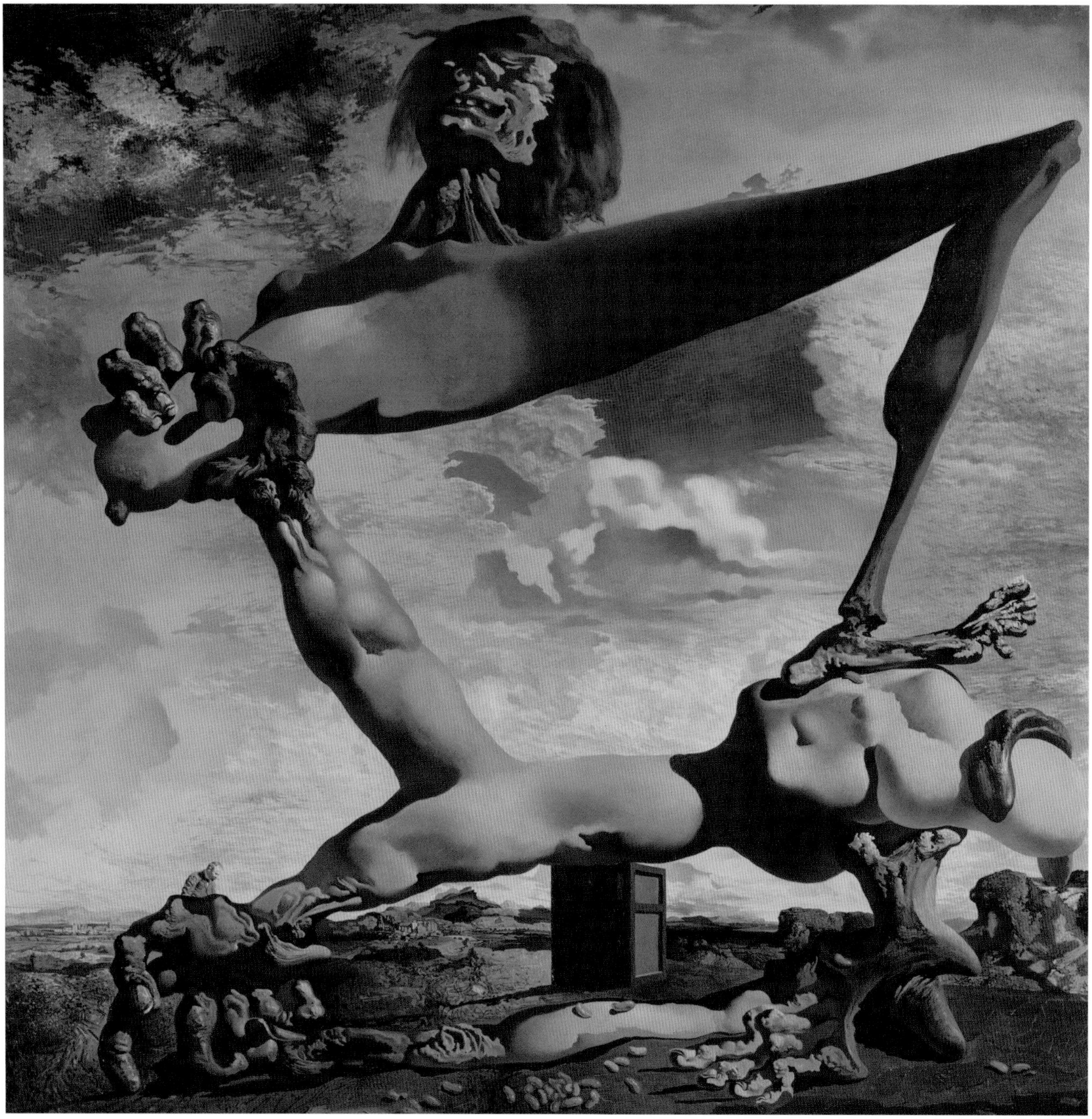

〈삶은 콩이 있는 부드러운 구조물(내란의 예감)〉,
1936년, 캔버스에 유채, 99.9×100cm,
펜실베이니아 필라델피아 미술관.

〈나르키소스의 변형〉, 1937년, 캔버스에 유채, 51.1×78.1cm, 런던 테이트 모던.

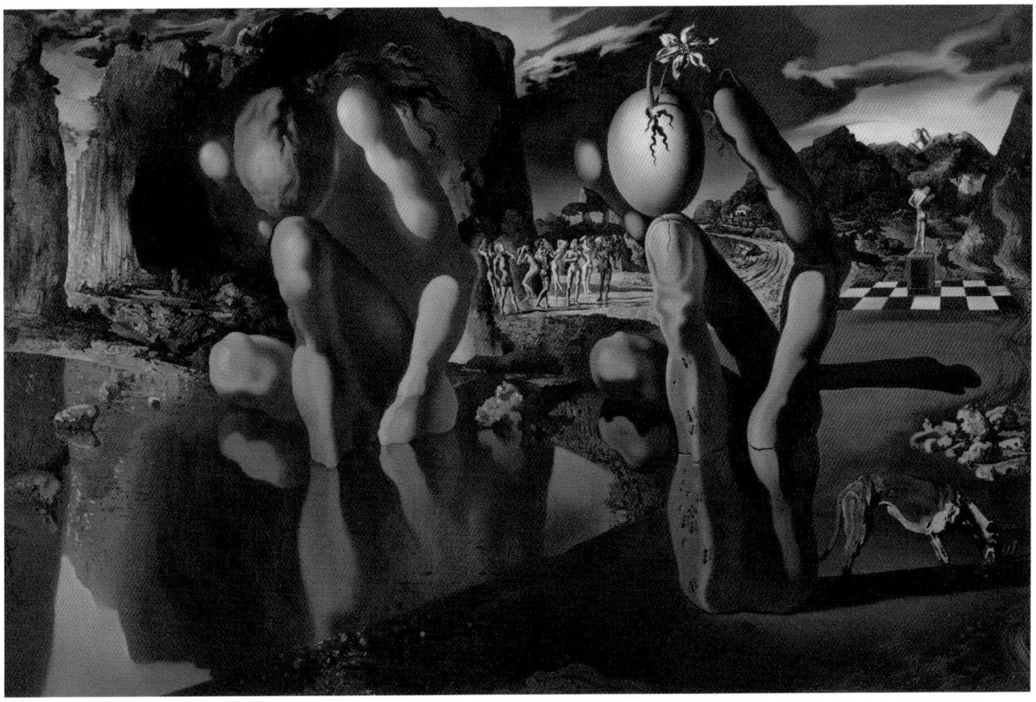

한 긴 양말과 벙어리장갑을….”[20] 달리와 미국 대중 매체의 초창기 관계는 이러했지만 양쪽 모두에게 유익한 사이로 발전하게 된다. 달리가 다양하고 많은 작품을 만들게 되면서 매스컴에서는 달리를 초현실주의의 리더이며 잠재의식과 꿈과 상상의 세계의 선지자이자 편집광적 비판방법의 창시자이며 상상할 수 없는 것을 상상해내는 사람으로 여겼다. 달리는 자신의 시대와 이어져있으며 현대의 취향에 영향력을 끼쳤다.

12월 겨울에 달리는 뉴욕 현대미술관에서 열린 「환상 미술, 다다 초현실주의」 단체 전시회에 참여했으며 레비의 갤러리에서 개인전을 열었다. “뉴욕에 돌아온 후로 벌써 달리 신화가 많이 구체화된 것은 잠수복을 입고 강연한 인상적인 기행과 전시회에 공개된 내 작품의 특별함 덕분이다.”[21] 12월 14일에는 만 레이가 찍은 달리의 초상화 사진이 『타임』 잡지 표지에 실렸다. “나는 곧 출판의 영향력이 미치는 범위를 알게 됐다. 길을 건널 때마다 누군가가 나를 알아봤고 코앞에 들이밀어진 각종 난해한 종이에 사인하느라 팔이 금세 저렸다.”[22]

그해 크리스마스에는 미국인 희극 배우 하포 마스에게 철조망 줄이 달린 하프를 보냈다. 선물을 정말 마음에 들어 했던 마스는 달리에게 손가락에 붕대를 감고 찍은 자신의 사진을 전달했다. 달리는 1937년 초에 할리우드에 방문하여 마스와 시나리오를 공동으로 작업했지만 영화로 발전하지는 않았다. 달리는 앙드레 브르통에게 보내는 엽서에 이렇게 적었다

"난 할리우드에 있고 이곳에서 미국인 초현실주의자 하포 마스, 디즈니, 세실 B. 드밀, 이렇게 셋과 연락했어."[23] 달리는 또한 유명 디자이너인 엘사 스키아파렐리와 합작하여 모자와 가방, 드레스에 자신만의 독특한 창의성을 더하여 디자인했고 전화기 모양의 가방과 바닷가재 드레스를 만들기도 했다.

1937년 말에 파리로 돌아와서는 〈나르키소스의 변형(Metamorphosis of Narcissus)〉을 완성했는데 달리의 친한 친구이자 비서, 전기 작가인 로베르 데샤르네는 이 작품이 달리에게 큰 의미가 있다고 언급했다. 달리는 이 그림이 비이성적인 주제의 일관적인 해석을 제공한 첫 번째 초현실주의 작품이라고 생각했다.[24] 달리는 동일한 제목의 시를 초현실주의 출판사를 통해 출간했고 줄리앙 레비가 영어로 발행했다. 달리는 1938년에 런던에서 지그문트 프로이트를 만날 때 〈나르키소스의 변형〉을 가지고 갔는데, 프로이트는 '그림에서 보이는 것은 무의식이 아니라 의식입니다'[25]라고 이야기했다.

1938년 초에 달리는 파리 보자르 갤러리에서 앙드레 브르통과 폴 엘뤼아르가 주최한 「국제 초현실주의 전시회」에 참가했다. 달리의 정교한 초현실주의 오브제인 〈비 내리는 택시(Rainy Taxi)〉는 갤러리 입구에 전시됐다. 택시의 지붕은 비가 들어올 수 있게 뚫려있었고 택시 안에는 밀레의 〈만종〉이 찍힌 드레스를 입은 마네킹이 있었으며 그 위로 달팽이 약 200마리가 기어 다녔다. 이때 달리와 초현실주의 예술가들 그리고 초현실주의를 대표한 앙드레 브르통은 위태로운 관계에 있었는데 히틀러에 강한 관심을 보인다든가 하는 달리의 전반적인 관점 때문이었다. 1934년에 달리는 초현실주의 운동에서 거의 제명당할 뻔했다. 많은 초현실주의 예술가들이 달리의 1938년 작인 〈히틀러의 수수께끼(The Enigma of Hitler)〉에 상당한 의구심을 가졌고 달리는 나중에 1964년에 출간한 『달리, 나는 천재다!』에서 '나는 나치일 수가 없는데 히틀러가 유럽을 정복했다면 나처럼 히스테릭한 사람들을 없애 버릴 기회를 놓치지 않았을 것이기 때문이다.'라고 설명했다. 초현실주의 예술가들은 달리에게 노동자계급의 적이 아니라고 증명하는 서류에 서명하라고 요청했고 달리는 아무렇지 않게 요구에 따랐다. 패션과 예술이 마치 한 몸처럼 이어져 있는 도시인 파리의 북적거리는 분위기를 좋아했던 달리는 몽마르트르의 단골 카페에서 초현실주의 동료들과 매일 저녁을 보내기보다는 화려한 파티에 더 자주 모습을 드러냈다.[26]

달리와 초현실주의 예술가들의 불안정한 관계는 스페인 내전이 끝난 1939년 4월 1일 이후에 더 악화됐다. 달리는 돈을 빌려달라는 부뉴엘에게 부탁을 거절하는 답장을 보내며 스페인 급진우익정당인 팔랑헤당을 향한 존경을 확실히 드러냈다. 팔랑헤주의는 스페인 버전의 이탈리아 파시즘이었는데 달리는 이제 프랑코 군부의 파시즘 정권 아래 있는 고국으로 돌아가기를 고대했다. 브르통과 부뉴엘은 달리를 완전히 혐오했으며 브르통은 6월에 발표한 기사 「초현실주의 그림의 최신 동향」에 달리가 초현실주의 운동에서 퇴출당했다는 내용[27]을 넣으며 자신의 의견을 명료하게 밝혔다. 기사가 나간 이후 달리의 작품이 고전주의 양식을 띠는 것을 확인할 수 있다.

1938년 9월 말에 달리는 그리스도가 십자가에 걸린 후에 막달라 마리아가 예루살렘에서 도망쳐 나와 올리브 나무에서 휴식을 취했다는 전설 때문에 지어진 라파우자라는 이름의 아름다운 빌라에 쉬면서 그림을 그릴 시간을 갖게 됐다. 프랑스 리비에라 해안의 라토라카 부촌 절벽에 자리한 라파우자는 코코 샤넬이 소유하고 공동으로

〈히틀러의 수수께끼〉, 1939년.
캔버스에 유채, 95×141cm.
마드리드 레이나 소피아 국립 예술센터 박물관.

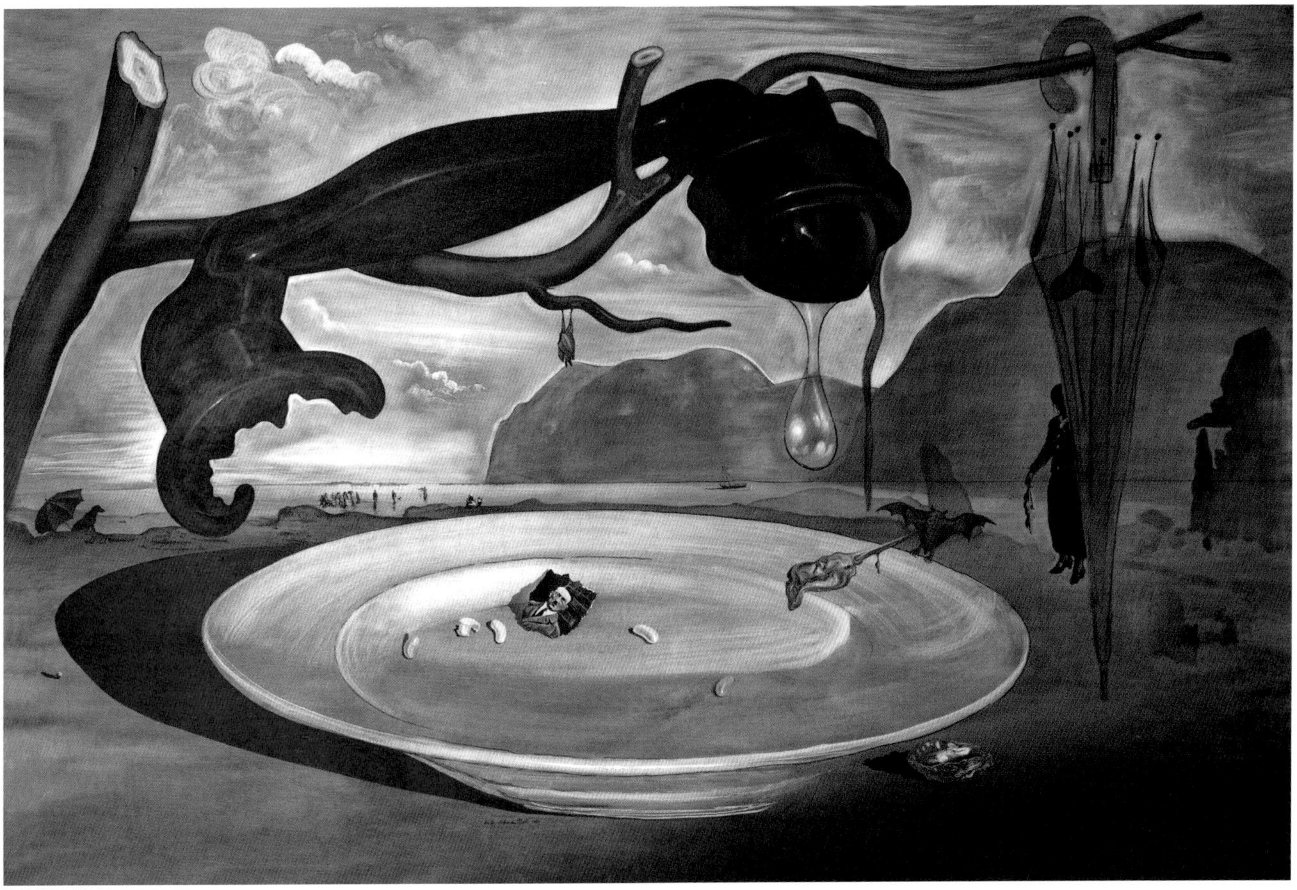

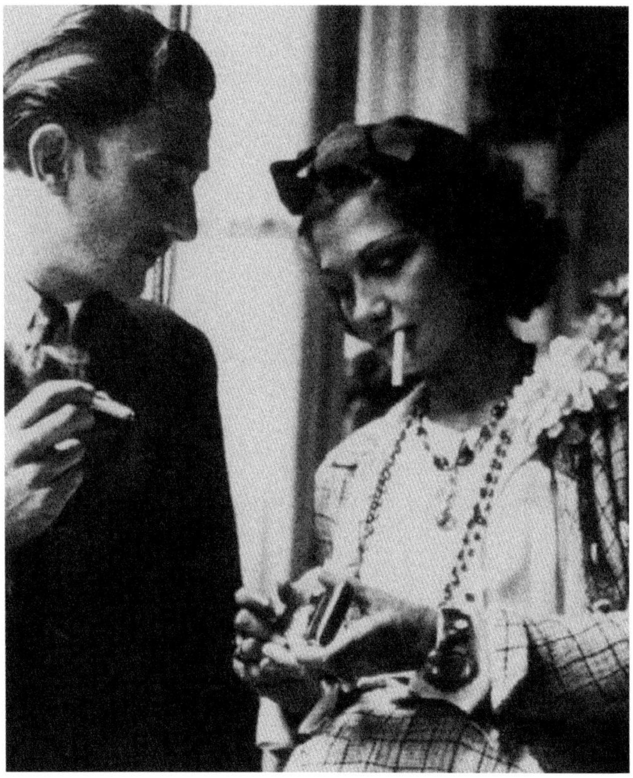

달리와 코코샤넬, 1938년.

디자인한 집으로 샤넬은 굉장히 우아한 자신만의 특징을 가미하여 집을 지었다. 눈부시게 아름답고 한적한 안식처는 모나코만(灣)과 생장캅페라, 카프다일의 전경이 펼쳐져 있어 창의성이 샘솟는 완벽한 곳이다. 라파우자는 프랑스 12세기 수도원에 딸린 보육원에서 지냈던 샤넬의 어린 시절에서 영감을 받아 지어졌다. 정문에서 굽어 올라가는 꾸밈없는 돌계단과 아치형 창문과 문, 그리고 기둥이 줄지어있는 복도가 빙 둘러싼 안뜰에서 그 영향을 확인할 수 있다. 욕실에는 하인이 드나드는 문이 따로 있어서 방문객은 방해받지 않고 하인이 준비해둔 목욕을 즐기고 옷은 벗어서 세탁을 맡길 수 있었다. 정원에는 수백 년이나 된 몇몇 올리브 나무를 포함하여 총 350그루가 심겨 있고 라벤더와 로즈메리가 사이사이에 배치되어 있어 간결하면서도 아름답다. 달리는 코트 다쥐르 해안의 로크 부륀에 자리한 라파우자에서 다수의 작품을 만들었다. 그중에 하나가 〈끝없는 수수께끼(Endless Enigma)〉이다. 이 작품에서 달리는 관찰자에게 여섯 층의 지각을 보여주는데, 보는 관점과 기분에 따라 새로운 시나리오가 나타나면서도 각각의 시나리오 모두 곧 닥쳐올 것 같은 변화를 암시한다. 〈끝없는 수수께끼〉가 만들어진 장소 외에서 제2차 세계 대전이 곧 발발하게 되고 달리는 또다시 자신만의 변형을 거치게 된다.[28]

그해 달리는 이탈리아에도 방문했는데 로마 포로 로마노와 가까운 버너스 경의 아름다운 집에서 시간을 보냈다. 그곳에서 시칠리아에 짧게 갔다 온 경험을 바탕으로 〈아프리카의 인상(Impressions of Africa)〉을 그렸다. "시칠리아에서 나는 카탈루냐와 아프리카가 혼재된 추억을 발견했다."[29] 달리는 실제로 아프리카에 가본 적이 없지만 아프리카를 알고 있다고 느꼈다.

1939년에는 뉴욕에 돌아와서 본윗텔러 백화점의 쇼윈도를 꾸몄지만 백화점의 경영진은 쇼윈도를 공개하기 전에 달리의 디자인을 바꿔놓았다. 화가 난 달리는 쇼윈도 한쪽에 욕조를 던져버렸고 체포됐지만 곧 풀려났다. 줄리앙 레비 갤러리에서 개인전을 성공적으로 마무리하고 6월에는 뉴욕 세계 박람회에 설치될 〈비너스의 꿈 파빌리온(Dream of Venus Pavilion)〉의 디자인 작업을 맡았다.

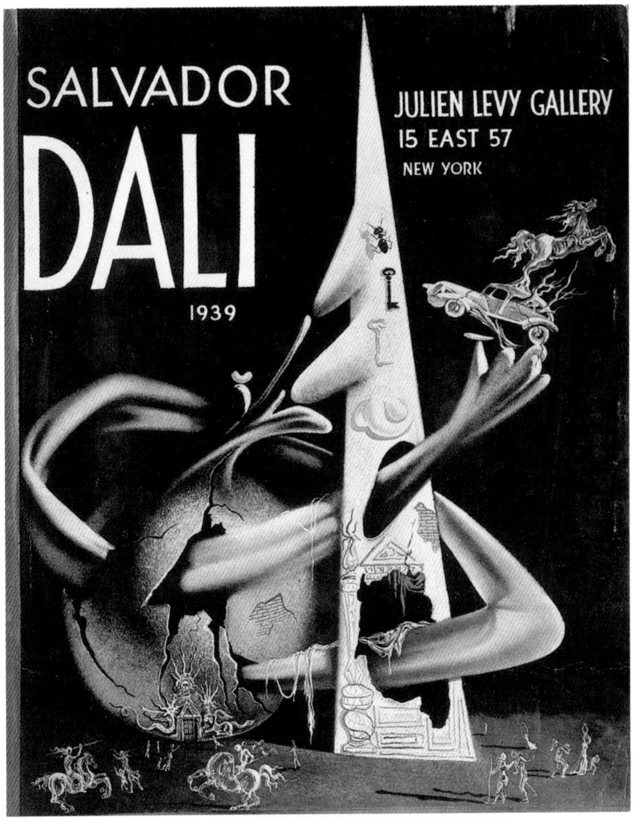

〈끝없는 수수께끼〉, 뉴욕 줄리앙 레비 갤러리에서 열린 개인전 도록의 표지, 1939년.

이 파빌리온에는 안토니 가우디의 페드레라 건축물을 살짝 연상시키는 수없이 많은 융기로 장식된 외벽의 특징이 있다. 고슴도치와 선인장, 목발이 건물 외벽을 장식하고 있으며 관람객들은 벌어진 다리 사이의 아치형 입구에 들어갔고 그 안에는 달리의 유명한 〈비 내리는 택시〉의 새로운 버전과 뒤집힌 우산들이 달린 천장이 있었다.

방문객들은 건물 안에서 달리가 디자인한 사이렌이 장착된 두 개의 커다란 수영장에서 벌어지는 수중 댄스를 감상할 수 있었다. 외벽에 난 구멍을 통해 보티첼리의 〈비너스의 탄생(The Birth of Venus)〉과 레오나르도 다빈치의 〈세례 요한(Saint John the Baptist)〉의 복제화가 보였다. 그러나 이번에도 달리의 첫 아이디어와 〈비너스의 꿈 파빌리온〉의 결과물은 서로 상충했다. 또 화가 난 달리는 복수심에 「상상력의 독립과 자신의 광기에 대한 권리 선언」을 발행했다.

같은 해에 만들어진 좀 더 만족스러운 결과물은 〈바카날(Bacchanale)〉 발레 공연을 위한 무대와 의상 디자인이었다. 달리는 공연 책자에 다음과 같이 적었다. "비너스산(Mount Venus, 아이제나흐 근처 베누스베르크)이 무대이고 살바도르 달리의 고향인 엠포르다 평야가 배경이며 중앙에는 라파엘의 〈성모의 결혼(The Marriage of the Virgin)〉에 나온 성전이 등장한다."[30] 〈바카날〉이 그해 시즌에서 가장 충격적인 공연이라고 말한 잭 앤더슨 무용 평론가는 이렇게 표현했다. "달리의 무대 장식에서 가슴에 난 구멍에서 무용가들이 등장하는 거대한 백조가 가장 돋보였고 뛰어난 의상도 한몫했다."[31] 자신의 작품에 다시 한 번 접목했고 아주 간절히 돌아가고 싶어 했던 장소는 다음 해에 또 다시 달리에게서 멀어지게 된다.

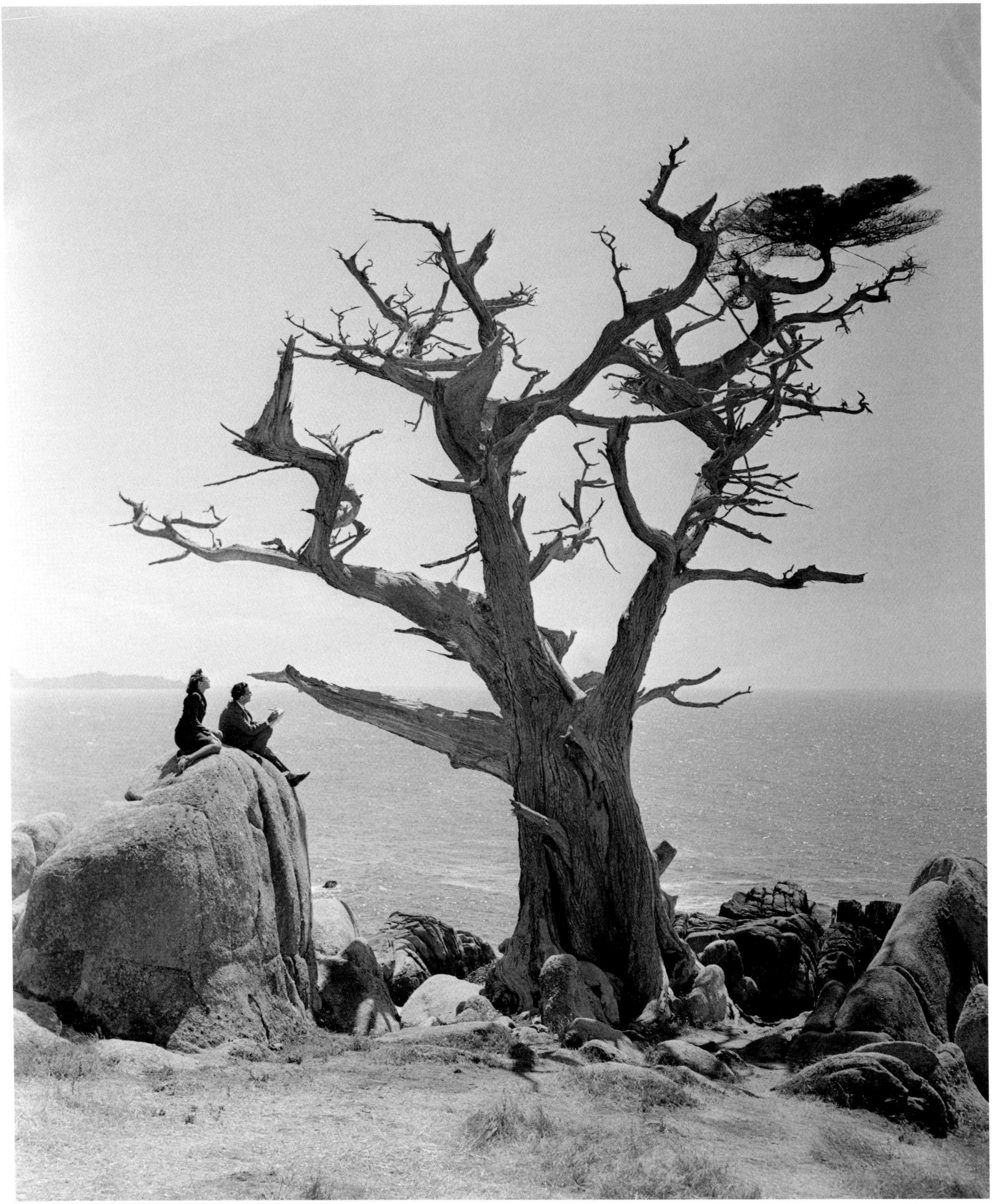

"이곳만이 내 집이고 다른 곳에서는 캠핑하는 것일 뿐이다." 살바도르 달리[1]

미국 전역을 다니며 자신의 세계를 펼치다

캘리포니아주 몬테레이에서 유명한 사이프러스 나무를 스케치하는 달리와 갈라.

1940년 6월 말에 독일 군대가 보르도에 진입했을 때 달리 부부는 리스본을 거쳐 미국에서 망명 생활을 새롭게 시작하여 1948년까지 미국에 머물렀다. 제2차 세계 대전 때문에 대서양을 건너 미국으로 피신한 예술가들이 많았다. 1940년 말에 달리는 『타임스 디스패치』 신문에서 이렇게 말했다. "나는 환상적이고 마법 같고 꿈같은 작품을 만들려고 한다. 세상에는 더 많은 환상이 필요하다. 문명은 너무 기계적이다. 우리는 환상을 현실로 만들 수 있으며 그때 환상은 실제로 존재하는 것보다 더 현실이 된다."[2]

1940년 8월 16일, 달리는 가는 세로줄 무늬의 깔끔한 정장을 입고 당시 여객 화물선 중 하나인 엑스캠비언에서 하선했을 때 기자들에게 초현실주의 운동은 이제 죽었다고 선언했다. 그리고 열흘간 세인트 레지스 호텔에서 머물다가 남부 버지니아주로 이동하여 카레스 크로스비 소유의 햄튼 매너에서 지냈다. 크로스비는 장미로 둘러싸인 오래된 농가를 찾다가 차가 망가지며 우연히 햄튼 매너를 발견하게 됐다. 당시에 햄튼 매너는 헤리퍼드 목장에 있는 다 허물어져가는 그리스 부흥 양식의 벽돌 저택으로, 1838년에 미국의 제3대 대통령인 토머스 제퍼슨의 설계도를 바탕으로 제퍼슨의 친구인 존 햄튼 드자넷이 지었다. 이 오래된 농가는 약 197만 제곱미터 크기의 광활한 들판과 삼림 지대에 자리잡고 있었고, 달리는 프랑스의 뚜렌*에 비할 만한 이러한 풍경에 자리 잡았다. 달리는 여동생에게 보내는 편지에 이렇게 적었다. "지금 몇 주 동안 고대의 산림 지대 한 가운데에 있는 이 평온한 장소에 머무르고 있어."[3] 달리는 다시 창작에 열중했고 자서전도 열심히 썼으며 이곳에서 그림 네다섯 점도 그렸다.

자서전을 열심히 집필하는 중에도 줄리앙 레비의 갤러리에서 1941년 4월 22일부터 5월 23일까지 작품을 전시했다. 그러나 이번 전시회에서는 작품이 판매되지 않았고 반응도 그리 긍정적이지 않았으며 일부 비평가들은 고전주의로 전향한다는 달리의 공표와 진심에 의문을 표했다. 돌이켜보면 돈을 향한 달리의 엄청난 욕망과 대중 앞에 보이는 너무나 충격적인 모습 때문에 그때부터 수십 년 동안 많은 전문가의 판단이 흐려졌던 것으로 보인다. 2005년 말에 달리의 후기 작품을 옹호한 찰스 스터키는 다음과 같이 표현했다. "후기 작품으로 우리가 해야 할 일은 감상하는 것이다. 이 작품들은 대부분의 예술가가 그 당시 창작했던 것과 매우 다르다. (…) 세상 누구도 그때 달리가 했던 일을 할 수 없었다."[4] 그러나 레비는 그 시대의 현실에 대처해야 했다. 그래서 달리의 전시회를 여러 곳에 보냈는데 시카고에서 시작해서 샌프란시스코

* 유명한 와인 생산지로, 루아르 계곡 중심부에 위치했다.

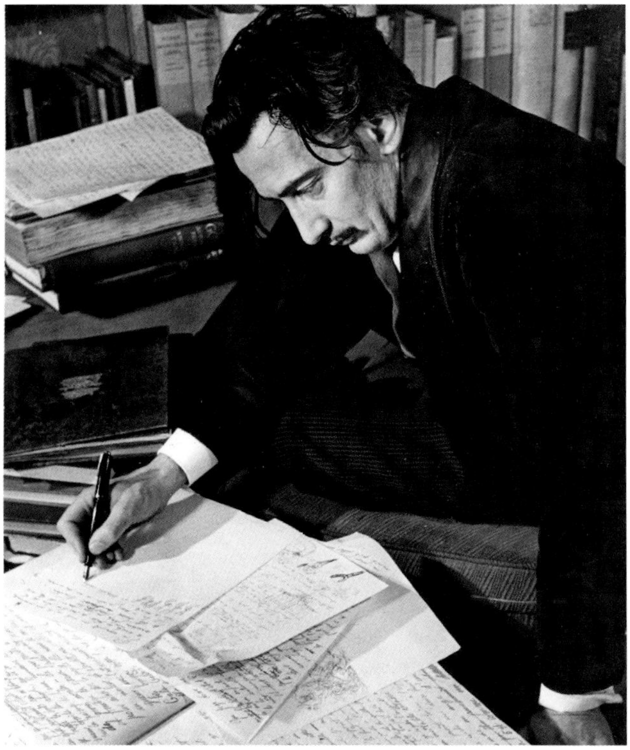

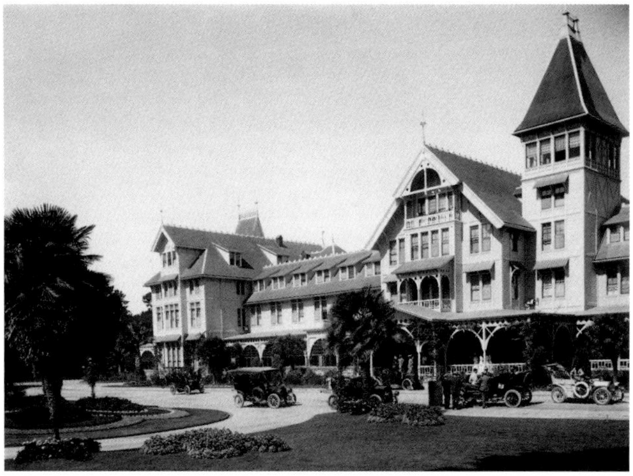

위 1940년에 버지니아주 햄튼 매너에서 자서전을 집필하는 달리.

아래 캘리포니아주 몬테레이에 있는 델 몬테 호텔.

와 로스앤젤레스를 거쳤다.

그해 달리에게 몬테레이에 있는 당대 북아메리카의 최고급 호텔이었던 델 몬테 호텔에서 여름을 보내라고 제안했던 사람은 줄리앙 레비였을 것이다. 부자와 유명인을 위한 서해안의 독특하고 아름다운 대형 호텔은 달리 부부에게 완벽한 선택지였다. 부부는 1941년과 1942년 여름에 이 호텔에 머물렀고, 1943년에 해군이 호텔을 장악한 후에는 당시에 델 몬테 로지 호텔에 있던 코티지 로로 장소를 옮겼으며, 1948년에 카탈루냐로 돌아가기 전까지 약 절반의 시간을 그곳에서 보냈다. 태평양이 내려다보이는 바위로 뒤덮인 해안선이 있는 미국의 이 해안 지역은 달리가 제일 좋아한 고향 카탈루냐의 풍경을 가장 연상시킨다.

델 몬테 호텔은 널찍한 부지에 19세기 스위스 고딕 양식과 20세기 스페인 부흥 양식이 혼합된 형태로 건축됐다. 델 몬테 호텔에서 그 유명한 17마일 드라이브 거리로 가는 길과 인접한 경치에서 신비로운 숲과 새하얀 해변, 인상적인 해안절벽이 특히 눈에 들어온다. 포르트리가트, 카다케스와 완벽하게 똑같지는 않지만, 달리가 미국에서 망명하는 동안에는 최고의 대안이었다. 1941년에 그곳에서 달리는 자서전을 완성했고 작업실에서 오랜 시간을 보내며 그림을 그렸다. 카멜 미술 협회의 회원이 됐고 경쟁률이 높은 고등학교 미술 전시회에서 친절하게 심사하는 일도 도왔다. 1941년 여름에는 〈미로(Labyrinth)〉 발레 공연의 무대와 의상을 디자인했다. 〈미로〉는 가을에 뉴욕에서 공연이 시작될 예정이었다. 1941년 9월 2일에 달리 부부는 망명 중인 유럽 예술가들을 위한 자선 가장무도회를 열었다. 〈마법에 걸린 숲에서 보내는 초현실주의자의 밤〉이라는 제목의 가장무도회에는 천명 이상의 손님들이 참석했는데 진저 로저스와 밥 호프, 글로리아 밴더빌트를 포함하여 다수의 명사도 참여했다. 손님들은 근처 동물원에서 임대해온 동물들과 마네킹 인형, 소나무 2,000그루에 둘러싸인 곳에서 식사하고 춤을 췄다. 무도회를 주최한 달리 부부는 일부러 할리우드에서 가장 큰 침대 위에 놓인 탁자 상석에 앉았다. 이 행사는 재정적으로 실패였지만 매스컴에서는 성공적으로 크게 주목을 받았다.

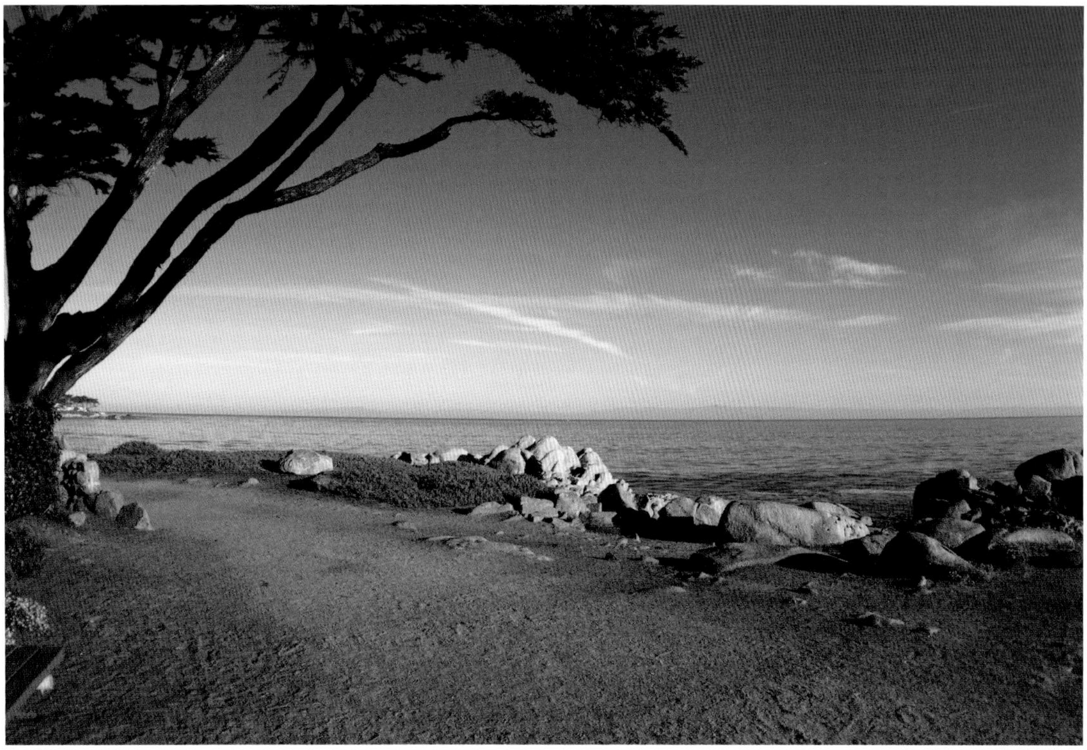

캘리포니아주 몬테레이에 있는 러버스 포인트.

이 시기에 달리는 보석 디자인에 관심을 두게 됐고 팔레르모 출신의 혁신적인 보석 세공사인 풀코 디 베르두라 공작과 몇 가지 작품을 합작하여 만들었다. 보석을 향한 달리의 열정은 예술 활동을 하는 내내 이어지게 된다. 1959년에 달리는 "내 보석들은 보석의 가격만을 강조하는 것에 대한 항변이다. 내 목표는 보석 세공사의 예술을 진정한 관점에서 나타내는 것인데, 르네상스 시대에서처럼 디자인과 기교는 보석의 물리적 가치 이상으로 평가되어야 한다."[5] 같은 해에 달리는 필리프 홀스먼 사진가와 일로 관계를 맺었으며 홀스먼이 1979년에 눈을 감을 때까지 공동으로 작품을 만들었다.

메트로폴리탄 오페라 하우스에서 열린 달리의 〈미로〉 발레 공연은 몬테 카를로 발레단이 공연했지만, 달리는 그리 마음에 들어 하지 않았고 평론가들도 비슷한 의견을 냈다. 그러나 1941년 11월 18일에 개관한 뉴욕 현대미술관에서 11월 19일부터 1942년 1월 11일까지 열린 미로와의 합동 회고전을 위한 홍보 목적은 이뤘다. 전시회는 크게 성공했고 이 전시회에서 달리는 모두가 인정하는 스타였다. 전시회는 뉴욕에서부터 다른 여덟 도시를 순회하며 열렸다. 1942년 3월에 클리블랜드 미술관에서 전시회가 열렸을 때 레이놀즈 모스 사업가가 약혼녀와 같이 방문하여 관람했는데, 두 사람은 1943년 4월에 처음 달리의 작품을 구매한 이래로 미국에서 제일 많이 수집한 사람들이 된다.

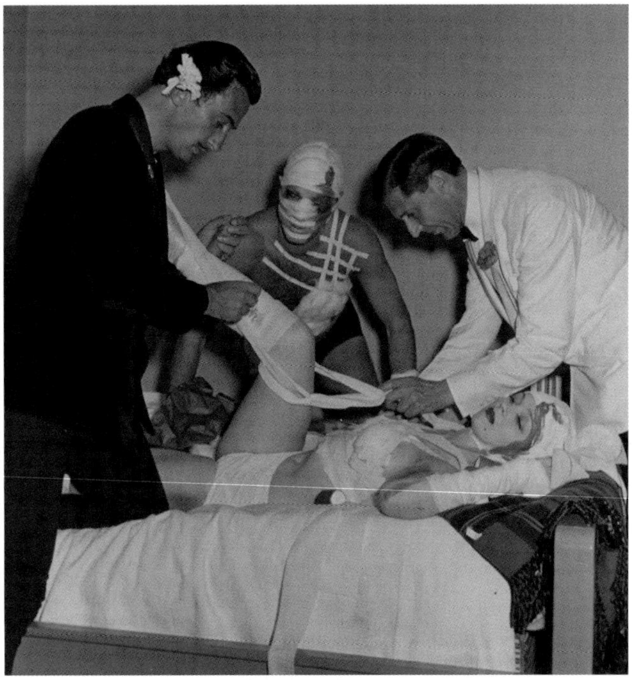

이 시기에 달리가 큰 매력을 느낀 여자는 헬레나 루빈스테인이었다. 달리는 루빈스테인의 초상화를 그렸고 루빈스테인은 달리에게 『보그』 잡지에 소개된 맨해튼 아파트에 프레스코화 세 점을 그려달라고 의뢰했다. 이 시기에 초상화는 달리에게 큰 사업이었다. 5월에는 페데리코 가르시아 로르카가 실화를 각색하고 달리가 디자인한 〈치니타스 카페(El Café de Chinitas)〉라는 제목의 새로운 발레 공연이 뉴욕 메트로폴리탄 오페라 하우스와 디트로이트에서 상연됐다.

달리는 미국에서 단지 캠핑하듯 떠돌아 다닌 것처럼 보일 수도 있겠지만 돈을 끌어모으며 언제나처럼 자신의 상황을 이용했다. 미국의 활기가 달리에게 맞았던 것으로 보인다.[6] 1941년 9월에는 자서전을 출간하기 전에 홍보 캠페인을 벌였다. 1942년에 출간한 『나는 세계의 배꼽이다: 살바도르 달리의 이상한 자서전』은 빠르게 매진됐고 여러 엇갈리는 평가를 받았는데, 책에 현실과 상상력을 엮어서 서술한 것을 고려하면 충분히 예상할 만한 일이었다. 달리의 자서전은 모터가 달린 것 같은 달리의 특별한 상상력이 가득 스며든 뛰어난 글이다. 카탈루냐 출신의 뛰어난 작가인 조제프 플라는 "(달리의) 자서전에서 모순 그리고 정신적 자유와 '생물학적 소심함'의 혼합을 보면 확실히 그는 그의 고향, 엠포르다인의 스타일이다."[7]

자서전에 대한 반응 덕분에 달리는 다음 책을 집필하게 됐는데 『히든 페이스』라는 제목의 소설이었다. 달리가 햄튼 매너의 환경이 글쓰기에 좋다고 느낀 것도 당연했으며 이번에는 뉴햄프셔주 프랑코니아에 있는 화이트산맥 근처에 자리한 쿠에바스 후작의 사유지에서 지냈다. 달리는 소설의 서문에 '길고 지겨운 '진정한 소설'을 써서 이에 반발하고자 했다. (…) 이 전쟁이 끝나면 들어서게 될 지적 책임의 새 시대에 도달하기를 바랐다'라고 남겼다. 최근에 『가디언』 신문에서 『히든 페이스』는 '달리의 독특한 상상력의 극적인 매개체"라고 논평했지만[8] 1944년 4월에 이 소설이 출간됐을 때에는 대체로 긍정적인 평가는 받지 못했다. 『뉴욕 타임스』 신문에 다작 작가이자 논평가인 마크 쇼러의 〈지루한데 예술인가?(It's Boring, but Is It Art)〉라는 논평이 실렸고 첫 문단은 이렇게 끝난다. "입

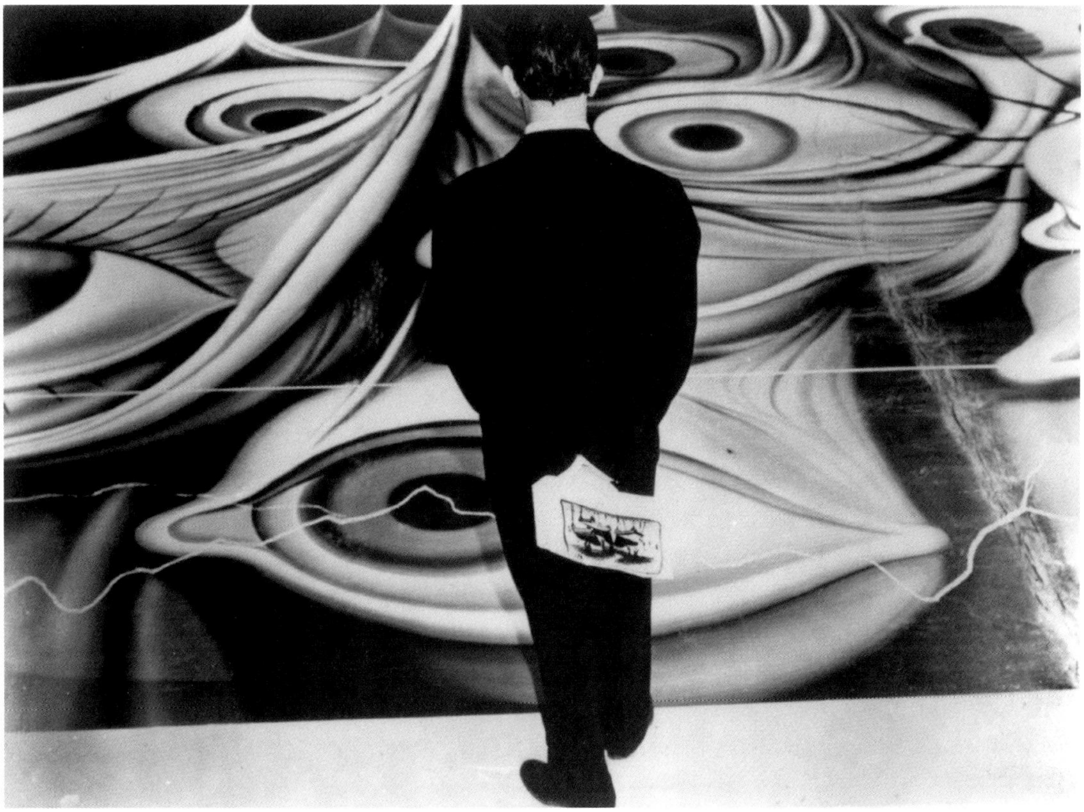

맞은편 1941년 9월 2일에 델 몬테 호텔에서 열린 〈마법에 걸린 숲에서 보내는 초현실주의자의 밤〉 가장무도회를 위해 무용가에게 붕대를 감아주는 달리.

위 알프레드 히치콕의 《스펠바운드》의 무대에 서 있는 달리, 1945년.

술 모양의 소파가 이 책보다는 더 '지적 책임'*을 보여줬다."[9]

1944년에는 달리가 무대를 디자인한 〈감성적인 대화(Sentimental Colloquy)〉와 달리가 집필한 〈광란의 트리스탄(Mad Tristan)〉이 뉴욕에서 공연됐다. 『라이프』에 몇 가지 글을 기고했고 『보그』의 표지를 디자인했으며 브라이언스 양말 회사의 나일론 스타킹 광고를 몇 번 만들었다. 아마도 스타킹 광고보다 조금 더 신나는 일은 히치콕과 영화 《스펠바운드》의 꿈속 장면을 같이 제작하기 위해 1945년 9월에 할리우드를 방문한 일이었을 것이다. 달리가 구상한 시나리오는 제작비용이 너무 많이 들어서 작은 크기의 소도구가 대신 사용됐다.

달리는 총 20분 이상의 장면을 만들었고 완성된 편집본에는 환영 같은 풍경과 길게 베인 눈알, 나체의 여자들이 나온 장면이 4분 30초 동안 나왔다.[10] 달리는 1937년에 패션지인 『하퍼스 바자』에서 '할리우드가 알든 모르든 할리우드는 초현실주의의 이상적인 보육기'라고 표현했다.[11]

여러 시즌 만에 첫 개인전인 「살바도르 달리의 최신작」이 1945년 11월 20일부터 12월 29일까지 뉴욕 비누 갤러리에서 열렸다. 달리는 전시회 도록의 서문에 '나는 어느 때보다 더 변덕스러워진 것 같다!'라고 적었다. 에드워드 엘던 즈웰 미술 평론가가

* 철학적 개념으로 인식론적 정당화와 관련이 있다.

전시회 첫날 달리를 인터뷰하며 달리는 '초현실주의 또는 다른 어떤 무언가의 대제사장'이라고 묘사했으며 '(달리가) 철저하게 은둔 생활을 하던 9개월 사이에' 창작한 새 작품 11점에 관해 이야기했다. 즈웰은 자신의 논평에 "그림 중에 특별히 눈길을 끄는 작품은 달리의 아내가 포즈를 취한 두 그림이었다. 그중에 좀 더 정교한 작품은 〈자신의 살갗이 계단과 세 척추의 기둥, 하늘 그리고 건축물로 변하는 것을 응시하는 나신의 아내〉이다"라고 언급했고 『뉴욕타임스』에 실린 글에는 이렇게 표현했다.[12] "그렇다, 달리는 무의식을 상세하게 인간화했고 무의식은 감사한 마음에 (그렇지 않을 수가 없었다) 달리의 작품을 닮아빠진 한 켤레의 구식 슬리퍼만큼이나 편안해 보이도록 만들었다. (…) 달리는 자기 전에 초현실주의의 머리카락을 종이에 말아주고 우유 한 컵을 챙겨주었다."[13] 즈웰은 달리가 고전주의로 전향했다고 공표하기는 했지만, 어떤 식으로든 잠재의식을 버렸다는 의미는 아니라고 생각했다.

달리는 개인전과 동시에 공개될 수 있도록 자기 홍보를 위한 유쾌한 패러디 신문인 『달리 뉴스』의 창간호를 발행했고 당연하게도 이 신문은 전부 달리에 관한 특집 기사와 광고, 짧은 기사로 가득했다. 전시회가 열리기 전에 월트 디즈니가 시리즈 세트에 포함될 애니메이션 단편 영화인 《데스티노(Destino)》를 합작하자며 달리에게 연락해왔다. 달리는 1945년 말부터 1946년까지 9개월간 디즈니 스튜디오 소속 예술가인 존 헨치와 영화의 스토리보드를 같이 작업했다. 그러나 후에 디즈니는 시리즈 세트 사업이 성공하지 못할 것이라고 결론 내렸다. 〈데스티노〉는 결국 2003년에 제작됐다.

핵 신비주의(Nuclear Mysticism)라고 불리게 되는 달리의 다음 시기는 원자폭탄 투하 사건이 주요 계기가 되었다. 몇 년 후에 앙드레 파리노드 작가와 대화하며 달리는 다음과 같이 이야기했다. "1945년 8월 6일에 원자 폭탄이 터진 사건은 지진처럼 나를 뒤흔들어 놓았습니다. 그때부터 원자는 사색해보기 가장 좋은 주제가 됐죠. 이 시기에 그린 많은 풍경에는 폭발 소식을 듣고 느낀 엄청난 공포가 표현되어 있어요. 그 세계를 탐구하는 데 편집광적 비판 방법을 적용하고 있었습니다. 그 힘과 숨겨진 법칙을 알고 이해해서 통제하고 싶었어요. 내게 현실의 정수를 꿰뚫기 위한 대단한 무기가 있다는 직감이 확실히 드는데, 바로 신성한 은총으로 인한 대상을 아는 깊은 직관력이자 전체와의 즉각적인 교감, 진리의 은혜를 통한 절대적 시각인 신비주의이죠."[14]

비누 갤러리에서 열린 달리의 두 번째 전시회는 1947년 11월 25일부터 1948년 1월 5일까지 진행됐다. 전시 작품 중의 하나는 〈레다 아토미카(Leda Atomica)〉 그림의 습작이었다. 달리는 수학자인 마틸라 기카*와 이 습작을 공동으로 만들었다. 『달리 뉴스』의 두 번째 호와 마지막 호가 전시회 첫날에 배포됐다. 1948년 초에는 『마법 같은 그림 실력을 위한 50가지 비법』이 출간됐는데, 이 책에서 달리는 18세기 이전 대화가들의 기교에 찬사를 보내고 화가 지망생들을 위한 흥미로운 조언을 사이사이에 배치했다. 그중에 몇몇 조언은 곧 다시 돌아가게 될 고향 카탈루냐의 풍경에 영감을 받은 것이 분명하다.

〈자신의 살갗이 계단과 세 척추의 기둥, 하늘 그리고 건축물로 변하는 것을 응시하는 나신의 아내〉, 1945년, 나무판에 유채, 61×52cm, 개인 소장.

* 루마니아 태생으로 수학적 미학을 내세우며 고전 예술과 인체 사이의 수학적 관계에 대해 연구하였으며 달리는 그의 아이디어에 감화되었다.

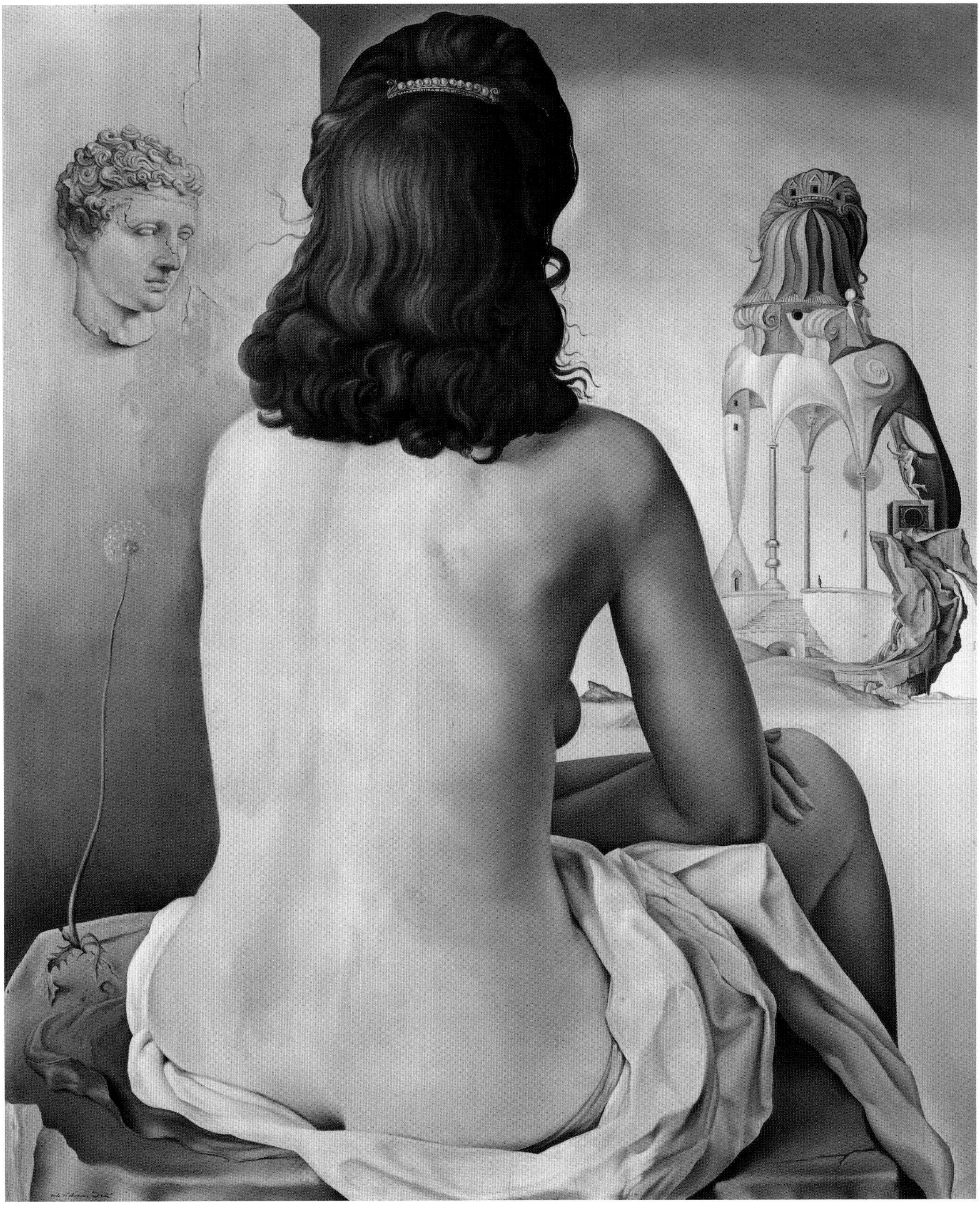

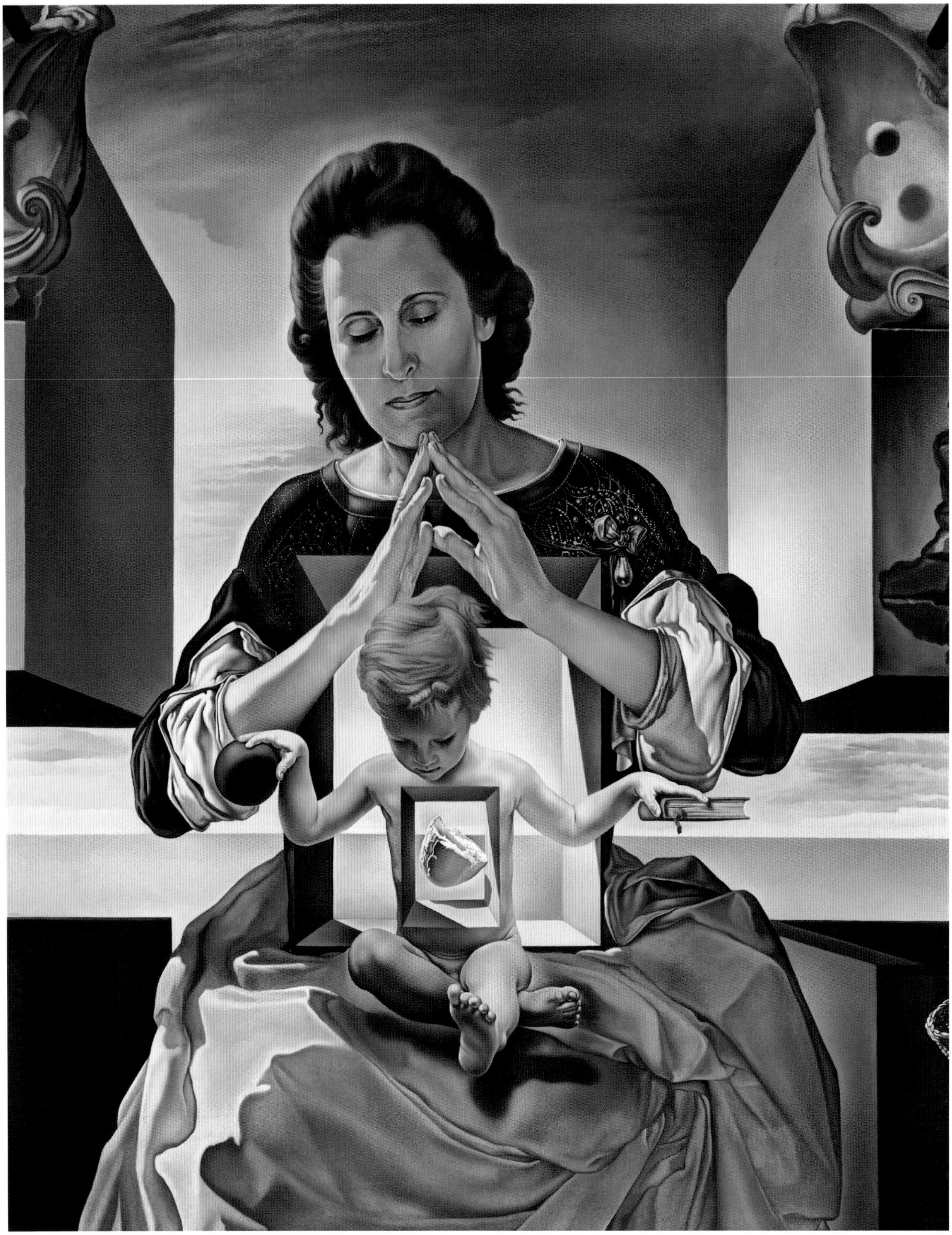

"실수는 대체로 언제나 신성한 본성이다.
절대 바로 잡으려고 하지 마라. 오히려 합리화하고 완전히 이해하라.
그러면 실수를 바람직한 방향으로 사용할 수 있다." 살바도르 달리[1]

포르트리가트로 되돌아와 겪은 종교적 변화

〈포르트리가트의 성모 마리아〉 (부분), 1950년, 캔버스에 유채, 275.3×209.8cm, 일본 후쿠오카 미술관.

달리 부부는 1948년 7월 초에 그들이 사랑한 카탈루냐로 향하며 7월 21일에 프랑스 르아브르에서 다시 유럽 땅에 발을 디뎠다.[2] 달리 부부는 망명하던 시절 사이에 굉장히 많이 달라진 장소로 돌아오고 있었다. 스페인은 1939년부터 프랑코 독재자의 통치를 받고 있었는데, 프랑코는 '대중매체의 통제와 국가 교육 제도를 통해 국가적으로 세뇌하고 테러 정권'을 구축했다.[3] 거기에 더해 프랑코의 파시스트 정부는 가톨릭교회와 손을 잡았고 파시스트 강령을 추진하기 위해 종교의 탈을 뒤집어쓰고 민족주의와 종교를 통합했다.[4] 달리는 미국에 있는 동안 가톨릭교에 대한 태도를 바꿔갔었다. 독실한 가톨릭 교인이었던 어머니와 지조 있는 무신론자였던 아버지 밑에서 자란 달리에게 종교는 모순적이고 분열된 분야였다. 달리는 자신이 성관계에 깊은 죄책감을 느낀 것에 대해 가톨릭에 책임을 돌렸지만, 달리의 아버지가 달리도 볼 수 있게 성병에 관한 책을 방치해놓은 것 또한 그 죄책감에 한몫했을 것이다. 달리는 1940년대부터 자신의 종교적 뿌리를 탐구하고 예술과 종교, 과학이 모두 하나라고 믿는 중세 스페인 신비주의자들을 연구하게 됐다. 이제 프랑코의 통치 아래 있는 고국으로 돌아오며 달리는 적어도 현실적인 이유로 가톨릭 교구와 당대의 정치학을 받아들인 것처럼 보여야 한다는 것을 알고 있었다.[5] 그러나 달리의 실제 태도와 원자 폭탄이 투하된 이래 달리가 이미 경험하며 시도하고 있는 것을 구분하기는 어렵다.

달리 부부가 포르트리가트로 돌아오고 얼마 후에 카탈루냐에서 발행되는 잡지 『데스티노』의 이그나시오 아구스티 기자가 인터뷰하러 달리를 찾아왔다. 사흘간 카다케스에서 지낸 아구스티는 달리가 가족들과 단란하게 있는 모습을 목격했고 특히 달리가 세상에서 가장 사랑한 장소에 돌아와서 무척 기뻐하는 모습을 확인했다.[6] 달리가 카탈루냐로 돌아온 후 첫 몇 개월간은 아버지와 사이가 좋았다. 실제로 달리의 아버지는 달리 부부의 캐딜락을 타고 갈라와 시골 나들이를 하는 것을 즐기기도 했다. 회고록을 집필하고 있던 달리의 여동생, 아나 마리아는 갈라가 같은 집에 있는 것을 무척 껄끄러워했지만 겉으로 드러내지는 않았다. 아마도 아나 마리아의 그런 태도는 그리 머지않은 미래에 자신이 무엇을 출간할 예정인지 자각하는 데 도움이 됐을 것이다.

이 당시 달리는 프랑코 장군과 가톨릭교회 당국에 자신의 충성을 이해시키는데 열심이었고, 아직 미국에 있었을 때 구상했던 첫 번째 종교화인 〈포르트리가트의 성모 마리아〉를 1949년에 완성했다. 달리는 이 작품을 두 가지 버전으로 만들었는데, 하나는 1949년에 그렸고 다른 하나는 1950년에 그렸다. 두 그림은 전쟁이 끝난 세계를 위한 원자력의 미래상이며 피에로 델라 프란체스카의 르네상스의 도상학이 결합되어 있다. 달리가 아내의 얼굴을 사용하여 신의 어머니를 묘사한 것이 분명하다. 물론 달리는 갈라를 신성하게 여기지만 이는 냉소적인 선택으로 보이기 쉽다. 성모 마리아와 갓난아기는 포르트리가트의 해안 경치를 배경으로 앉아있고, 하늘에는 석조 덩어리가 떠다니고 있으며, 빵 덩어리와 물고기 같은 요소에 전통적인 상징적 의미가 담겨있다. 가슴에 난 직사각형의 구멍은 성모 마리아와 갓난아기의 초월적인 지위를 암시하는 것으로 보인다. 1950년도에 만들어진 버전에는 상징이 많이 사용되어 1949년 작품보다 더 복잡하고 빛은 더 불길해 보인다.

1949년 여름에 달리는 11월에 상연하는 세 가지 무대 공연을 위한 의상과 무대를 디자인했다. 그중에 하나는 로마에서 공연되는 셰익스피어의 〈좋을 대로 하시든지(As You Like It)〉였다. 달리 부부는 11월 26일 초연에도 참석하고 교황 비오 12세를 개인적으로 알현하기 위해 로마에 가기로 했는데, 달리는 교황에게서 〈포르트리가트의 성모 마리아〉를 승인하는 인증을 받고 싶어 했다. 성하에게 보이려고 작은 버전의 그림을 가져갔고 교황은 몇몇 초현실적인 부분을 보고 어리둥절해했을 수도 있지만 어쨌든 인정해줬다. 그러나 교황은 갈라와 달리가 성당에서 결혼하는 문제는 도와줄 수 없었다. 갈라가 예전에 로마 가톨릭 의식으로 폴 엘뤼아르와 결혼했었기 때문이다. 다음 해에 달리는 '믿음이 없는 가톨릭 신자'라고 첨언하기는 했지만 자신을 가톨릭 신자라고 밝혔다.

1949년부터는 가을과 겨울을 뉴욕에서 보내며 항상 세인트 레지스 호텔에서 지냈다. 매번은 아니지만 보통 갈라와 함께 왔고 "반려동물로 키웠던 바부(Babou)라는 이름의 오실롯을 포함한 동물과 동료들로 구성된 기이한 수행원들을 데려왔다. 호텔에서 달리는 죽은 벌들이 달린 황금 망토를 입고 즐겁게 쌩 하며 달리거나 '실수로' 큰 상자에 있는 파리들을 풀어놓고는 했다."[7] "일요일 오후에는 사람들을 초대하여 차를, 정확히는 샴페인 차를 마신다. 그 후에는 사람들을 데리고 트레이더 빅스 레스토랑에 가서 저녁 식사를 한다. 선생님은 아주 후하다. 손

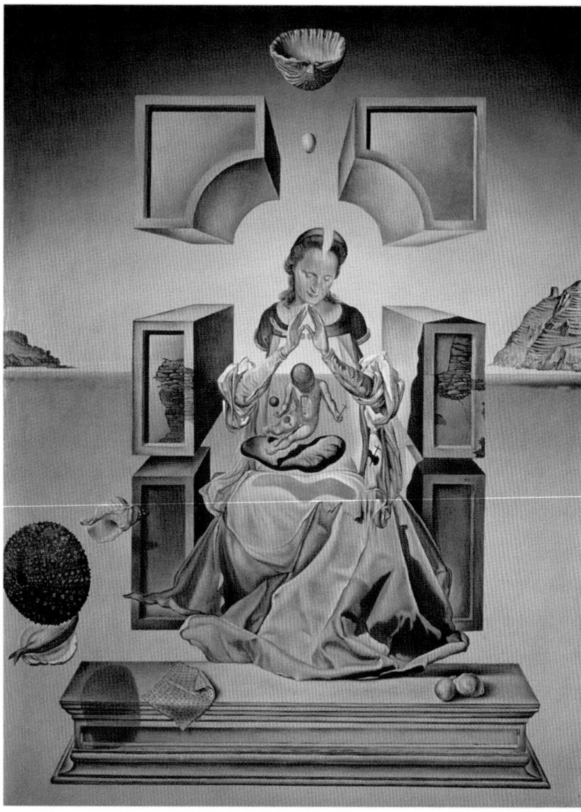

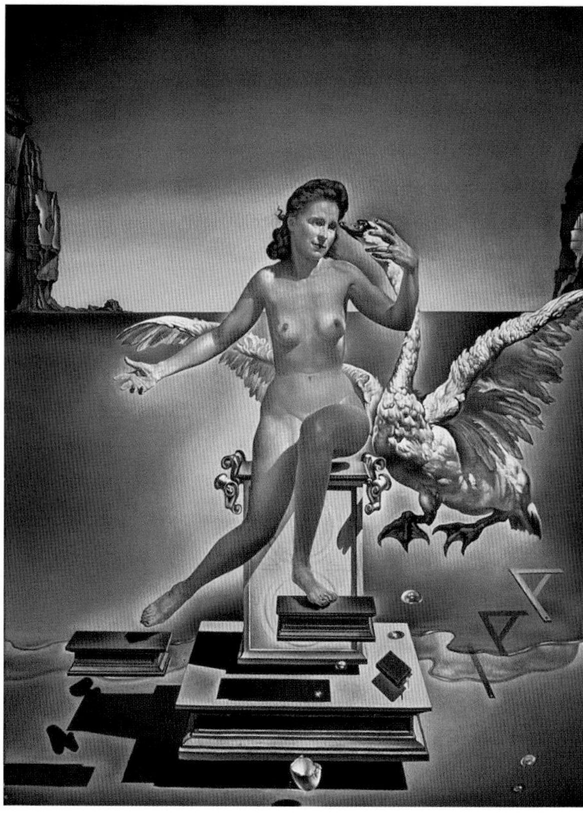

님이 스무 명 미만일 때가 전혀 없고 도시의 배고픈 젊은 미인들과 의상 도착증을 앓는 사람들을 데려온다. 선생님이 앤디 워홀을 보고 의상 도착증을 따라 한 건지 아니면 내가 선생님을 보고 따라 한 건지는 모르겠다."[8] 달리의 친구이자 모델, 뮤즈였던 카를로스 로자노는 훗날 자신의 회고록에서 다음과 같이 말한다. "오실롯이 웃는 모습을 한 번 본 적이 있다. 오실롯이 풀려나서 메우리스 호텔의 숙박객들이 숨으려고 쥐처럼 도망갔던 날이었다."[9] 세인트 레지스 호텔에 있을 때 지냈던 1610호 외에도 달리가 작업실로 사용한 방이 또 있었다. 달리의 뮤즈이자 제자, 조수였던 미국계 프랑스인 화가이자 작가인 울트라 바이올렛은 1988년에 출간한 자신의 회고록에서 달리의 작업실에서 있었던 장면을 회상한다. "키가 엄청나게 큰 여성 누드모델이 진홍색의 벨벳이 깔린 긴 의자에 비스듬히 기대어 앉아있고 벨벳은 고풍스러운 숄이 걸쳐진 램프 아래에서 은은하게 빛난다. 완전히 금색으로 뒤덮인 커다란 바닷가재 껍질은 곧 걸작이 될 〈전화를 기다리는 비너스(Venus Awaiting a Phone Call)〉 초상화에 등장할 준비를 마친 채 긴 의자 팔걸이에 놓여있다.[10] 울트라 바이올렛은 「달리와 보낸 시간」이라는 제목의 장에서는 세인트 레지스 호텔의 작업실에서 자신과 달리 사이에 있었던 성적인 순간을 묘사한다. 울트라 바이올렛은 달리를 더 유혹하려고 하지만 달리는 아직 아니라는 신호를 보낸다. 달리가 주요 소품인 황금 바닷가재 전화기를 방 저편으로 던져버려서 전화기가 창문 밖으로 사라졌을 때 이 순간은 끝나고 만다. 울트라 바이올렛은 이렇게 결론을 내린다. "이 결말의 좋은 점은 안전하다는 것이다. 내가 임신할 일은 전혀 없다."[11]

달리가 미국에 있을 때 그린 그림에도 고향의 경치가 등장한다. 그리스 신화의 인물인 레다(Leda)의 신화를 탐구하는 〈레다 아토미카〉는 1949년에 완성됐고 갈라에게 영감을 받아 만들어졌다. "나는 형이상학의 여신인 갈라를 찬미하기 위해 〈레다 아토미카〉를 그리게 됐고 '부유하는 공간'을 만드는 데 성공했다."[12] 신성 비율(황금 비율)을 이루기 위해 달리는 수학자 마틸라 기카의 규칙에 따라 참조 대상의 조화를 계산했다. 이 그림은 다양한 요

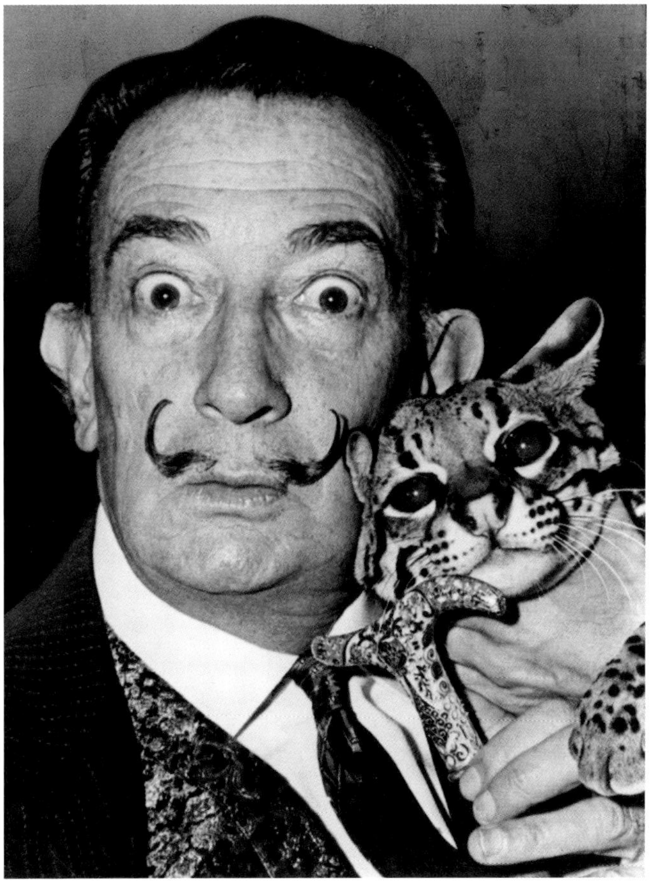

맞은편 위 〈포르트리가트의 성모 마리아〉, 1949년, 캔버스에 유채, 144×96cm, 위스콘신주 밀와키 마케트 대학 순수예술 위원회.

맞은편 아래 〈레다 아토미카〉, 1949년, 캔버스에 유채, 61.1×45.3cm, 피게라스 달리 극장 박물관.

위 달리와 달리의 반려동물 오실롯 '바부', 1965년.

소 사이에 아무런 접점이 없는 천상의 이미지이며 실제로 바다는 육지에 닿지도 않는다. 달리는 갈라를 모델로 하여 단상에 정면으로 앉아 어쩌면 키스하려고 다가오는 듯한 백조를 왼손으로 쓰다듬는 레다를 묘사했다. 이 그림의 배경에는 카다케스와 로세스 사이에 있는 노르페우 곶의 바위가 여러 개 그려져 있다. 레다 주위에 다양한 물체가 있는데 달걀과 책, 삼각자도 있다.[13]

1949년 12월에 아나 마리아의 『여동생이 바라본 살바도르 달리』 회고록이 출간됐는데, 짧은 서문을 적었던 달리의 아버지는 책을 마음에 들어 했다. 그러나 아나 마리아의 유명한 오빠는 그 책을 위선적인 저작물이라고 여기며 맹렬히 분노했다. 아나 마리아의 책의 내용은 초현실주의와 특히 갈라가(대놓고 갈라의 이름을 말하지는 않았지만) 어떻게 달리와 가족 전체를 망가뜨렸는지에 초점을 맞췄다.[14] 달리는 실제 가족 이야기를 사람들에게 알리겠다고 맹세했다. 자신이 어떻게 1930년에 한푼도 없이 가족에게 쫓겨났고 가족이 자신을 받아줬을 때 자신은 이미 유명한 상태였다고 설명해놓은 카드를 인쇄했다. 1950년 1월에 널리 퍼진 이 카드는 전기 작가들과 수집상들에게 이 상황에 관해 주의하라고 경고하는 용도로도 사용됐다. 그리고 달리는 아버지에게 편지를 보냈는데, 친구를 통해 보내서 여동생이 편지를 가로채는 일이 없도록 했다. 편지에 뭐라고 적혀있었던지간에 달리의 아버지는 1월 30일에 마음을 바꿔서 아나 마리아를 주요 상속인으로 지정했고 달리에게는 겨우 60,000페세타를 남겼다. 오늘날의 화폐가치로 환산하면 약 6,000파운드(약 970만 원)이다.[15]

달리는 그해 여름에 이탈리아 정부의 의뢰를 받아 단테 『신곡』의 삽화와 〈포르트리가트의 성모 마리아〉의 큰 버전을 그리고 있을 때 아버지가 위독하시다는 소식을 들었다. 달리는 아버지를 보러 카다케스로 달려갔고 달리와 동행했던 에밀리오 푸이그난은 달리의 아버지가 “이제 끝인 것 같구나, 살바도르야.”라고 말하는 것을 들었다.[16] 달리의 아버지는 1950년 9월 22일에 세상을 떠났다. 달리는 돌아가신 아버지에게 입 맞추며 마지막 모습을 확인했지만 장례식이나 매장할 때 참석하지는 않았다. 아나 마리아가 너무 괴로워해서 사촌인 몬세라트 달리가 가족 대표로 나섰는데 거센 트라몬타나 바람에 휩쓸려 두 번이나 땅바닥에 넘어졌다.

1950년에 달리는 스페인에서 보내는 2주간의 일정을 적고 삽화를 그렸는데 『보그』에 실리게 될 글이었으며 개인적으로 추천하는 여행 정보가 삽화와 함께 실렸다. 10월에는 바르셀로나 문화센터에서 ‘왜 나는 신을 모독했고 신비주의적인가’라는 주제로 강연했다. 강연은 교권을 격하게 반대하는 사람에서 독실한 가톨릭 교인으로 탈바꿈하게 된 이야기에 중점을 뒀다. 달리는 자신이 진정한 종교적 신비주의자이며 최신의 과학적 발견이라는 렌즈를 통해 가톨릭교를 받아들이고 이해했다며 청중을 설득하려고 했다.[17] 달리가 당대 과학적 진보의 시각에서 종교적 주제를 다루기 시작하면서 이 강연을 기점으로 달리의 작품에 또 다른 변화가 생긴다. 달리는 십자가의 요한과 프란시스코 데 수르바란, 그리고 몇몇 다른 이들로 구성된 신비적인 전통에 소속된 느낌을 받았으면서도 자신이 유럽 종교화의 부활을 시작했다고 믿었다.

1951년 4월, 달리는 바르셀로나에서 한 강연을 바탕으로 『신비주의 선언』을 발행했고 과학의 최신 발전과 형이상학적 영성을 결합하며 예술가들에게 신비주의에 이르려면 신비적인 공상을 하라고 추천한다. “신비주의는 완전히 통합된 황홀경 안에서 인간의 여러 다양한 성향이 극도로 개인주의적인 확인을 통해 기쁨이 폭발하는 것이다.”[18] 이 시기에 제작된 그림 중에 가장 중요한 작품은 〈십자가 성 요한의 그리스도(Christ of St John of the Cross)〉로 미술 평론가 조나단 존스는 『가디언』에서 “좋든 나쁘든 이 작품은 아마도 20세기에 그려진 십자가에 못 박히는 그림 중에 가장 오래 남는 광경일 것이다.”라고 논평했다.[19] 십자가에 매달린 남자는 포르트리가트의 항구에 떠 있으며 중력에 저항하는 것처럼 보인다. “달리는 자신의 집으로 삼은 포르트리가트 위에 십자가를 배치했다. 결국 카탈루냐 풍경을 향한 한결같은 마음은 달리의 유일한 미덕이었다.”[20] 〈십자가 성 요한의 그리스도〉와 〈포르트리가트의 성모마리아〉는 12월에 런던에 있는

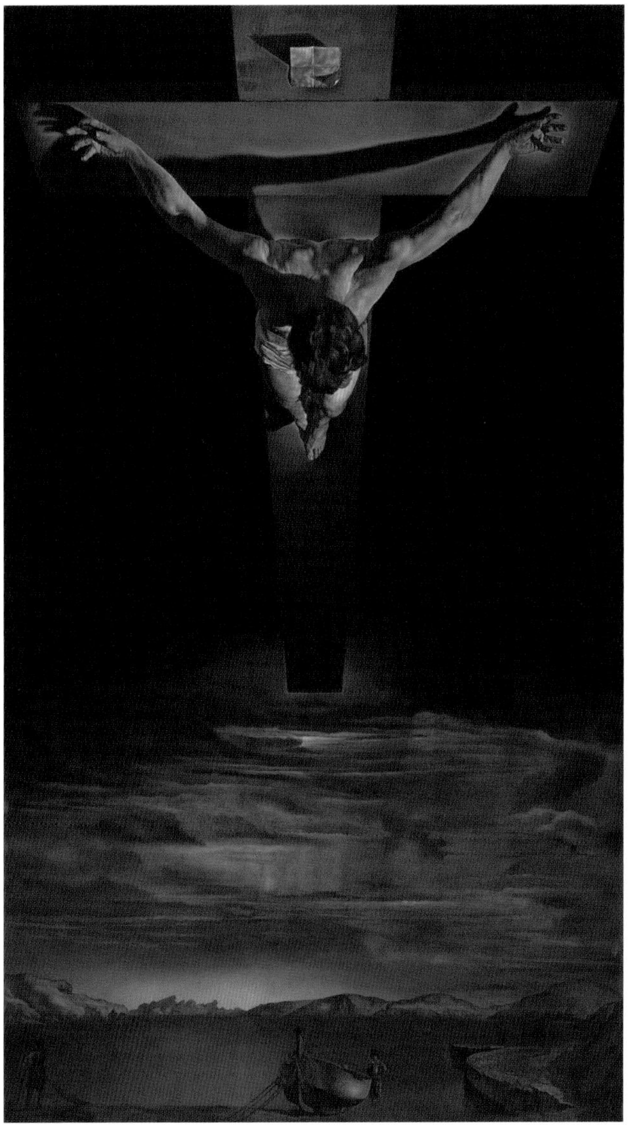

〈십자가 성 요한의 그리스도〉, 1951년, 캔버스에 유채, 204.8×115.9cm, 스코틀랜드 켈빙그로브 미술관 및 박물관.

알렉스 레이드&르페브르 갤러리에 전시됐다.

달리 부부는 9월에 베니스에서 괴짜 미술품 수집가이자 수백만 장자인 카를로스 드 베이스테귀가 주최한 화려한 무도회에 참석했다. 갈라의 도움을 받아 프랑스의 대표적인 패션 디자이너 크리스티앙 디오르가 부부의 의상을 디자인했고 달리 부부는 7미터 크기의 거인으로 분장했다. 부부의 의상은 매스컴의 주목을 받았지만 그 시즌의 자기 홍보 측면에서 달리의 대표작은 마드리드에 있는 마리아 게레로 극장에서 진행한 「피카소와 나」라는 제목의 강연이었다. 연설 중에 나온 몇몇 발언은 하룻밤 새 유명해졌는데, 한 예는 다음과 같다. "피카소는 스페인 사람이고 나도 그렇다. 피카소는 천재이고 나도 그렇다. 피카소는 일흔넷 쯤 되고 나는 마흔 여덟 정도 됐다. 피카소는 전 세계에 알려져 있고 나도 그렇다. 피카소는 공산주의자이고 나는 아니다."[21]

1954년 5월에 로마의 팔라초 팔라비치니 미술관에서 단테의 『신곡』에 실린 삽화가 전시됐다. 달리는 신성한 도시에서 다시 태어나고 싶다는 강한 열망이 생겨 기자회견을 요청했고 때에 맞춰 형이상학적 정육면체에서 튀어나왔다.[22] 전시회 준비를 돕기 위해 이탈리아로 찾아왔었던 레이놀즈와 엘리너 모스 부부는 포르트리가트와 카다케스에 처음 방문했다. 자신들이 사들인 달리의 작품을 통해서만 이 장소들을 알고 있었던 모스 부부는 실제로 목격하고 완전히 압도당했다. 모스는 나중에 그 풍경들에 관해 토로한다. "지금 생각하며 이상하게 느껴지지만 1954년에 달리의 초현실주의는 일반적으로 잠재의식의 환상으로 가득 찬 상상의 꿈의 세계만을 나타낸다고 여겨졌었다. 달리의 그림에서 봤던 경치가 실제로 존재했고 달리의 초현실주의에 살아있다는 생각은 파리와 뉴욕의 메마른 현대 미술의 세상에 아직 침투하지 못했다."[23]

같은 해에 달리는 에우제니 트오르스의 책 『카다케스에 사는 리디아의 실화 이야기』와 오랜 친구인 카를레스 파제스 데 클리멘의 책 『오르디스 출신의 구두 수선공의 노래』의 삽화를 그렸으며 『오디스 출신의 구두 수선공의 노래』의 에필로그도 썼다. 필리프 홀스먼 사진작가와 공동 작업한 책 『달리의 콧수염』도 같은 해에 출

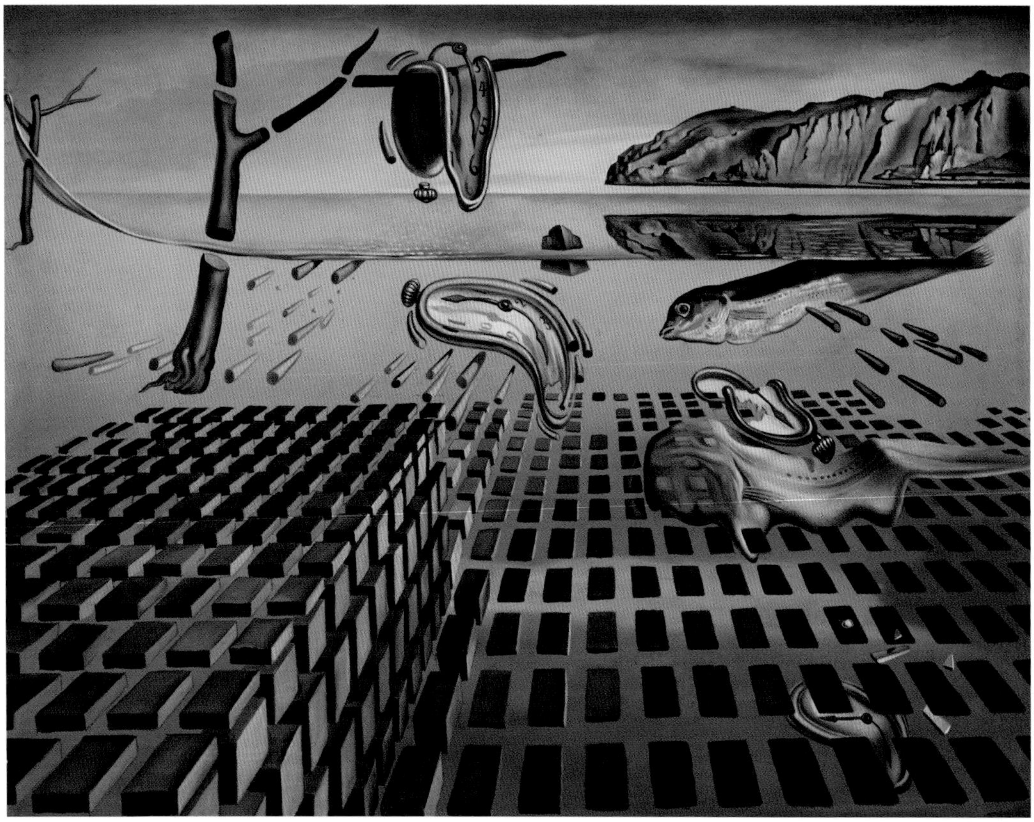

간됐다. 〈기억의 지속〉(1931년 작)을 그린 지 20년이 지난 1954년에 달리는 2년 전에 시작했던 〈기억의 지속성의 붕괴〉를 완성했다. 이 작품에는 〈기억의 지속〉에 나온 몇 가지 물체와 풍경이 다시 등장하지만 색채는 좀 더 금속성을 띤다. 황금빛 절벽이 있는 고향 카탈루냐의 바다 풍경은 똑같지만 육지에 물이 차올랐고 물속에 떠 있는 물체들은 절벽과 물고기를 제외하고 원자로 분해되고 있다. 그러나 물은 멀리 떨어져 있는 황금빛 절벽을 비출 만큼 잔잔하다. 그림의 아랫부분은 벽돌이 차지하고 있는데 그중 일부는 왼편에서 회반죽이 칠해지지 않은 벽 혹은 탁자의 형태를 취하는 반면에 다른 벽돌은 물위아래에서 질서 있게 열을 맞추고 있다. 왼쪽 끝부분의 벽은 붕괴하는 것처럼 보인다. 원래는 〈기억의 지속성을 조화롭게 붕괴하기 시작하는 강렬한 색을 띤 물고기 눈의 염색체〉라는 제목이었던 이 그림은 달리의 유명한 녹아내리는 시계와 〈기억의 지속〉에서 처음 나온 생물체가 색이 빠진 채 등장한다. 커다란 물고기는 〈기억의 지속〉에 나온 풍경과 근본적으로는 같지만 더 불안해 보이는 배경에서 침착하게 헤엄치는 것 같다. 달리가 1931년에 〈기억의 지속〉을 그렸을 때는 원자 폭탄이 투하되지 않았고 스페인 내전이 발발하지도 않았으며 제2차 세계대전도 마찬가지였다.

〈기억의 지속성의 붕괴〉, 1952~1954년, 캔버스에 유채, 25.4×33cm, 플로리다 세인트피터즈버그 달리 박물관.

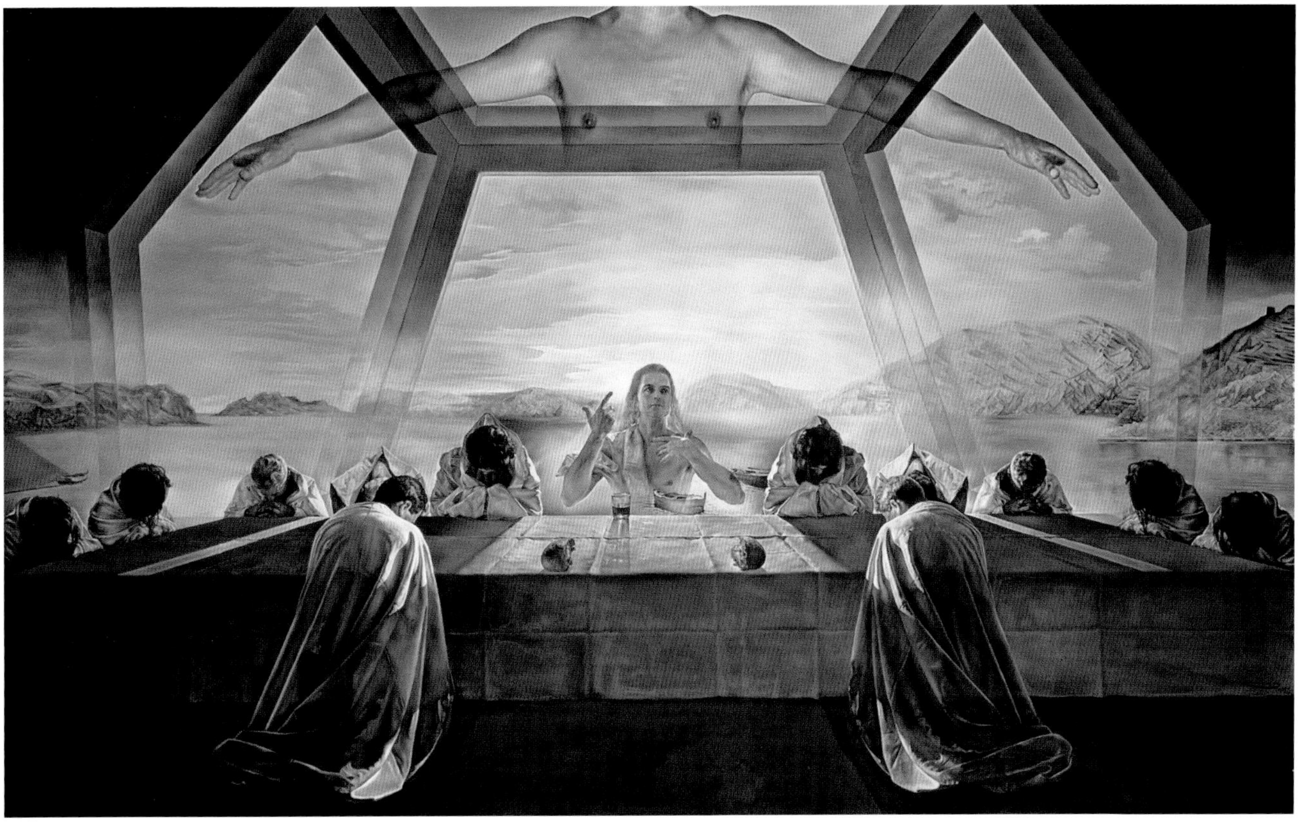

〈최후의 성찬식〉, 1955년,
캔버스에 유채,
166.7×267cm,
워싱턴 D.C. 국립 미술관

달리의 고향 풍경은 1955년에 그린 중요한 작품인 〈최후의 성찬식〉에 가장 잘 나타나 있다. 〈최후의 만찬(Last Supper)〉을 자신만의 스타일로 해석한 이 그림의 대칭 구조는 관찰자의 시선을 찰나에 끌어당긴다. 이 작품에서 달리는 아름답지만 험준한 만이 반짝이는 포르트리가트를 배경에 그대로 사용하며 〈십자가 성 요한의 그리스도〉나 다른 작품에서 그랬던 것처럼 다시 한번 중요한 종교적 사건을 포르트리가트로 옮겨왔다. 그림의 전체 모습은 수학적으로 정확하게 구현된 십이면체의 형태로 구성됐는데 달리는 이에 대해 이렇게 이야기했다. "공통적인 천상의 숫자 12를 바탕으로 빛이 발하는 시점과 피타고라스의 순간을 최대한 구체화하고 싶었는데 숫자 12는 낮의 12시간, 1년의 12개월, 오각형 12개로 이루어진 십이면체, 황도 12궁, 그리스도의 십이 사도(열두 명의 제자)라는 공통점이 있다." 그리스도는 기하학과 대칭의 중심에 완벽하게 자리하고 있어 그림의 구조를 유지하고 있으며 예술적인 면에서나 영적인 의미에서 신으로서 우주를 하나로 지탱하고 있다.[24] 아름답게 채색되고 완벽하게 펼쳐진 빛은 새날을 알리는 여명과 계몽의 시작을 암시한다. 달리의 의식과 잠재의식에서는 당연하게도 최후의 성찬식이 일어날 장소로 포르트리가트보다 더 완벽한 곳은 없었다.

그러나 계몽이 부족한 사안에서 오히려 달리는 파시스트 독재자인 프란시스코 프랑코와의 관계를 꽃피우고 있었다. 달리가 프랑코 정권을 지지했던 원래 의도가 무엇이었든 세월이 흐르면서 두 남자 사이의 서로를 향한 존경심은 커져만 갔다. 1956년 6월 16일, 프랑코는 마드리드에 있는 엘 파르도 왕궁에 달리를 초대했다. 프랑코는 1920년대부터 그림에 열정이 많았고 페르메이르와 페르메이르의 빛을 다루는 기교에 관한 해박한 지식으로 달리에게 좋은 인상을 남겼다.[25] 프랑코가 보기에 그 당시에 스페인에 살고 싶어 하는 유명한 예술가들이 많이 없어서 우선 달리를 끌어들여야 했다. 프랑코는 1964년 4월 2일에 달리에게 이사벨 1세 대십자훈장을 수여하는데, 이 훈장은 스페인의 발전에 기여한 공로가 인정될 때 수여된다. 1960년대 말에 달리는 친구 카를로스 로자노에게 "다음 세기에 아이들이 프랑코가 누구였는지 묻는다면 사람들은 말할 거야. 달리 시대에 독재자였다고."라고 이야기한다.[26] 달리는 1956년에 바르셀로나 구엘 공원에서 작품을 몸소 그리며 가우디에게 찬사를 보내는 강연을 열었다. 하지만 같은 방식으로 피카소에게 존경을 표현하지는 않았다. 달리는 마치 자신의 정치적, 종교적 탈바꿈이 충분한 혼란을 일으키지 않았다는 듯이 같은 해에 『한물간 현대 미술이란 부정한 아내를 둔 남편들』이란 제목의 책을 발간했고, 달리는 너무나 충격적인 비판을 늘어놓으며 피카소에게 '추한 것을 일반화한 것

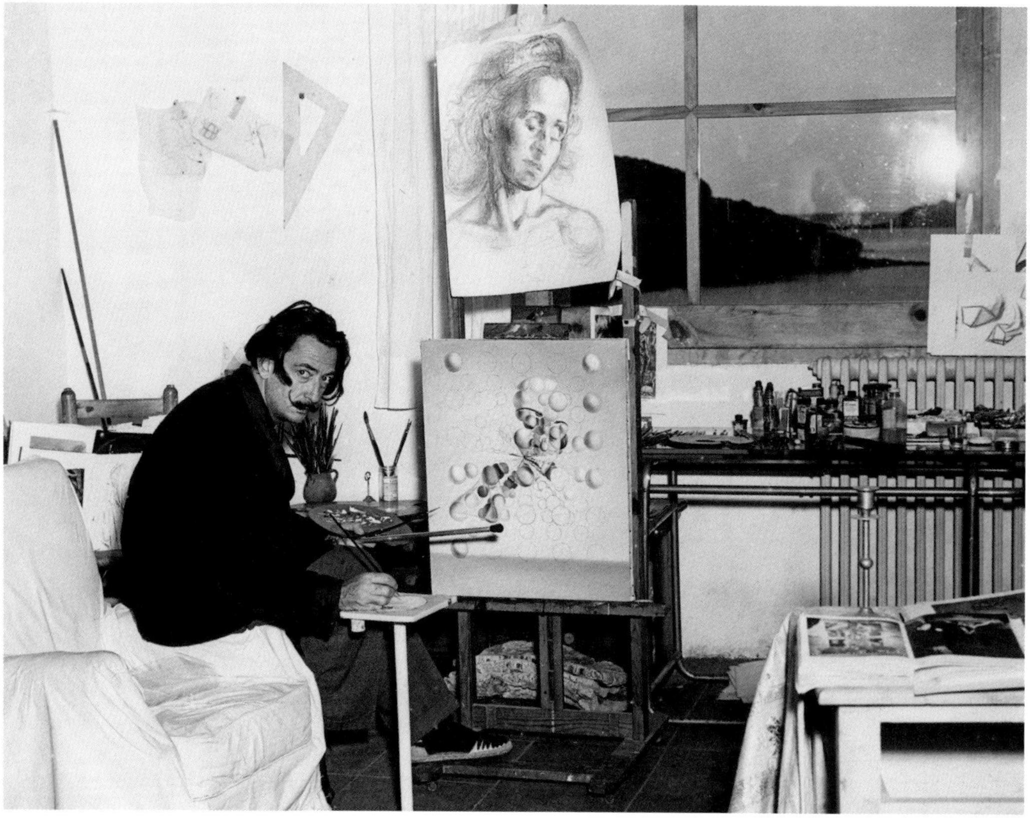

포르트리가트의 작업실에서 〈구체의 갈라테아〉를 그리는 달리, 1952년.

에' 대한 책임을 전가했다.[27]

모든 형태의 아름다움은 달리에게 꼭 필요한 피로회복제이자 뮤즈였다. 달리는 1955년 2월에 뉴욕에서 열린 가장 아름답고 유명하고 부유한 사람들만 참석할 수 있는 상류층 파티에서 고양이 같은 호박색 눈에 붉은 이브닝드레스를 입은 너무나 아름다운 금발 미녀에게 한눈에 반해버렸다. 달리는 그 황홀하게 아름다운 여자에게 다가가서 "나는 달리입니다. 남은 삶 동안 매일 당신을 보고 싶군요. 당신에 대해 말해줘요"라고 말을 걸었다.[28] 붉은 드레스를 입은 여자는 다소 외설적인 책을 쓰는 소설가의 딸로 밝혀졌는데 달리는 어렸을 때 몰래 그 소설가의 책을 읽은 적이 있었고 여자는 과거에 달리가 마드리드에서 다녔던 학교와 가까운 곳에 살았었다. 달리가 사랑하게 된 이 짓궂고 놀라운 미녀의 이름은 나니타 칼라츠니코프였고 여자의 왕 같은 존재감 때문에 달리는 나중에 칼라츠니코프에게 루이 14세라는 별명을 붙였다. 칼라츠니코프는 달리의 진정한 친구이자 뮤즈가 되며[29] 달리에게 애정을 느끼게 됐지만 '자신의 이야기를 잘 하지 않는 사람이자 양파같이 많은 가면 밑에 숨어 사는 매력적인 사람'인 진짜 달리에게는 아니었다.[30] 달리와 칼라츠니코프는 매우 친한 친구였으며 성적으로 자유분방했던 칼라츠니코프는 달리에게 갈라보다 더 많은 성적 경험을 충족시켜줬다. 공공연하게 성관계를 갖지는 않았지만 서로 즐거운 시간을 보냈다. 1995년에 이안 깁슨과

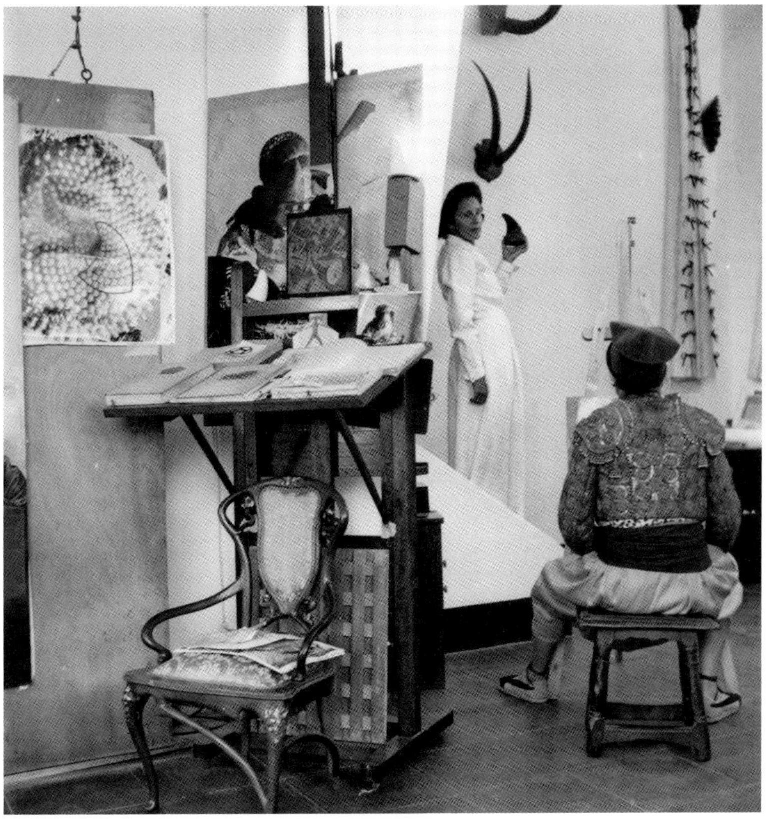

포르트리가트의
작업실에서 찍힌
갈라와 달리의 사진.

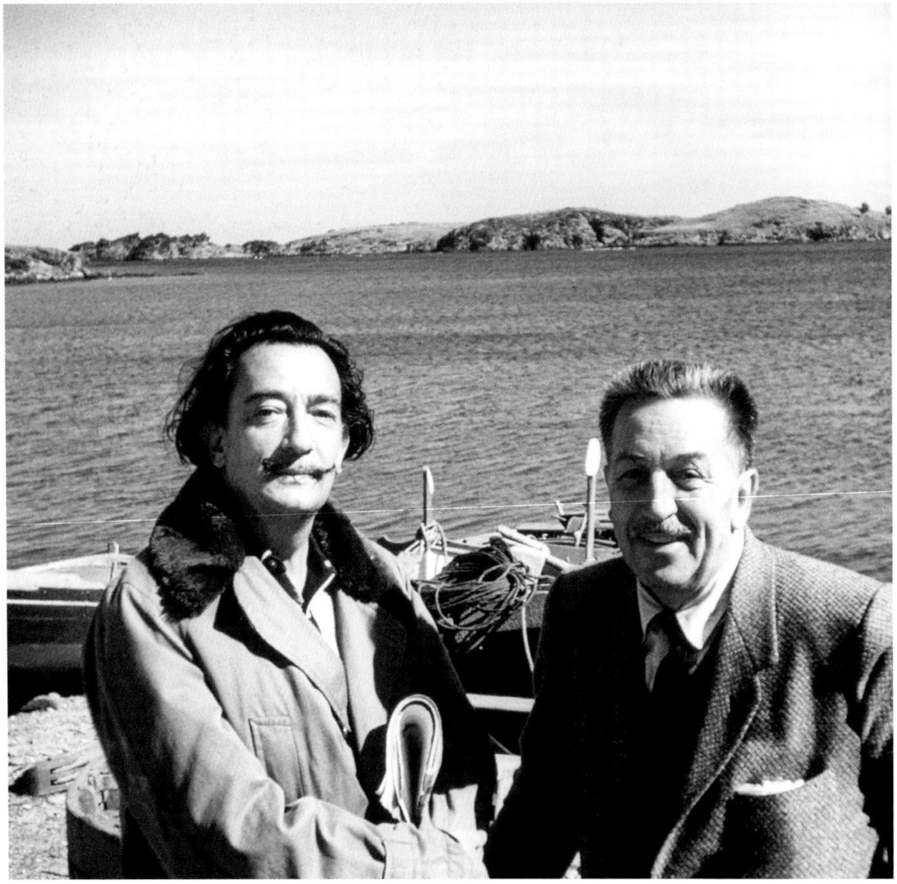

인터뷰했던 칼라츠니코프는 "성은 선생님에게 언제나 괴물 같은 존재였어요. 성적 불안을 극복하지 못했죠. 그게 선생님의 비극이었어요"라고 답했다.[31]

달리는 월트 디즈니와도 상호 존경에서 시작된 우정을 나눴다. 비슷한 관심사와 재능을 바탕으로 생겨난 단순한 관계였다. 두 사람 다 작은 마을 출신이었으나 크게 성공한 과거를 갖고 있다. 1957년에 디즈니는 돈키호테에 관한 영화를 구상하기 위해 포르트리가트로 달리를 만나러 왔지만 이 영화는 제작되지 못했다.[32]

공동으로 작업한 영화가 모두 제작되는 운 좋은 일은 없었지만 매스컴의 엄청난 관심을 받는 일에서는 확실히 아무런 문제도 없었다. 이 시기에 달리는 로그 나선의 형태를 띠는 코뿔소의 뿔과 콜리플라워에 매력을 느꼈는데 달리는 로그 나선이 신성하고 자연적인 완벽함의 형태라고 생각했다. 1955년 4월에 파리에 있을 때 위대한 화가, 달리는 머리에 빵을 올려놓고 떨어지지 않게 균형을 잡으며 동물원에 있는 코뿔소의 습작을 그렸다. 『달리, 나는 천재다!』에서 달리는 "사람들이 달리에 대해 말하게 두어라, 달리를 좋게 이야기하더라도 말이다"라고 적었다. "나는 20년간 성공했고 신문에서는 텔레타이프로 송신된 우리 시대에 가장 이해할 수 없는 기삿거리를 실을 정도였다." 이런 영향력을 계속 떨치기 위해 1958년에는 파리 소르본에서 페르메이르의 〈레이스 뜨는 여인〉과 코뿔소에 관해 강연했다. 달리는 하얀 롤스로이스를

카다케스에서 포즈를 취하는 달리와 월트 디즈니.

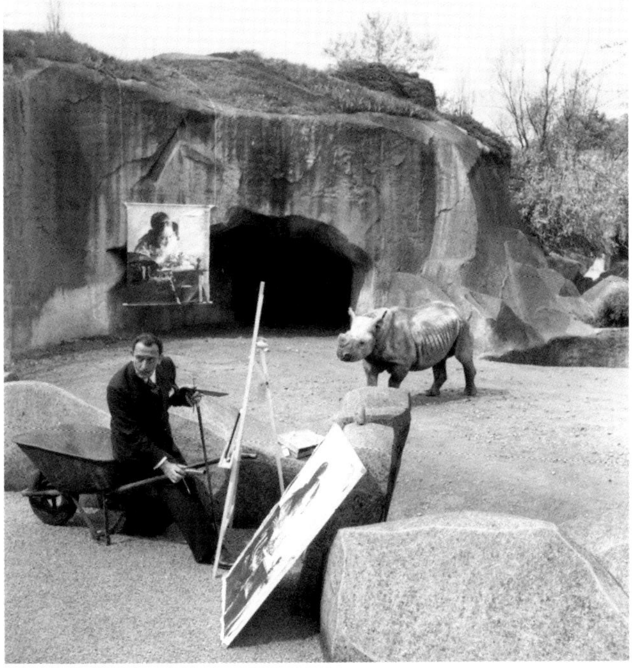

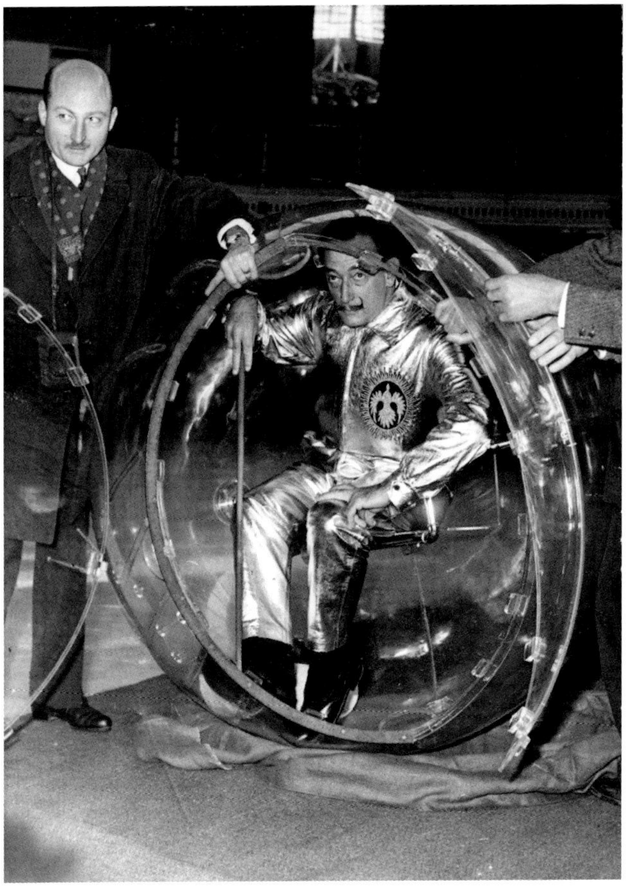

왼쪽 1955년 4월 30일에 파리 뱅센 동물원에서 페르메이르의 〈레이스 뜨는 여인〉과 코뿔소를 편집광적 비판 방법으로 그리는 달리.

오른쪽 1959년 12월 7일에 파리 얼음궁전에 오보시페드를 타고 도착한 달리.

타고 등장했는데, 차 안에는 하얀 콜리플라워 1,000개가 가득 차 있었다. 같은 해에 달리는 로마에서 다시 태어나는 모습을 공개했는데, 이번에는 팔라비치니 공주의 궁전에 있는 횃불이 타오르는 정원에서였다. 달리는 라몬 율(Ramon Llull)*의 마법 비문이 적힌 정육면체의 알에서 갑자기 나타났고 라틴어로 격정적인 연설을 했다.[33] 행위 예술이라고 여겨질 만한 매스컴에 보이기 위한 대중적인 모습과는 다르게, 달리는 1958년 8월 8일에 스페인 북동부 지로나 인근의 산 마르티 벨에 있는 엘스 안젤스 성당에서 비공개 가톨릭 의식으로 갈라와 결혼했다. 달리는 이 아름다운 장소에 반해버렸는데, 이 작은 낙원에서는 지로나주의 전경이 거의 다 보인다.

1959년 5월, 달리는 교황 요한 23세를 알현하던 중에 애리조나주 사막에 대성당을 디자인하는 의뢰를 맡은 일을 이야기하며 중세시대 때 부활을 상징했던 배(과일)의 형태로 디자인할 생각이라고 알렸다. 교황의 답변은 기록되어 있지 않다.[34] 그해 말에 달리는 파리에서 오보시페드를 공개했고 그 다음에는 뉴욕에서 공개했다. 달리는 계시록을 담아야 할 것 같은 유리 기포처럼 생긴 기구가 새로운 형태의 교통수단이자 완전히 참신한 스포츠라고 선언하며[35] 전형적인 달리의 스타일로 십 년을 끝마친다.

* 마요르카 왕국(현재 스페인)의 철학자, 신학자이다.

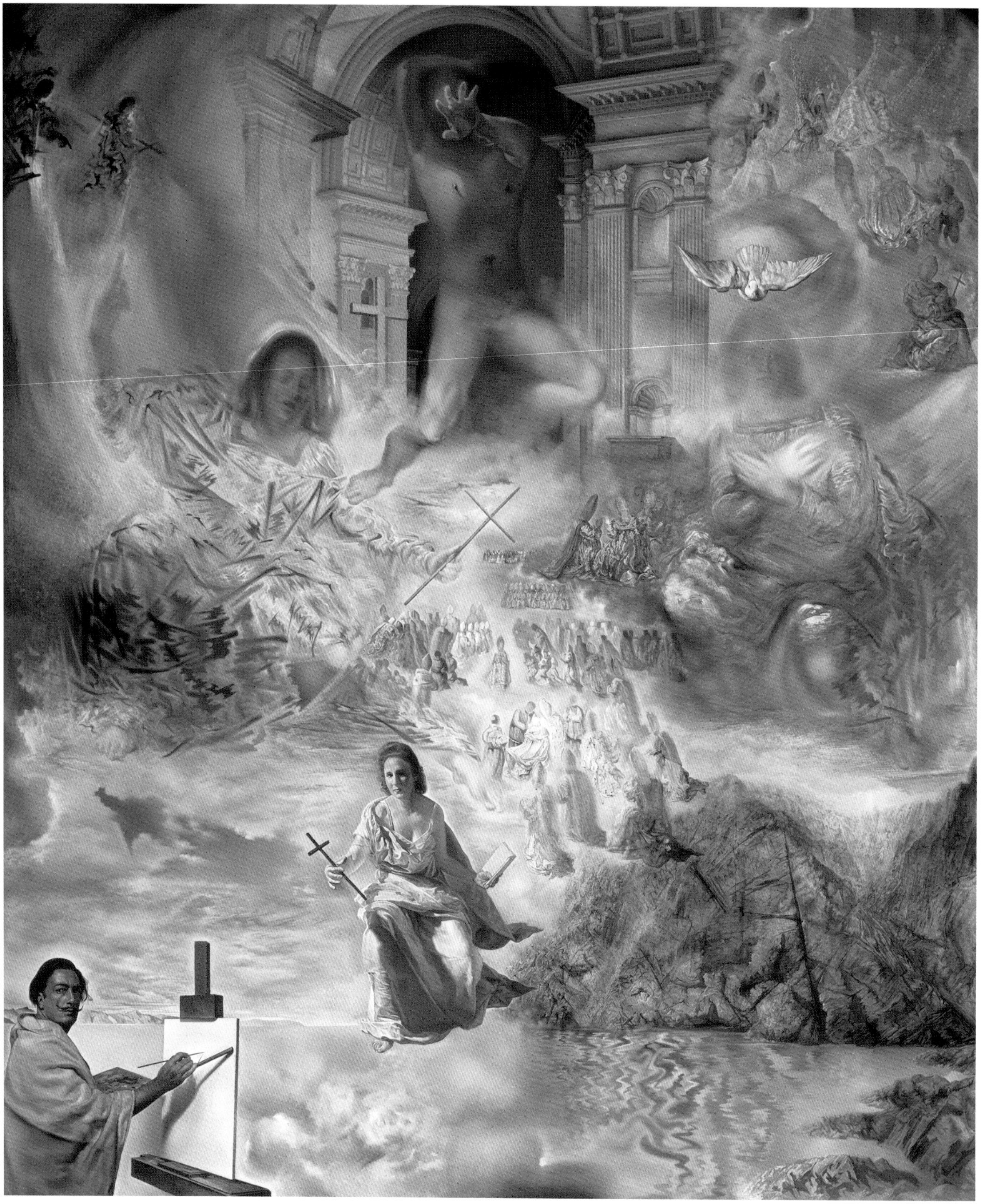

"모든 것이 갈라의 숭배를 축하하며 원형의 방조차 은하계 성당의 돔처럼 완벽한 메아리로 건물 전체를 감싸며 찬양한다." 살바도르 달리[1]

그가 만난 수많은 뮤즈들, 그리고 군주 갈라

〈세계 공의회〉(부분), 1960년, 캔버스에 유채, 302.2×254cm, 플로리다 세인트피터즈버그 달리 박물관.

호기롭게 1960년대를 시작하기 위해 달리는 필리프 홀스먼과 또다시 공동으로 〈혼돈과 창조(Chaos and Creation)〉를 제작했다. 1960년 4월에 맞춰 완성된 18분 길이의 다큐멘터리 형식의 영상은[2] 뉴욕 월도프 아스토리아 호텔에서 열린 제5회 비주얼커뮤니케이션 컨벤션의 전위적인 참석자들에게 상영되기 위해 제작됐다. 영상의 주요 주제는 편집광적 비판방법이었다. 처음은 강의로 시작되며 그다음에는 작품을 구상하고 개발하고 실행하는 예술가의 모습이 등장하며 작품을 완성하는 것으로 영상이 마무리된다. 영상에서 달리는 피트 몬드리안의 그림이 있는 이젤을 들고 있고, 달리가 말하는 동안 몬드리안의 그림은 실제 돼지가 있는 돼지우리와 이브닝 드레스를 입은 모델, 오토바이의 순서로 오버랩된다.[3] 달리는 또한 현대 미술에 관해 이야기하며 포스트 프로이디안(Post-Freudian) 예술 창작의 새로운 개념을 소개한다. 이 개념은 달리의 과학적 지식과 특히 하이젠베르크 책의 영향을 받아 만들어졌고 기술 발전으로 가능해진 새로운 예술 생산 방법에 주목한다. 1961년 1월 29일에 달리는 미국 버라이어티 방송인 〈에드 설리번 쇼〉에 출연하여 새로운 회화 기법을 소개하며 커다란 캔버스에 물감 캡슐이 장착된 권총을 여러 번 쐈다.[4]

1962년도에 유전학과 DNA 구조가 달리의 작품에 큰 영향을 끼치기 시작했다는 것을 확인할 수 있다. 달리는 1963년에 로베르 데샤르네의 책 『살바도르 달리의 세계』 사인회에 참석했을 때 뇌파를 기록하는 뇌파검사기(EEG)를 머리에 부착하고 서점의 쇼윈도에 있는 침대에 누웠다. 뇌파 검사지는 책에 끼워 선물로 나눠줬다. 1930년대에 시작된 장 프랑수와 밀레(1857~1859)의 〈만종〉을 향한 달리의 지대한 관심은 『밀레 〈만종〉의 비극적인 전설』을 1963년에 발간하며 마무리된다. 이 에세이에서 달리는 〈만종〉에 자신의 편집광적 비판방법을 적용하고 분자 기능의 개념을 명확하게 설명한다. "도덕률은 신의 이치가 분명한데 모세의 돌판에 새겨지기 전에 유전 암호에 담겨있기 때문이다."[5] 이 DNA에 관한 언급은 달리가 분자를 불멸의 삶과 연관 지었다는 것을 보여준다.

1963년 말에 달리는 뉴욕 노들러 갤러리에서 열린 전시회에서 가장 중요한 작품인 〈갈라시달라시데속시리보핵산〉을 공개했는데 이 작품은 DNA 구조를 발견한 노벨상 수상자들인 크릭과 왓슨에게 바치는 그림이다.[5] 전체 작품에 덧붙여 쓴 글에서 달리는 이렇게 말했다. "갈라시달라시데속시리보핵산. 이 단어는 내 작품의 제목 가운데 가장 긴 글이다. 그러나 주제는 훨씬 더 길다. 인간 기억의 유전적 지속성만큼이나 길다. 이사야 예언자의 말대로 하느님의 머리에 구원자가 자리해 있고 도상학 역사상 처음으로 하느님의 양팔이 크릭과 왓슨의 분자 구조를 반복하고 그리스도가 천국에서 부활하도록 그의 죽은 몸을 들어 올리는 것을 볼 수 있다."[6]

달리의 뮤즈이자 제자, 조수인 울트라 바이올렛은 1962년 봄에 달리와 함께 파리로 떠났고, 달리가 파리에 갈 때마다 머무르는 메우리스 호텔에서 지냈다. 울트라 바이올렛은 자신의 회고록인 『15분간의 유명세: 앤디 워홀과 보낸 시간』에서 달리가 지낸 환경을 생생하게 묘사한다. "리볼리가(街)에 있는 메우리스 호텔에서 달리는 예전에 이탈리아의 빅토르 에마누엘 국왕의 전용 객실이었던 대단히 아름다운 1층 공간을 차지한다. 다른 많은 국가 원수들이 묵었던 곳이었다. 거실 천장은 로코코 양식의 하얀 큐피드 벽화로 화려하게 장식되어 있다. 5미터 높이의 음각된 거울들이 놓여있고 루브르 정원이 내려다 보이는 흰색 돌로 만들어진 발코니가 있다. 호화롭지만 빛바랜 금색 실크가 벽을 전부 가리고 있으며 문은 엄청나게 컸고 나무를 깎아 만들어졌다. 이 객실은 세기가 바뀌던 때의 화려함을 나타내는 유물이다."[7] 울트라 바이올렛은 달리와 카다케스에서 여름을 보냈고 가을에는 파리로 돌아와서 백만장자처럼 생활하며 거의 매일 아주 고급스러운 라세르 레스토랑의 우아하고 웅장한 다이닝룸에서 점심을 먹었다. 식사 후에 달리는 호텔로 돌아가서 습관적으로 낮잠을 잤다. 낮잠은 '반짝이는 에너지로 밤이 되도록 생생할 수 있는 비결'이다.[8] 막심스(Maxim's)도 달리가 파리에서 좋아하는 음식점이었다.

같은 시기에 달리와 갈라의 삶은 좀 더 복잡해져만 갔다. 갈라는 1894년생으로 달리보다 10세 연상이었고 예순 살이 된 이후로 못생겨지고 늙어간다는 두려움에 사로잡혔다. 어린 연인과 불장난을 즐기는 것도 두려움에서 어느 정도 벗어나기 위한 방편이었는데, 달리는 이를 알고 있었고 이해했지만 1964년에는 이 상황을 더 이상 견딜 수 없었다. 갈라는 뉴욕에서 스물두 살의 마약중독자인 윌리엄 로슬레인을 만났고 마약을 끊도록 도와줬다. 젊은 시절의 달리와 닮은 모습에 끌리며 모성애적이고 성적인 감정을 갖게 됐다. 로슬레인보다 무려 쉰 살이 많은 갈라는 로슬레인과 불륜을 저질렀는데, 이탈리아에 있을

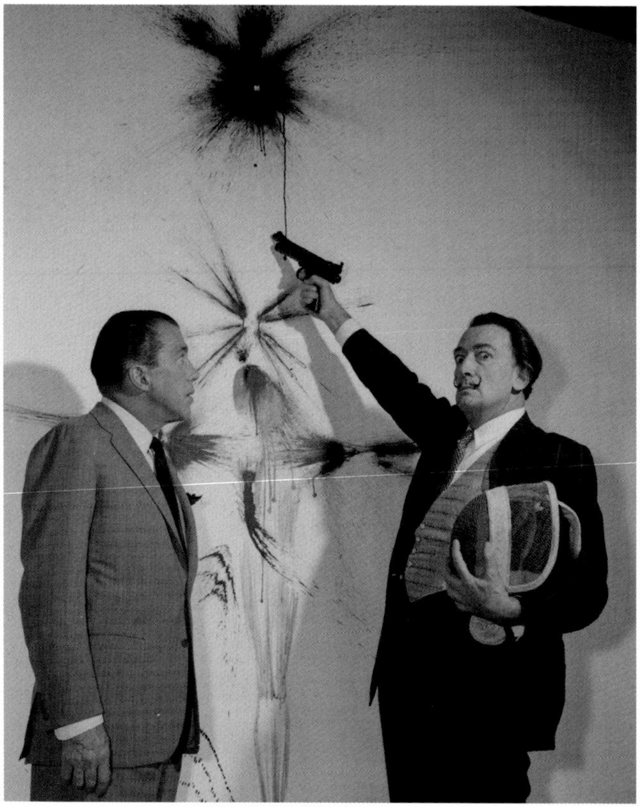

1961년 1월 29일,
뉴욕 〈에드 설리번 쇼〉에 출연한 달리.

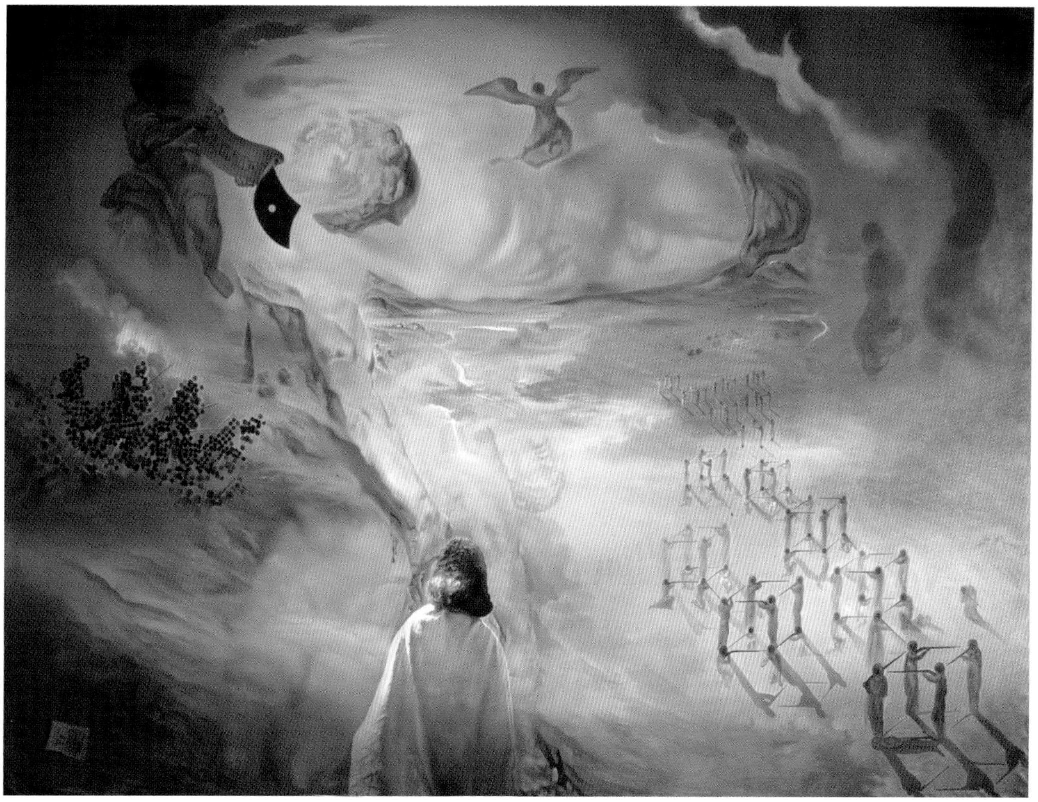

〈갈라시달라시데속시리보핵산〉, 1963년, 캔버스에 유채, 305×345cm, 플로리다 세인트피터즈버그 달리 박물관

때 로슬레인이 사람들 앞에서 갈라에게 키스하며 두 사람의 관계를 드러냈다. 다행히 달리 부부의 후원자이자 친구인 알바레토 부부 덕분에 언론 노출로 인한 피해를 최소화할 수 있었다. 달리는 자신의 모델이 되어준 어린 로슬레인에게 부성애를 느끼면서도 두 사람의 불륜 관계가 자신의 결혼 생활에 위협이 된다고 느꼈다. 당시에 알바레토 부부같이 달리 부부와 가까운 사람들도 갈라와 로슬레인이 서로 집착하고 사랑하고 있다는 것을 알았다. 상황이 절정에 다다르자 달리는 갈라가 자신을 떠날 것 같은 공포로 인해 창작하지 못하는 지경에 이르렀다. 1965년에 로슬레인을 향한 갈라의 관심은 사그라들기 시작했고 1966년에 갈라는 로슬레인에게 미국행 편도 티켓을 건넸다.[9] 불륜은 끝났지만 달리 부부의 관계에는 완전히 치유되지 못할 상처가 생겼다. 흥미롭게도 로슬레인은 『살바도르 달리와 앤디 워홀』의 저자 토르슈텐 오테에게 이렇게 말했다. "갈라는 사람들을 휘두르는 것을 좋아했어요. 갈라가 선생님 주위의 다양한 사람들을 대하는 모습에서 알 수 있었죠. 항상 상황을 제어하셨고 매우 자주 사람들이 선생님에게 접근하지 못하게 했어요."[10] 로슬레인은 또한 공적인 모습을 내려놓았을 때의

달리는 생각이 깊고 친절한 사람이라고 묘사했다.

1965년에 달리는 1960년대에 프랑스에서 런던으로 건너온 어맨다 리어를 만났다. 리어는 소위 첼시걸(Chelsea girl)*로 이름을 알리게 되며 데이비드 보위를 포함하여 여러 유명한 남자들과 사귀었다. 리어의 출신은 오랜 기간 숨겨져 있었는데 (어쩌면 달리에게 배운 재주일지도 모른다) 이안 깁슨의 책, 『살바도르 달리의 수치스러운 생애』에 따르면 리어는 성전환 수술을 받았지만 달리가 '야옹이 수술'**의 비용을 내줬는지의 사실 여부는 확인해주지 않는다.[11] 리어는 자신의 자서전에서 파리 프린세스가(街)에 있는 당대 최고급 클럽인 체즈 카스텔에서 달리를 처음 만났다고 한다. "선생님은 특이하고 눈에 띄는 사람들 사이에 있는 것을 좋아하셨고 무리에서 돋보이고 싶어 하셨으며 주위에 헌신적인 아첨꾼들을 둔 왕처럼 행동하셨다."[12] 다음날 점심에 달리는 가장 좋아하는 단골집인 라세르에 리어를 초대했고 그곳에서 리어에게 "당신의 두개골은 정말 아름답네요."라고 하며 "폐하, 리어의 아름다운 골격을 보세요."[13]라고 칼라츠니코프에게 말을 건넸다. 달리와 리어의 우정은 더 끈끈해졌고, 달리는 뉴욕으로 떠나기 전에 리어에게 작별 선물로 파리에서 가장 좋아하는 가게인 데롤(Deyrolle)에서 산 엄청나게 큰 마노 화석을 주었다.[14] 달리가 뉴욕에 있는 동안 애석

1969년 1월 26일에 포르트리가트에서 찍은 달리와 달리의 모델이자 뮤즈인 어맨다 리어의 사진.

* 패션 디자이너 메리 퀀트가 유행시킨 혁신적인 스타일.

** 리어가 붙인 성전환수술의 별칭.

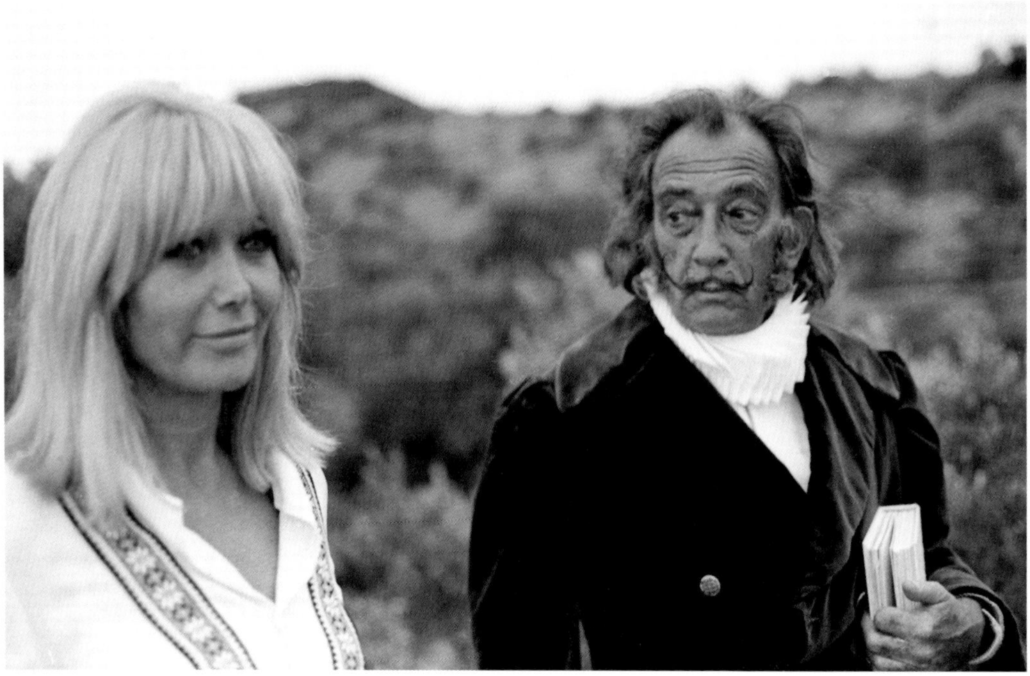

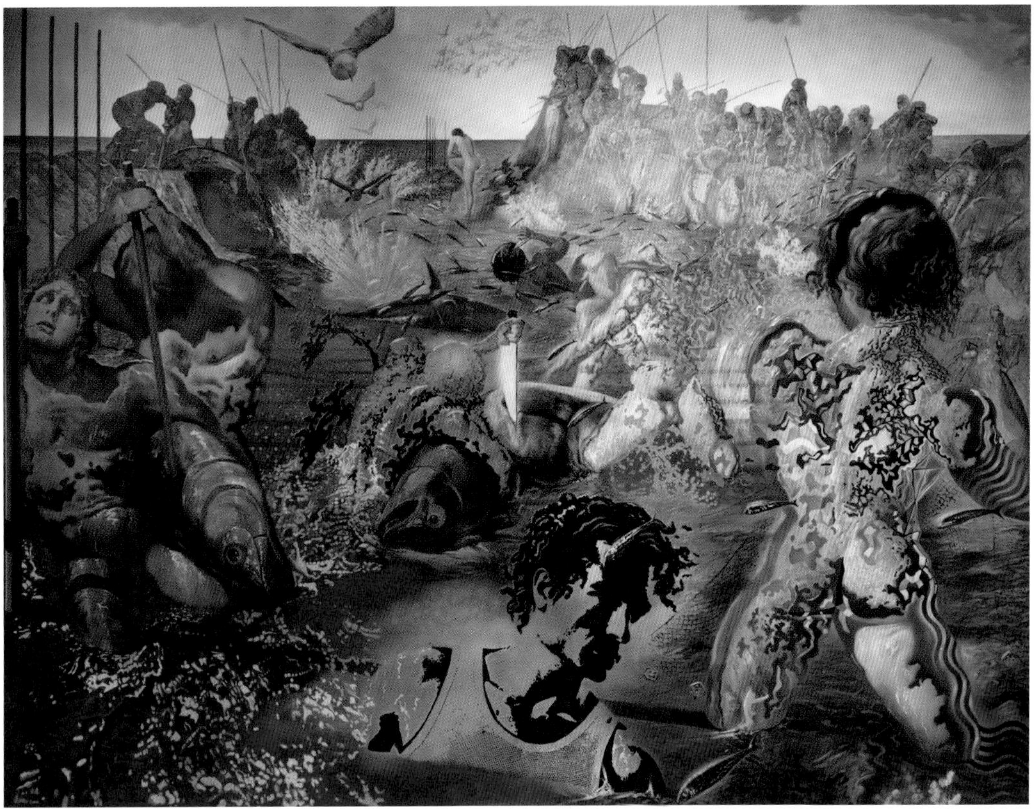

〈참치잡이〉, 1966~1967년,
캔버스에 유채, 304×404cm,
폴 리카드 재단, 방돌, 프랑스.

하게도 리어의 남자친구, 타라가 교통사고로 숨을 거뒀다. 달리와 갈라는 소식을 듣고 리어에게 전화를 걸어 위로했고, 달리는 리어를 격려하기 위해 겨우내 뉴욕에서 전화했다. 시간이 흐르고 리어는 여름마다 카다케스에서 시간을 보내면서 달리가 자신의 눈으로 사물을 보는 법을 가르쳤다고 생각했다.

달리는 1966년과 1967년 여름에 〈참치잡이(Tuna Fishing)〉를 그렸는데 많은 이들이 이 작품을 후기 작품 중에 대작으로 꼽는다. 이 아름답고 에너지가 넘치는 그림은 또 다른 고향 풍경에서 영감을 받았다. 로세스 근처에 르알마드라바라는 이름의 작은 만이 있는데, 이 명칭은 아랍에서 기원한 단어로 참치가 잡히는 장소를 의미한다. 달리는 아버지에게서 들은 참치잡이에 관한 이야기와 함께 봤던 스웨덴 그림에 관한 기억을 끌어냈다. 게다가, 달리는 철학자 데야르 드 샤르댕의 우주는 유한하며, 에너지는 여기에서 나온다는 이론을 읽었다. 자신의 최신 대작을 설명하며 달리는 "모든 우주와 은하계는 한 지점에서 만나는데 현재의 경우 이 지점은 바로 참치잡이이다. 그래서 이 그림에서 무서운 에너지가 느껴지는 것이다! 이 모든 물고기와 참치, 참치를 잡고 있는 사람들이 유한한 우주를 나타낸다." 디오니소스형의 인간들이 가득한 시각적으로 강렬한 이 그림은 달리의 뛰어난 기

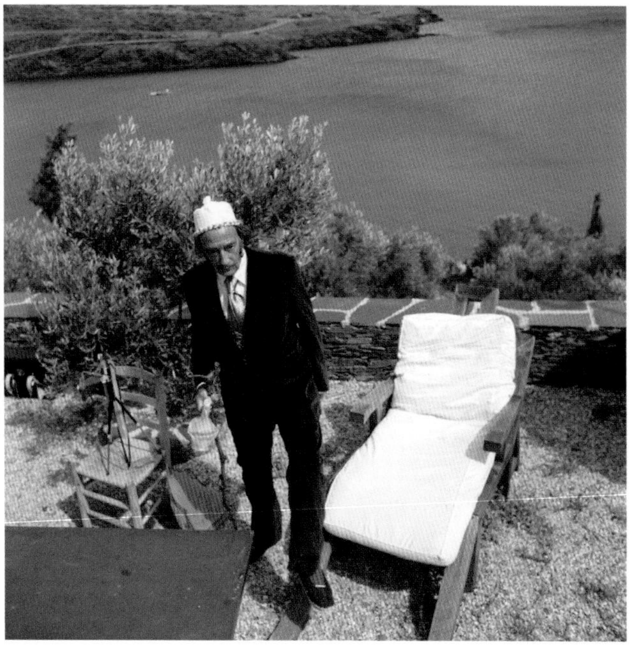

1968년 9월 17일에
집에서 찍은 달리의 사진.

교가 잘 드러나 있다. 또한 달리가 시도했던 다양한 화풍이 나타나 있는데 초현실주의, 점묘법, 팝아트, 타시즘, 액션 페인팅, 기하학적 추상화, 사이키델릭 아트(Psychedelic Art)*가 포함되어 있다. 관찰자는 다른 시대를 대변하는 남자들이 황금 단도로 고기를 잡는 장면에서 난폭한 광기를 확연히 느낄 수 있다. 거품이 이는 푸른 지중해는 핏빛으로 변하기 시작한다. 남자들과 물고기 모두 유한한 우주를 나타낸다. 달리가 이 그림을 그리는 동안 프랑스인 작가 루이 포웰스가 처음으로 포르트리가트를 방문했다. 포웰스는 달리와 약 15년간 알고 지냈지만 포르트리가트 풍경에 있는 달리를 본 이후에야 '달리의 사고를 형성한 이 놀라운 경치를 고려해야지만' 위대한 화가, 달리를 '제대로 이해할 수 있다는 것'을 깨달았다.[15]

1968년 3월 27일부터 6월 9일까지 달리는 뉴욕 현대미술관에서 다다이즘과 초현실주의의 시기를 아우르는 300점 이상의 작품이 공개되는 단체전에 참여했다. 보도자료는 다음과 같이 나갔다. "처음으로 예술적 경지에 이른 달리의 작품들은 1929년에 나왔으며 달리가 뛰어넘을 수 없었던 강렬한 환각이 담긴 작은 크기의 아주 훌륭한 그림 시리즈의 형태를 띠고 있다. 이 시리즈 중에 한 예로 〈음산한 유희〉에서 사진같이 사실적으로 그려진 부분은 사진 조각과 색 판화가 콜라주된 부분과 구분하기 어렵다. 자신의 화법과 사진의 사실성 그리고 표면 마감을 동일하게 보이도록 만들며 달리는 에른스트에게서 시작된 콜라주의 '왜곡'을 원점으로 가져왔다."[16]

1969년, 달리는 갈라를 위해 푸볼에 있는 성을 구매했다. 포르트리가트에서 61킬로미터 정도 떨어진 곳에 자리한 현재 갈라-달리 성으로 알려진 이곳은 달리가 사들였을 당시 낭만적인 분위기를 풍겼지만 매우 황폐했다. 달리 부부는 복원 작업을 진행하며 무너진 천장과 상당히 갈라진 틈을 모두 처리했다. 달리는 다양한 크기의 신비로운 공간을 여러 군데 만들면서 반쯤 무너진 천장과 벽을 기발하게 활용했다. 성의 내부는 바로크 양식의 천과 낭만적인 상징물, 골동품 그리고 정상적이지 않은 건축 기법을 사용했고 벽에는 시각적인 연출을 이용하여 장식했다. 달리는 갈라의 사생활을 위한 멋진 은둔처를 만드

* 사이키델릭은 심리적 황홀 상태를 가리키는 신조어로, 'psycho'와 'delicious'의 합성어이다. 환각 예술로도 불리는 사이키델릭 아트는 환각제 복용에 의한 환시와 환청 등에 영감을 받았다.

카탈루냐 푸볼에 있는 갈라-달리 성 박물관.

는 데 성공했는데, 이곳은 다소 소박하고 신비로우면서도 매우 아름다운 공간이 일부 포함되어 있다. 달리는 이 성을 포르트리가트에 있는 집 겸 작업실과 이어져 있다고 생각했지만 동시에 확실한 갈라의 영역이 될 예정이었다. 달리는 1973년에 출간한 자신의 책 『말할 수 없는 고백』에서 다음과 같이 서술했다. "모든 것이 갈라를 숭배하고 축하하며 라운드 룸(Round Room)조차 은하계 성당의 돔처럼 완벽한 메아리로 건물 전체를 감싸며 찬양한다. 이 집을 걷고 있으면 나 자신이 보이고 내 중심이 같음을 본다. 이 집에서 느껴지는 무어인의 엄격함이 좋다. 좀 더 엄숙하게 우리의 사랑에 걸맞은 사건을 갈라에게 바쳐야 했다. 그래서 12세기 성의 잔해가 남은 곳에 지은 저택을 선물했는데, 바로 라비스발에 있는 오래된 푸볼 성으로 갈라가 직접 손글씨로 작성한 초대장을 받아야만 방문할 수 있을 정도로 이곳에서 갈라는 절대 군주처럼 군림하게 된다. 내가 성의 천장을 장식하는 즐거움만을 누리기로 함으로써 갈라는 언제나 눈을 들면 하늘에 있는 나를 볼 수 있다."[17]

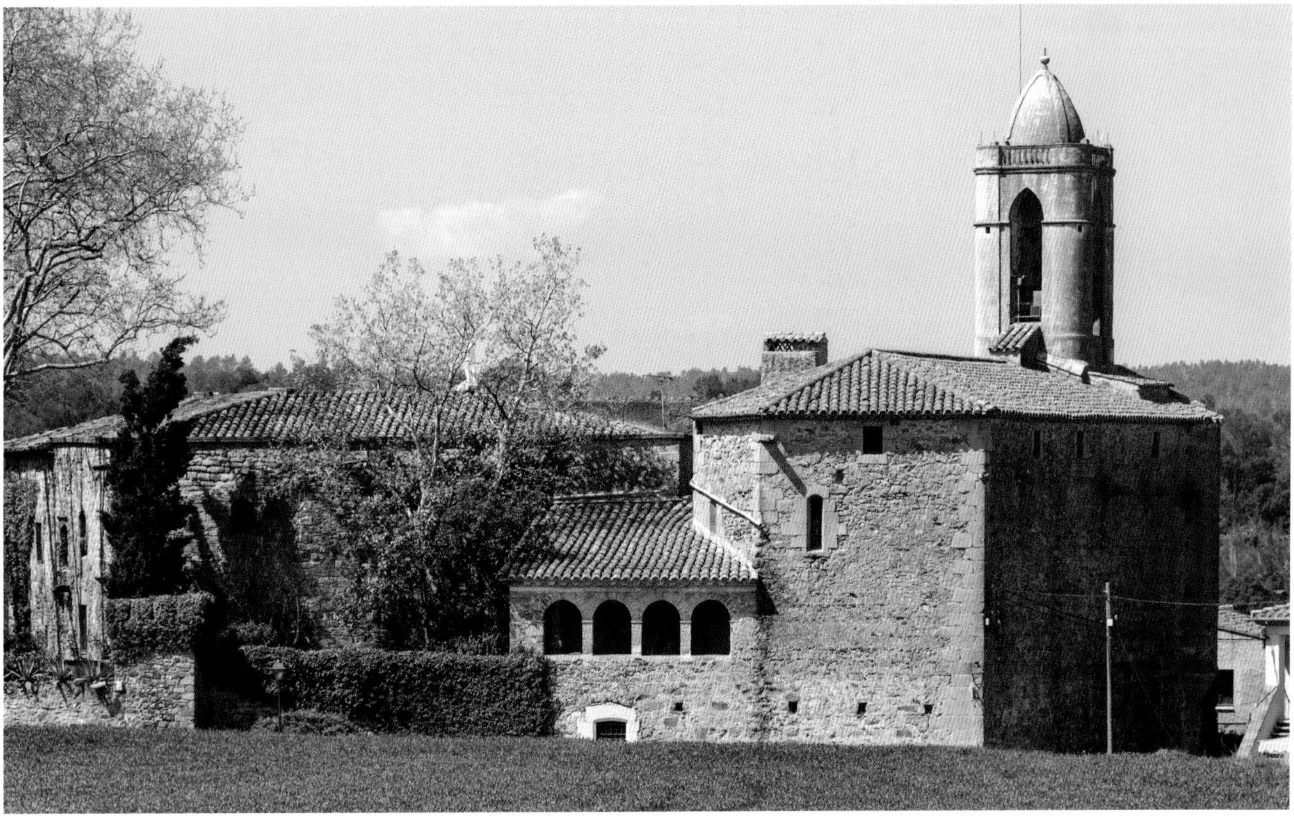

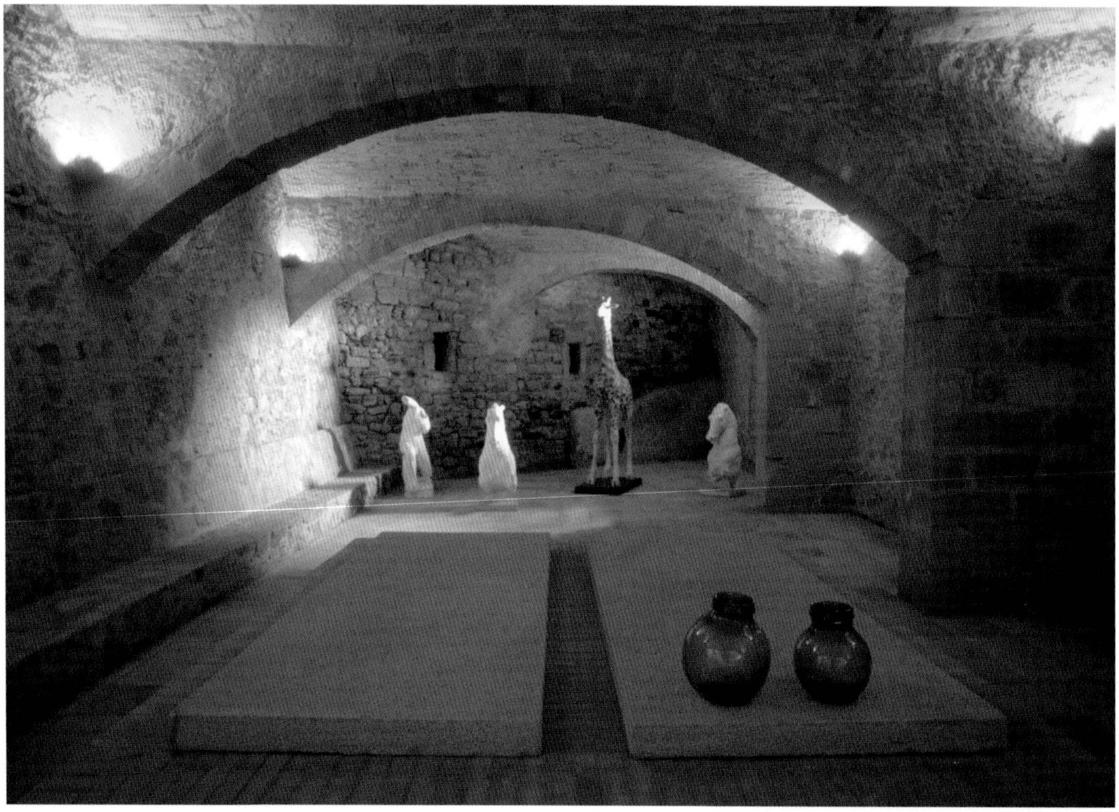

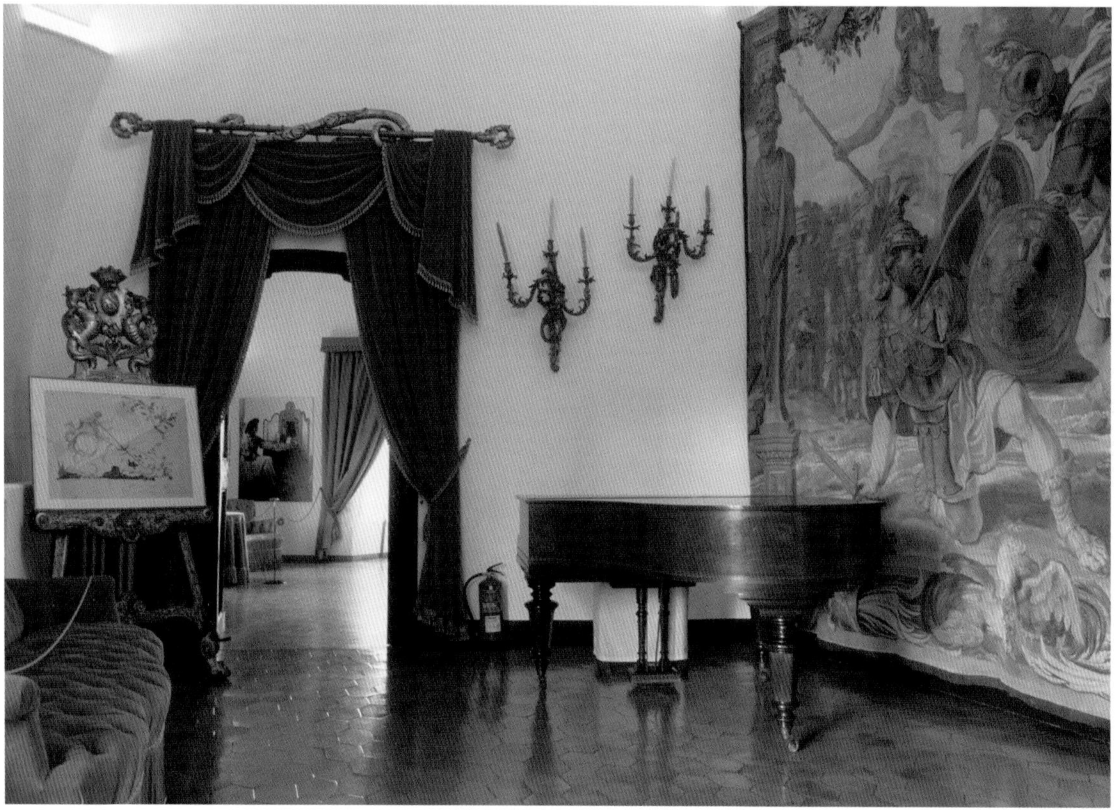

맞은편 카탈루냐 푸볼 갈라-달리 성 박물관에 있는 갈라의 무덤(위)과 피아노룸(아래).

132~133쪽
리하르트 바그너의 두상으로 장식된 정원과 수영장.

신성한 달리는 자신의 왕비를 위해 왕국을 만들었고 그녀의 허락이 있어야만 자신도 입장할 수 있었다.

1960년대 중반부터 달리는 3차원 예술과 홀로그래피에 점점 매력을 느꼈고 입체적인 이미지가 강조된 헤릿 다우의 작품을 탐구하기 시작했다. 달리는 홀로그래피와 입체영상, 이중 이미지를 사용하여 정신적 연상을 유도하여 관찰자의 내적 현실과 외부 현실을 모두 포착하고 싶은 바람을 반쯤 가지고 있었다. 상업적으로는 1969년에 츄파춥스의 로고를 만들었고, 유로비전 송 콘테스트의 포스터를 디자인했으며, 유명인이 나오는 브래니프 항공사의 광고 캠페인에 참여했다. 대규모의 달리 회고전이 로테르담에 있는 보이만스 판뵈닝언 미술관에서 열렸고, 다음 해인 1971년에 같은 회고전이 독일 바덴바덴에 위치한 주립 박물관에서 열렸다. 달리는 1970년에 파리 귀스타브 모로 박물관에서 기자회견을 열고 피게라스에 달리 극장 박물관을 개관했다는 소식을 발표했다. 1971년에는 달리의 작품을 많이 소장한 모스 부부가 오하이오주 클리블랜드에 달리 박물관을 개관했다.

헝가리의 물리학자 데니스 가보르(영어식 이름)가 자신의 레이저 연구로 물리학에서 노벨상을 받았다는 소식은 달리의 홀로그래피를 향한 열정에 불을 지폈다. 같은 시기에 맥도넬 더글러스*와 협력하여 3D 예술을 만들 수 있는 첫 번째 상업적인 홀로그램 제품을 생산하고 시장에 내놓은 인터내셔널 홀로그래픽 회사를 소유한 셀윈 리삭이 달리를 눈여겨 보고 있었다. 리삭과 동료들은 홀로그래피 기술을 이해하고 함께할 의사가 있으며 홀로그램 제품을 미술 매체로써 세상에 알릴 수 있는 유명한 예술가가 필요하다는 것을 알았다. 어린 시절부터 달리에게 매료됐던 리삭은 달리가 자신들이 생각한 예술가로 딱 들어맞는다고 생각했고, 달리가 뉴욕 세인트 레지스 호텔에 머물고 있다는 것을 알고 달리에게 연락을 했다. "전설적인 예술가 달리와 대화하게 될 것이라고는 꿈에도 생각해보지 못했다. 바로 다음 날 우리는 실제로 선생님의 객실에 앉아 홀로그래피에 관해 이야기했다. 선생님은 1차원 공간의 한계를 넘어 창작하는 데 도움을 주는 매체를 사용할 수 있다는 것에 매우 기뻐하셨고 선생님의 호텔 객실은 우리의 작업실이 됐다. 그 후 우리는 5년간 자주 만나서 선생님이 탐구하고 싶어 하시는 아이디어에 관해 많은 대화를 나눴다. 1971년부터 1976년까지 선생님과 나는 함께 20세기 홀로그램 예술에서 가장 중요한 작품이 될 7점의 홀로그램을 만들었다."[18]

이 시기에 만들어진 홀로그램 7점은 〈엘리스 쿠퍼의 두뇌(Brain of Alice Cooper)〉, 〈크리스탈 그로토(Crystal Grotto)〉, 〈갈라를 그리는 달리(Dalí Painting Gala)〉, 〈홀로! 홀로! 벨라스케스! 가버!(Holos! Holos! Velázquez! Gabor!)〉, 〈바닷속 어부(Submarine Fisherman)〉, 〈다면체(Polyhedron)〉, 〈녹아내리는 시계(Melting Clock)〉이다. 〈녹아내리는 시계〉는 1975년에 구상됐지만 2003년에 LED 기술이 발달하여 재생 장치가 좀 더 실용적으로 만들어지기 전까지는 완성되지 못했다.

1972년 4월에 뉴욕 노들러 갤러리에서 홀로그램 전시회가 열렸는데 이 전시회에서 달리는 〈홀로! 홀로! 벨라스케스! 가버!〉를 공개했고 같은 제목의 글을 『아트 뉴스』에 기고했다. 이 글에서 달리는 가버와 벨라스케스에게 경의를 표현했다. 달리의 글과 홀로그램 작품은 예술가가 같은 주제를 표현하기 위해 서로 다른 창작 매체를 사용한 하나의 사례이며 글에는 달리의 두 가지 열정이 결합되어있다.[19]

* 미국의 항공우주 제조 회사였으며 1997년에 보잉에 인수됐다.

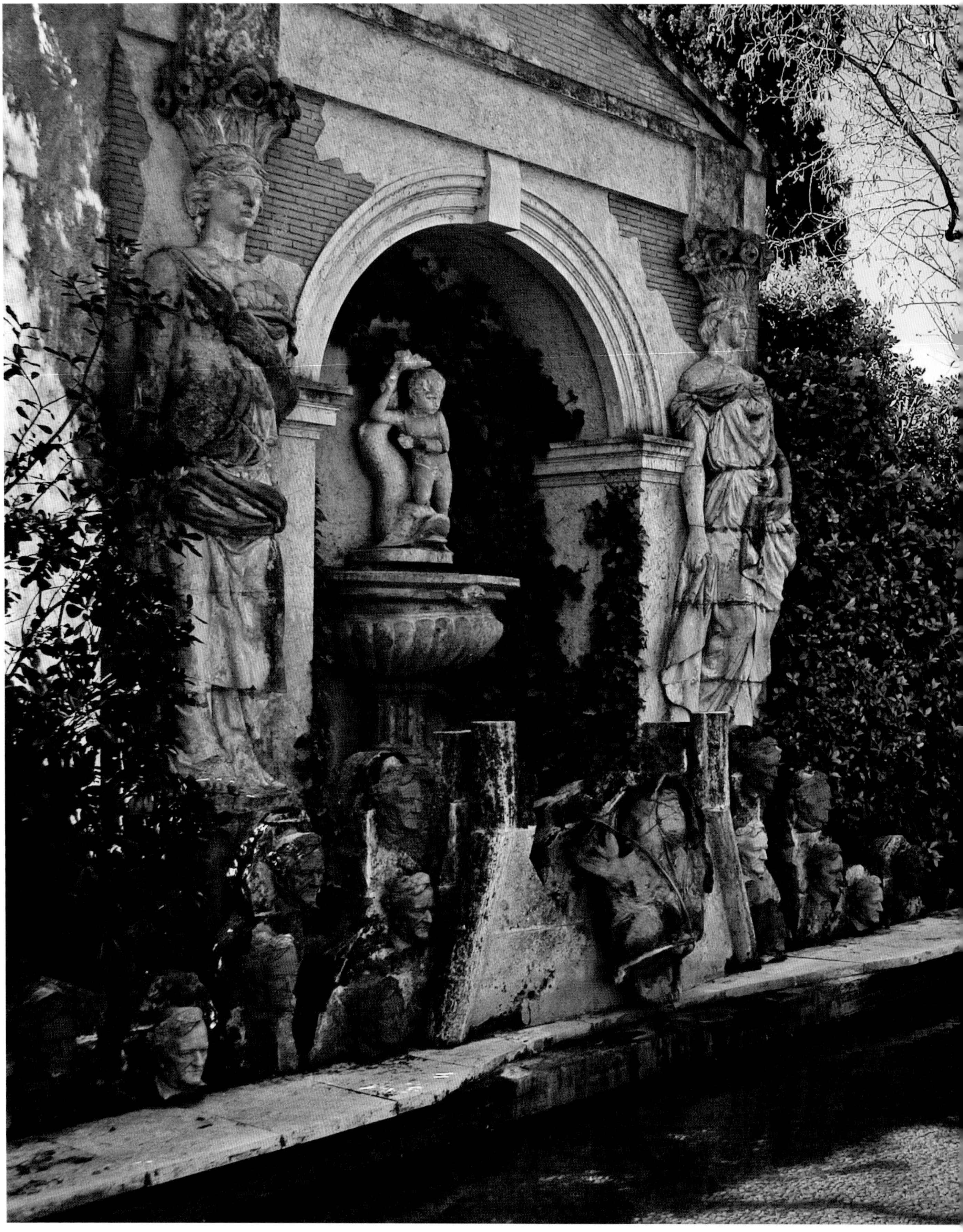

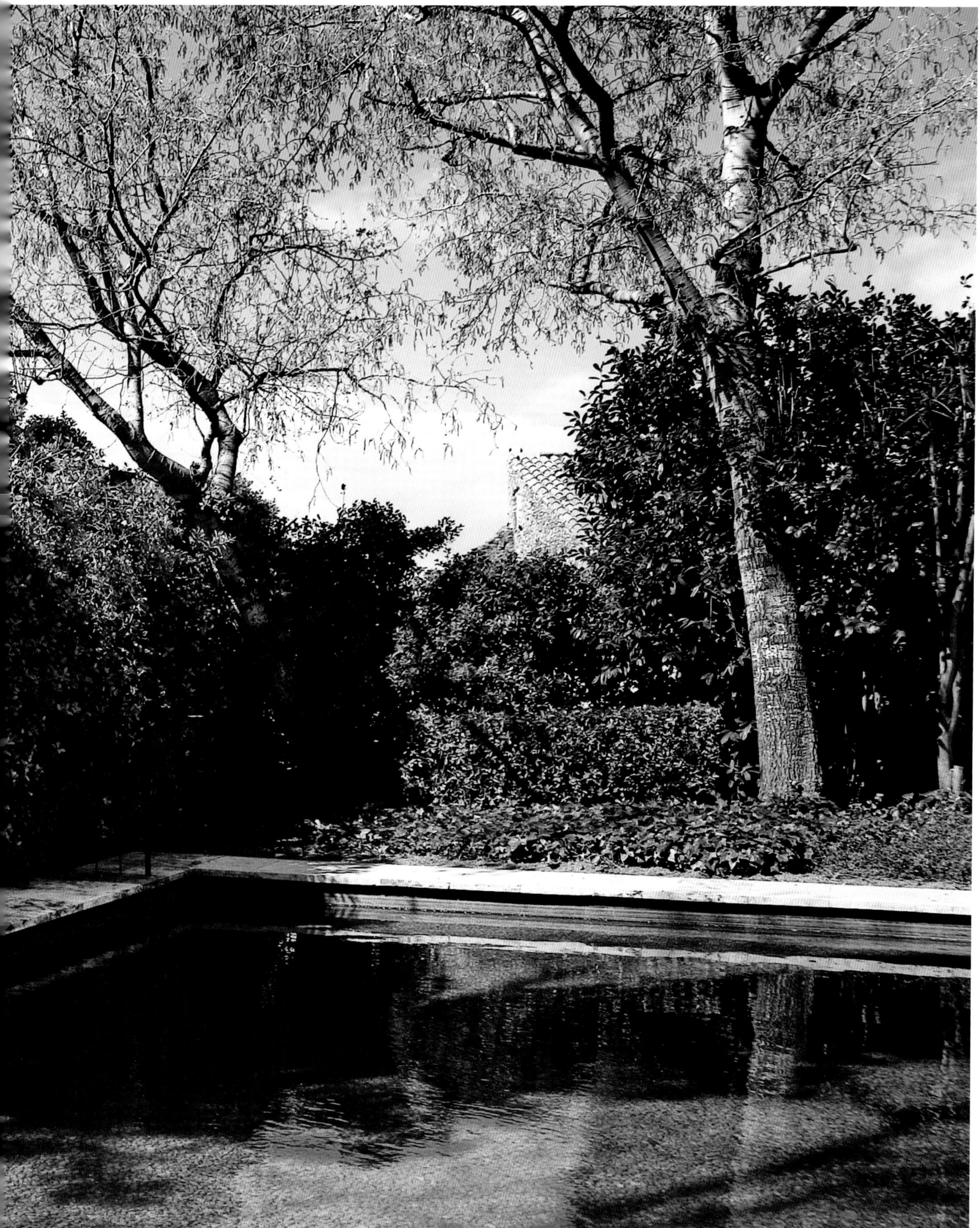

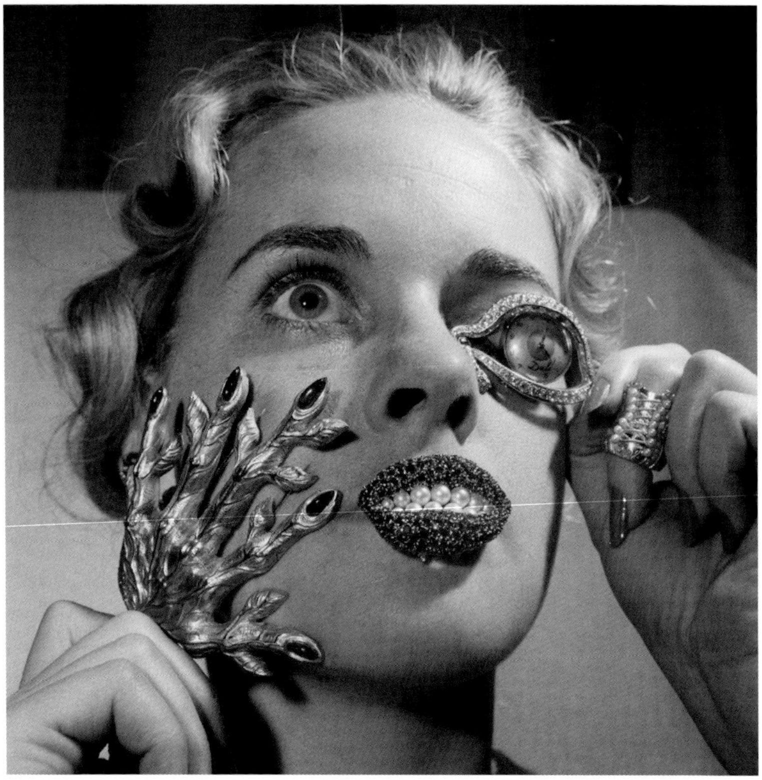

왼쪽 1959년 5월 23일, 달리가 디자인한 보석을 공개하는 마델 헤겔러.

맞은편 위 〈죽은 형의 초상〉, 1963년, 캔버스에 유채, 175×175cm, 개인 소장.

맞은편 아래 〈인간 모세와 유일신교〉, 1974년, 종이에 과슈, 수채물감, 색분필, 펜, 64.7×49.8cm, 개인 소장.

달리가 태어나기 전부터 달리의 삶에 영향을 끼친 피쇼트 집안은 계속해서 달리의 인생에 중요한 역할을 맡았는데 이번에는 그 역할이 다음 세대로 넘어갔다. 리카르드 피쇼트 첼리스트의 아들이며 1924년에 피게라스에서 태어난 안토니 피쇼트가 1972년에 달리의 삶에 들어왔다. 위대한 화가, 달리는 이 젊은 화가가 작품에 카다케스의 바위를 그린다는 이야기를 듣고 그의 그림을 보러 갔고 마음에 들어 했다. 달리는 자신이 사랑한 친구이자 멘토였던 페피토 피쇼트의 조카를 돕게 되어 기뻐서 극장 박물관을 세울 때 안토니 피쇼트를 불러 도움을 받았으며 나중에 개관했을 때 박물관 1층에 안토니 피쇼트의 작품을 전시했다.[20]

달리 극장 박물관이 공식적으로 개관하기 1년 전인 1973년에 이곳에서 「달리의 보석 예술」 전시회가 열렸다. 그리고 덴마크 훔레베크에 있는 루이지애나 박물관에서 달리의 회고전이 열렸으며 이 회고전은 스톡홀름 현대 미술관에서도 공개됐다. 달리의 책, 『달리처럼 되는 법』과 『갈라의 저녁 식사』가 출간됐다. 같은 해에 열여덟 살이었던 제프 쿤스는 달리가 뉴욕 세인트 레지스 호텔에 묵고 있는 것을 알게 됐다. 달리는 이 젊은 예술가와 만나기로 했고 쿤스는 훗날 달리가 자신에게 어떻게 영감을 주었는지 글로 남겼다. "내가 카메라 위치를 바꾸는 동안 선생님은 매우 참을성 있게 기다리셨던

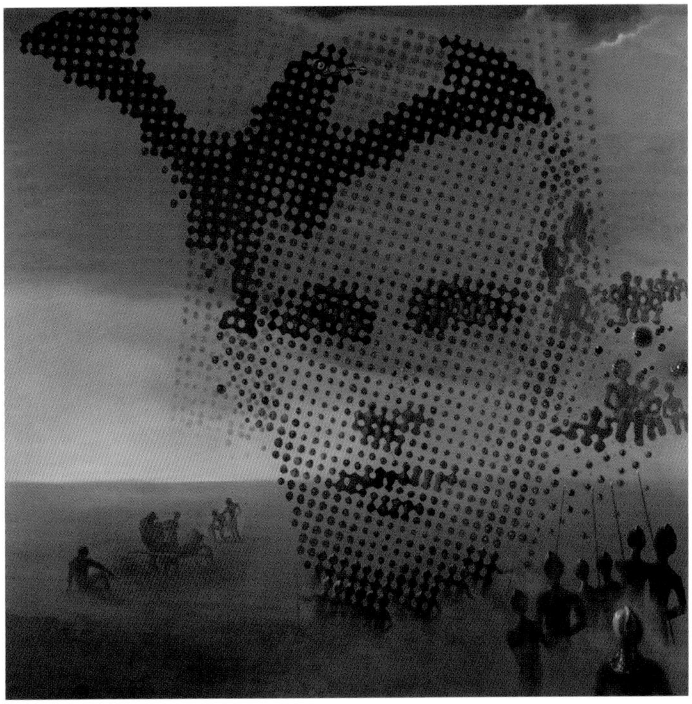

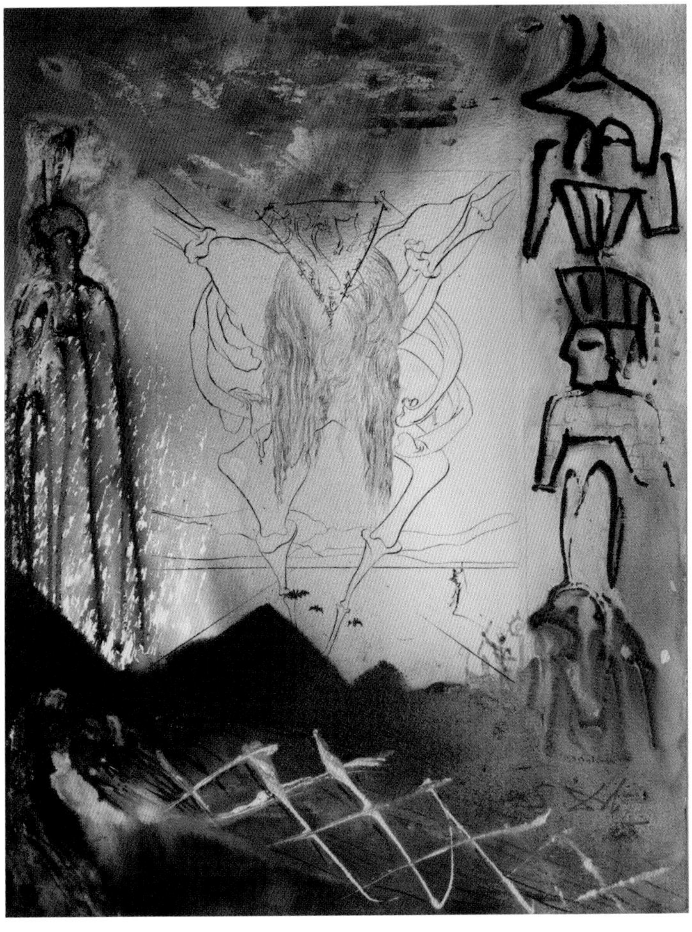

것으로 기억한다. 선생님은 매우 마음씨 좋게도 나 같은 어린 예술가들에게 시간을 내주셨다. 선생님을 만난 일은 내게 큰 영향을 미쳤다. 그날 저녁에 집으로 돌아오면서 생각했다. '난 할 수 있어.' 예술은 삶의 한 방식이 될 수 있었다." 수년간 많은 평론가가 달리의 초현실주의 전성기로 여겨진 시기 이후에 달리의 작품이 어떻게 발전했는지에 의문을 표했지만, 쿤스는 2005년에 테이트 갤러리에 기고한 글에서 흥미로운 이야기를 했다. "내가 선생님에 관해 중요하다고 생각하는 것은 선생님이 개인적인 영역에서 대중적인 도상학, 즉 더 높은 경지로 옮겨간 과정이다. 선생님은 대중의 의식과 맞닿아있었다. 그에 관한 좋은 예로 〈죽은 형의 초상〉(1963)이 있는데 이 그림은 팝아트를 선행한다. 마치 워홀의 실크스크린 작품인데 시대를 앞서간 느낌이다. 〈죽은 형의 초상〉의 화풍은 많은 예술가에게 큰 영향을 끼쳤다고 생각한다. 예를 들어 현재의 컴퓨터 그래픽은 이미지 그러데이션과 기하학적 픽셀, 모핑을 보면 선생님의 상상력을 바탕으로 한 것 같다. 오늘날의 세계는 선생님의 시선을 통해 나타난 세상이다."[21]

1970년과 1974년 사이에 있었던 또 다른 중요한 합작은 아리안 랜셀과 함께했는데, 달리는 랜셀을 1968년에 처음 만났다. 랜셀은 2000년 8월에 『라 디페쉬』 신문의 줄리앙 부이소 기자와 달리와 4년간 합작한 일에 관해 인터뷰하며 달리와의 첫 만남을 회상했다. "뉴욕이었고 1968년의 어느 날 저녁이었어요. 뮤지컬 〈헤어(Hair)〉의 초연이 끝나고 사람들이 무대에 침입해 춤을 출 때 저도 동참했죠. 선생님이 저를 보고 말했어요. '저 아가씨를 알고 싶어.'" 랜셀은 달리가 '수줍음을 많이 탔다'고 표현했다. 파리 교외의 뇌이쉬르센에서 러시아인 부모님에게서 태어난 랜셀은 다섯 살 때 발레리나가 됐고 열두 살에 그림을 배웠으며 이탈리아 초현실주의 화가인 레오노르 피니의 모델이었다. 랜셀은 예술 출판업계에서 일하게 됐고 원화가 실려있는 20세기 가장 화려한 책을 여러 권 제작했다. 달리는 굉장히 매력적인 빨간 머리 미녀였던 랜셀에게 매력을 느꼈고 '에틴셀(Etincelle, 불꽃)'이라는 별명을 지어줬다. 랜셀은 독특하고 아름다운 예술 책을 찾으며 최신 복원 기술을 이용하여 아주 오래된 공예품을 많

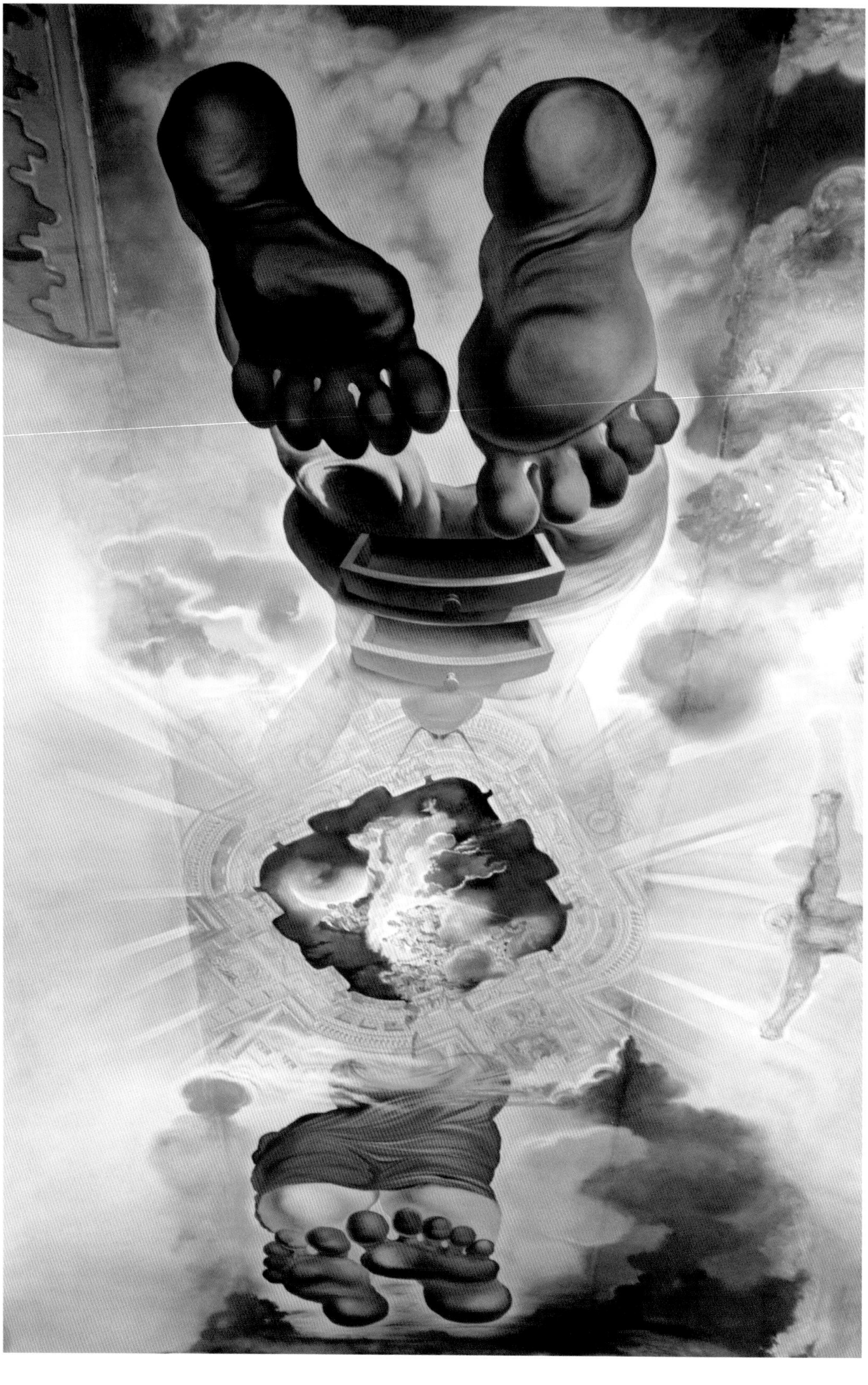

피게라스 달리 극장 박물관에 있는
바람의 궁전의 천장화.

이 되살렸다. 수요가 많은 진귀한 물건이 된 랜셀의 희귀한 책들은 양가죽과 실크, 새틴, 양피지, 파피루스가 사용된 수공예품이었다. 달리와 랜셀의 첫 번째 합작품은 지그문트 프로이트의 『인간 모세와 유일신교』의 특별판이었으며 달리는 책에 램스킨에 찍은 진귀한 석판화를 실었고 책의 서문도 작성했다.[22] 이 책과 두 사람의 또 다른 합작품인 『철학자들의 연금술』에서 역사적 혁신을 확인할 수 있다. 램스킨 종이마다 석판화와 조판, 양각 세리그래피 기법을 사용하여 인쇄했고 보석과 준보석을 박아 넣었다. 달리의 인쇄 작품은 달리가 사용한 다른 창작 매체들보다 덜 알려졌지만 달리는 다중 복제의 가능성을 아주 기뻐했는데 달리에게 다중 복제는 훨씬 다양하고 많은 관객에게 다가갈 수 있게 해주는 하나의 예술 형태였다.[23]

1972년과 1973년부터 달리는 자신의 마을에서 영감을 받아 조안 마라갈의 시 〈엠포르다(L'Empordà)〉를 바탕으로 한 그림을 그렸다. 이 시에는 엠포르다 지역뿐 아니라 유명한 트라몬타나 바람이 나온다. 달리의 후기 대작인 〈바람의 궁전 천장의 중앙 패널(Central Panel of the Wind Palace Ceiling)〉은 현재 달리 극장 박물관에서 가장 눈에 띄는 작품이다. 달리는 이 그림을 포르트리가트 작업실에서 그렸지만 나중에 거대한 비계를 사용하여 극장 박물관으로 옮겼다. 포르트리가트 작업실에 있는 창문 하나는 정확히 이런 작업을 염두에 두고 설계됐는데 대형 작품을 미로 같은 집에서 이동시키기가 불가능했기 때문이었다. 작품 한가운데에 갈라와 달리가 묘사되어 있어서 관람객은 부부가 인생의 꿈을 걸어가는 것 같은 인상을 받는다. 황금 동전의 형태로 (그중 하나는 진짜라고 달리가 말했던) 표현된 돈과 벌레 다리가 달린 코끼리 같은 익숙한 상징이 재등장한다. 이 그림에는 또한 윤곽만 있는 실루엣과 당시에 스페인을 통치했던 카를로스 1세와 소피아 왕비의 모습을 한 왕자와 공주도 묘사되어 있다. 또 다른 실루엣은 달리의 좋은 친구이자 사진작가인 멜리토 카살스이다. 갈라와 달리는 양 끝에 그려져 있으며 곧 출항할 운명의 배를 지켜보고 있다.[24]

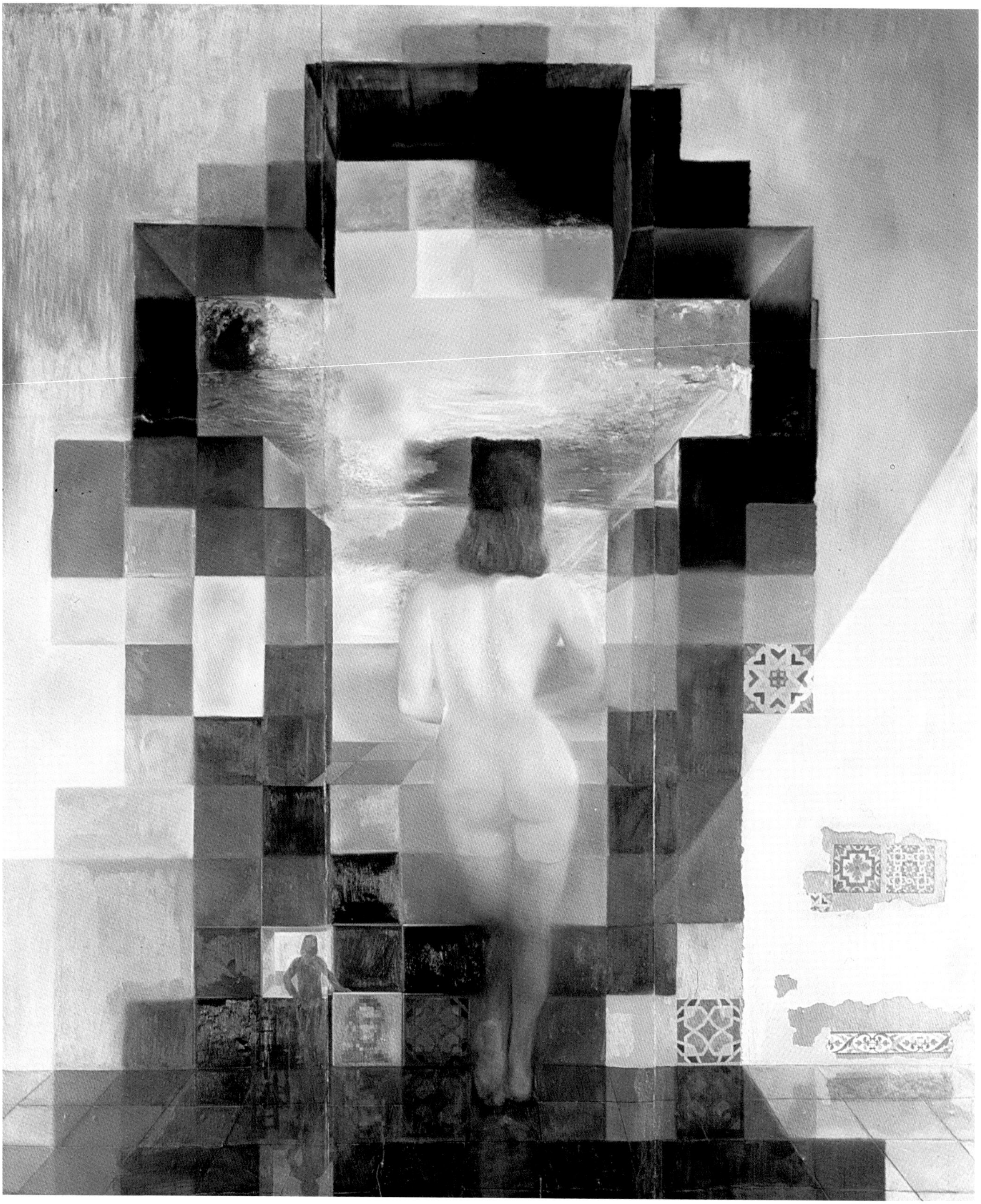

"물론 다른 세계들도 분명히 존재하지만 내가 자주 말했듯이 이 다른 세계들은 우리 세계 안에 존재하고 지상에 있는 달리 박물관의 돔 한가운데에 존재하며 달리 박물관에는 모든 환각을 일으키는 예상치 못한 초현실주의의 새로운 세계가 있다." 살바도르 달리[1]

불멸과 죽음

〈18미터 떨어져서 보면 에이브러햄 링컨의 초상이 되는 지중해를 바라보고 있는 갈라(로스코에 대한 오마주)〉 두 번째 버전), 1976년, 인화지에 유채, 420×317cm, 피게라스 달리 극장 박물관.

스페인 관료집단의 형식적인 절차와 자신의 몇몇 생각 때문에 달리는 피게라스에 자신의 극장 박물관을 세우는 꿈을 이루기까지 13년을 기다렸다. 어느 시점에서 달리는 시청 직원들에게 사진이 '원작보다 나으므로' 작품의 사진으로 박물관을 채우겠다고 알렸다. 박물관 설립 프로젝트를 지지한 피게라스 전 시장인 라몬 과르디올라 로비라는 훗날 자신의 자서전에서 "일반적인 분위기는 달리가 미쳤다는 것이었다."라고 회상했다. 마드리드에 있던 문화부 장관은 작품 대신 사진만 전시하겠다는 달리의 말을 전해 듣고 달리가 마음을 바꿀 때까지 지원금을 끊었다.[2]

프로젝트는 재개됐지만 1974년 6월 3일에 달리는 탈장 수술을 받게 됐고 잘 회복했다. 그러나 그 당시 달리의 사업 매니저였던 피터 무어 대령은 1998년에 『카프 크레우스 온라인』 신문과의 인터뷰에서 이렇게 이야기했다. "일흔 살까지 무척 건강했던 달리 씨는 탈장 수술을 받아야 했고 수술이 그리 성공적이지 않았어요. 그때부터 매일 몸과 마음이 점점 쇠약해졌죠."[3] 어쩌면 이 말은 달리가 결국 자신의 불멸을 의심하기 시작했다는 의미였을지도 모른다. 1958년에 마이크 월리스 기자가 달리에게 "선생님은 죽지 않습니까?"라고 묻자 신성한 달리는 답했다. "네, 일반적인 죽음은 믿지만 달리의 죽음은 절대 믿지 않아요. 내 죽음을 믿는다는 건, 거의 불가능합니다."[4] 20년간 달리의 비서로 일했던 무어는 『카프 크레우스 온라인』과의 같은 인터뷰에서 "전 전성기 때의 선생님과 함께했습니다."라고 언급했다.[5] 그러나 달리가 수천 장의 백지에 서명했던 유명한 추문이 퍼졌을 때 무어는 달리 부부와 밀접한 관계에 있었으며 이 추문은 1974년에 통상적인 세관 검색 중에 알려지게 됐다. 덧붙여 무어는 2004년에 달리 작품을 함부로 고친 죄로 유죄 판결을 받았고 당시 경찰이 무어의 집을 수색했을 때 달리의 석판화 위작 1만점을 발견했다.

1974년 9월 28일에 달리의 꿈이었던 달리 극장 박물관이 실현됐다. 과르디올라 전 시장 과 대화를 하다가 박물관을 만들겠다는 아이디어를 처음 떠올리게 됐을 때 위대한 화가, 달리는 이렇게 말했었다. "우리 마을이 아니라면 내 작품 중에 가장 화려하고 견고한 작품들이 어디에서 오래 유지될 수 있을까요? 이곳이 아니라면 어디에서요? 시립극장 내지는 남아있는 시립극장의 터가 아주 적당하다고 생각했던 세 가지 이유가 있습니다. 첫째, 나는 탁월하게 극적인 그림을 그리는 화가예요. 둘째, 이 극장은 내가 세례를 받은 성당 바로 맞은편에 있습니다. 셋째, 극장의 전실 홀에서 내 첫 전시회를 열었기 때문이죠."[6] 달리 극장 박물관은 많은 사람에게 달리의 마지막 걸작

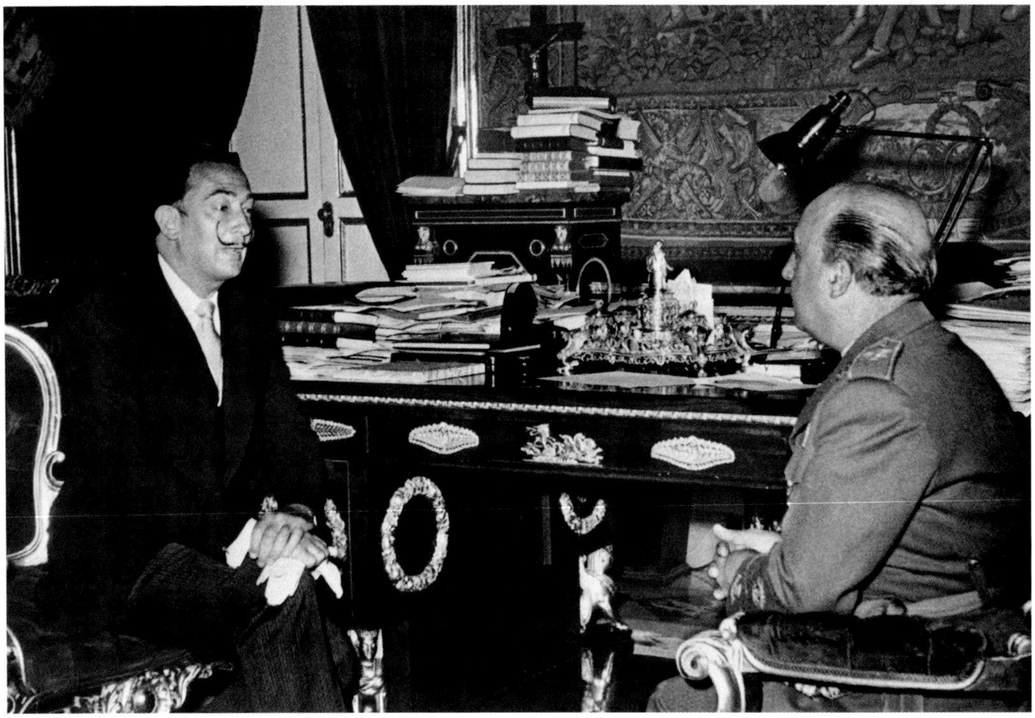

1972년 11월 8일에 프랑코 장군의 손녀 카르멘 보르디우 프랑코의 기마 초상을 프랑코 장군에게 공개하는 달리.

으로 여겨지며 달리가 의도한 대로 총체적인 초현실적 경험을 제공한다.

1976년에 달리는 고주파 이미지와 저주파 이미지의 상호 작용을 활용한 그림을 그리며 컴퓨터로 만든 포토 모자이크를 볼 때 작용하는 지각 과정을 유발하는 기술을 사용했다. 이 포토 모자이크는 어떻게 보느냐에 따라 하나의 사진만 보이거나 전체 모자이크가 보일 수 있다. 우리가 보는 것은 망막의 광수용기가 개별적으로 빛을 감지하며 모자이크한 상이다. 그래서 멀리서는 하나의 커다란 이미지가 보이지만 가까이서 보거나 눈을 찡그리고 보면 전체 안에 있는 다른 이미지들이 구별되기 시작한다.[9] 〈18미터 떨어져서 보면 에이브러햄 링컨의 초상이 되는 지중해를 바라보고 있는 갈라(로스코에 대한 경의)〉(첫 번째 버전)는 선두적인 추상 표현주의 화가이며 1970년에 스스로 목숨을 끊은 마크 로스코에게 경의를 표하는 그림이다. 이 작품의 점차 색이 달라지는 다색 사각형들은 로스코의 명상적인 색채의 장을 떠올리게 한다. 동시에 관찰자는 달리가 지각에 강한 흥미를 느낀다는 것과 달리에게 두 번째로 가장 중요한 환경이 된 미국과 고향 카탈루냐를 융합했다는 것을 확인할 수 있다. 달

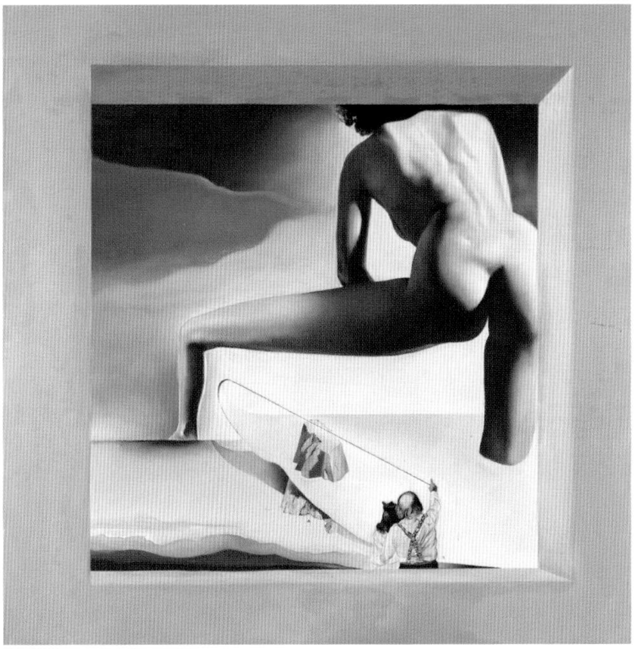

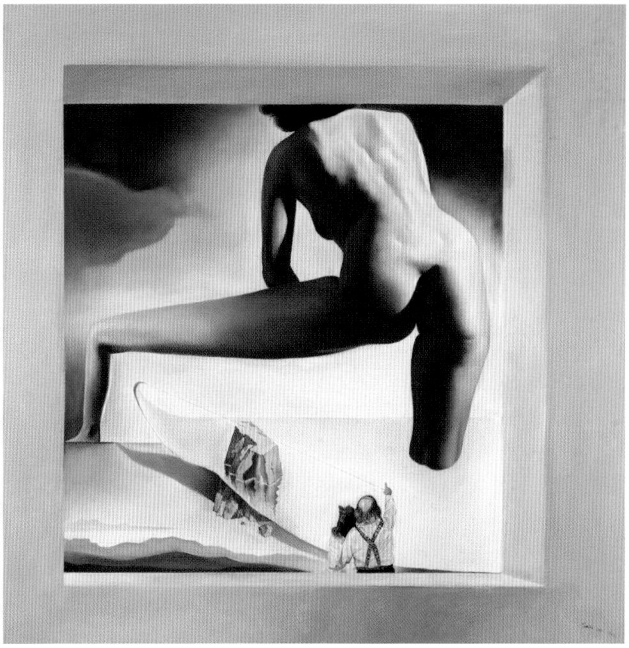

〈갈라에게 비너스의 탄생을 보여주기 위해 지중해의 막을 걷어 올리는 달리〉(입체적 작품), 1978년, 캔버스에 유채, 100.5×100.5cm(개별), 피게라스 갈라 살바도르 달리 재단

리는 뉴욕 세인트 레지스 호텔에 머물면서 이 그림을 그렸고 로스코에게 경의를 표한 것 외에도 미국에 존경을 표현했다고도 생각할 수 있다. 미국은 전쟁 동안 달리에게 피난처가 돼주었고 달리가 그토록 바랐던 돈을 벌 수 있게 해주었다. 이 작품은 1973년 11월에 『사이언티픽 아메리칸』에 나온 레온 D. 하먼의 「얼굴인지」 글에 실린 사진을 바탕으로 창작됐다. 이 기사에 나온 사진은 미국의 5달러 지폐에 실린 에이브러햄 링컨 얼굴의 저해상도 단색 사진이다.[10]

수년간 깊이 관심을 두고 연구하고 시도한 끝에 달리의 첫 번째 초입체적인 그림인 〈갈라에게 비너스의 탄생을 보여주기 위해 지중해의 막을 걷어 올리는 달리〉가 나왔고 1978년에 뉴욕 솔로몬 R. 구겐하임 박물관에서 공개됐다. 초입체적인 그림은 같은 물체 또는 장면을 다른 시점에서 본 두 가지 평면 이미지를 시각적으로 받아들일 때 입체적으로 보인다. 초입체적 작품에서 달리는 거의 똑같은 그림을 한 쌍씩 만들었고 각 그림의 중심을 살짝 옮겨서 초점이 이동하도록 만들었다. 한 쌍의 그림은 색깔도 각각 달랐는데 어느 부분은 미묘하게, 또 어떤 부분은 뚜렷하게 달랐다. 인간의 뇌는 자동으로 이 이미지

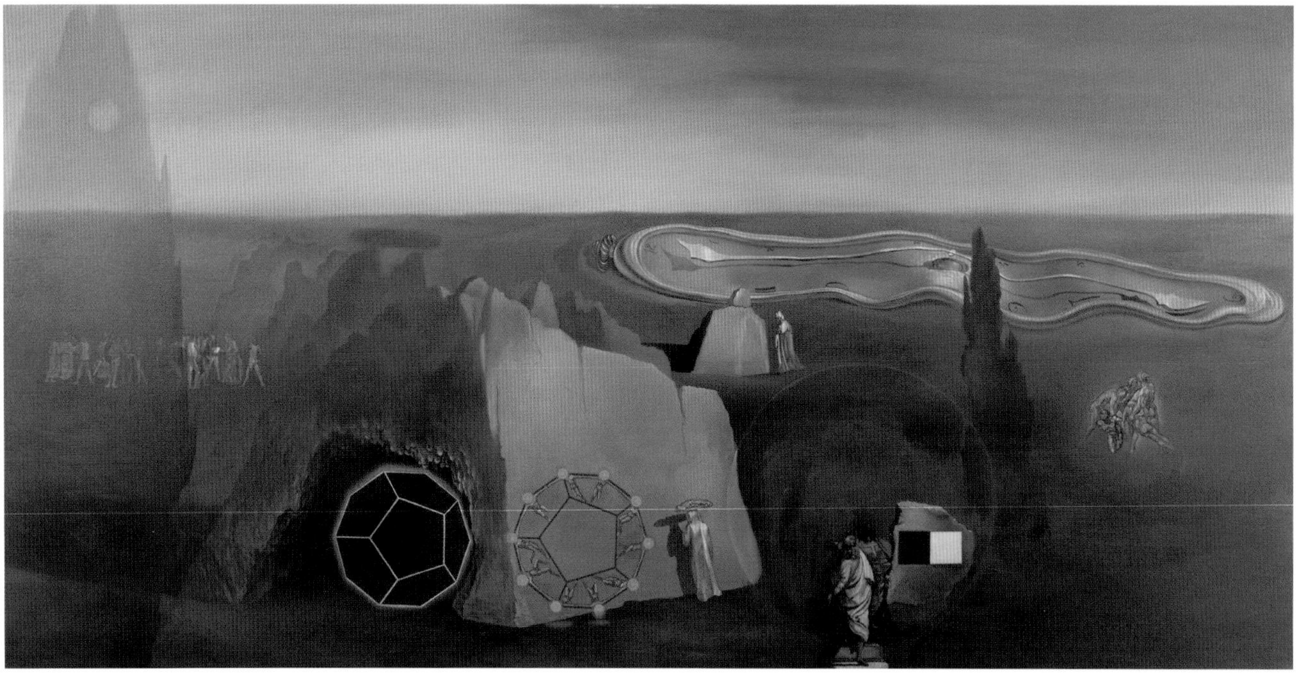

들을 결합해서 마치 오늘날 가상현실 게임에서 보는 것 같은 3차원의 입체감을 느낀다. 첫 번째 초입체적인 그림에서 달리는 다시 한 번 가장 좋아하는 고향의 풍경을 등장시켰다.

〈4차원을 찾아서〉에는 축 처진 매우 커다란 시계가 있는 달리 고향의 바다 풍경이 보이고, 별 모양이 절벽 표면과 결합하고 또 그곳에서 나오는 것처럼 보인다. 별 모양은 달리 버전의 〈최후의 만찬(The Last Supper)〉(달리의 작품: 최후의 성찬식)에도 등장한다. 달리는 이 작품을 1978년에 시작하여 일흔다섯 살이 되는 1979년에 자신만의 특징인 정밀성으로 작품을 완성했다. 같은 해에 달리는 프랑스 학술원, 예술 아카데미의 해외 회원으로 뽑혔다. 임명식에서 초현실주의와 관련된 연설을 하며 우주의 중심이라고 믿고 있는 페르피냥 기차역을 포함하여 다양한 주제를 다뤘다. 마지막에는 너무 흥분하여 이렇게 연설을 끝마쳤다. "페르피냥 기차역과 피게라스여, 영원하라!"[11]

그러나 프랑스 학술원의 회원이 되는 영광을 얻고 그리 오래 지나지 않아 심각하게 안 좋은 일이 찾아왔다. 갈라의 마지막 사랑이 되는 〈지저스 크라이스트 슈퍼스타(Jesus Christ Superstar)〉의 주역 제프 펜홀트는 갈라의 성에 오래 머물렀고 뉴욕에서도 갈라를 만났다. 갈라보다 쉰일곱 살 어린 펜홀트는 적갈색의 긴 머리카락을 가진 무척 잘생긴 스물한 살의 남자였다. 갈라를 완전히 잃어버릴 수 있다는 생각이 들지 않는 한 과거 아내의 불륜에 관대했던 달리에게 펜홀트는 또 다른 위협으로 다가왔다. 언젠가 달리는 말했다. "갈라가 빛나도록 닦아주고 가장 행복하게 만들어주고 나 자신보다 더 보살펴줄 것

〈4차원을 찾아서〉, 1979년,
캔버스에 유채, 122.5×246cm,
피게라스 갈라 살바도르 달리 재단

이다. 갈라가 없으면 모든 것이 끝이기 때문이다."

달리 부부는 1980년 2월에 뉴욕 세인트 레지스 호텔에서 지내고 있을 때 독감에 걸렸고 달리는 독감을 떨쳐내지 못했다. 그전까지 길게 아파본 적 없었던 달리는 우울증에 빠졌다. 갈라는 달리에게 진정제와 바륨을 먹여서 진정시키려고 했지만 오히려 달리를 무기력하게 만들었고 암페타민을 복용시켜서 이 문제를 해결하려고 했다. 처방받지 않은 약을 섞어 먹고 얼마 후에 달리의 오른쪽 손과 팔이 심하게 떨리기 시작했다. 진단서에는 손과 팔이 떨리는 증상이 확실히 나타났고 달리가 삼키거나 걷는 것을 어려워했으며 약 10년간 동맥 경화증을 앓았다고 적혀 있었다.[12] 달리를 검사한 의사 중에 알버트 필드는 달리가 전문가와 상의하지 않고 각성제와 진정제를 혼합하여 복용해서 영구적인 뇌 손상을 입었다고 밝혔다.[13] 달리 부부는 3월 20일에 스페인으로 돌아갔다. 포르트리가트가 아닌 마르베야에 있는 부유하고 유명한 사람들을 위한 요양 시설인 잉카솔로 향했고 그곳에서 4월 중순까지 머물렀다. 그 전에 달리와 뉴욕에서 만났던 칼라츠니코프가 잉카솔로 찾아왔고, 달리의 상태를 보고 큰 충격을 받았다. 달리는 심하게 우울증을 앓고 있었고 뼈만 남은 상태였다. 칼라츠니코프는 사바테르의 탓이라고 생각했는데 사바테르는 달리를 보호한다는 명목으로 총을 소지했고 달리를 팔아 수상쩍은 방식으로 수백만 달러를 벌어들이고 있었다. 사바테르는 확실히 달리의 건강이 전반적으로 악화한 데에 책임이 있었지만, 달리의 뮤즈이자 아내인 갈라도 마찬가지였다. 실제로 이

1980년 1월 8일에 파리 조르주 퐁피두 센터에서 열린 대규모 달리 회고전.

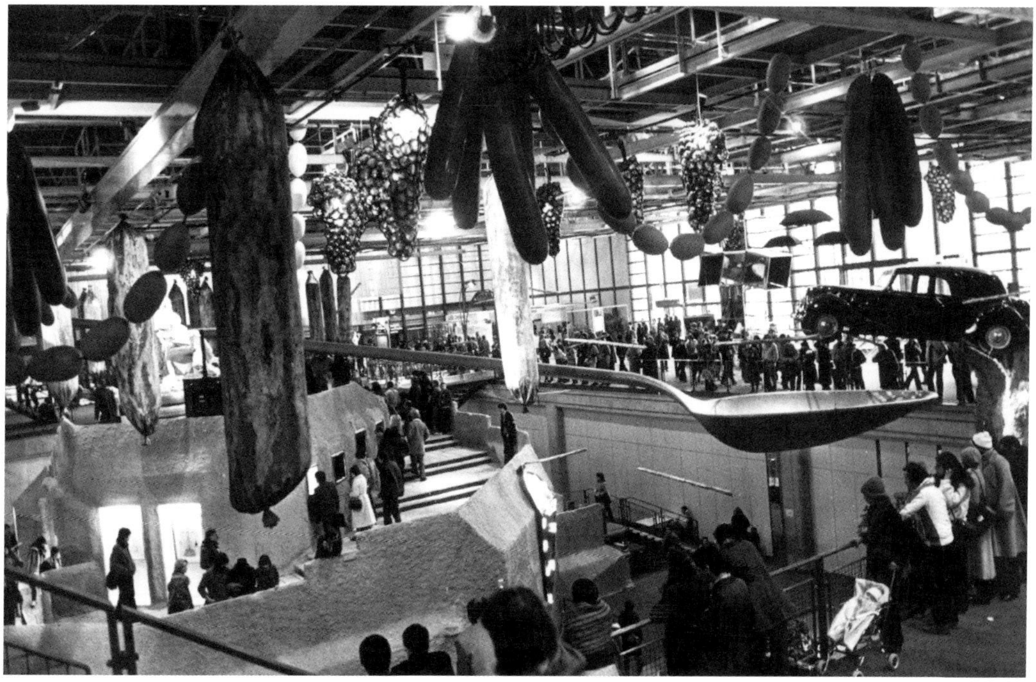

1980년 파리에서
갈라와 달리.

맘때 즈음에 달리는 음식을 먹기 전에 기사에게 먼저 맛을 보라고 요구하기 시작했다.[14]

요양원에서 돌아온 후에 데샤르네, 모스, 마이클 스타우트 변호사, 이렇게 세 명의 달리 친구들이 사바테르 때문에 달리가 더 피해를 보지 않도록 돕기 위해 한데 뭉쳤다. 모스가 달리를 보러 포르트리가트에 갔지만 갈라가 만남을 거부했다. 스타우트와 모스는 사바테르를 만나서 자발적으로 매니저 일을 그만두도록 설득했고 사바테르도 결국 동의한 것으로 보이지만 그렇게 되기까지는 시간이 다소 걸렸다. 이맘때쯤에 사바테르는 돈을 충분히 벌었다고 생각했던 것으로 보이며 같은 시기에 사바테르 때문에 달리에게 매우 수상쩍은 세금 문제가 발생했다. 국내외 언론은 사바테르가 달리를 희생시켜 부자가 됐으며 달리를 찾아온 친구들을 막았다고 비난했다. 달리는 검진을 받기 위해 5월에 바르셀로나 소재의 병원에 갔고 의료진은 근본적으로 달리의 문제가 심리적인 문제라고 결론지었다. 달리는 6월에 퇴원했고 호안 오비올스 정신과 의사가 일주일에 한 번씩 달리를 보러 포르트리가트를 방문했다. 그러나 이 방문은 겨우 몇 주만 이어졌는데 7월 17일에 오비올스가 흰색 박제 곰이 서 있는 발치에서 갈라와 대화하는 도중에 심장 마비로 급사했기 때문이었다. 이상하게도 오비올스의 뒤를 이어 다른 정신과 의사가 달리의 집에 처음 방문했을 때 다리가 골절되는 부상을 얻었다.

달리는 1979년 12월부터 1980년 4월까지 파리 조르주 퐁피두 센터에서 자신의 회고전이 지금까지 가장 포괄적인 규모로 열리는 영광을 얻게 됐는데 이 전시회에서 그림 168점과 오브제 38점, 소묘 219점, 문서 2,000점이 공개됐다. 백만 명에 가까운 사람들이 전시회를 보러 왔으며 이후 런던 테이트 갤러리로 옮겨 1980년 5월 14일부터 6월 29일까지 공개됐다. 상황이 좋았다면 달리 부부는 무조건 런던에 갔었을 것이다. 같은 해에 대중의 눈 밖에서 지낸 지 7개월 후인 10월 24일에 달리는 극장 박물관에서 기자회견을 열었고 달리를 본 적 없는 사람들에게 달리는 지난날의 모습을 약간 띠고 있을 뿐이었다.

부부는 파리에서 크리스마스를 보냈는데 위대한 화가, 달리의 건강은 안타깝게도 계속 악화하는 것처럼 보였다. 달리를 검진한 피에르 루메게르 정신 분석가는 같은 해에 인터뷰에서 이렇게 설명했다. “선생님은 살 의지를 잃었습니다. 우리가 지금 그분의 자살을 목격하고 있다고 말할 수 있어요. 아내가 더는 선생님을 보살펴주지 않는다는 이유만으로 말입니다.”[15] 달리의 집을 지어준 에밀리오 푸이그나우가 메우리스 호텔에 찾아오자 달리가 말했다. “난 끝났어, 절망에 빠졌다고! 자네는 이미 알고 있을 거야. 그자들이 내 것을 모두 빼앗아 갔어!”[16] 물론 달리는 사바테르에게 강탈당했다고 느꼈을 수 있다. 하지만 혹시 갈라도 포함해서 말했던 것일까? 갈라는 달리를 예전처럼 사랑하지 않고 달리는 점점 건강이 나빠지고 있어서였을까. 폭력적인 태도는 한 사람만의 문제가 아니었다. 알바레토 부부는 과거에 달리가 화가 나서 갈라에게 소리 지르는 모습을 목격했었는데 갈라가 불륜 상대에게 돈을 낭비했다는 이유에서였고 이는 사실이었다. 1981년 2월 17일에는 메우리스 호텔에서 지내던 중에 달리가 사바테르를 찾아가 도움을 청했다. 달리는 눈에 멍이 들었지만 갈라는 더 안 좋은 상태였는데 팔다리에 심한 타박상을 입고 갈비뼈 두 개가 골절됐다.[17] 한 달이 좀 지난 3월 18일에 사바테르는 마침내 달리 부부를 떠났다.

사바테르가 떠나고 로베르 데샤르네가 비서 일을 맡았고 사바테르 때문에 발생한 세금 문제를 해결하기 위해 법률 절차를 진행했다. 달리 부부는 1981년 7월 6일에 페르피냥을 거쳐 스페인으로 돌아갈 수 있었다. 달리가 돌아오고 며칠 지나지 않아 카탈루냐 수상과 스페인 국왕 부부가 달리를 찾아왔다. 자신이 사랑한 고국에서 받은 따뜻한 환영 덕분에 병든 예술가는 기운을 차릴 수 있

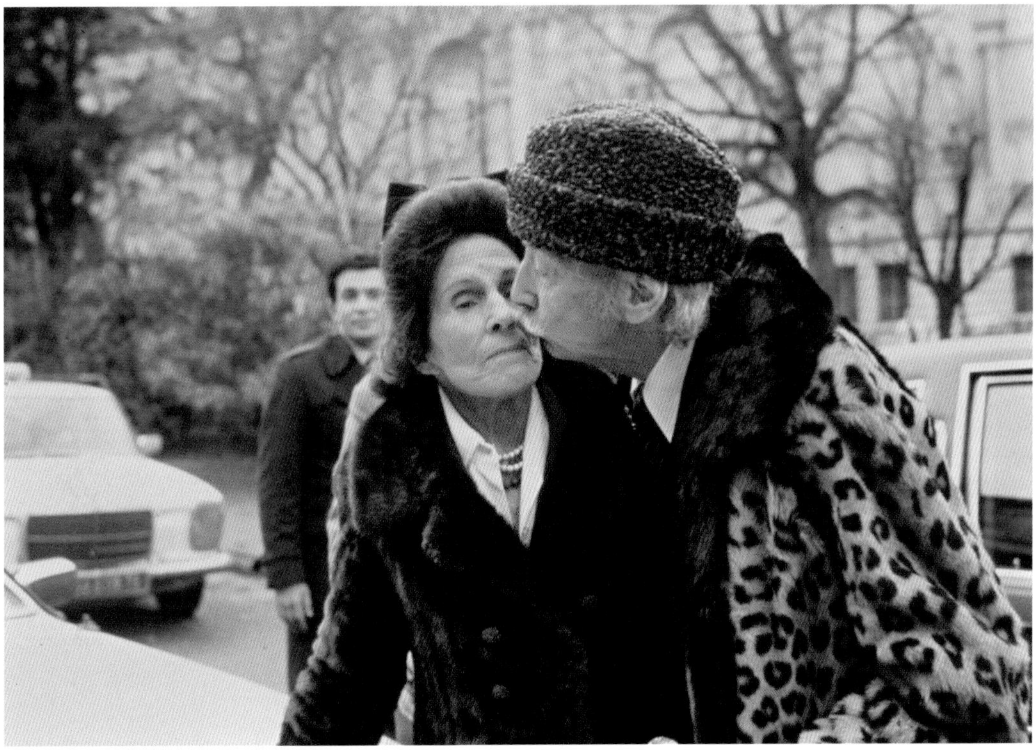

었고 여전히 열정을 갖고 있던 분야를 계속 탐구했는데 바로 대(大)화가들과 착시 현상, 과학이었다. 달리의 몇몇 후기 작품에서 벨라스케스와 미켈란젤로의 영향을 확인할 수 있다. 같은 해에 모스 부부 소유의 살바도르 달리 박물관이 플로리다주 세인트피터즈버그에 개관했다.

1981년 12월에 갈라가 담낭 수술을 받았고 회복했으나 두 달 후인 1982년 2월에 계단에서 떨어졌고 이틀 후에는 욕조에서 미끄러져서 대퇴골 하나가 부러졌다. 수술 후에 심각한 합병증이 생겼지만 이겨냈다. 하지만 포르트리가트로 돌아오는 사이에 먹기를 거부했고 눈은 생기를 잃었다. 자신의 딸 세실이 보러 왔지만 달리와 갈라 모두 세실의 방문을 거절했다. 달리 부부는 유언장을 다시 바꿨다. 이번에 갈라는 딸의 상속권을 박탈하려고 했지만 이는 스페인에서는 불법이었다. 갈라는 1982년 6월 10일에 포르트리가트에서 눈을 감았다. 갈라가 마지막을 성에서 보내고 그곳에 매장되고 싶어 했기 때문에 달리와 수행원들은 갈라의 소원을 들어주려고 갈라가 성에서 죽은 척 속일 방법을 마련했고, 갈라의 시신을 성으로 옮기기 위해 골칫거리 같은 법을 어겼다. 달리의 수행원들은 갈라의 시신을 담요에 싸서 1969년식 캐딜락 드빌의 뒷좌석에 살아있는 것처럼 태웠다.

갈라의 죽음 후에 달리가 포르트리가트로 돌아와서 그림을 그릴 것이라는 말이 있었지만 달리는 그렇게 하지 않았다. 달리를 진료하기 위해 갈라 달리 성에 찾아왔던 정신과 의사 카를로스 발루스가 갈라의 죽음 이후에 달리를 검사한 결과는 이러했다. "갈라의 죽음은 (달리) 시대의 종말을 의미했고 체념의 시대를 열었다. (…) 성도착과 은둔, 포기의 과정은 이미 진행되고 있었다. 달리에게 갈라의 상실은 엄청난 슬픔이었다."[19] 달리는 그림을 그리지 않았고 덧문을 모두 닫은 채 다이닝룸 안에 홀로 자주 칩거했다. 데샤르네의 말에 따르면 달리는 탈수로 자살하려고 했던 것 같다. 번데기 상태로 돌아가려는 의도

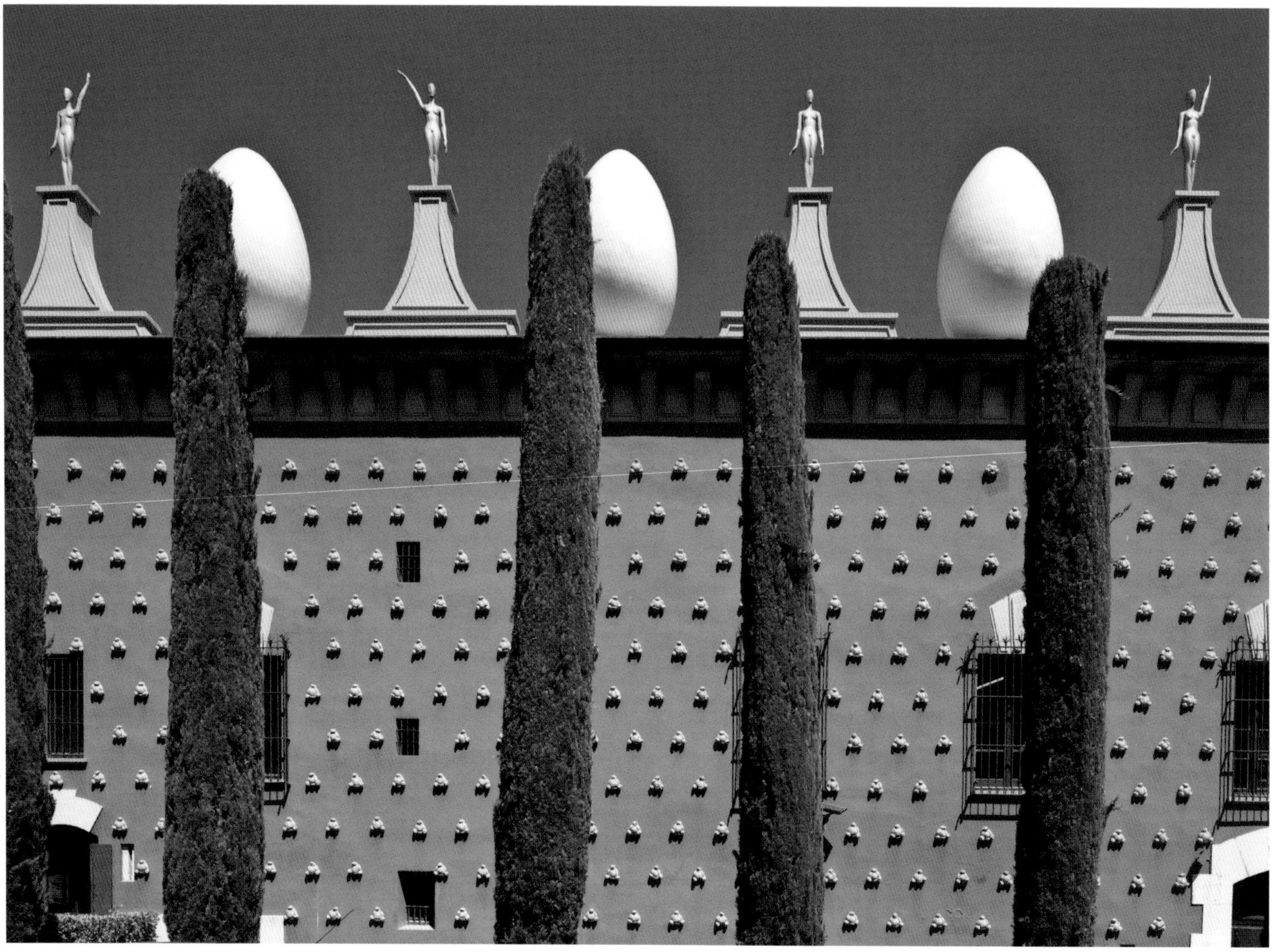

피게라스에 있는 빵과 거대한
달걀로 장식된 달리 극장 박물관.

148~149쪽 달리 극장 박물관에 있는 메이 웨스트 룸.

였는데 달리는 그렇게 하면 불멸을 장담할 수 있다고 믿었다.[20]

1982년 7월에 스페인 국왕이 달리에게 푸볼 후작의 작위를 내렸고 가장 높은 훈장인 샤를3세 대십자훈장을 수여했다. 9월에 스페인 정부가 주최하여 달리의 작품 1,211점을 뉴욕에서 바르셀로나로 가져왔다. 1983년 초에 달리는 조금 기운을 차린 것처럼 보였고 다시 그림을 그리기 시작했다. 하지만 안타깝게도 자주 짜증을 내고 화가 나서 붓을 바닥에 던져버리고는 오후 늦게 작업을 재개하다가도 가끔은 캔버스를 아예 망가뜨리는 날이 많았다. 이 시기에도 달리는 그림을 반쯤 어둡게 그렸다.[21] 몸과 마음이 어느 정도 좋았던 시절은 정신 건강이 심하게 악화하기 전인 2월 말에 끝났다. 1983년 5월 이후 위대한 화가, 달리는 다시 그림을 그리지 않았다. 이제 달리는 죽음을 기다리고 있는 것 같았다. 침대에서 지냈고 밤에는 눈물을 흘렸다. 가끔은 좋은 날도 있었는데 정신이 맑을 때는 새로운 프로젝트에 관해 열성적으로 이야기했다. 1984년 5월 12일에 80번째 생일을 맞았을 즈음에는 계속 나아질 것이라는 희망이 생길 만큼 좋은 날이 많았다. 예전에는 특별하게 만들어진 민트 셔벗을 제외하고는 음식을 거부했었지만, 이제는 오믈렛을 요구하기도 하고 가끔 와인을 마시기도 했다. 6월이 되자 달리는 도움을 받아 2시간 동안 극장 박물관을 방문할 수 있을 만큼 건강이 나아졌다. 「1914년~1983년: 살바도르 달리」라는 제목의 대규모 시대전이 마드리드, 바르셀로나, 피게라스에서 열렸다.

달리는 아직 관심이 필요했고 푸볼 성의 사람들을 군림하고 싶어했기에 밤낮없이 작은 종을 울려댔다. 건강 상태가 좋은 날은 더 그랬다. 종소리에 분개한 사용인들이 종을 버저로 바꿔놓았고 버저를 누르면 간호사들이 볼 수 있게 불이 켜졌다. 이에 짜증이 난 달리가 1984년 8월 30일 밤에 버저를 계속 눌러서 장치에 합선이 일어났고 달리의 커다란 기둥 침대에 불이 붙었다. 간호사의 연락을 받은 데샤르네는 연기 밑에서 침실문으로 기어가는 달리를 발견했다. 달리는 몸의 80퍼센트 정도의 화상을 입어 피부 이식술을 받아야 했지만 놀랍게도 회복했고 튜브를 통해 유동식을 주입받고부터는 몸무게도 늘었다. 바르셀로나 병원에서 퇴원하고는 극장 박물관에 있는 토레 갈라테아에 가서 살았고 성으로 돌아가지 않았다. 달리는 회복이 잘 돼서 스페인의 가장 큰 신문사인 『엘 파이스』와 1985년 2월에 진행한 인터뷰에 적극적으로 참여할 정도였다. 나이와 건강 문제에도 불구하고 달리는 정신적으로 전보다 자신감을 회복했고, 1986년에는 소묘를 그려서 후안 카를로스 왕을 포함한 여러 사람에게 선물하기도 했다. 달리는 더는 은둔하지 않았고 방문객들을 반겼다. 같은 연도에 잡지 『베니티 페어』와 인터뷰를 하고 사진도 찍었다.

그러나 안타깝게도 다음 해에 달리의 에너지는 소진되기 시작했다. 1987년부터 친구이자 협업 작가인 안토니 피쇼트와 충실한 사용인인 아르투로 카미나다, 로버트 데샤르네와만 시간을 보내길 원했다. 대부분의 시간을 잠으로 보냈다. 마음과 몸이 서서히 약해지면서 막심스 레스토랑에 나왔던 오래된 음악을 들으며 파리에서 보낸 행복한 기억을 회상하면서 깨어있는 시간을 즐겼다. 1988년 11월에는 심부전을 앓고 바르셀로나에 있는 키론 병원으로 옮겨졌으며 그곳에서 달리는 자신의 임박한 죽음에 관한 보도를 보기 위해 텔레비전을 요구했다. 후안 카를로스 왕이 12월 5일에 달리를 찾아오자 달리는 기운을 차렸고 왕에게 회복해서 그림을 다시 그릴 것이라고 말했다. 그러나 달리의 정신과 에너지는 이미 대부분 소진돼버린 후였다. 12월에는 극장 박물관에서 시간을 보냈지만 다시 병원으로 돌아가야만 했다. 달리는 그곳에서 1989년 1월 23일에 숨을 거뒀다. 시신은 달리의 요청대로 극장 박물관에서 방부 처리를 받았고 거기서 며칠 안치되어 있다가 매장됐다. 달리의 유해는 달리가 생애 처음 단체 전시회에 참여했던 장소에 자리했으며 이곳은 오늘날 방문객들이 달리가 남긴 놀라운 유산을 누릴 수 있는 최고의 환경이다.

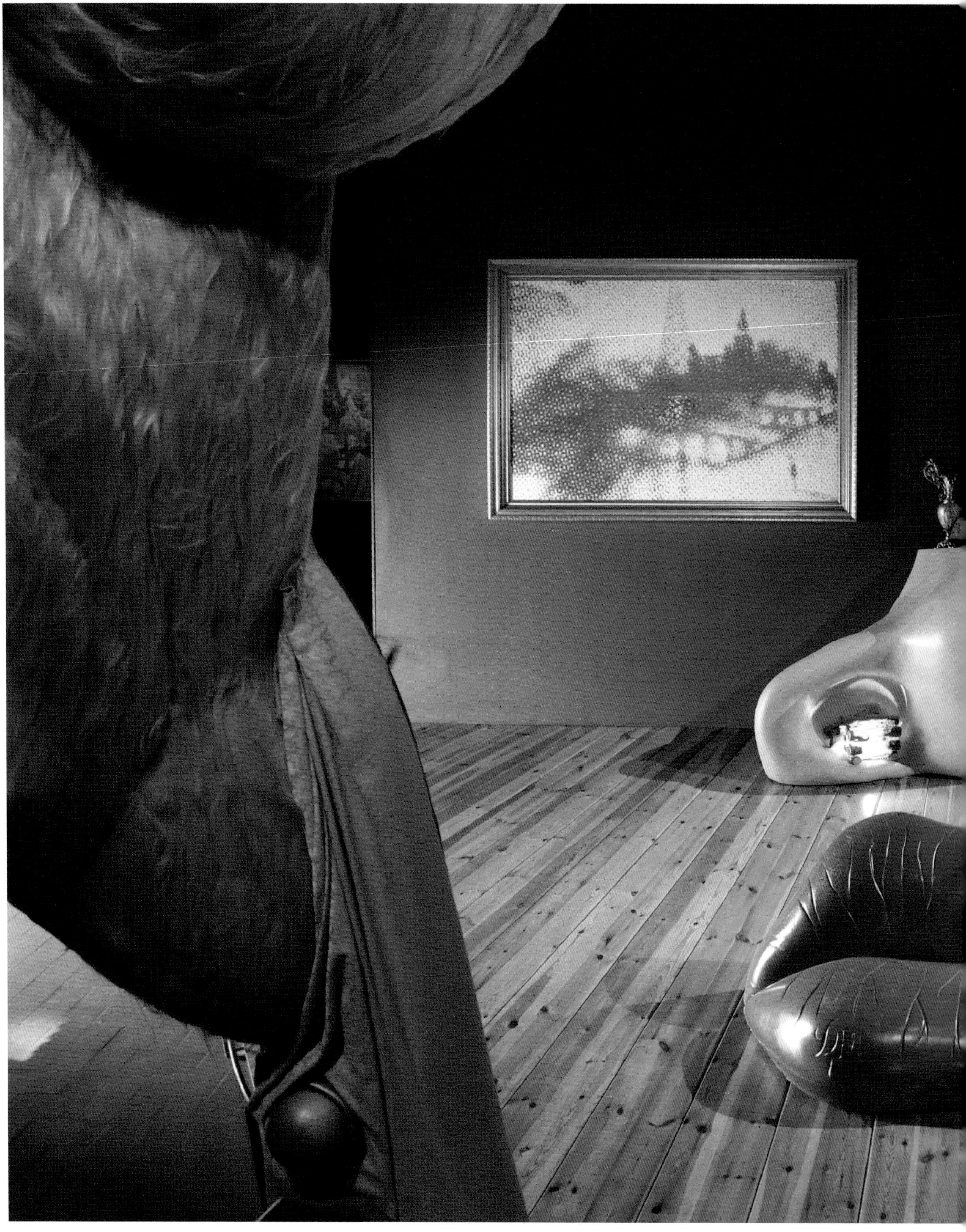

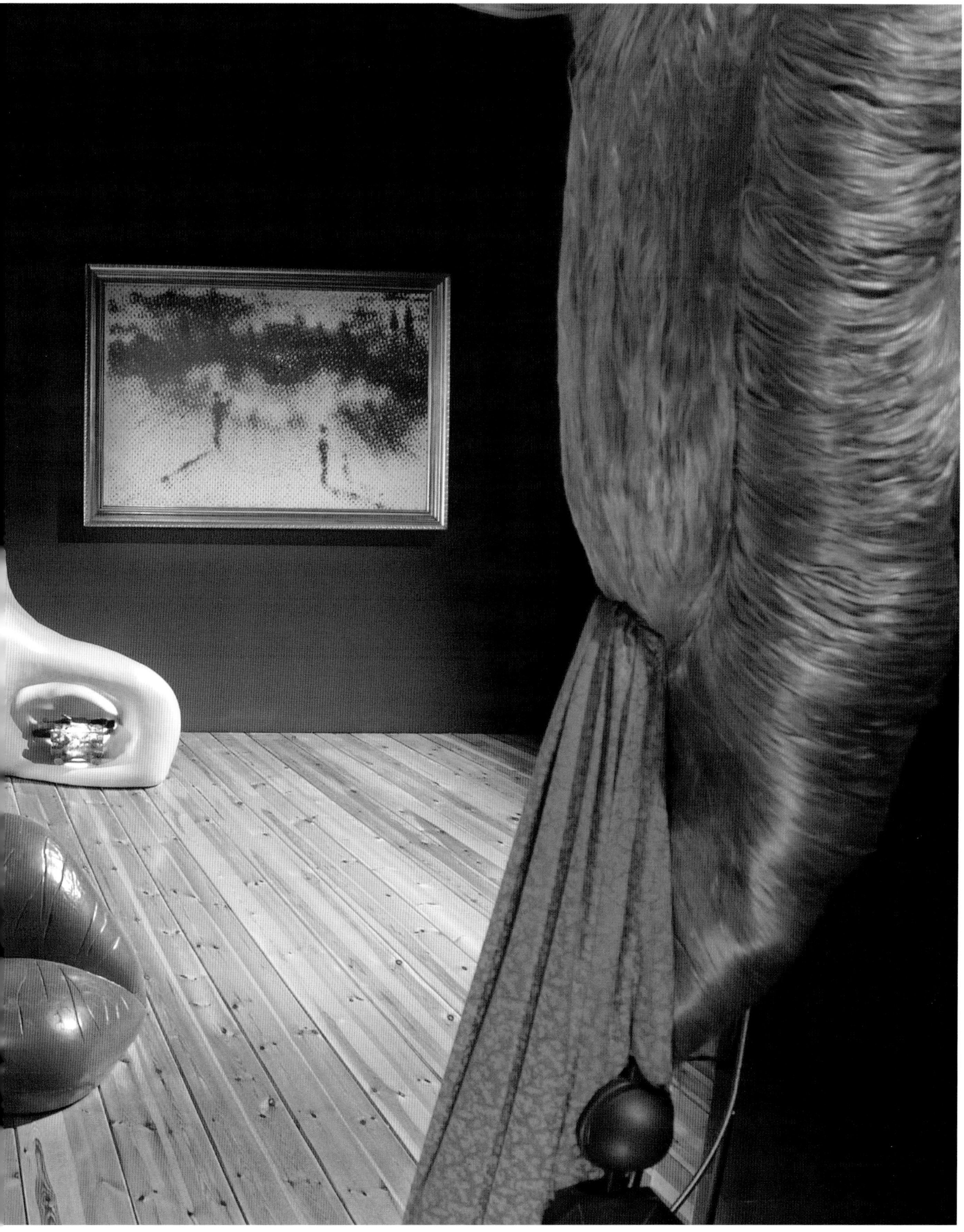

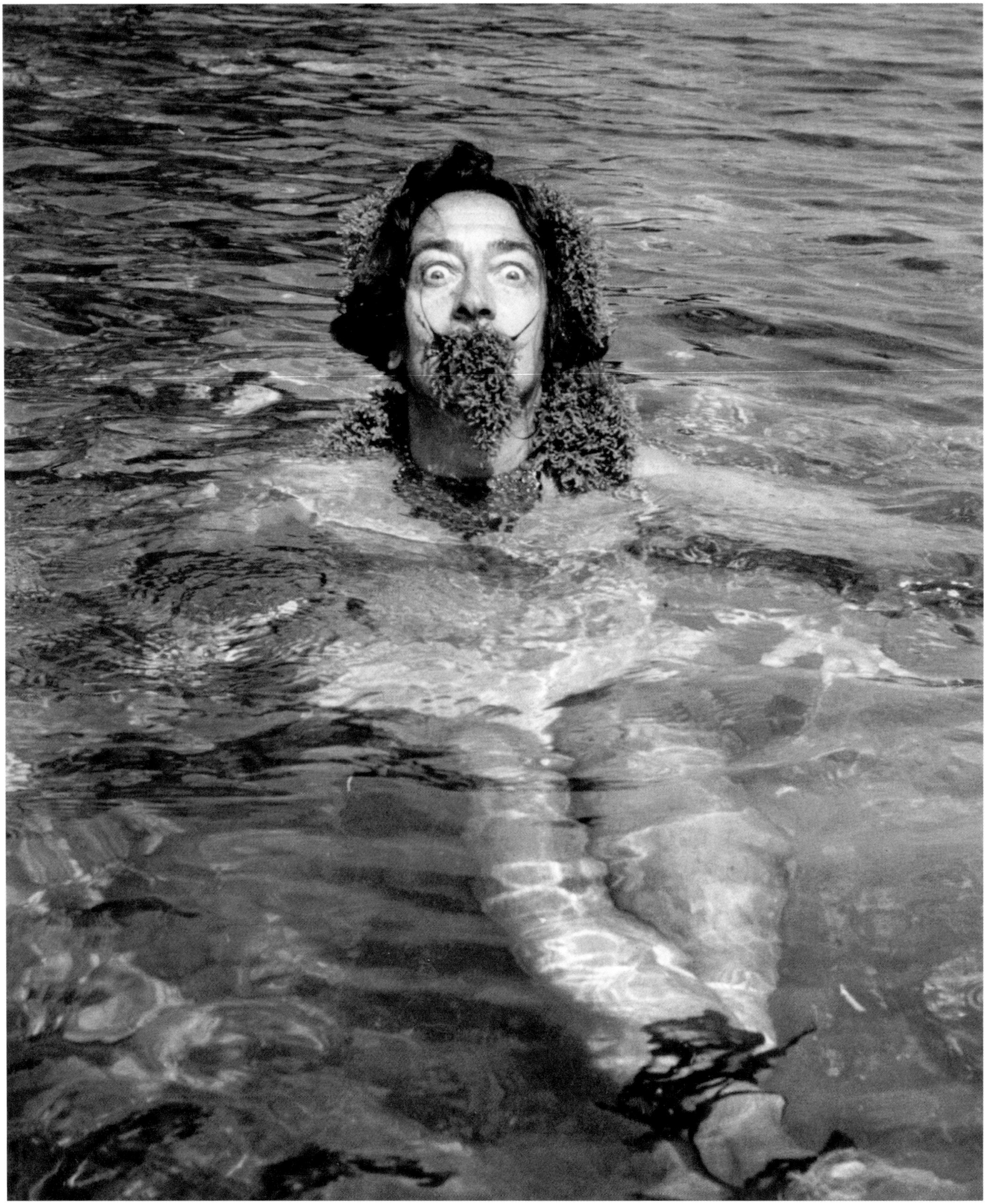

위대한 쇼맨, 달리가 남긴 것

『픽쳐 포스트』 잡지에 실릴 「살바도르 달리와 보낸 하루」 기사 사진을 위해 1955년 1월 8일에 카다케스 집 근처에서 해초를 덮고 포즈를 취하는 달리.

화려한 전설로 남은 살바도르 달리는 자신의 삶과 창의적인 시도만큼이나 초현실적인 유산을 남겼다. 1929년에 뛰어난 자전적 작품인 〈위대한 자위행위자〉에 자신을 묘사한 위대한 창조자, 달리는 매번 다른 지팡이를 갖고 다니며 짓궂은 행동으로 대중의 시선을 끌며 살던 생애 동안만큼이나 많은 수수께끼를 남기고 떠났다.

말년에 달리는 자신을 '신성한 달리'라고 지칭하기 시작했지만, 뛰어난 재능과는 별개로 달리도 인간이었고 다른 사람들처럼 결점이 있었다. 많은 창의적인 사람들처럼 달리도 온전한 정신과 광기 사이의 얇은 선을 경험했으며, 사는 내내 다양한 공포증과 두려움으로 고통받았다. 갈라가 나타나 달리를 구해주기 전이었던 1929년에 달리는 자신이 미쳐버릴까 봐 몹시 두려워했었다. 말년에 갈라의 사랑이 시들고 있다는 것을 느꼈을 때 달리는 창작하는 일에 애써야만 했다. 편집광적 비판방법 덕분에 대중에게 가장 사랑받는 작품들을 그릴 수 있었는데, 편집광적 비판방법의 기반이 된 달리의 두려움과 공포증은 안타깝게 스스로 목숨을 끊었던 달리의 할아버지에게서 유전된 것일 수 있다. 중요한 작품을 많이 만든 화가 달리의 두려움을 예술로 승화시킨 능력은 유산으로 인정되어야 하고 달리의 사례는 다른 예술가들에게 이 얇은 경계선이 축복이자 저주가 될 수 있고 주의하며 사용하되 넘지 않는 것이 가장 좋다는 것을 상기해주는 일화로 사용돼야 한다. 달리는 이렇게 말했다. "나와 미치광이의 유일한 차이점은 나는 미치지 않았다는 것이다." 하지만 달리는 1929년에 갈라를 만나기 전에는 조만간 미칠 위험에 처했었다고 공개적으로 인정했다.

갈라와 달리의 일반적이지 않은 관계에도 불구하고 갈라는 달리의 유일한 뮤즈이자 아내였으며 모든 면에서 근원이 되는 중요한 힘이었다. 달리의 삶과 작품을 살펴보면 달리를 지구상에 뿌리내리게 하고 거의 끊임없는 창의성의 원천이 된 두 번째 요소가 있다는 것을 확실히 알 수 있다. 이 요소는 바로 달리가 사랑한 고향 카탈루냐의 풍경이었다. 언제나 영감을 불어넣어 주고 사랑받는다고 느끼게 해준 세상의 유일한 곳과 이어져 있어야 한다는 욕구 때문에 달리는 프랑코 장군을 지지하게 됐을까? 프랑코 장군을 지지한 달리의 행위는 많은 사람을 역겹게 만들었지만, 달리는 뛰어난 쇼맨이었기에 달리의 지지 표명이 진심이었는지 순전히 실리적인 선택이었는지 아니면 이중적인 의미가 있었는지는 알 수 없을 것이다. 분명한 것은 달리가 카탈루냐에서 충분히 시간을 보내야 한다는 깊은 욕구를 느꼈다는 것이다. 이곳은 "달리를 물들이고 자극한 풍경이었다. 달리의 정체성을 심어주었다고도 말할 수 있을 것이다. 달리는 그 풍경과 자신

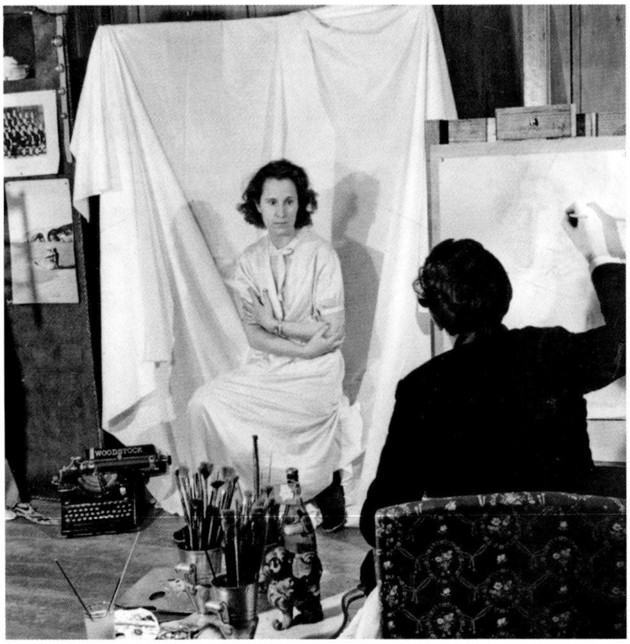

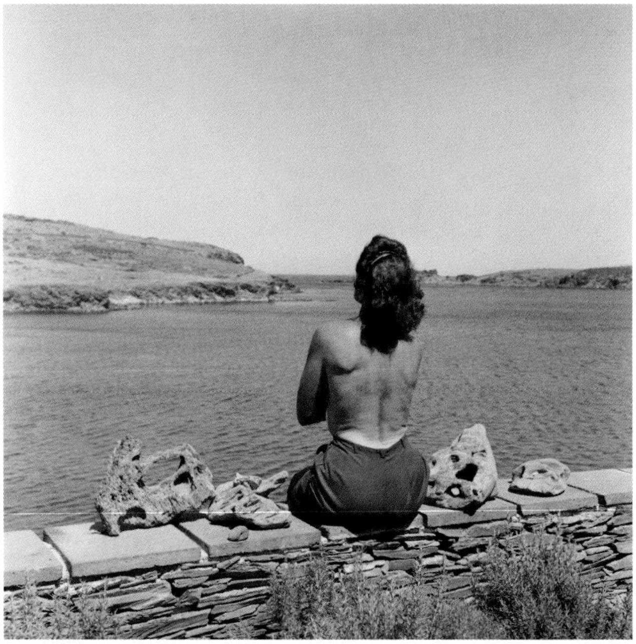

왼쪽 버지니아주 햄튼 매너에서 갈라를 그리고 있는 달리, 1940년.

오른쪽 1955년 1월 8일에 『픽처 포스트』의 「살바도르 달리와 보낸 하루」 기사에 실린 카다케스에서 포즈를 취하는 갈라의 사진.

을 완전히 동일시했다."[1] 『가디언』의 미술 평론가인 조나단 존스는 이 연결을 미덕이라고까지 표현한다. "결국 카탈루냐 풍경을 향한 한결같은 마음은 달리의 유일한 미덕이었다."[2] 고향 경치를 향한 달리의 깊은 공감과 관계성은 원주민이나 북미 원주민의 것에 비유할 수 있는데, 특별한 환경이 창의성과 양육, 영적인 부분에까지 얼마나 중요할 수 있는지를 보여준다.

그런데 달리의 정체성은 무엇이었을까? 매스컴을 조롱하고 2미터 길이의 빵으로 무장하고 자신들이 알고 있는 세상에 의문을 품도록 팬들을 부추기며 콜리플라워가 가득한 롤스로이스를 타고 등장했던 대중 앞에서의 모습이었을까? 아니면 달리는 달리의 친한 친구 나니타 칼라츠니코프가 묘사한 것처럼 '자신의 이야기를 잘 하지 않는 사람이자 양파같이 많은 가면 밑에 숨어 사는 매력적인 사람'이었을까?[3] 나는 둘 다였다고 생각한다. 달리의 유산 중 하나는 미술계에 브랜딩을 도입한 것이었다. 달리의 쇼맨십은 본인이 소심했다고 인정했던 화가 초기 시절부터 계속 진행 중이었다. 예민한 감수성이 결합된 달리의 뛰어난 지능은 어떤 때는 무척 세련되면서도 항상 유쾌하지만은 않은 결과를 내놓았다. 달리는 다양한 매체가 사용된 자신의 작품과 달리라는 사람은 분리되지 않는다고 주장했는데, 매스컴의 시선을 끌기 위해 한 행위 예술도 여기에 포함된다. 달리는 또한 다른 예술가들도 사람과 작품 모두를 매끄럽게 아우르는 브랜드가 될 수 있는 길을 마련했다. 이런 의미에서 달리는 앤디 워홀의 가장 중요한 롤 모델이었다. 시간이 지나며 달리와 앤디 워홀은 서로에게 영감을 주는 관계가 됐다.[4]

다양한 창조 매체를 이용한 수많은 창작물을 통해 달

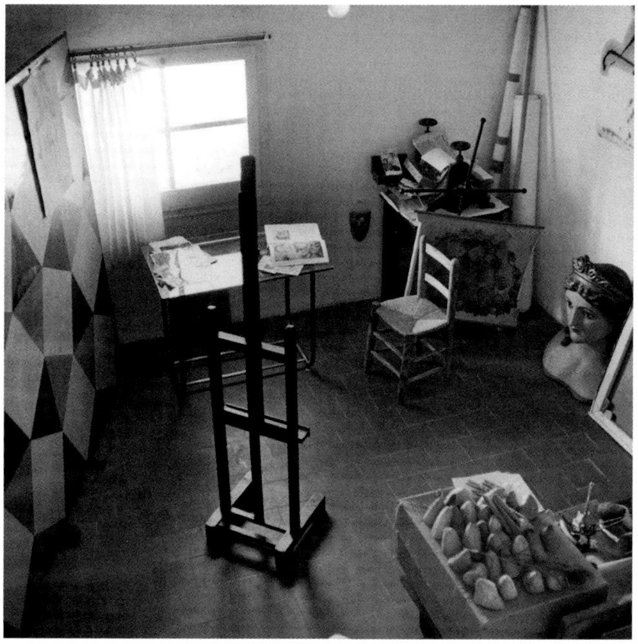

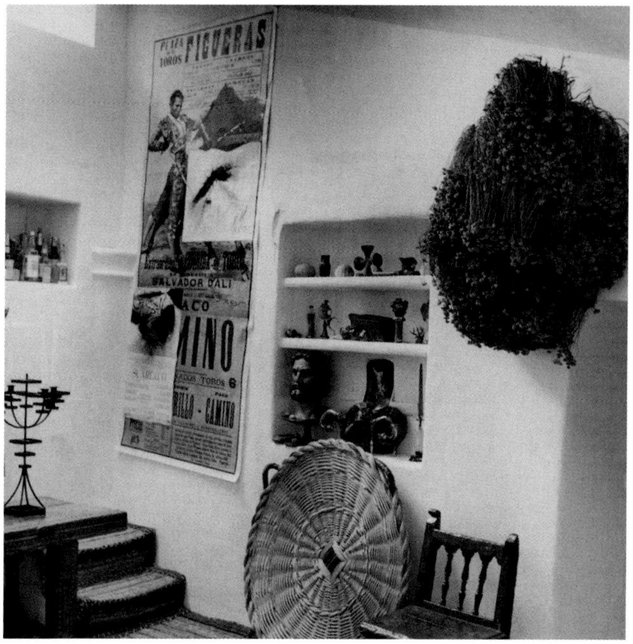

왼쪽 포르트리가트에 있는 달리의 작은 작업실.

오른쪽 포르트리가트의 집에 있는 어느 방.

리는 세계와 다른 예술가들에게 예술가의 재능을 한 가지 매체에만 국한하지 않아도 된다는 것을 보여줬다. 실제로 초기에 영화 작업을 했던 경험이 시각적 심상을 탐구하고 연마하는 것에 도움이 된 것은 명백했다. 달리의 상징과 관심사는 글과 영화, 그림, 초현실주의 오브제, 홀로그램 작품, 조각품, 의상, 보석, 발레 디자인에서 잘 드러난다. 달리가 매우 다양한 분야와 제작물에 손을 대며 오늘날 흔하게 알려진 성공하는 방법을 소개했고 예술가들이 자신만의 브랜드를 구축하며 광범위하게 활동할 수 있게 했다. 향수 업계에서 자신만의 향수나 애프터 쉐이브를 출시한 다수의 사람을 사례로 들 수 있겠다.

작품을 많이 만들어내고 다양한 기법과 매체를 사용해본 경험은 돈을 과하게 사랑했던 것과는 상관없이 달리의 명성에 부정적인 영향을 더했을 수 있다. 2012년에 가장 포괄적이고 규모가 큰 달리 회고전에서 달리의 초현실주의 전성기 시절로 알려졌던 기간의 작품과 많은 평론가가 형편없는 상업적 시기라고 불렀던 기간에 창작된 작품 사이의 간격을 메우려고 시도했다. 파리 조르주 퐁피두 센터에서 열린 달리 회고전에서 유화와 영화, 조각품, 작업 과정을 보이는 데 초점을 맞춘 설치미술을 합쳐 총 200점이 공개됐다. 『타임아웃 파리』 잡지에 실린 논평의 마지막 문단에는 이 회고전이 꽤 잘 요약되어 있다.

"이 전시회는 여러 모습이 담긴 달리의 본질을 전혀 숨기지 않으며 꿈같은 구상미술에서 더 현대적이고 개념적이고 과장된 접근 방법까지의 여정을 영리하게 보여준다. 달리는 여러 다른 모습으로 나타나면서도 전체적으로 보여 달리의 한결같은 유머에서 심오한 일관성을 느끼게 한다. '예술은 삶이다'라고 주장한 예술가들이 많지

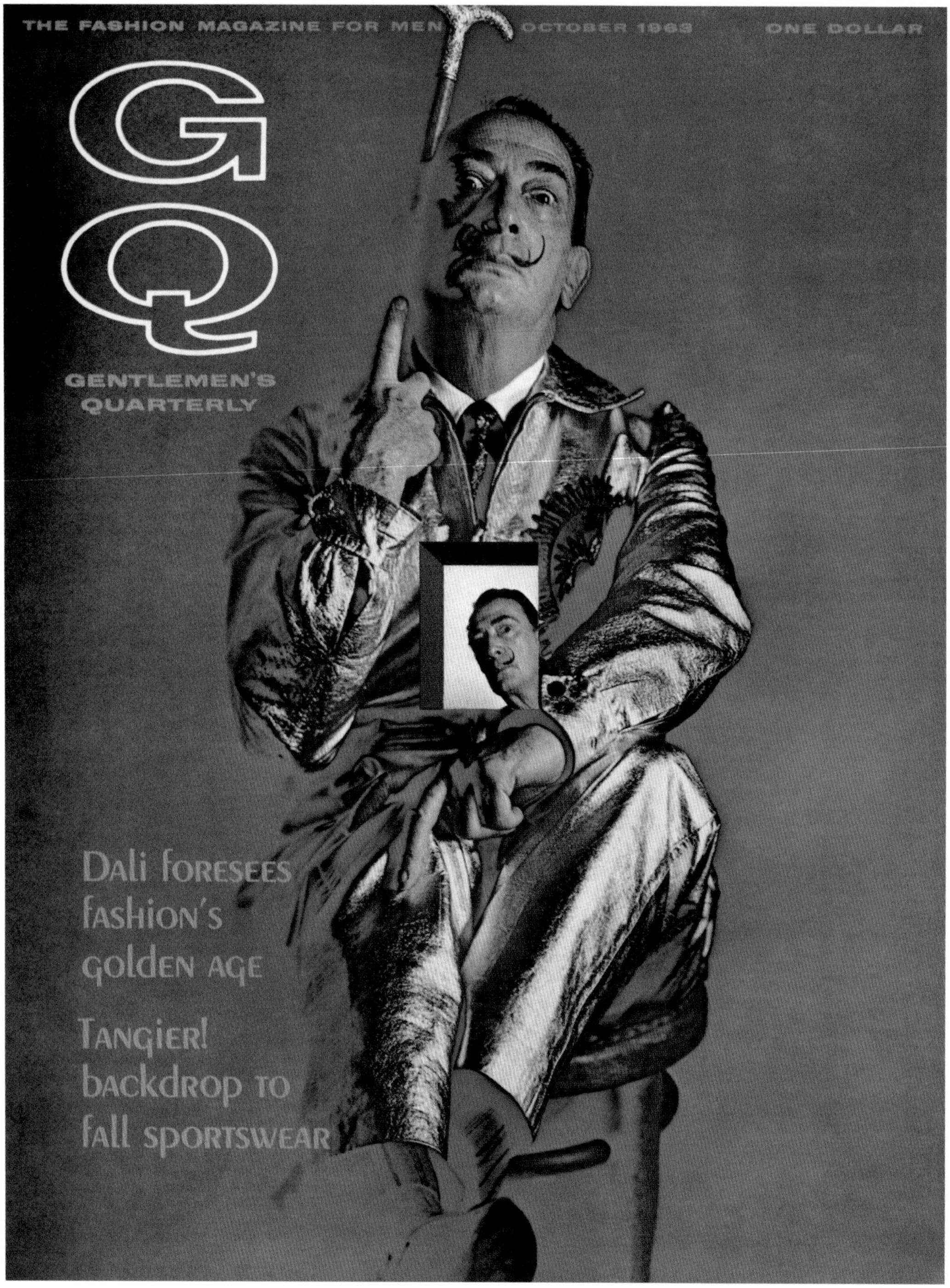
THE FASHION MAGAZINE FOR MEN
OCTOBER 1963
ONE DOLLAR
GQ
GENTLEMEN'S QUARTERLY
Dali foresees fashion's golden age
Tangier! backdrop to fall sportswear

달리 본인이 직접 디자인한 황금색의 새끼 염소 가죽 옷을 입고 있는 『GQ』 잡지의 표지 사진, 1963년 10월.

만, 이 생각을 받아들여서 극도로 행복한 과대망상증과 오만한 변덕이 있는 거대한 가장무도회로 바꿔놓은 사람들은 얼마 없다. 달리의 삶은 잊지 못할 콧수염 뒤에 거의 한 세기 동안 이어진 가장무도회였다."[5]

달리의 모든 작품과 유산은 그의 의도대로 달리라는 사람과 함께 전체론적으로 고려되어야 할 가치가 있다. 달리는 열정적으로 창작하고 배우고 경험하며 인생을 보냈고, 창조 과정은 탐구되고 발견되어야 하는 여정이라는 것을 알고 있었다. 달리의 사례를 통해 다른 예술가들이 같은 길을 가게 됐고, 그들의 창의성은 탐구의 대상으로 변하게 됐다.

대화가들을 심도 있게 연구하며, 달리는 누구나 다 아는 자신의 별난 이름에 예술적인 근거를 얻게 됐으며 이러한 연구 경험은 뛰어난 정밀성과 데생 실력을 계발하는데 중요한 역할을 했다. 달리는 다양한 화풍을 시도했던 몇십 년 동안에도 대화가들을 향한 깊은 존경심을 잃지 않았고 말년에도 다시 대화가들에게로 관심을 돌렸다. 달리는 수많은 예술가도 똑같이 따르도록 자극하며 대화가들의 정밀성과 기교를 배우고 인정하는 동시에 자신만의 해석과 화풍을 찾도록 했다.

대화가들의 작품을 공부하고 몰입한 경험을 통해 달리는 자신이 사랑하는 것을 할 수 있는 능력을 얻게 됐다. 그것은 바로 세상을 뒤집고 내부와 외부를 누비고 다니며 관찰자의 잠재의식을 자극하는 재주였다. 정확히는 자신이 가장 좋아하는 상징적 모티프를 정교한 정밀성과 결합하여 꿈의 세계를 있는 그대로 내보이게 됐다. 달리는 초현실주의의 공식적인 리더는 아니었지만, 세계적으로 보면 리더나 다를 바 없었으며 잠재의식의 선지자이자 상상할 수 없는 것을 상상할 수 있는 사람이었다. 달리의 작품은 다른 예술가들이 자신들의 작품에 신비롭고 개인적이고 감정적인 것을 시도해볼 수 있도록 북돋는 역할을 했다. 달리는 조각 작품에 너무나 대조적인 물체들을 사용하여 그 매체의 전통적인 요소를 흔들어 놨고 조셉 코넬 같이 뛰어난 아상블라주(assemblage) 예술가들을 위한 길을 마련했다. 물론 달리는 초현실주의 기법으로 창작하는 사람들에게도 크게 영향을 끼쳤지만 달리의 유산은 일러스트레이션의 다양한 영역과 현대 비저너리 아트(visionary art)*와 디지털 예술에 널리 퍼져있다. 제프 쿤이 적은 그대로이다. "내가 선생님에 관해 중요하다고 생각하는 것은 선생님이 개인적인 영역에서 대중적인 도상학, 즉 더 높은 경지로 옮겨간 과정이다. 선생님은 대중의 의식과 맞닿아있었다."[6]

달리의 모든 작품은 수많은 예술가에게 영향을 끼쳤을 뿐 아니라 작품에 나타난 초현실주의와 정신분석의 융합은 사람들에게 '인간으로 누릴 수 있는 영광'과 나쁜 점들까지 전부 스스로 받아들일 수 있도록 격려했다. 평론가 에드워드 엘던 즈웰이 말한 것처럼 "달리는 잠재의식에 충분한 인간성을 부여했다."[7]

달리의 고향 카탈루냐보다 달리의 유산의 진가를 실제로 알아볼 수 있는 더 좋은 장소는 없지만 꼭 잊지 말고 잠재의식을 챙겨가기 바란다. 달리의 고향 마을인 피게라스에서 시작하는 것이 좋은데 이곳은 초현실주의 예술가가 다시 돌아오게 된 이유를 느낄 수 있는 장소이다. 피게라스는 달리가 태어난 곳이자 처음으로 작업실을 갖게 되고 미술 수업을 받은 곳이다. 달리는 또한 일흔 살에 피게라스에 극장 박물관을 개관했고, 오늘날 여기에 콧수염이 손상되지 않고 달리의 잔해와 함께 머무르고 있다. 달리와 관련한 랜드마크와 마을을 살펴본 후에 피게라스에 있는 멋진 달리 극장 박물관에서 가장 다양한 달리의 작품을 구경할 수 있다. 많은 전문가가 달리의 마지막 대작이라고 여기는 달리 극장 박물관은 하나로 받아들일 필요가 있다. 이 건물은 초현실주의적 경험을 온

* 물리적 세계를 초월하여 영적이고 신비적인 차원 등을 표현하는 예술.

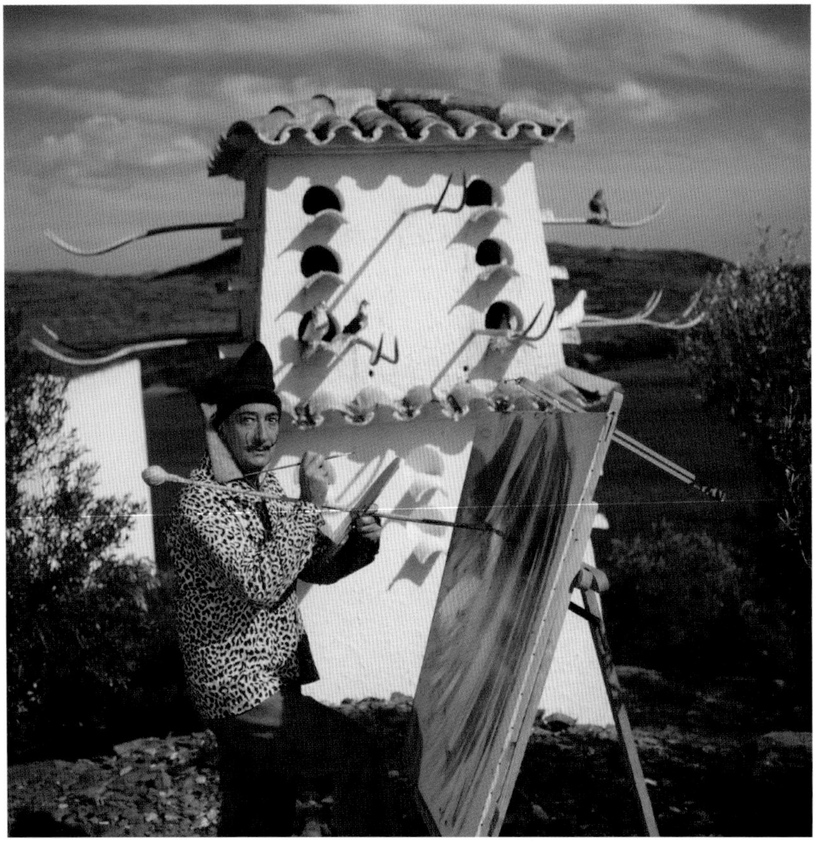

전히 느낄 수 있도록 달리의 의도대로 정확하게 건축됐다. 방문객은 순간 훌륭한 예술 작품을 보고 있다고 느끼면서도 다음 순간 뛰어난 환상의 대가가 창조한 기이하며 어쩌면 저속하기까지 한 작품을 직면하게 된다.

달리의 영원한 영감의 원천이었던 장소를 누리기 위해 가능하다면 며칠간 머무는 것을 추천한다. 포르트리가트에 있는 집 겸 작업실은 달리의 영혼이 오래 머무는 곳이다. 이 건축물은 42년에 걸쳐 지어졌고 달리는 이 건물이 '진정한 생물학적 구조물 같다'고 생각했다. 박제 곰이 있는 로비를 통해 안으로 입장하면 미로 같은 건물 전체에 걸쳐 다수의 복도로 이어진 여러 공간이 눈에 들어온다. 다양한 크기와 모양의 창문틀 너머로 포르트리가트만이 보인다. 이곳에 있는 오브제와 실내장식, 건물의 기운, 머무르고 있는 기억을 통해 여전히 달리의 존재를 느낄 수 있다. 이곳은 또한 달리 부부가 유명하고 흥미로운 방문객들을 많이 맞이한 장소이기도 하다. 달리가 말했던 것처럼 "포르트리가트는 창작의 장소이자 작품을 만들기에 이상적인 곳이다. 모든 것이 그렇게 만든다. 시간은 좀 더 느리게 흘러가고 시간마다 알맞은 차원이 나타난다. 지리학적으로 평온한 이곳은 지구의 독특한 사례이다."[8] 달리가 경험했던 꿈같은 여름의 카다케스 마을을 속속들이 살펴본 후에는 15분 거리에 있는 카프 데 크레우스 자연공원과 엠포르다 평원의 극적이고 영감이 넘치는 풍경을 보고 감탄한다.

그 유명한 달리의 삼각형*은 푸볼에 있는 갈라 달리 성으로 완성된다. 복원 작업이 끝난 후 달리는 성을 포르트

위 포르트리가트 비둘기 우리 밖에서 그림을 그리는 달리.

맞은편 포르트리가트 집 밖에서 달리, 1969년

* 달리 극장 박물관, 포르트리가트에 있는 집, 갈라 달리 성, 이렇게 달리의 랜드마크 세 곳을 가리킨다.

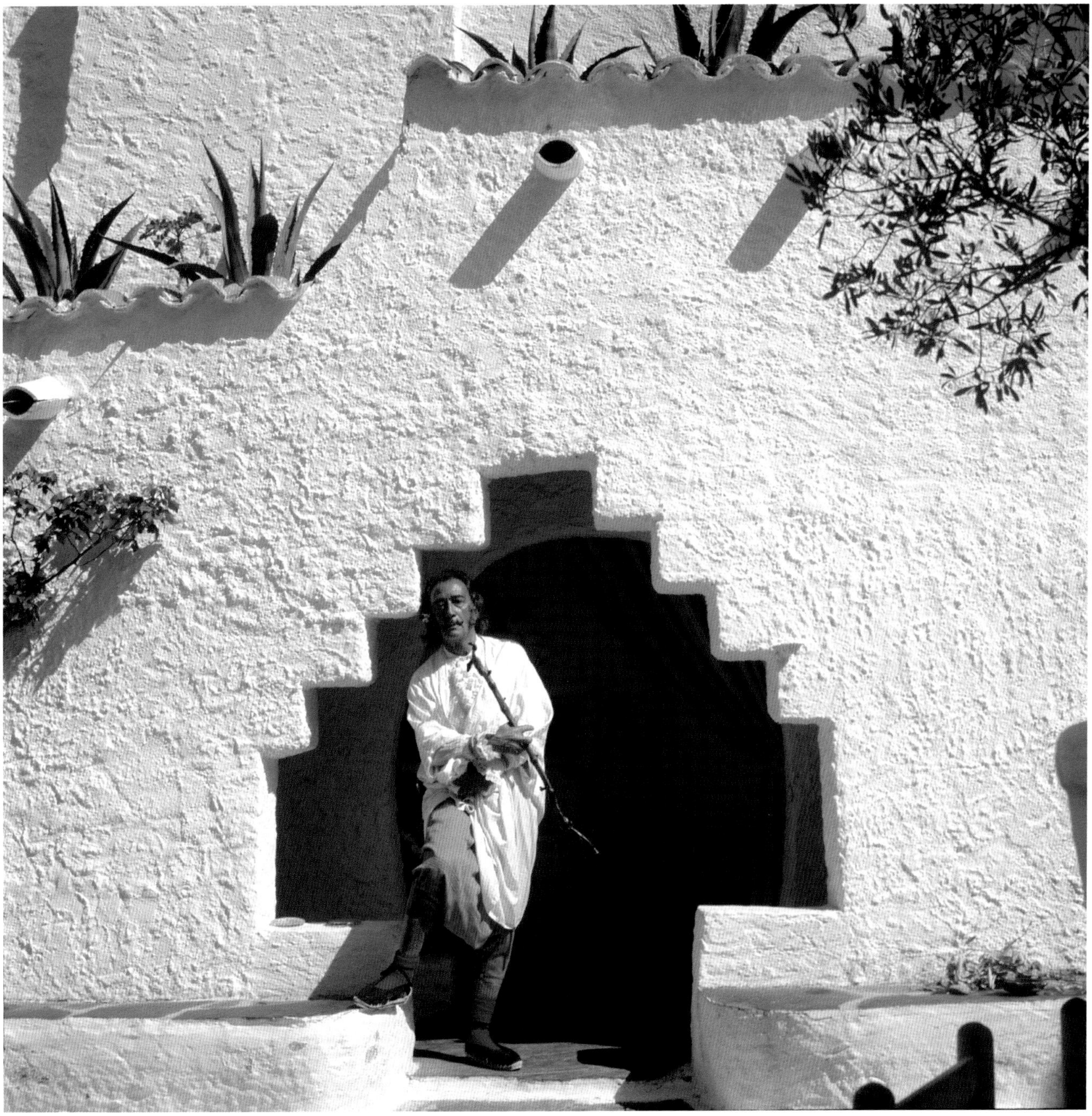

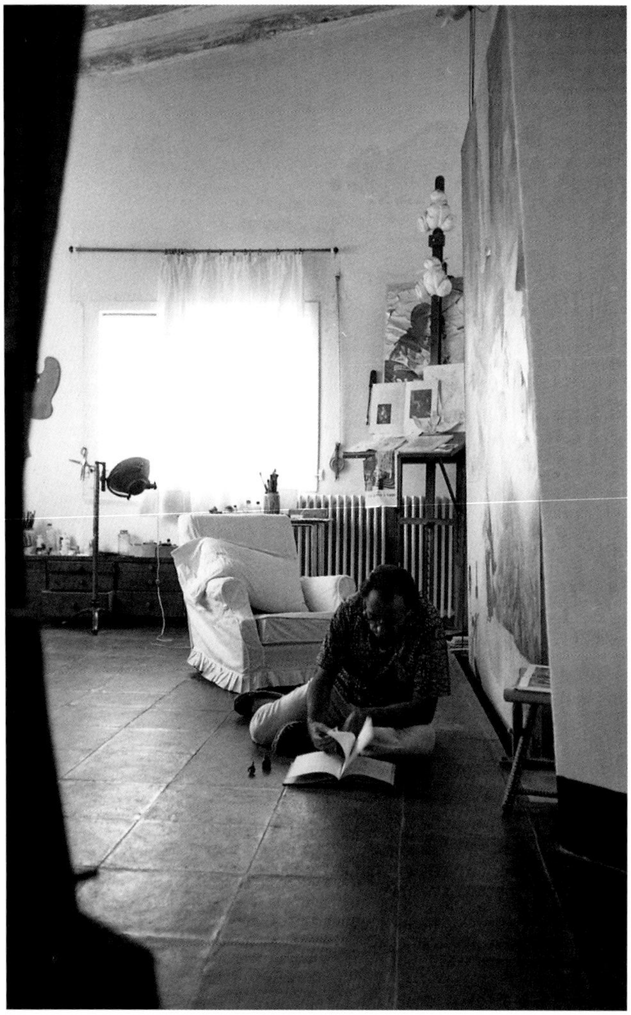

위 포르트리가트에서 달리, 1960년.

맞은편 포르트리가트에 있는 수영장(위)과 조각 정원(아래).

160쪽 〈장미〉, 1958년, 캔버스에 유채, 37.5×30cm, 개인 소장.

리가트에 있는 집이 연장된 공간이라고 여겼지만 이곳은 삼각형의 다른 각보다 갈라의 성향이 더 묻어나는 장소이다. 성을 개조할 때 적용된 기발한 디자인은 달리에게서 나온 것이지만 갈라의 죽음 이후 달리가 혼자 살던 안타까운 시절을 제외하면 성은 달리가 아니라 갈라의 영역이었다. 푸볼 성은 낭만적이고 간소한 환경에서 주인의 창의성을 즐길 수 있는 장소로써 중요하지만, 어쩌면 달리가 얼마나 갈라를 사랑했고 필요로 했으면 본인이 성을 구매했어도 갈라가 직접 작성한 초대장이 있어야만 방문하겠다고 동의했는지를 경탄하게 만드는 곳이라는 점에서도 중요하다.

살바도르 달리는 죽은 형의 환생이라는 소리를 들으며 초현실적으로 삶을 시작했고 말년에는 시간이 지나며 달리에게 가장 중요한 관계가 점점 초현실적으로 변했다. 달리는 의심할 여지 없는 대작들을 만든 수상쩍은 쇼맨으로 몇십 년을 살았다. 달리가 남긴 초현실주의 유산은 우리 주위에 스며들어 있는데 어렸을 때 나는 달리가 세상에 떨친 엄청난 존재감 때문에 달리의 이름을 알기 전부터 그의 작품을 알았다. 달리가 이야기한 다음의 말은 맞을지도 모른다. "다음 세기에 아이들이 프랑코가 누구였는지 묻는다면 사람들은 말할 것이다. 달리 시대에 독재자였다고."[9] 아직 달리의 시대는 계속 이어지고 있으며 그의 녹아내리는 시계와 닮았다. 녹아내리는 시계는 선택받은 풍경에 섞여서 달리의 유산처럼 영원의 의미를 지닌다. 이 시계는 자신의 창조자만큼이나 불가사의한데, 이 창조자는 평생 자신만의 신화를 만들고 자신의 뒤로 물음표를 남긴 사람이었다. 그런데 달리가 엠포르다와 이어지지 않았어도 잠재력을 모두 발휘했을 수 있었을지 궁금해진다. 달리의 예술과 뿌리는 그가 사랑한 지역의 독특한 경치와 빛, 색채와 너무 깊이 얽혀있어서 위대한 창조자와 그의 수많은 창의적인 작품을 고향 풍경에서 분리하는 것은 어려워 보인다.

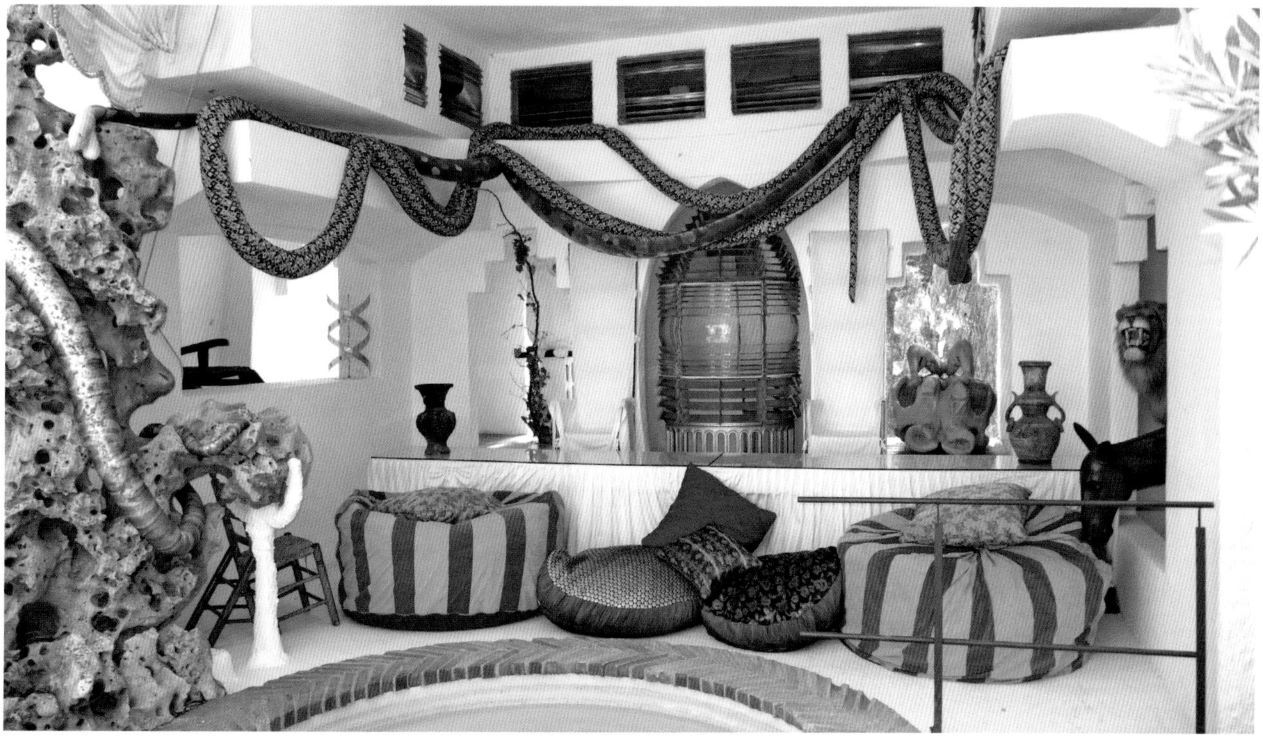

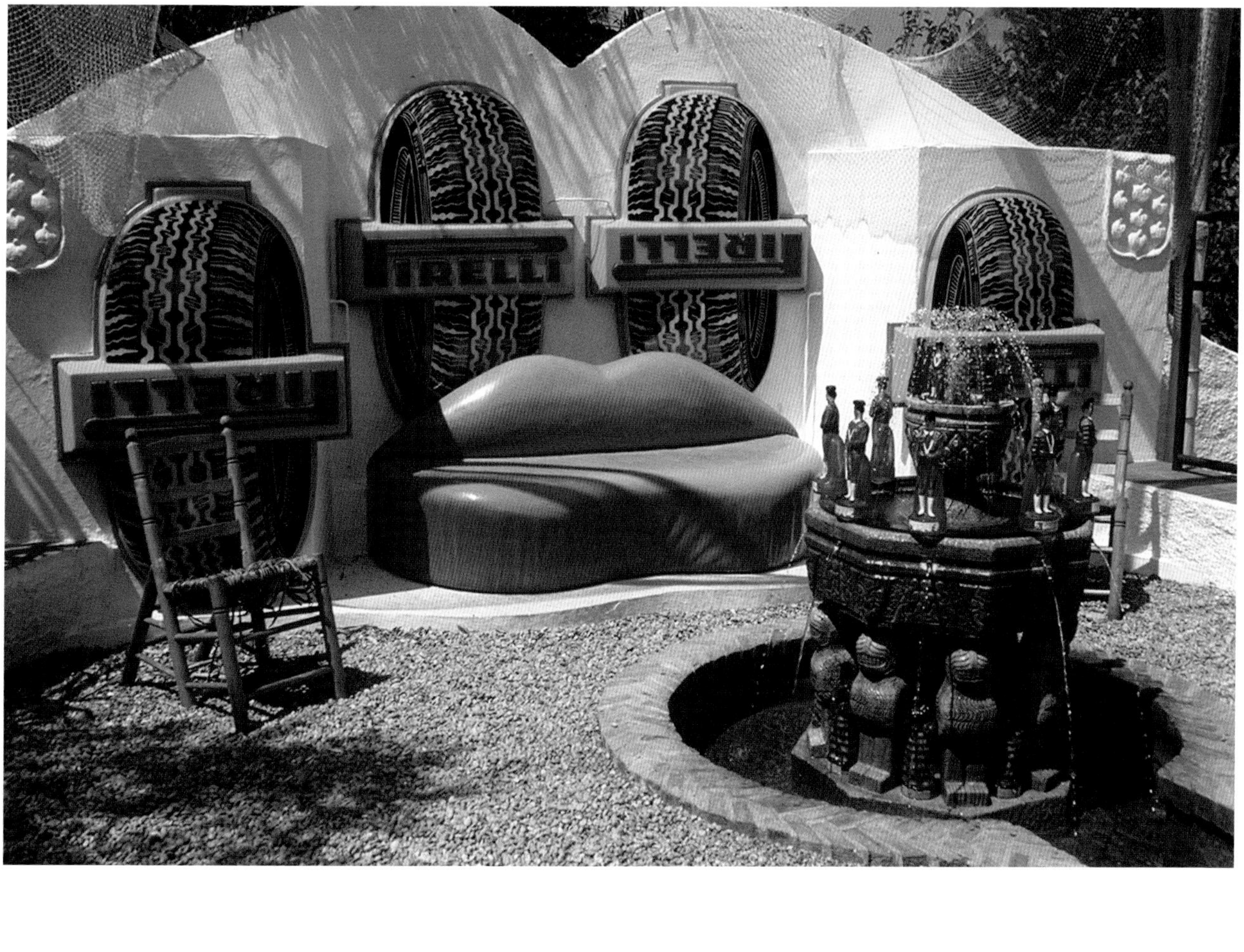

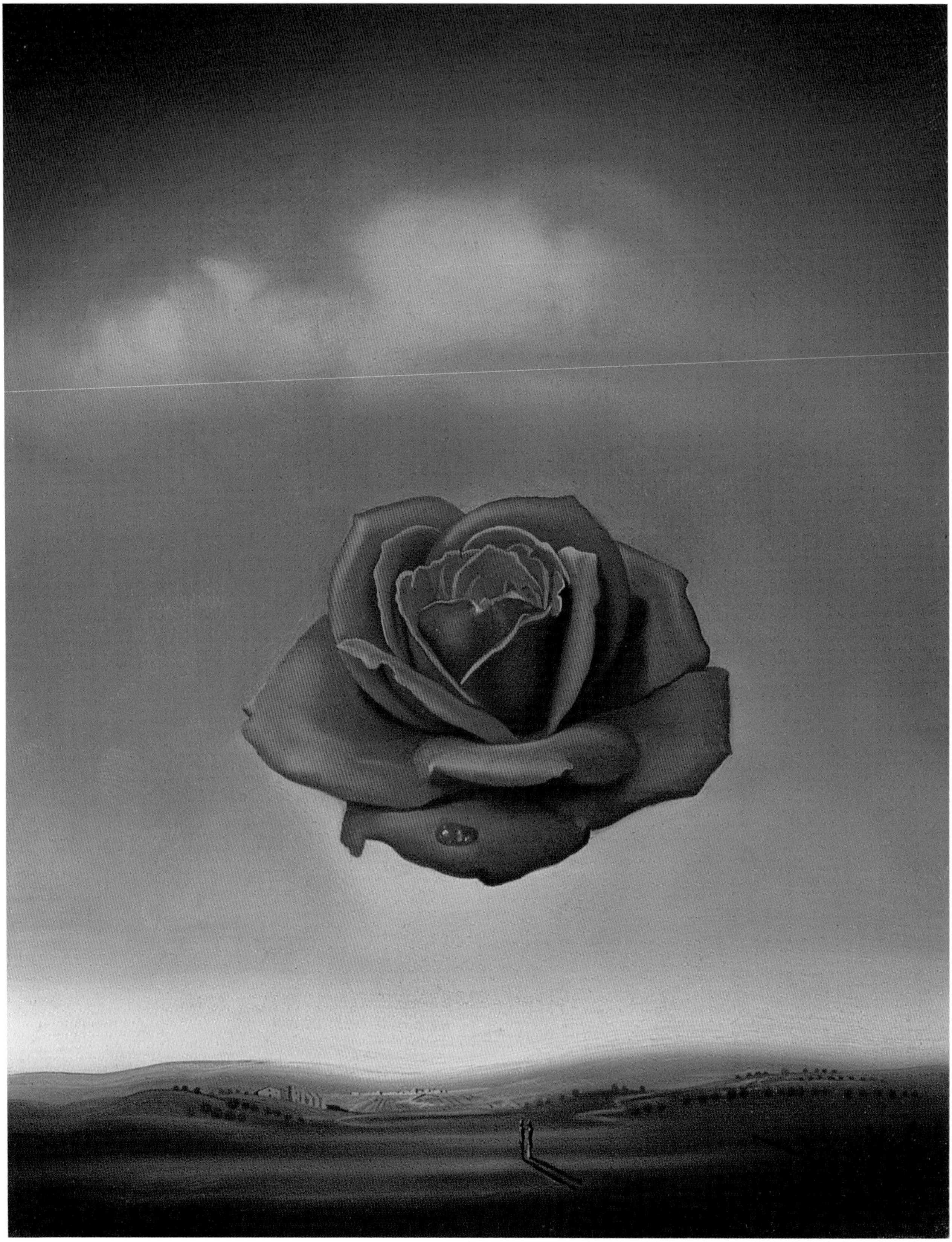

연표

1817년
달리의 고조부 페레 달리 라게르가 카다케스에 자리 잡음

1849년
7월 1일 달리의 조부 갈 호세프 살바도르 달리가 카다케스에서 태어남

1872년
10월 25일 달리의 부친 살바도르 라파엘 아니세토가 카다케스에서 태어남

1881년
갈 달리가 트라몬타나 바람을 피해 가족을 데리고 바르셀로나로 터전을 옮김

1886년
4월 16일 갈 달리가 스스로 목숨을 끊음

1893년
달리의 부친이 바르셀로나 대학 법학과를 졸업함

1900년
달리의 부친이 카탈루냐 엠포르다 지구로 다시 이사하고 펠리파 도메네크 이 페레스와 결혼함

1901년
10월 12일 달리의 형, 첫 번째 살바도르가 태어남

1903년
8월 1일 첫 번째 살바도르가 세상을 떠남

1904년
5월 11일 살바도르 달리가 태어남

1908년
1월 6일 달리의 여동생 아나 마리아가 태어남. 달리가 국립 초등학교에 입학함

1909년
달리의 부모가 달리는 죽은 형의 환생이라고 말함

1910년
여섯 살 때 그린 작품 〈피게라스 근처의 풍경〉이 완성됨. 크리스천 브라더스 학교에 입학함

1912년
새로운 집에서 처음으로 작은 작업실을 마련함

1913년
조그만 작업실에서 작은 풍경 작품 시리즈를 만듦

1916년
여름 피쇼트 가족의 시골 저택인 엘 몰리 데 라 토레에서 지냄

가을 피게라스 학교에서 후안 누녜즈에게 배움

1919년
피게라스 대극장에 있는 콘서트 협회에서 달리의 첫 번째 단체전이 열림

1920년
무렐라가 4번지에 있는 작업실을 임대함

1921년
2월 달리의 모친이 눈을 감음

1922년
9월 산 페르난도 왕립 미술 학교에 입학시험을 치름

1923년
페데리코 가르시아 로르카와 루이스 부뉴엘이 속한 무리와 끈끈한 사이가 됨

가을 학교에서 정학 처분을 받음

1924년
5월, 6월 감옥에서 한 달가량 구금됨

가을 학교로 돌아감

1925년
로르카 시기가 시작됨

11월 바르셀로나 달마우 갤러리에서 첫 번째 개인전이 열림

1926년
4월 처음 파리로 가서 피카소를 만남

6월 학교에서 퇴학을 당하고 피게라스로 돌아감

1927년
9개월간의 의무 복무를 마침

1929년
부뉴엘과 초현실주의 영화 《안달루시아의 개》를 공동으로 제작함. 파리에서 같은 카탈루냐 출신의 화가인 호안 미로를 만남. 〈위대한 자위행위자〉와 〈음산한 유희〉을 그림

9월 갈라 엘뤼아르와 불륜 사이가 됨

11월, 12월 파리에서 처음으로 개인전이 열림

1930년
초현실주의 출판사에서 『보이는 여자』를 출간함. 부뉴엘과 두 번째로 《황금시대》를 공동 제작함

3월 포르트리가트에 있는 어부의 작은 오두막집을 매입함

1931년
파리 피에르 콜 갤러리에서의 첫 전시회가 열림. 〈기억의 지속〉을 그림. 『사랑과 기억』과 『백일몽』을 발간함

1932년
1월 뉴욕 줄리앙 레비의 새로운 갤러리에서 「초현실주의: 그림, 소묘, 사진」이 열림. 1931년에 시작한 〈유동적 욕망의 탄생〉을 완성함. 『바바오우오』를 출간함

7월 갈라와 쇠라 빌라로 이사함. 재정적으로 걱정함

1933년
파리 피에르 콜 갤러리에서 단체전에 참가함. 6월 19일부터 29일까지 개인전이 열림

11월 21일~12월 8일 뉴욕 줄리앙 레비 갤러리에서의 첫 개인전이 열림

1934년
1월 약식으로 혼인을 치름

10월 바르셀로나에서 정치적 폭동이 일어남

11월 갈라와 미국으로 떠남

1935년
아버지와 처음 화해함

7월 편집광적 비판 방법을 설명한 『비이성의 정복』을 출간함. 〈편집광적 비판 마을의 교외〉를 그림

가을 갈라와 함께 에드워드 제임스를 만나 함께 이탈리아로 떠나 라벨로에 있는 침브로네 빌라에서 지냄

1936년
갈라와 포르트리가트에 있는 어부의 오두막집을 하나 더 매입함. 런던 뉴 벌링턴 갤러리에서 열린 국제 초현실주의 전시회에 참여함. 에드워드 제임스를 위해 〈바닷가재 전화기〉를 제작함

1936년
7월 17일 스페인 내전이 발발함

1936년
8월 19일 로르카가 파시스트 당원들에게 살해당함

1937년
할리우드를 방문함. 〈나르키소스의 변형〉과 〈코끼리를 비추는 백조〉를 완성함

1938년
파리 국제 초현실주의 전시회에서 정교한 초현실주의 오브제 〈비 내리는 택시〉를 공개함

9월 프랑스 리비에라 해안에 있는 코코 샤넬의 건물, 라파우자에서 지냄

1939년
4월 1일 스페인 내전이 끝남. 뉴욕 세계 박람회에 설치될 〈비너스의 꿈〉 파빌리온을 디자인함. 〈바카날〉 발레 공연을 위해 의상과 무대를 디자인함

1940년
독일 군대가 보르도에 진입하자 갈라와 미국으로 피신함

1941년
줄리앙 레비 갤러리에서 다수의 전시회가 열림. 평론가들이 달리가 고전주의로 전향한 것을 미심쩍어함

여름 몬테레이 몬테 호텔에서 처음 여름을 보냄

9월 2일 〈마법에 걸린 숲에서 보내는 초현실주의자의 밤〉 가장무도회를 주최함

1942년
『나는 세계의 배꼽이다: 살바도르 달리의 이상한 자서전』을 출간함

1944년
『히든 페이스』 소설을 발행함. 〈깨기 1초 전 석류 주위를 날아다니는 벌의 비행이 야기한 꿈〉을 그림

1945년
9월 《스펠바운드》에 나오는 꿈 장면을 히치콕과 같이 작업함

11월 20일~12월 29일 뉴욕 비누 갤러리에서 「살바도르 달리의 최신작」 전시회가 열림. 패러디 신문 『달리 뉴스』 창간호를 발행함

1946년
〈성 안토니우스의 유혹〉을 그림

1947년
11월 25일~1948년 1월 5일 뉴욕 비누 갤러리에서 두 번째 전시회가 열림

1948년
『마법 같은 그림 실력을 위한 50가지 비법』을 출간함

7월 갈라와 미국에서 카탈루냐로 돌아감

1949년
〈포르트리가트의 성모 마리아〉 종교화가 완성됨

여름 세 가지 공연에 필요한 의상과 무대를 꾸밈

11월 갈라와 로마에 가서 교황 비오 12세를 알현함

12월 여동생 아나 마리아가 『여동생이 바라본 살바도르 달리』라는 회고록을 출간함

1950년
여름 단테의 『신곡』에 실릴 삽화를 그림

9월 22일 달리의 아버지 살바도르 라파엘 아니세토가 세상을 떠남

10월 '왜 나는 신을 모독했고 왜 나는 신비주의적인가'라는 제목으로 바르셀로나에서 강연함

1951년
〈십자가 성 요한의 그리스도〉를 그림

4월 바르셀로나에서 한 강연을 바탕으로 「신비주의 선언」를 발행함. 자신을 피카소와 비교하는 유명한 강연을 펼침

1952년
미국에서 핵 신비주의 기법에 관한 내용을 시리즈로 강연함

1954년
필리프 홀스먼과 『달리의 콧수염』 책을 공동 작업함

1955년
2월 나니타 칼라츠니코프를 만나고 친한 친구가 됨

4월 30일 파리 뱅센 동물원에서 코뿔소를 그림

1956년

6월 16일 프랑코 장군의 초대를 받아 마드리드 엘 파르도 왕궁에 방문함. 바르셀로나 구엘 공원에서 실시간으로 창작하며 가우디에게 경의를 표함.

『한물간 현대 미술이란 부정한 아내를 둔 남편들』을 출간함

1957년

월트 디즈니가 포르트리가트로 달리를 만나러 찾아옴

1958년

달리는 로마에서 다시 태어남

8월 8일 갈라와 카탈루냐 엘스 안젤스에서 비공개 가톨릭 결혼 의식을 치름

1959년

5월 교황 요한 23세를 비공개로 접견함. 파리와 뉴욕에서 오보시페드를 공개함

1960년

4월 두 번째로 필리프 홀스먼과 단편 영화 《혼돈과 창조》를 협업함

1963년

〈갈라시달리시데속시리보핵산〉을 그림

1964년

갈라가 과거 마약중독자였던 윌리엄 로슬레인과 불륜을 저지름. 『마이니치 신문』에서 도쿄에 달리 회고전을 주최함. 『달리, 나는 천재다!』가 출간됨

1965년

달리는 자신의 뮤즈이자 친구가 되는 어맨다 리어를 만남. 앤디 워홀이 〈스크린 테스트〉 시리즈 작품을 위해 달리를 촬영함

1966년

33점의 삽화를 실은 『살바도르 달리에게 보내는 공개편지』를 출간함. 알랭 보스케의 『달리와의 대화』가 출간됨. 〈참치잡이〉를 완성함

1968년

3월 27일~6월 9일 뉴욕 현대 미술관에서 다다이즘과 초현실주의의 시기를 아우르는 300점 이상의 작품이 공개된 단체 전시회가 열림

1969년

갈라를 위해 푸볼에 있는 성을 매입하고 개조함

1970년

파리 귀스타브 모로 박물관에서 기자회견을 열고 피게라스에 달리 극장 박물관을 개관했다고 공표함

1971년

모스 부부가 오하이오주 클리블랜드에 달리 박물관을 개관함

1972년

뉴욕 노들러 갤러리에서 달리의 〈홀로! 홀로! 벨라스케스! 가버!〉 작품을 포함한 홀로그램 전시회가 열림

1973년

달리 극장 박물관에서 「달리와 달리의 보석 예술」이 전시됨. 갈라가 마지막으로 제프 펜홀트와 불륜 관계를 맺음

1974년

9월 28일 달리 극장 박물관이 공식적으로 개관함. 달리의 위조 스캔들이 알려짐

1975년

〈로미오와 줄리엣〉 석판화 시리즈를 10점 창작함

11월 20일 프랑코 장군이 사망함

1978년

〈갈라에게 비너스의 탄생을 보여주기 위해 지중해의 막을 걷어 올리는 달리〉가 뉴욕 솔로몬 R. 구겐하임 미술관에서 공개됨

1979년

프랑스 학술원 예술 아카데미의 해외 회원으로 임명됨. 파리 조르주 퐁피두 센터에서 대규모 회고전이 열림

1980년

갈라가 준 약을 먹고 돌이킬 수 없는 뇌 손상을 입었을 가능성이 있음

5월 14일~6월 29일 런던 테이트 갤러리에서 회고전이 열림

1981년

카탈루냐 수상과 스페인 국왕 그리고 왕비가 방문함

1982년

1월 후안 카를로스 왕이 달리를 푸볼 후작으로 임명하고 찰스 3세 대십자훈장을 내림. 플로리다주 피터스버그에 살바도르 달리 박물관이 개관함

6월 10일 갈라가 숨을 거둠

1983년

마지막 그림 〈제비 꽁지–재앙 시리즈〉을 그림. 마드리드와 바르셀로나, 피게라스에서 「1914년–1983년: 살바도르 달리」라는 제목의 대규모 전시회가 열림

1984년

푸볼 성에 화재가 발생한 후에 피게라스 토레 갈라테아 건물로 완전히 거처를 옮김

1989년

1월 23일 피게라스에서 세상을 떠남

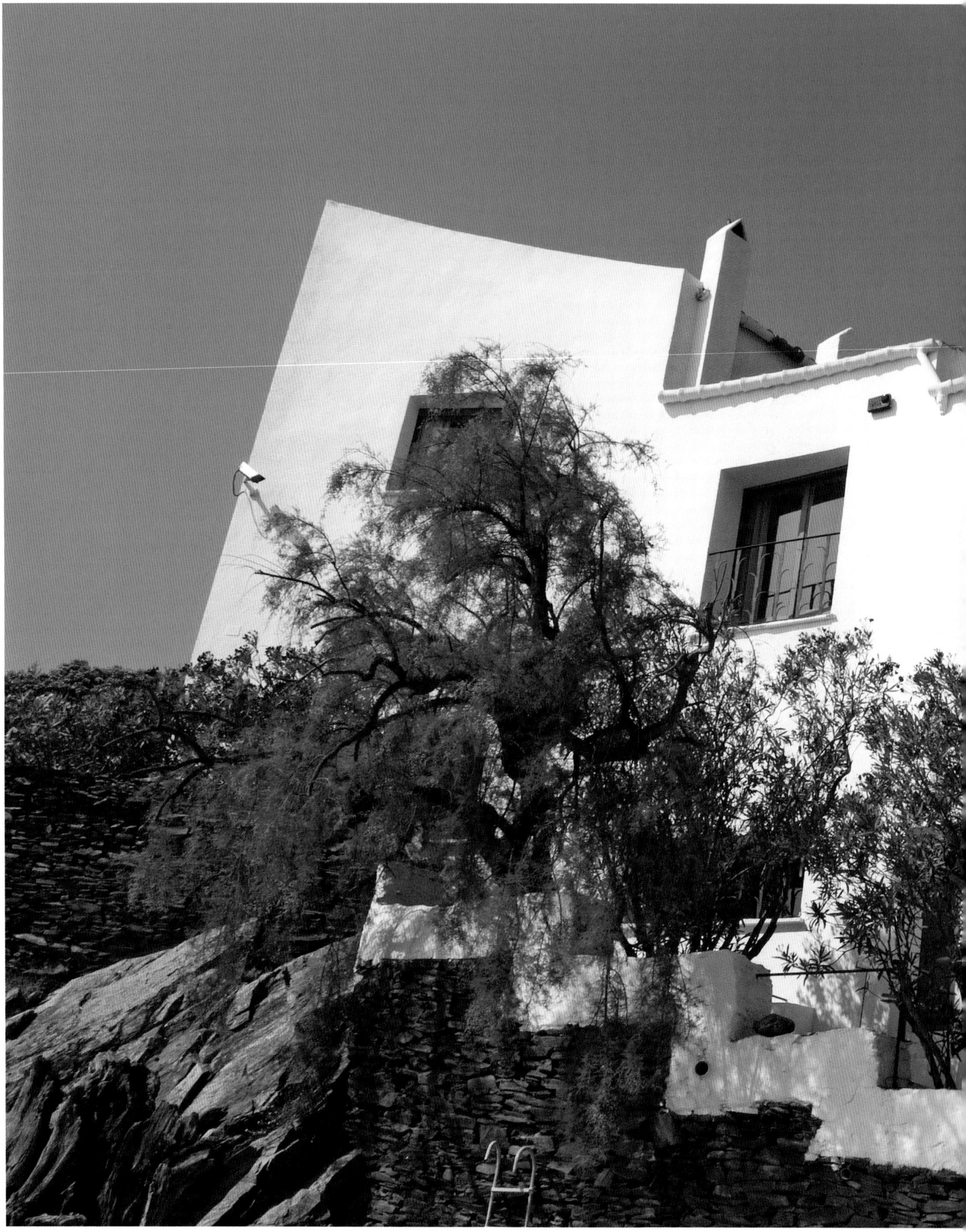

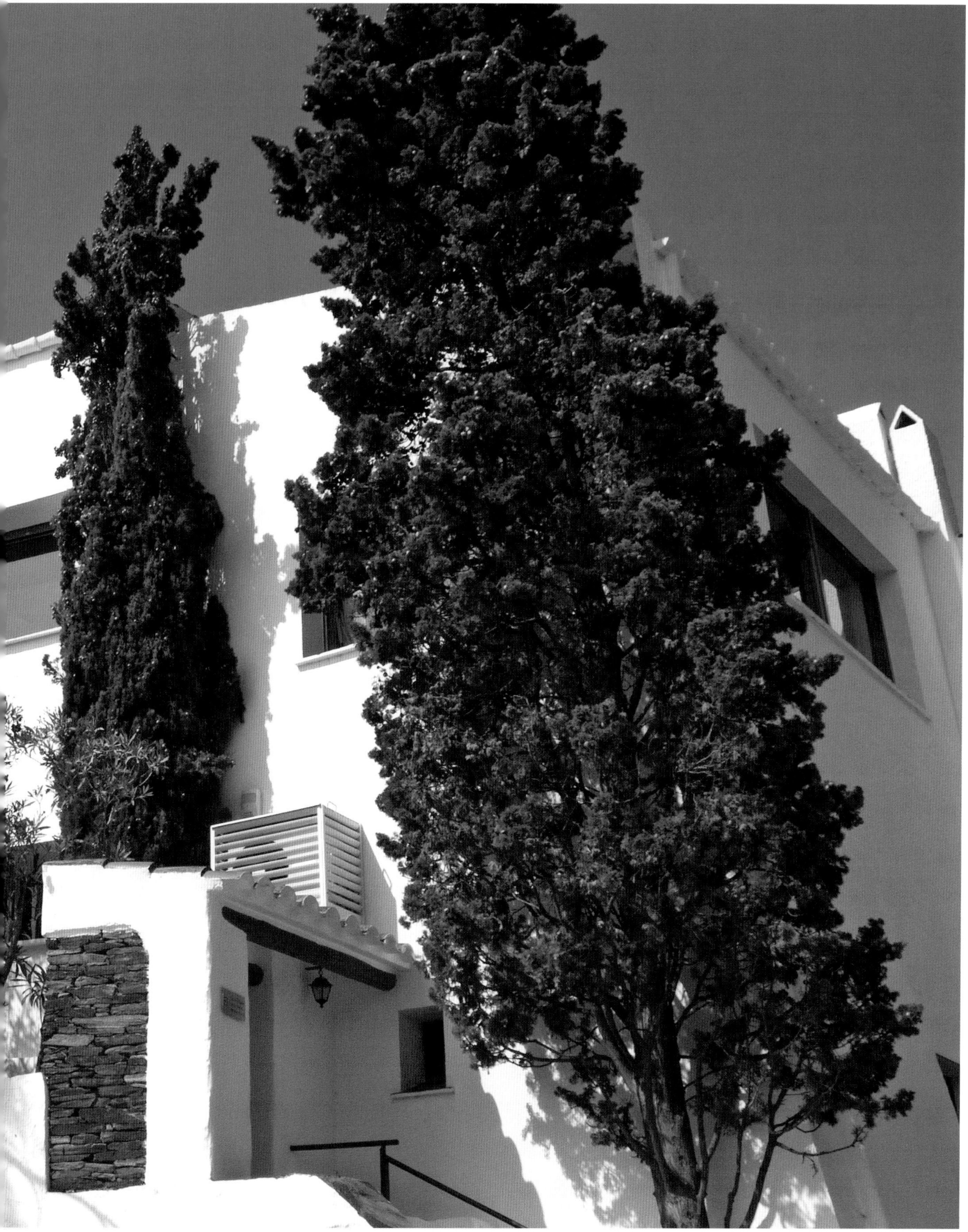

주석

카탈루냐 지역이 달리에게 준 문화적 유산

1 Gilles Néret, *Dalí* (Taschen, Cologne, 2004), 8쪽.
2 Etherington-Smith, Meredith, *Dalí*(Sinclair Stevenson, London, 1992), 9쪽.
3 Ian Gibson, *The Shameful Life of Salvador Dalí*(Faber and Faber, London, 1997), 8쪽.
4 'Documentary on Dalí and his studio in Portlligat', Gala-Salvador Dalí Foundation, 2017년 7월 1일, https://www.salvador-dali.org/en/services/press/news/343/documentary-on-dali-and-his-studio-in-portlligat.
5 Ian Gibson, *The Shameful Life of Salvador Dalí*, 3쪽.
6 Clifford Thurlow, *Sex, Surrealism, Dalí and Me, The Memoirs of Carlos Lozano*(YellowBay Books Ltd, 2011), 15쪽.
7 Rachael Pollack, *Salvador Dalí's Tarot*(Michael Joseph, London, 1985).
8 Ian Gibson, *The Shameful Life of Salvador Dalí*, 5쪽.
9 'Salvador Dalí', Tate Gallery, London, http://www.tate.org.uk/art/artists/salvador-dali-971.
10 Ian Gibson, *The Shameful Life of Salvador Dalí*, 18쪽.
11 위와 동일, 21쪽.
12 Etherington-Smith, Meredith, *Dalí*, 9쪽.
13 Chaplin, Patrice, *The Portal: An Initiate's Journey into the Secret of Rennes-le-Château*(Quest Books, 2010), 255쪽
14 Ian Gibson, *The Shameful Life of Salvador Dalí*, 22쪽.
15 Etherington-Smith, Meredith, *Dalí*, 310쪽.
16 Salvador Dalí, *The Secret Life of Salvador Dalí*(Dover, New York, 1993), 27쪽.
17 Kamila Kocialkowska, 'Five things you didn't know about Salvador Dalí', New Statesman, 2012년 11월 20일.
18 Salvador Dalí, *The Secret Life of Salvador Dalí*, 1쪽.
19 위와 동일, 10쪽.
20 Etherington-Smith, Meredith, *Dalí*, 2~3쪽.
21 위와 동일, 4쪽.
22 Salvador Dalí, *The Secret Life of Salvador Dalí*, 12쪽.
23 위와 동일, 5쪽.
24 위와 동일.
25 위와 동일, 1쪽.

평생의 예술적 영감을 발견하게 된 카다케스 마을

1 Salvador Dalí, *The Secret Life of Salvador Dalí*, 36~37쪽.
2 Salvador Dalí, *The Secret Life of Salvador Dalí*, 40쪽.
3 위와 동일.
4 위와 동일.
5 Salvador Dalí, *The Secret Life of Salvador Dalí*, 41쪽.
6 위와 동일.
7 위와 동일.
8 위와 동일.
9 Salvador Dalí, aged thirteen
10 Descharnes, Robert/Néret, Gilles, *Salvador Dalí*(Taschen, Cologne, 1993), 8쪽.
11 Salvador Dalí, 50 Secrets of Magic Craftsmanship(Dover, New York, 2015), 61~62쪽.
12 Salvador Dalí, *The Secret Life of Salvador Dalí*, 63쪽.
13 위와 동일, 64쪽.
14 위와 동일, 66쪽.
15 Ian Gibson, *The Shameful Life of Salvador Dalí*, 40쪽.

가득찬 열망으로 보낸 피쇼트 가족과의 생활

1 Graham Keeley, 'Dalí's Bohemian Barcelona', *The Times*, 2007년 6월 2일.
2 Salvador Dalí, *The Secret Life of Salvador Dalí*, 71쪽.
3 위와 동일.
4 위와 동일, 72쪽.
5 Salvador Dalí, *50 Secrets of Magic Craftsmanship*, 40~41쪽.
6 Salvador Dalí, *The Secret Life of Salvador Dalí*, 77쪽.
7 Ian Gibson, *The Shameful Life of Salvador Dalí*, 47쪽.
8 Salvador Dalí, *The Secret Life of Salvador Dalí*, 77쪽.
9 위와 동일, 88~89쪽.
10 위와 동일, 140쪽.
11 Sala Reig, Neus, 'Ramón Reig and Salvador Dalí: Biographical Coincidences and Artistic Analogies Between Two Contemporary Painters Attached to the Empordà Landscape and to the "Empordanese Spirit"', Barcelona, Research, Art, Creation 4(3), 272~299쪽.
12 Ian Gibson, *The Shameful Life of Salvador Dalí*, 53쪽.
13 Salvador Dalí, *The Secret Life of Salvador Dalí*, 116쪽.
14 위와 동일, 124쪽.
15 위와 동일, 127쪽.
16 McNeese, Tim, *Salvador Dalí* (Ediciones Poligrafa, Madrid, 2003), 36쪽.
17 Etherington-Smith, Meredith, *Dalí*, 4쪽.
18 Ian Gibson, *The Shameful Life of Salvador Dalí*, 67쪽.
19 Salvador Dalí, *Un Diari: 1919~1920* (Gala-Salvador Dalí Foundation, Figueres), 105쪽.
20 Cristina Jutge, 'Portrait of the Adolescent Artist', GalaSalvador Dalí Foundation, 2005년 9월 12일, https://www.salvador-dali.org/en/research/archives-en-ligne/ download-documents/9/portrait-of-the-adolescent-artist.

은둔자에서 마드리드 멋쟁이로의 변신

1 Salvador Dalí, *The Secret Life of Salvador Dalí*, 176쪽.
2 Real Academia de Bellas Artes de San Fernando, http:// www.ealacademiabellasartessanfernando.com/es/ academia/edificio
3 Salvador Dalí, *The Secret Life of Salvador Dalí*, 151쪽.
4 위와 동일, 160쪽.
5 위와 동일, 159쪽.
6 Descharnes, Robert/Néret, Gilles, *Salvador Dalí*, 17~18쪽.
7 Eric Shanes, *The Life and Masterworks of Salvador Dalí*(Temporis Collection, Digital Edition, 2010), 82쪽 (전자책)
8 Salvador Dalí, *The Secret Life of Salvador Dalí*, 184쪽.
9 위와 동일, 198쪽.
10 위와 동일.
11 Montse Aguer, 'Dalí and Fages: "that intelligent and most cordial of collaborations" ', Gala-Salvador Dalí Foundation, https://www.salvador-dali.org/en/research/archives-en-ligne/download-documents/6/ dali-and-fages-that-intelligent-and-most-cordial-ofcollaboration.s
12 Salvador Dalí, *The Secret Life of Salvador Dalí*, 201쪽.
13 Paloma Esteban Leal, 'Pierrot tocant la guitarra (Pintura cubista)', Reina Sofía National Museum Centre of Art, 1990, http://www.museoreinasofia.es/en/collection/ artwork/pierrot-tocant-guitarra-pintura-cubista-pierrotplaying-guitar-cubist-painting.
14 Descharnes, Robert/Néret, Gilles, *Salvador Dalí*, 26쪽.
15 Salvador Dalí, *The Secret Life of Salvador Dalí*, 206쪽.

초현실주의와 아방가르드의 중심지 파리로 향하다

1 Salvador Dalí, *The Secret Life of Salvador Dalí*, 209~210쪽.
2 위와 동일, 204쪽.
3 위와 동일, 205쪽.
4 Ian Gibson, *The Shameful Life of Salvador Dalí*, 149쪽.
5 Eric Shanes, *The Life and Masterworks of Salvador Dalí*, 46쪽. (전자책)
6 Ian Gibson, *The Shameful Life of Salvador Dalí*, 155쪽.
7 Salvador Dalí, 'Sant Sebastià', *L'Amic de les Arts*, Sitges, year II, no. 16, 1927년 7월 31일, 52~54쪽
8 Eric Shanes, *The Life and Masterworks of Salvador Dalí*, 156쪽. (전자책)
9 Salvador Dalír, *The Secret Life of Salvador Dalí*, 207쪽.
10 위와 동일, 206쪽.
11 Descharnes, Robert/Néret, Gilles, *Salvador Dalí*, 27쪽.
12 Ian Gibson, The Shameful Life of Salvador Dalí, 202쪽.
13 위와 동일, 205쪽.
14 Salvador Dalír, *The Secret Life of Salvador Dalí*, 210쪽.
15 Ian Gibson, *The Shameful Life of Salvador Dalí*, 203~204쪽.
16 Salvador Dalí, *The Secret Life of Salvador Dalí*, 220쪽.
17 Ian Gibson, *The Shameful Life of Salvador Dalí*, 210~211쪽.
18 Eric Shanes, *The Life and Masterworks of Salvador Dalí*, 190쪽. (전자책)
19 Salvador Dalí, *The Secret Life of Salvador Dalí*, 217쪽.

20 위와 동일, 218쪽.
21 위와 동일.
22 Annette Grant, 'The Marriage à Trois That Cradled Surrealism', New York Times, 2005년 4월 3일.
23 Salvador Dalí, *The Secret Life of Salvador Dalí*, 233쪽.

초현실주의의 세계에 들어서다

1 'The Dalinian Triangle', Gala-Salvador Dalí Foundation, https://www.salvador-dali.org/en/museums/thedalinian-triangle/
2 Salvador Dalí, *The Secret Life of Salvador Dalí*, 226쪽.
3 Descharnes, Robert/Néret, Gilles, *Salvador Dalí*, 37쪽.
4 Salvador Dalí, *The Secret Life of Salvador Dalí*, 234쪽.
5 Amanda Lear, My Life with Dalí(Virgin Books Ltd., London, 1985), 25쪽.
6 Rachel Cooper, 'Review - Psychopathia Sexualis', Metapsychology Mental Health, 2003, http://metapsychology.mentalhelp.net/poc/view_doc.php?type=book&id=1562
7 Eric Shanes, *The Life and Masterworks of Salvador Dalí*, 247쪽. (전자책)
8 Descharnes, Robert/Néret, Gilles, *Salvador Dalí*, 50쪽.
9 Salvador Dalí, The Unspeakable Confessions of Salvador Dalí (1973) in Complete Works: Autobiographical Texts, vol. 2 (Ediciones Destino, Barcelona/Gala-Salvador Dalí Foundation, Figueres, 2003), 463쪽.
10 Salvador Dalí, *The Secret Life of Salvador Dalí*, 250쪽.
11 Emerald Tufts, Paranoid-Critical Method, http://emerald.tufts.edu/programs/mma/fah188/clifford/Subsections/ Paranoid%20Critical/paranoidcriticalmethod.html.
12 위와 동일.
13 Salvador Dalí, *The Secret Life of Salvador Dalí*, 251쪽.
14 위와 동일, 252쪽.
15 위와 동일, 253쪽.
16 위와 동일, 253~254쪽.
17 Descharnes, Robert/Néret, Gilles, *Salvador Dalí*, 55쪽.
18 Salvador Dalí, *The Secret Life of Salvador Dalí*, 258쪽.
19 위와 동일, 257~258쪽.
20 위와 동일, 258쪽.
21 Ultra Violet (Dufresne, Isabelle), Famous for 15 Minutes: My Years with Andy Warhol (Harcourt Brace Jovanovich, San Diego, New York, 1988), 77쪽.
22 Roig, Sebastià, *The Empordà Triangle*(Gala-Salvador Dalí Foundation, Triangle Books, Figueres, 2016), 7쪽.
23 Ian Gibson, *The Shameful Life of Salvador Dalí*, 278쪽.
24 위와 동일, 279쪽.
25 MoMA Learning (Museum of Modern Art, New York), The Persistence of Memory, https://www.moma.org/learn/ moma_learning/1168-2.
26 Ian Gibson, *The Shameful Life of Salvador Dalí*, 280쪽.
27 Gilles Néret, *Dalí*, 34쪽.
28 Dawn Ades, *Dalí* (World Art Series, Thames and Hudson, London, 1992), 70쪽.
29 Ian Gibson, *The Shameful Life of Salvador Dalí*, 285~286쪽.

매혹의 도시 뉴욕에서의 첫 개인전

1 Gavin Parkinson, in op. cit, https://www.salvadordali.org/en/research/archives-en-ligne/downloaddocuments/16/salvador-dali-and-science-beyond-amere-curiosity#_ftnref11
2 Ian Gibson, *The Shameful Life of Salvador Dalí*, 286쪽.
3 위와 동일, 293쪽.
4 Lisa Jacobs, Julien Levy's Surrealist Art Galaxy, http://www.lisajacobsfineart.com/j_levy.pdf
5 'Surrealisme', *Artnews*, 1932년 1월 16일, 10쪽.
6 Ian Gibson, *The Shameful Life of Salvador Dalí*, 284쪽.
7 Laura Freeman, 'Salvador Dalí and Marcel Duchamp: the surreally odd couple at the Royal Academy', *Sunday Times*, 2017년 10월 8일.
8 The Guggenheim, *Salvador Dalí*, Birth of Liquid Desires(La naissance des désirs liquides), https://www.guggenheim.org/ artwork/935
9 Ian Gibson, *The Shameful Life of Salvador Dalí*, 299쪽.
10 Royal Academy of Arts, Dalí/Duchamp, https://www.royalacademy.org.uk/exhibition/dali-duchamp
11 Gavin Parkinson, in op. cit., https://www.salvadordali.org/en/research/archives-en-ligne/downloaddocuments/16/salvador-dali-and-science-beyond-amere-curiosity#_ftnref11
12 Salvador Dalí, *The Secret Life of Salvador Dalí*, 327쪽.
13 Peter Lyle, 'The Crosbys: literature's most scandalous couple', *The Telegraph*, 2009년 6월 19일.
14 Ian Gibson, *The Shameful Life of Salvador Dalí*, 304쪽.
15 Salvador Dalí, *The Secret Life of Salvador Dalí*, 324쪽.
16 Gilles Néret, *Dalí*, 36쪽.
17 Salvador Dalí, *The Secret Life of Salvador Dalí*, 290쪽.
18 'Babaouo', Gala-Salvador Dalí Foundation, https://www.salvador-dali.org/en/dali/dali-film-library/films-andvideo-art/1/babaouo
19 Ian Gibson, *The Shameful Life of Salvador Dalí*, 316쪽.
20 Robert Mumford, Mumford on Modern Art in the 1930s (University of California Press, 2007), 107쪽.
21 Ian Gibson, *The Shameful Life of Salvador Dalí*, 333쪽.
22 Salvador Dalí, *The Secret Life of Salvador Dalí*, 327쪽.
23 위와 동일.
24 위와 동일.
25 위와 동일, 331쪽.
26 위와 동일, 328쪽.

나는 초현실주의자가 아니다, 초현실주의다

1 Salvador Dalí, The Unspeakable Confessions of Salvador Dalí (1973) in Complete Works: Autobiographical Texts, vol.2 (Ediciones Destino, Barcelona/Gala-Salvador Dalí Foundation, Figueres, 2003).
2 Ian Gibson, *The Shameful Life of Salvador Dalí*, 344쪽.
3 Martinez-Conde, Susana; Conley, Dave; Hine, Hank; Kropf, Joan; Tush, Peter; Ayala, Andrea; and Macknik, Stephen L., 'Marvels of illusion: illusion and perception in the art of Salvador Dalí', Frontiers in Human Neuroscience, 2015년 9월.
4 'Suburbs of the "paranoiac-critical town" (Suburbis de la ciutat paranoico crítica)', Gala-Salvador Dalí Foundation, http://www.salvador-dali.org/cataleg_raonat/fitxa_obra.php?text=outskirts&obra=434
5 Ian Gibson, *The Shameful Life of Salvador Dalí*, 349쪽.
6 Salvador Dalí, *The Secret Life of Salvador Dalí*, 345쪽.
7 위와 동일, 346쪽.
8 위와 동일, 348쪽.
9 위와 동일, 350쪽.
10 위와 동일.
11 Ian Gibson, *The Shameful Life of Salvador Dalí*, 348쪽.
12 George Melly, Swans Reflecting Elephants (Weidenfeld and Nicholson, London, 1982), 6쪽.
13 Ian Gibson, *The Shameful Life of Salvador Dalí*, 351쪽.
14 Salvador Dalí, *The Secret Life of Salvador Dalí*, 361쪽.
15 Ian Gibson, *The Shameful Life of Salvador Dalí*, 352쪽.
16 위와 동일.
17 Joanna Moorhead, 'Dalí in a diving helmet: how the Spaniard almost suffocated bringing surrealism to Britain', The Guardian, 2016년 6월 1일.
18 위와 동일.
19 Salvador Dalí, *The Secret Life of Salvador Dalí*, 271쪽.
20 위와 동일, 332쪽.
21 위와 동일, 345쪽.
22 Salvador Dalí, The Unspeakable Confessions of Salvador Dalí (1973) in Complete Works: Autobiographical Texts, vol.2 (Ediciones Destino, Barcelona/Gala-Salvador Dalí Foundation, Figueres, 2003).
23 Kennedy, Randy, 'Mr. Surrealist Goes to Tinseltown', *New York Times*, 2008년 6월 29일.
24 Riggs, Terry, Salvador Dalí, Metamorphosis of Narcissus, 1937, The Tate Gallery, 1998년 3월.
25 Dawn Ades, *Dalí*, 74쪽
26 Etherington-Smith, Meredith, *Dalí*, 269쪽
27 Ian Gibson, *The Shameful Life of Salvador Dalí*, 397쪽.
28 Nanette Watson, 'Coco Chanel's Villa La Pausa, Houses with History', 2012년 5월 4일, https://houseswithhistory.wordpress.com/2012/05/04/coco-chanels-villa-la-pausa/
29 Salvador Dalí, *The Secret Life of Salvador Dalí*, 363쪽.
30 Bacchanale, 1939, Dalí Paintings, https://www.dalipaintings.com/bacchanale.jsp 31 Sutton, Tina, Goodbye Dali: A Surreal Experience at the Ballet, The Making of Markova, August 2013, https://themakingofmarkova.com/2013/08/16/goodbye-dali-asurreal-experience-at-the-ballet/

미국 전역을 다니며 자신의 세계를 펼치다

1 Salvador Dalí: Liquid Desire, National Gallery of Victoria, 2009, 265쪽.
2 Salvador Dalí, 'Times-Dispatch', 24 November 1940, quoted in Dalí: The Centenary Retrospective, 2004.
3 Ian Gibson, *The Shameful Life of Salvador Dalí*, 405쪽.
4 King, Elliott H.; Aguer Teixidor, Montse; Hine, Hank;Jeffett, William, *Salvador Dalí: The Late Work* (Yale University Press in association with the High Museum of Art, 2010), 15쪽.
5 Salvador Dalí, Comments on the Jewels(1959), Dalí Jewels, 2001.
6 Descharnes, Robert/Néret, Gilles, *Salvador Dalí*, 136쪽.
7 Ian Gibson, *The Shameful Life of Salvador Dalí*, 439쪽.
8 Salvador Dalí, *Hidden Faces*(Peter Owen, London, 2016).
9 Mark Schorer, 'It's Boring, but Is It Art?', *New York Times*, 1944년 6월 11일.
10 Jonathan Crow, 'Salvador Dalí Goes to Hollywood & Creates Wild Dream Sequences for Hitchcock & Vincente Minnelli', Open Culture, http://www.openculture.com/2015/08/salvador-dali-goes-tohollywood-creates-wild-dream-sequences-forhitchcock-vincente-minnelli.html
11 Randy Kennedy, 'Mr. Surrealist Goes to Tinseltown', *New York Times*, 2008년 6월 29일.
12 Edward Alden Jewell, 'Dalí, An Enigma? Only His Exegesis', *New York Times*, 1945년 11월 21일.
13 위와 동일.
14 Salvador Dalí, The Unspeakable Confessions of Salvador Dalí (1973) in Complete Works: Autobiographical Texts, vol.2 (Ediciones Destino, Barcelona/Gala-Salvador Dalí Foundation, Figueres, 2003), 603쪽.

포르트리가트로 되돌아와 겪은 종교적 변화

1 Salvador Dalí, *Diary of a Genius*(Solar Art Directives, 1964), 26쪽.
2 Ian Gibson, *The Shameful Life of Salvador Dalí*, 446쪽.
3 Paul Preston, 'Spain feels Franco's legacy 40 years after his death', BBC, http://www.bbc.com/news/worldeurope-34844939
4 Joan Domke, 'Education, Facism, and the Catholic Church in Franco's Spain', Loyola University Chicago disseration, p.10, http://ecommons.luc.edu/cgi/viewcontent.cgi?article=1103&context=luc_diss
5 Salvador Dalí Liquid Desire, A National Gallery of Victoria Education Resource, http://www.ngv.vic.gov.au/dali/salvador/resources/DaliandReligion.pdf
6 Ian Gibson, *The Shameful Life of Salvador Dalí*, 446쪽.
7 Dannatt, Adrian, 'Dalí in Manhattan', St. Regis Online Magazine, http://magazine.stregis.com/the-surreal-lifeof-dali-in-new-york/
8 Andy Warhol: Colacello, Bob, Andy Warhol's Exposures, (Grosset & Dunlap, New York, 1979), 127쪽.
9 Thurlow, Clifford, Sex, Surrealism, Dalí and Me, 36쪽.
10 Ultra Violet, Famous for 15 Minutes: My Years with Andy Warhol, 69쪽.
11 위와 동일, 71쪽
12 Maurell, Rosa Maria, 'Mythological References in the work of Salvador Dalí: the myth of Leda', Centre of Dalínian Studies, Gala-Salvador Dalí Foundation, https://www.salvador-dali.org/en/research/archives-enligne/download-documents/3/mythological-referencesin-the-work-of-salvador-dali-the-myth-of-leda
13 위와 동일.
14 Ian Gibson, *The Shameful Life of Salvador Dalí*, 454쪽
15 위와 동일, 456쪽
16 위와 동일, 458~459쪽
17 Salvador Dalí Liquid Desire, A National Gallery of Victoria Education Resource, http://www.ngv.vic.gov.au/dali/ salvador/resources/DaliandReligion.pdf
18 Salvador Dalí, *Mystical Manifesto, 1951 in The Collected Writings of Salvador Dalí*(Cambridge University Press, 1998), 364쪽.
19 Jonathan Jones, 'Kitsch and lurid but also a glimpse of a strange soul', *The Guardian*, 2009년 1월 27일.
20 위와 동일.
21 Ian Gibson, *The Shameful Life of Salvador Dalí*, 467쪽.
22 위와 동일, 473쪽.
23 위와 동일, 474쪽.
24 Max Kramer, 'Images of Christ, Salvador Dalí: The Sacrament of the Last Supper', 2010년 2월 21일, https://www.joh.cam.ac.uk/sites/default/files/documents/21%20February%202010.pdf
25 Palomar Baró, Eduardo, 'Dalí Franquista', Francisco Franco National Foundation, http://www.fnff.es/Dali_franquista_2224_c.htm
26 Clifford Thurlow, *Sex, Surrealism, Dalí and Me*, 39쪽.
27 Salvador Dalí, Les Cocus du Vieil Art Moderne(Grasset, Paris, 2004)
28 Ian Gibson, *The Shameful Life of Salvador Dalí*, 483쪽.
29 위와 동일.
30 위와 동일, 485쪽.
31 위와 동일, 313쪽.
32 'Disney and Dalí: Architects of the Imagination Exhibition', https://waltdisney.org/exhibitions/disneyand-dali-architects-imagination
33 'Salvador Dalí', Moderna Museet, https://www.modernamuseet.se/stockholm/en/exhibitions/dali-dali/ salvador-dali/salvador-dali/
34 Ian Gibson, *The Shameful Life of Salvador Dalí*, 493쪽.
35 'Salvador Dalí Ovocipede', Associated Press Images, 1959년 11월 22일.

그가 만난 수많은 뮤즈들, 그리고 군주 갈라

1 'Gala Dalí Castle in Púbol, History', Gala-Salvador Dalí Foundation, https://www.salvador-dali.org/en/museums/gala-dali-castle-in-pubol/historia/
2 'Chaos and Creation', Gala-Salvador Dalí Foundation, https://www.salvador-dali.org/en/dali/dali-filmlibrary/films-and-video-art/7/chaos-and-creation
3 Robinson, Walter, 'Weekend Update', Artnet, http://www.artnet.com/magazineus/reviews/robinson/robinson7-3-08.asp
4 'Dalí's Factory I', Formidable Magazine, http://www.formidablemag.com/salvador-dali-factory/
5 'Crick and Watson (1916~2004)', BBC History, http:// www.bbc.co.uk/history/historic_figures/crick_and_ watson.shtml
6 Carmen Ruiz, 'Salvador Dalí and science, Beyond a mere curiosity', Gala-Salvador Dalí Foundation, https://www.salvador-dali.org/en/research/archives-en-ligne/ download-documents/16/salvador-dali-and-sciencebeyond-a-mere-curiosity
7 Ultra Violet, *Famous for 15 Minutes: My Years with Andy Warhol*, 72~73쪽.
8 위와 동일, 73쪽.
9 Ian Gibson, *The Shameful Life of Salvador Dalí*, 510쪽.
10 Torsten Otte, *Salvador Dalí & Andy Warhol: Encounters in New York and Beyond*(Scheidegger & Speiss, Zurich, 2016), 109쪽.
11 Ian Gibson, *The Shameful Life of Salvador Dalí*, 527~528쪽.
12 Amanda Lear, *My Life with Dalí*, 12쪽.
13 위와 동일, 13쪽.
14 위와 동일, 34쪽.
15 Ian Gibson, *The Shameful Life of Salvador Dalí*, 525쪽.
16 'Dada, Surrealism, and Their Heritage', Press Release, Museum of Modern Art, *New York*, 1968년 3월 25일, https://www.moma.org/documents/moma_pressrelease_326559.pdf
17 Salvador Dalí, The Unspeakable Confessions of Salvador Dalí (1973) in Complete Works: Autobiographical Texts, vol.2 (Ediciones Destino, Barcelona/Gala-Salvador Dalí Foundation, Figueres, 2003)
18 Sewell Lissack, 'Dalí in Holographic Space', SPIE Professional, January 2014, https://spie.org/membership/ spie-professional-magazine/spie-professional-archivesand-special-content/2014_jan_archive_spie_pro/daliin-holographic-space?SSO=1
19 Carmen Ruiz, '"What's new? Velázquez," Salvador Dalí and Velázquez', Gala-Salvador Dalí Foundation, https:// www.salvador-dali.org/en/research/archives-en-ligne/ download-documents/2/what-s-new-velazquezsalvador-dali-and-velazquez
20 Ian Gibson, *The Shameful Life of Salvador Dalí*, 555~556쪽
21 Jeff Koons, 'Who Paints Bread Better than Dalí?', Tate Etc., Issue 3, 2005년 봄
22 Lot 104 - Salvador Dali - Compression, Auction

FR. https://www.auction.fr/_fr/lot/salvador-dalicompression-3654448#.WiVQhVWnHRZ

23 'Homage to Ariane Lancell', 20th Century Masterworks. http://20thcenturymasterworks.cybermill.com/lancell.html

24 'Central Panel of the Wind Palace Ceiling'. GalaSalvador Dalí Foundation. https://www.salvador-dali. org/en/museums/dali-theatre-museum-in-figueres/thecollection/123/central-panel-of-the-wind-palace-ceiling

불멸과 죽음

1 Aguer, Montse, 'The Dalí Theatre-Museum: the result of an artist's obsessive zeal for research', Gala-Salvador Dalí Foundation. https://www.salvador-dali.org/en/research/ archives-en-ligne/download-documents/7/the-dalitheatre-museum-the-result-of-an-artist-s-obsessive-zealfor-research

2 Stanley Meisler, 'Salvador Dalí as You've Never Seen Him', *LA Times*, 2005년 5월 15일.

3 'Dalí, The Genius From Cadaqués', Cap Creus Online. http://www.cbrava.com/en/magazine/dali-the-geniusfrom-cadaques/

4 The Mike Wallace Interview with Salvador Dalí, 1958. https://www.youtube.com/watch?v=eoKh0GU38BA

5 'Dalí, The Genius From Cadaqués', Cap Creus Online. http://www.cbrava.com/en/magazine/dali-the-geniusfrom-cadaques/

6 'Dalí Theatre-Museum. History', Gala-Salvador Dalí Foundation. https://www.salvador-dali.org/en/museums/dali-theatre-museum-in-figueres/historia/

7 Ian Gibson, *The Shameful Life of Salvador Dalí*, 561쪽.

8 위와 동일, 563쪽.

9 Susana Martinez-Conde, 'Dalí Masterpieces Inspired by Scientific American', *Scientific American*, 2014년 6월 17일.

10 'Gala Contemplating the Mediterranean Sea which at Twenty Meters Becomes the Portrait of Abraham Lincoln-Homage to Rothko (Second Version)', The Dalí Museum. http://archive.thedali.org/mwebcgi/mweb.exe?request=record;id=152;type=101

11 Ian Gibson, *The Shameful Life of Salvador Dalí*, 569쪽

12 James M. Markham, 'For Salvador Dalí, Life Itself Has Become a Surreal Canvas', *New York Times*, 1980년 10월 12일.

13 Ian Gibson, *The Shameful Life of Salvador Dalí*, 574쪽.

14 James M. Markham, 'For Salvador Dalí, Life Itself Has Become a Surreal Canvas', *New York Times*, 1980년 10월 12일.

15 Ian Gibson, *The Shameful Life of Salvador Dalí*, 583쪽.

16 위와 동일.

17 위와 동일, 585쪽.

18 위와 동일, 586쪽.

19 Meredith Etherington-Smith, *Dalí*, 472쪽.

20 Descharnes, Robert/Néret, Gilles, *Salvador Dalí*, 200쪽.

21 Sebastià Roig, *The Empordà Triangle*, 194쪽.

위대한 쇼맨, 달리가 남긴 것

1 The Gala-Salvador Dalí Foundation, 'Documentary on Dalí and his studio in Portlligat', https://www.salvadordali.org/en/services/press/news/343/documentary-ondali-and-his-studio-in-portlligat

2 Jones, Jonathan, 'Kitsch and lurid but also a glimpse of a strange soul', *The Guardian*, 2009년 1월 27일.

3 Ian Gibson, *The Shameful Life of Salvador Dalí*, 485쪽.

4 Torsten Otte, *Salvador Dalí & Andy Warhol: Encounters in New York and Beyond*, 15쪽.

5 'Dalí, Art Painting', Time Out Paris. https://www.timeout.com/paris/en/art/dali

6 Jeff Koons, 'Who Paints Bread Better than Dalí?', Tate Etc., Issue3, 2005년 봄.

7 Edward Alden Jewell, 'Dalí, An Enigma? Only His Exegesis', *New York Times*, 1945년 11월 21일.

8 'Salvador Dalí House - Portlligat History', Gala-Salvador Dalí Foundation. https://www.salvador-dali.org/en/ museums/house-salvador-dali-in-portlligat/historia/

9 Clifford Thurlow, *Sex, Surrealism, Dalí and Me*, 39쪽.

10 Sebastià Roig, *The Empordà Triangle*, 7쪽.

찾아보기

이탤릭체의 쪽 번호는 도판에 대한 캡션을 나타낸다. 그림, 사진, 혹은 책의 제목은 이탤릭체로 병기하여 표기한다.

참고문헌

Dawn Ades, *Dalí, World of Art* (Thames and Hudson, London, 1992)

Salvador Dalí, *The Secret Life of Salvador Dalí* (Dover, New York, 1993)

Salvador Dalí, *50 Secrets of Magic Craftsmanship* (Dover, New York, 2015)

Descharnes, *Robert/Néret, Gilles, Salvador Dalí* (Taschen, Cologne, 1993)

Meredith Etherington-Smith, *Dalí* (Sinclair Stevenson, London, 1992)

Ian Gibson, *The Shameful Life of Salvador Dalí* (Faber and Faber, London, 1997)

King, Elliott H.; Aguer Teixidor, Montse; Hine, Hank; Jeffett, William, *Salvador Dalí: The Late Work* (Yale University Press, 2010)

Amanda Lear, *My Life with Dalí* (Virgin Books Ltd, London, 1985)

Tim McNeese, *Salvador Dalí* (Ediciones Poligrafa, Madrid, 2003)

Gilles Néret, *Dalí* (Taschen, Cologne, 2004)

Rachael Pollack, *Salvador Dalí's Tarot* (Michael Joseph, London, 1985)

Sebastià Roig, *The Empordà Triangle* (Gala-Salvador Dalí Foundation, Triangle Books, Figueres, 2016)

Eric Shanes, *The Life and Masterworks of Salvador Dalí* (Temporis Collection, Digital Edition, 2010)

The Gala-Salvador Dalí Foundation, https://www.salvador-dali.org

Clifford Thurlow, *Sex, Surrealism, Dalí and Me: The Memoirs of Carlos Lozano* (YellowBay Books Ltd, 2011)

Ultra Violet (Isabelle Dufresne), *Famous for 15 Minutes: My Years with Andy Warhol* (Harcourt Brace Jovanovich, San Diego, New York, 1988)

도판 저작권

akg-images: 34쪽 (Bildarchiv Monheim), 44쪽 (Album / sfgp), 128쪽 (picture-alliance)

Alamy Stock Photo: 11쪽 (Photo 12), 43쪽 (Alberto Paredes), 65쪽 (The Print Collector), 83쪽 (Pictorial Press Ltd), 99쪽 (Peter Barritt), 104쪽 위 (Pictorial Press Ltd / photo Eric Schaal © Fundació Gala-Salvador Dalí, Figueres, 2018), 104쪽 아래 (Chronicle), 119쪽 (Photo 12), 121쪽 오른 (Keystone Pic-tures USA), 129쪽 (Jordi Sans Galito), 131쪽 위 (Hemis), 131쪽 아래 (Lucas Vallecillos), 132~133쪽 (Jeronimo Alba), 136쪽 (Realy Easy Star / Giuseppe Masci), 146쪽 (Hemis), 148~149쪽 (PvE), 152쪽 왼쪽 (Pictorial Press Ltd), 160~161쪽 (Prisma by Dukas Presseagentur GmbH)

Bridgeman Images: 4쪽 (Salvador Dali 1957), 8쪽 (Private Collection / Photo © Christie's Images), 17쪽 (PVDE), 24쪽 (PVDE), 29쪽 (Private Collection), 32쪽 (Private Collection / Photo © Christie's Imag-es), 39쪽 아래 (Fundacio Gala-Salvador Dali, Figueres, Spain / Photo © AISA), 40쪽 (Underwood Archives/UIG), 46쪽 (Museo Nacional Centro de Arte Reina Sofia, Madrid, Spain), 48쪽 (Private Col-lection / De Agostini Picture Library / G. Dagli Orti), 53쪽 (PVDE), 55쪽 (Museo Nacional Centro de Arte Reina Sofia, Madrid, Spain / Photo © AISA), 57쪽 (Salvador Dali Museum, St. Petersburg, Florida, USA), 59쪽 (Granger), 61쪽 (Museum of Modern Art, New York, USA), 62쪽 (SZ Photo / Sammlung Megele), 63쪽 (Museo Nacional Centro de Arte Reina Sofia, Madrid, Spain), 64쪽 (Staatsgalerie Moderner Kunst, Munich, Germany), 69쪽 (Private Collection), 71쪽 (Salvador Dali 1957), 72쪽 (Museum of Modern Art, New York, USA), 75쪽 (PVDE), 78쪽 (Perls Gallery, New York, USA), 81쪽 (Peggy Guggenheim Foundation, Venice, Italy), 82쪽 (Private Collection), 84쪽 위 (Granger), 88쪽 (Private Collection), 90쪽 (Museum Boymans van Beuningen, Rotterdam, The Netherlands), 96쪽 (Philadelphia Museum of Art, Pennsylvania, PA, USA / The Louise and Walter Arensberg Collection, 1950), 100쪽 (Private Collection / Prismatic Pictures), 101쪽 (Private Collec-tion / Photo © Christie's Images), 109쪽 (Private Collection), 110쪽 (Fukuoka Art Museum, Japan), 112쪽 위 (Marquette University Fine Art Committee, Milwaukee, WI, USA), 112쪽 아래 (Museo Dali, Figueres, Spain), 113쪽 (Photograph by Roger Higgins, 1965 / Granger), 115쪽 (Art Gallery and Museum, Kelvingrove, Glasgow, Scotland / © CSG CIC Glasgow Museums Collection), 116쪽 (Sal-vador Dali Museum, St. Petersburg, Florida, USA), 117쪽 (National Gallery of Art, Washington DC, USA), 121쪽 왼쪽 (Rene Saint Paul), 123쪽 (Salvador Dali Museum, St. Petersburg, Florida, USA), 127쪽 (Paul Ricard Foundation, Bandol, France), 135쪽 위 (Private Collection), 135쪽 아래 (Private Col-lection / Photo © Christie's Images), 138쪽 (Museo Dali, Figueres, Spain / Index), 159쪽 위 (SZ Photo / Jose Giribas), 159쪽 아래 (SZ Photo / Teutopress), 162쪽 (Christie's Images)

Cristina Clara: 91쪽

Dreamstime: 10쪽 위 (Valery Bareta), 10쪽 아래 (Digoarpi), 26쪽 (© Alexsalcedo)

Getty Images: 6~7쪽 (Raphael Gaillarde), 19쪽 (Heritage Images), 25쪽 왼쪽 (ullstein bild Dtl.), 25쪽 오른쪽 (ullstein bild Dtl.), 42쪽 왼쪽 (Cristina Arias), 42쪽 오른쪽 (Cristina Arias), 56쪽 (Fred Stein Archive), 70쪽 위 (Alain Benainous / Gamma-Rapho), 70쪽 아래 (Alain Benainous / Gamma-Rapho), 76~77쪽 (adoc-photos), 87쪽 (Bettmann), 102쪽 (Bettmann), 106쪽 (The LIFE Picture Collection), 124쪽 (Bettmann), 134쪽 (Bettmann), 140쪽 (Orphea Studio 3), 150쪽 (Charles Hewitt), 152쪽 오른쪽 (Charles Hewitt), 153쪽 왼쪽 (Lies Wiegman), 153쪽 오른쪽 (Lies Wiegman), 154쪽 (Chadwick Hall), 156쪽 (Kammerman), 157쪽 (Gianni Ferrari), 158쪽 (adoc-photos), 50쪽 (Fox Photos), 126쪽 (Gianni Ferrari), 144쪽 (Keystone), 145쪽 (Bertrand Rindoff Petroff)

National Galleries of Scotland: 94쪽 (International Surrealist Exhibition 1936 Photo Album, from Rolland Penrose Collection)

Rex / Shutterstock: 107쪽 (Selznick / United Artists / Kobal)

Fundació Gala-Salvador Dalí, Figueres: 14쪽 (Gasull Fotografia S.L), 15쪽 왼쪽 (Gasull Fotografia S.L), 15쪽 오른쪽, 54쪽, 84쪽 아래, 104쪽 위 (Eric Schaal),118쪽, 125쪽, 141쪽, 143쪽

Scala, Florence: 22쪽 (Christie's Images, London), 47쪽 (Album), 68쪽 (The Metropolitan Museum of Art / Art Resource), 80쪽 (Christie's Images, London), 120쪽 (Album)

Shutterstock: 2쪽 (shufu photoexperience), 12쪽 (dmitro2009), 20~21쪽 (Magdalena Juillard), 27쪽 (Simona Dibi-tonto), 28쪽 (Toniflap), 31쪽 (Iakov Filimonov), 39쪽 위 (Gitanna), 52쪽 (Karol Kozlowski), 66~6쪽7 (Dam-sea), 92쪽 (Cezary Wojtkowski), 105쪽 (Lorraine Kourafas), 166~167쪽 (nito)

Tate, London, Tate Images: 95쪽, 97쪽

감사의 말

처음으로 책을 쓰는 일, 특히 수수께끼 같은 달리에 관해 글을 쓰는 경험은 경이로우면서도 크나큰 도전이었다. 달리의 페르소나와 삶에 몰입하는 일은 때때로 너무 버거웠지만 가까운 사람들 덕분에 좀 더 쉽게 받아들일 수 있었다. 특히 내 삶의 파트너인 주앙 파울루에게 깊은 감사를 표하고 싶은데 주앙의 사랑과 지지는 이 창의적인 작업에 가장 중요한 역할을 했다. 일상적인 일도 처리해준 남편 덕분에 자료를 조사하고 검토하고 집필할 시간을 가질 수 있었다.

아버지, 션 버크에게도 진심 어린 감사를 전하고 싶은데 조사하고 집필하는 과정 내내 의지가 되어주셨다. 지혜로운 조언과 사랑을 주셨고 비공식적인 편집자의 역할을 맡아 현명하고 건설적인 비판을 들려주셨는데 출판 경력이 있는 작가들을 아버지와 형제로 둔 아버지에게는 분명 자연스러운 일이었을 것이다. 새어머니도 원고에 피드백을 주셨으며 특히 내가 회의감에 빠졌을 때 전폭적으로 지원해주셨다.

정말 멋진 친한 친구, 피오누알라 맥컬리프에게도 깊이 감사하고 있는데 피오누알라는 시간을 내서 원고에 관해 객관적인 피드백을 주며 나를 응원해줬다. 조사 자료를 구하고 집필하는 과정에 특별히 도움을 준 애나벨 알파노, 루이 알파노, 쉐인 퀼티, 리차드 버지스에게도 심심한 감사를 전한다.

그 밖에도 언급하고 싶은 사람들과 좋은 친구들, 가족들이 많이 있지만 모두의 이름을 다 말할 수 없기에 내가 그저 정말 매우 고마워하고 있다는 것을 알아주었으면 한다. 마지막으로 책이 어떻게 진행되는지 이야기했을 때 눈을 빛내던 사람이 있는데 바로 빅터 칸데이아스이다. 슬프게도 빅터는 2018년 2월 18일에 눈을 감았지만 내게 준 응원의 기억은 아직 남아있다.

내가 이 책의 주제와 관련있다는 것을 알아봐 준 매력적인 니키 데이비스가 없었다면 이 책은 세상에 나오지 못했을 것이다. 데이비스 씨는 같이 일하기 좋은 동료였으며 내 첫 번째 집필 과정 동안 나를 응원해주고 참을성 있게 기다려줬다. 마이클 브룬스트룀 편집자님도 정말 많은 도움을 주셨다. 편집자님의 말과 피드백은 내게 큰 의미였고 그의 제안 덕분에 더 나은 책을 만들 수 있었다.

이 시리즈의 첫 번째 책인 『*Frida Kahlo at Home*』이 아름답게 출간된 것을 보고 화이트 라이온 출판사의 의뢰를 받아 무척 기뻤다. 이 책이 세상에 나올 수 있게 안 보이는 곳에서 기여하신 모든 분께도 깊이 감사드린다. 마지막으로 조사를 도와주고 달리에 대해 이야기해준 분들께 모두 감사드리고 싶다.

지은이 **재키 드 버카(Jackie De Burca)**

여행과 문화예술 전문 작가다. 아일랜드 더블린에서 태어나 졸업할 무렵에는 런던에 이주하여 사회생활을 했고, 그리스 크레타 섬 머물며 블로그에 글을 연재하였다. 이후 여행 전문가들이 여행안내 정보를 제공하는 웹사이트 트레블 인스파이어스(travelinspires.org)를 설립했다. 런던, 더블린, 크레타를 오가며 살아왔지만, 15년 이상 살았던 살바도르 달리의 도시, 카탈루냐 지역에 깊은 유대감을 갖고 있다.

옮긴이 **심지영**

시카고 미대(SAIC)에서 순수미술과를 졸업했다. 글밥 아카데미를 수료하고 현재 바른 번역에서 전문 번역가로 활동하고 있다.

SALVADOR DALÍ
살바도르 달리
스페인 카탈루냐의 위대한 쇼맨, 초현실주의 화가

초판 1쇄 2022년 6월 20일

지은이 재키 드 버카
옮긴이 심지영

편집 이동은, 김주현, 성스레
미술 안태현, 강현희 **본문 디자인** 윤지은
마케팅 사공성, 강승덕, 한은영 **제작** 김호겸

발행처 북커스
발행인 정의선
이사 전수현

출판등록 2018년 5월 16일 제406-2018-000054호
주소 서울시 종로구 평창30길 10
전화 02-394-5981~2(편집) 031-955-6980(마케팅)

ISBN 979-11-90118-39-2 (03600)

※ 북커스(BOOKERS)는 (주)음악세계의 임프린트입니다.